KB205319

향목(香木) 최윤배 교수 정년은퇴기념특집

한국교회의 신학과 목회

성령안에서 예수사랑·교회사랑

향목(香木) 최윤배 교수 정년은퇴기념특집

한국교회의 신학과 목회
성령안에서 예수사랑·교회사랑

초판 1쇄 인쇄 | 2020년 11월 16일
초판 1쇄 발행 | 2020년 11월 23일

지은이 최윤배
펴낸이 김운용
펴낸곳 장로회신학대학교 출판부

등록 제1979-2호
주소 04965 서울시 광진구 광장로5길 25-1(광장동 353)
전화 02-450-0795
팩스 02-450-0797
이메일 ptpress@puts.ac.kr
홈페이지 http://www.puts.ac.kr

값 22,000원
ISBN 978-89-7369-468-6 93230

＊이 도서의 국립중앙도서관 출판예정도서목록(CIP)은
  서지정보유통지원시스템 홈페이지(http://seoji.nl.go.kr)와
  국가자료공동목록시스템(http://www.nl.go.kr/kolisnet)에서
  이용하실 수 있습니다. (CIP제어번호 : CIP2020047112)

A Special Edition in Commemoration of Dr. Yoon-Bae Choi's Retirement
The Theology and Ministry of the Korean Church:
To Love Jesus and Church in the Holy Spirit
by Prof. Dr. Yoon-Bae Choi
Published by Unyong Kim
Presbyterian University and Theological Seminary Press
25-1 Gwangjang-Ro(ST) 5-Gil(RD), Gwangjin-Gu, Seoul, 04965, The Republic of Korea
Tel. +82-450-0795 Fax. +82-450-0797 Email. ptpress@puts.ac.kr Homepage. http://www.puts.ac.kr
Copyright © 2020 All rights reserved

향목(香木) 최윤배 교수 정년은퇴기념특집

한국교회의
신학과 목회

성령안에서 예수사랑·교회사랑

최윤배 지음

A Special Edition in Commemoration of Dr. Yoon-Bae Choi's Retirement
The Theology and Ministry of the Korean Church:
To Love Jesus and Church in the Holy Spirit

장로회신학대학교출판부

차례

간행사 | 신옥수 ··· 7

축하의 시 | 낙운해 ·· 10

축하의 노래 | 유지선·박상엽 ··· 16

축하의 말 | 신정우 ·· 17

머리말 및 감사말 | 최윤배 ·· 21

제1부 **한국교회의 신학과 목회** ··· 29

　제1장 향목 최윤배 교수의 저서 및 활동 목록 ······················· 31

　제2장 한국교회에서 마르틴 부처 Martin Bucer 연구 ·············· 83

　제3장 한국교회에서 16세기 종교개혁 연구 ························· 115

　제4장 한국교회에서 신사도운동 연구 ······························· 145

　제5장 한국교회에서 신앙교리 연구 ································· 175

　제6장 한국교회에서 성령 연구 ·· 201

　제7장 한국교회에서 정치 연구 ·· 235

제2부 **향목(香木) 최윤배 박사의 생애와 사상** ······················ 249

　제8장 향목 최윤배 박사의 생애와 신학 | 김선권 ·················· 251

　제9장 향목 최윤배 박사의 개혁신학 방법론과 구조에 대한 연구 | 박준수 ······ 299

　제10장 미셀러니

　　　고맙고 감사한 분, 최윤배 교수님 | 김연수 ······················ 341

　　　내 삶에 오아시스와 같은 스승, 최윤배 교수님 | 오상원 ········· 345

　　　최윤배 교수님의 은퇴에 즈음하여... | 이태준 ·················· 349

　　　나의 사랑하는 영적 멘토, 최윤배 교수님 | 최재선 ·············· 354

　　　최윤배 은사님의 퇴임에 즈음하여 | 홍원표 ····················· 359

　　　존경하는 최윤배 교수님을 생각하면서 | 황기훈 ················· 363

　　　최윤배 교수님과 현재진행형 조교 | 정지은 ····················· 368

　　　21세기 신학자: 과학도에서 신학자로 바뀐 괴짜 인생 | 김성진 ····· 373

　　　내가 본 최윤배 교수 | 김명용 ····································· 376

　　　저자 탐구 - 최윤배 교수 | 『기독교출판소식』 편집 ·············· 378

　　　석·박사학위논문지도 대학원생들과 수업 조교들 ··············· 381

　　　신학대학원 "기독론 A반" 수강생들의 감사의 글 ··············· 386

간행사

신옥수 교수

기독교사상연구부장 · 정년은퇴기념준비위원장

　사랑하고 존경하는 최윤배 교수님의 정년 은퇴를 앞두고 최교수님의 동료와 후배 및 제자들의 감사의 마음을 모아 은퇴기념 저서를 발간하게 된 것을 진심으로 축하드립니다. 더 오래 함께 계셨으면 하는 마음이 크지만, 한결같은 모습으로 광나루를 지켜 오신 최교수님을 신실하게 인도해 주신 하나님께 찬양과 감사를 드립니다.

　최윤배 교수님은 2002년 9월 1일부터 2021년 2월 28일까지 18년 6개월 동안 장로회신학대학교에서 교수로 섬기셨습니다. 겸손과 온유한 성품으로, 충성과 절제의 태도로 연구와 강의와 행정과 학생지도의 모범을 보여주셨습니다. 최교수님은 장로회신학대학교를 가장 늦게까지 환히 밝히는 연구실의 불빛 속에서 태동된 수많은 저서들을 한국교회와 신학계에 선물로 남겨주셨습니다. 또한 강의와 설교에서 그 누구도 따라올 수 없는 열정과 헌신으로 수많은 학생들에게 뜨거운 영감과 신선한 도전을 부어주셨습니다. 최교수님은 누구보다도 삼위일체 하나님을 사랑한 신학자요 신학함의 즐거움이 곧 하나님의 경외하는 것임을 몸으로 보여주신 경건한 학자이셨습니다. 특히 병든 어머니와도 같은 한국교회를 위해 눈물로 기도해온 목회자이기도 하셨습니다.

　최교수님은 우리 교단이 자랑하는 마틴 부처 전문가로서 한국신학계에 지대한 공헌을 하셨습니다. 예장 통합 교단을 대표하는 개혁신학자요 복음주의 신학자로서 위상을 드높이셨으며, 성서적·복음적·개혁신학적·에큐메니칼적 신학을 추구함으로써 통전적 신학의 길을 힘차게 걸어오셨습니다. 누구보다도 제자들을 향한 사랑 가득한 가슴으로 복음적이고 열정적인 한국교회의 목회자들을 양성하시는 일에 전력하여 풍성한 열매를 거두셨습니다.

또한 최교수님은 장로회신학대학교의 신학의 정체성을 확립하는 일에 크게 기여하셨습니다. 특히 조직신학과의 지속적인 발전과 성장의 힘을 보태는 일에 든든한 기둥의 역할을 해오셨습니다. 최교수님을 향한 동료 교수들과 학생들의 존경과 신뢰가 밑거름 되어 조직신학과를 빛내 주셨음에 깊이 감사드립니다.

은퇴기념도서인 『한국교회의 신학과 목회: 성령 안에서 예수사랑·교회사랑』은 최교수님의 논문들과 함께 최교수님을 사랑하고 존경하는 제자의 추억과 감사의 마음이 담긴 글들을 한데 엮은 것입니다. 제목 그대로 성령 안에서 예수사랑·교회사랑의 삶과 신앙으로 이어온 평생의 신학 작업을 가장 잘 드러내 보여주고 있습니다. 최교수님의 지치지 않는 진리에 대한 사랑과 학문적 탐구 및 샘솟는 영성에 머리 숙여 감사드리지 않을 수 없습니다.

바쁘신 중에도 정성껏 귀한 논문과 소중한 글을 써주신 모든 분들에게 깊이 감사드립니다. 기꺼이 재정 후원을 해주신 모든 분들과 특히 후원회장으로 섬겨주신 신정우 목사님께도 감사의 마음을 전하고 싶습니다.

모쪼록 지금까지도 그러하셨듯이 더욱 하나님을 의지하며 기뻐하는 삶을 누리시길 빕니다. 또한 삼위일체 하나님의 변함없는 사랑과 은혜가 최교수님과 교수님의 가정과 사역에 충만하시길 기도드립니다.

하나님의 따스한 위로와 칭찬의 말씀이 들려오는 듯합니다.

"잘하였도다 착하고 충성된 종아 네가 적은 일에 충성하였으매 내가
많은 것을 네게 맡기리니 네 주인의 즐거움에 참여할지어다."
(마 25:21)

2020년 10월 23일
신옥수

축하의 시

낙운해 교수
장로회신학대학교 조직신학

崔允培教授님の還暦を祝って

凍てつく冬の早朝
想い浮かぶ先生の面影
黙々と歩まれる
ひたすら歩まれる
先生の面影

決心して日本を離れ
韓国に渡ってきた私に
金なく名もなく若くもなく
いつも一人だった私に
いつも優しく声をかけてくださった先生

地下鉄の始発に跳び乗って
毎日クァンナルに向かった留学生時代
まだ薄暗い朝の寒さの中で
大学の南門に向かうあの坂道で

최윤배 교수님의 회갑을 축하드리며

얼어 붙는 겨울의 이른 아침
생각나는 교수님의 모습
묵묵히 걸어가시는
오로지 똑바로 걸어가시는
교수님의 모습

마음을 먹고 일본을 떠나
한국으로 건너 온 나에게
돈 없고 이름도 없고 젊지도 않은
늘 혼자였던 나에게
늘 부드럽게 말씀을 걸어 주신 교수님

지하철 첫 차에 뛰어 올라 타고
날마다 광나루로 향했던 유학생 시절
아직 어둡고 쌀쌀한 아침의 추위 속에서
학교 남문을 향한 저 오르막길에서

背後から近づいて来る足音
振り返れないでいる私の腕を
後からそっと掴み
「私もいつもこの時間ですよ」と
一緒に歩いてくださった先生

いつも手を差し伸べ、
いつも励ましてくださった
時には大声で怒鳴られたこともあったけど
韓国で情熱的に私を叱ってくださった方は
ただ先生お一人だった

その膨大な知識量と文章量の背後には
どんなに大きな節制と情熱と努力のあることか
全て先生の意志と信仰の強さの実だ

先生との出会いで
神学する姿勢とその厳しさを学んだ私
黙々と真っ直ぐ歩まれる姿を思いつつ
今、心からの感謝をもって神に祈る

この世に生を与えられ
還暦を迎えられた今日まで
先生を守り支え導かれた
三位一体なる神が
先生の学問も健康も全ての働きも
これからの生の道の全てを

뒤쪽에서 다가오는 발소리
돌아보지 못하고 있는 내 팔을
뒤에서 살그머니 잡아주시고
"저도 늘 이 시간에 나와요."라고
함께 걸어가 주신 교수님

항상 손을 내밀어 주시고
항상 격려해 주셨다
때로는 큰 소리로 야단맞은 적도 있었지만
한국에서 정열적으로 날 꾸짖어 주신 분은
단 교수님 한 분이었다

그 방대한 지식량과 문장량의 배후에
얼마나 큰 절제와 정열과 노력이 있으셨을까
모두가 교수님의 강하신 의지와 신앙의 열매다

교수님과의 만남으로
신학하는 자세와 그 엄격함을 배운 나
묵묵히 곧게 걸어가시는 모습을 생각하면서
지금 진심으로 감사하며 하나님께 기도드린다

이 세상에 생명을 내려 주시고
회갑을 맞이하시는 오늘까지
교수님을 지키시고 지지하시고 인도하신
삼위일체 하나님께서
교수님의 학문도 건강도 모든 사역도
앞날의 삶의 길 전부를

恵みと祝福をもって
一層堅く強く
守り支え導かれますように
先生を一層大きく豊かに用いられますように

崔允培先生の還暦を心からお祝いしつつ
イエス・キリストにあって

2015. 12. 18
洛雲海 拝上

은혜와 축복으로
더욱 더 견고하게, 강하게
지켜주시고 지탱해주시고 인도해주시기를,
교수님을 더욱더 크게, 풍성하게 써주시기를 빌며

최윤배 교수님의 회갑을 진심으로 축하 드리며
예수 그리스도 안에서

2015. 12. 18
낙운해 배상

축하의 노래

유지선·박상엽 목사 부부

스승의 은혜

작사 유 지 선
작곡 박 상 엽

축하의 말

향기나무 최윤배 교수님

신정우 박사

한영교회, 정년은퇴기념후원회장

우리들이 사랑하고 존경하는 최윤배 교수님이 장로회신학대학교에서 18년 6개월의 교수 생활을 마치고 영광스러운 은퇴식을 맞이합니다. 은퇴식에 맞추어 『한국교회의 신학과 목회: 성령안에서 예수사랑·교회사랑』이라는 기념특집을 내게 된 것을 진심으로 축하드립니다.

저는 개인적으로 한국칼빈학회에서 최 교수님이 회장을 맡으실 때 한국칼빈학회 임원으로 섬기고 일본에서 개최된 "아시아칼빈학회"와 남아프리카공화국에서 개최된 "세계칼빈학회"에 같이 참여했습니다. 또한 2012년 소망포럼에서 최 교수님과 연구를 같이 나누며 더 깊은 관계를 쌓았습니다. 만날 때마다 느끼는 것은 참 진솔하신 분이시다, 학문이 무척 깊으시다, 겸손하시고 정감이 깊으시다는 생각을 늘 가지고 있었습니다.

최윤배 교수님은 학구열이 남다른 분이셨습니다. 늘 책을 읽으시고 글을 쓰십니다. 지금도 전해져 내려오는 이야기가 있습니다. 최 교수님은 네덜란드로 가서 아뻴도른Apeldoorn 의 기독교개혁신학대학교에서 신학박사학위 논문을 쓰셨습니다. 참 감동적인 일은 대학의 서적들을 장시간 복사하시다가 논문지도교수가 알게 되어 복사에 어려움을 겪었지만 최 교수님의 학문에 대한 열정을 듣고 탄복한 지도교수님은 자신의 책들을 복사할 특혜를 받으셨고, 아예 집에 복사기를 대여해 놓고, 책을 복사하셨다고 합니다. 심지어 자료를 찾기 위해서 하이델베르크대학의 마르틴부처연구소, 뒤빙겐대학교, 스트라스부르대학교에 가셔서 많은 책들을 복사했다는 일화가 전해져 내려옵니다. 그만큼 학문의 첫 기초가 되는 자료수집단계부터 남다른 열정이 있었습니다. 이러한 뜨거운 열정으로 공부하시더니 최 교수님은 마르틴 부처의 탁월한 전공자이신 빌렘 판 어뜨 스뻬이꺼르Willem van 't Spijker 교수에게 신학박사학위논문 "마르틴 부처와 장 칼뱅의 성령론과 기독론의 관계"로 3년 5개월 만에 마치셔서 대한예수교장로회 통합교단의 네덜란드 신학박사학위 1호가 되셨고, 부처 연구의 탄탄한 기초를 쌓으셔서 잊혀진 종교개혁자 마르틴 부처를 모두가 잊을 수 없는 종교개혁자로 만드셨습니다.

한국 대학강단에 서신 최 교수님 모습은 "성실, 열정, 애정"이라는 세 단어로 요약됩니다. 한국장로교회 신학강단에서 교수님이 깔뱅을 가르치면 수업마다 학생들이 앉을 자리가 없이 꽉꽉 모여들었습니다. 도대체 그 비결이 무엇일까 궁금했습니다. 옛날에 교수님의 수업을 들은 학생들의 이야기를 모아보았습니다. "최 교수님은 통풍 중에도 신학생들을 위한 강의, 외부 교회 강의 마다하지 않고 열정적으로 가르치셨습니다." "밤늦게까지 연구실에서 연구하시고, 강의 준비하시고, 책 쓰셨지요 …" "『기독교 강요』 수업 시간에 울부짖듯 강의하시고, 때때로 부흥회를 방불케 했습니다." "환한 웃음과 동네 아저씨 같은 따스함을 보이셨습니다." "그때를 잊지 못합니다." 그런가 하면 최윤배 교수님을 이어 같은 네덜란드 아뻴도른Apeldoorn의 기독교개혁신학대학교에서 깔뱅과 마르틴 부처의 교회론 주제로 신학박사학위를 받은 고신대학교 황대우 교수님은 최 교수님을 이렇게 추억합니다. "최 교수님이야 한국 최초의 부처 연구자로서 부처를 한국에 소개하는 일에 주역이시죠. 유학이 끝나고 귀국하실 때 저는 유학을 시작하여 부처 연구를 해야 할 입장이어서 부처 자료를 빌려달라 염치불구하고 부탁드렸는데 흔쾌히 빌려주고 가셨습니다. 16세기 부처 작품 복사본을 몽땅 빌려주고 가셨습니다. 6년 뒤에 돌려드렸습니다. 심지어 스트라스부르대학에 가서서 복사한 복사본까지 남김없이 빌려주고 가셨습니다." 그 정성과 큰 수고로 구한 자료를 통째로 주고 갔다는 것, 참 학자로 쉽지 않은 일인데 최 교수님의 통 큰 사랑을 보여주었습니다.

최 교수님은 강의도 열정이 넘치셨지만 지금까지 많은 뛰어난 저술을 남긴 것으로 유명합니다. 그의 최고의 작품으로 꼽히는 『잊혀진 종교개혁자인 마르틴 부처』(2011년 한국기독교학회 제6회 소망학술상 수상저서)를 비롯해서 거의 1,000페이지에 육박하는 『깔뱅신학 입문』(2012년 신학국내부문 최우수상 수상저서)은 그의 생애 최고의 작품입니다. 제1차 문헌에 충실하면서 방대한 제2차 문헌도 잘 소화하여 부처와 깔뱅신학을 짜임새 있고 체계적으로 일목요연하게 잘 진술하고 있습니다. 이 외에도 교수님은 『그리스도론 입문』, 『성령론 입문』, 『개혁신학 입문』(2015년 신학 국내부문 우수상 수상저서) 등 방대한 책들을 쓰셨습니다. 이러한 훌륭한 작품들이 나오기까지 자기와의 끝없는 싸움인데 이 모든 일을 뜨거운 학문의 열정으로 척척해 내시는 것을 보면 참으로 놀라지 않을 수 없습니다.

최윤배 교수님은 진정한 성령의 신학자입니다. 성령과 기도에 남다른 관심을 가지시고 많은 교회에서 성령과 기도운동을 펼치시는 분이십니다. 성령의 인도받는 교수님의 열정은 현재도 진행형입니다. 최 교수님은 요즈음도 강의를 통하여 후배들에게 많은 감명을 주십니다. 최윤배 교수님께 개혁신학 등을 직접 배우신 김민오 전도사님은 최 교수님에 대해 이렇게 말합니다. "최 교수님은 후배들에게 가슴에 진한 감동을 주시는 강의를 하십니다. 최 교수님은 목회자 후보생들인 신학대학원생들에게 개신교와 개혁교회의 정체성을 가르치는데 도움이 되는 책들을 많이 저술하셨고, 이 저서들로 직접 가르치실 때 매번 첫 시간에는 개혁신학의 계보를 설명해 주시는 것으로 유명하십니다. 그리고 강의하실 때 유머 감각이 뛰어나셔서 학생들이 자주 웃었습니다. 매우 인격적이셔서 학생들이 공부에 집중하지 못하는걸 캐치하시면 직접 불러다 무슨 일 있느냐고 물어봐 주시고, 사정을 들은 뒤에는 위로와 조언을 주시기도 하셨습니다. 저도 최윤배 교수님 연구실에서 눈물을 흘리며 위로를 받은 적이 있습니다."

참 좋으신 분이 은퇴를 하십니다. 최 교수님의 영광스러운 은퇴를 축하하지만, 한편 참 좋으신 분을 더 붙잡지 못해 아쉽습니다. 교수님은 떠나지만, 교수님이 남긴 사랑과 열정과 헌신은 영원히 동료 교수들과 학생들의 마음속에 남을 것입니다. 그리고 교수님으로부터 학문의 오솔길을 함께 걷고 서로 웃고 울고 토론하고 이야기를 나누던 꿈 같은 시절을 잊지 못할 것입니다. 겸손히 성령의 인도함 받기를 갈망하시던 분, 부처를 사랑하고 깔뱅을 사랑했던 분, 강단에서 살고, 강단에서 죽으리라는 결의로 가득차신 분, 후대들에게 학문의 그윽한 향기를 남기시는 최윤배 교수님을 사랑하고, 존경합니다. 다시금 은퇴하시는 최 교수님께 축하의 감사를 드립니다.

2020년 8월 5일
신정우 드림

머리말

　본서의 출판을 가능케하신 성聖 삼위일체三位一體 하나님께 가장 먼저 큰 영광과 힘찬 찬송과 형언할 수 없는 감사를 올려드립니다. 지금까지 여러 가지 종류의 형태로 연구작업(학위논문 5편, 단독 저서 9편, 번역서 2편, 공저 65여 편, 책임편집 17여 편, 감수 46여 편, 소논문 및 소고 400여 편)을 진행해 왔지만, 본서는 두 가지 측면에서 특별한 작품입니다. 첫째, 본서는 필자의 "정년은퇴기념특집"으로서 은퇴 이전 현역으로서 마지막 저서라는 점입니다. 둘째, 본서는 두 분의 제자 박사님들이 헌정한, 필자에 대한 탁월한 두 편의 논문과, 일곱 분의 제자 목회자들이 헌정한, 필자에 대한 사랑과 존경이 가득 담긴 7편의 미셀러니와 저자에 대한 세 편의 평가를 담고 있어서, 엄격한 의미에서 필자의 단독 저서라고 볼 수는 없습니다. 그러나 출판 환경과, 논문과 미셀러니를 헌정하신 분의 허락과 양해를 통해 제2부를 부록형식으로 간주하여 필자의 이름으로 출판하게 되었다는 점입니다.

　본서는 제1부와 제2부로 구성된 바, 본서 앞부분에는 간행사 1편, 헌시 1편, 헌가 1편, 축사 1편이 실려 있고, 제1부는 필자의 저서 및 활동 목록과 함께 한국교회의 신학과 목회라는 맥락 속에서 연구된 여섯 가지 주제와 내용(마르틴 부처, 16세기 종교개혁, 신사도운동, 신앙교리, 성령, 정치 연구)을 담고 있고, 앞에서 이미 언급했다시피, 부록형식의 제2부는 제자들이 필자에 대해 쓰고, 필자에게 헌정한 두 편의 논문과 일곱 편의 미셀러니와 저자에 대한 세 편의 평가를 담고 있습니다.

감사말

본서의 출판을 기꺼이 허락하신 김운용 신학대학원장님(총장직무대행)과 출판과정에서 모든 수고를 아끼지 않으신 김문경 연구지원처장(출판부장)님과 연구지원처 모든 행정관계자분들(이원식 실장님, 김용민 계장님, 양지은 직원님, 김정형 교수님, 연구지원실 조교님들)에게 진심으로 감사드립니다. 전문성과 성실함으로 수고하신 차상헌(디자인창공) 대표님께 진심으로 감사드립니다. 교정을 꼼꼼하게 봐주신 정예은 전도사님께도 감사드립니다.

필자의 정년은퇴기념 행사를 위해 준비위원장을 맡아 큰 수고를 마다하지 않으신 신옥수 교수님과, 후원회장을 기꺼이 맡아 수고를 아끼지 않으신 신정우 박사님께서 간행사와 축사를 해주셔서 진심으로 감사드립니다. 또한 준비위원회 총무를 맡아주신 백충현 교수님과, 서기를 맡아주신 안윤기 교수님과, 회계를 맡아주시고, 필자의 회갑기념식 때 헌정하신 귀한 자신의 시를 다시 본서에 실을 수 있도록 허락하신 낙운해 교수님께 진심으로 감사드립니다. 정년은퇴기념준비를 위해 순서 맡으신 모든 분들과, 행사 도우미로 내내 엄청난 수고를 하신 김민오 조교장과 모든 조교분들과, 물심양면으로 도와주신 신학대학원 선·후배 및 80기 동기 목회자분들과, 제자 목회자분들에게 진심으로 감사드립니다.

바쁘신 중에서도 필자의 신학사상에 대한 탁월한 논문을 써 주신 김선권 교수님과, 멀리 영국 "런던세인트앤드류스교회"의 위임목사로서 영국 장로교회에서 바쁘게 목회하시면서도 필자의 신학에 대한 탁월한 논문을 헌정하신 박준수 박사님께 진심으로 감사드립니다.

"코로나 19" 등으로 더욱 힘들어진 목회 환경 속에서도 필자의 분에 넘치는 사랑의 미셀러니를 써주신 귀한 여섯 분의 제자 목사님들(김연수 박사님, 오상원 목사님, 이태준 목사님, 최재선 목사님, 홍원표 박사님, 황기훈 박사님)에게 진심으로 감사드립니다. 열심과 헌신으로 현재 조교의 임무를 감당하면서 존경이 담긴 미셀러니를 써 주신 귀한 정지은 전도사님과, 직접 작사·작곡하여 신학대학원 재학시절에 필자 앞에서 직접 불러준 헌가를 본서에 실을 수 있도록 허락한 귀한 유지선·박상엽 목사님 부부와 반주해주신 김동혁 전도사님께 진심으로 감사드립니다.

항상 동고동락한 기독교사상연구부 소속 동료 교수님들(김도훈 교수님, 신옥수 교수님, 백충현 교수님, 낙운해 교수님, 안윤기 교수님, 김정형 교수님)께 진심으로 감사드립니다. 김도훈 교수님은 신학대학원 때부터 벌써 공대 출신으로서 신학을 힘들어하던 필자에게 학문적인 큰 도움을 주셨고, 신옥수 교수님은 이미 대학원 시절에 세미나 시간마다 탁월한 학문적 통찰력으로 도움을 주셔서 진심으로 감사드립니다. 필자에게 늘 도움을 주셨던 후배 교수님들, 친절하신 백충현 교수님, 올곧으신 낙운해 교수님, 온유하신 안윤기 교수님, 반듯하신 김정형 교수님께 진심으로 감사드립니다. 학술연구 교수로서 동고동락했던 박성규 교수님을 비롯하여 모든 조직신학전공 교수님들(학술, 초빙, 객원, 외래 등)께 진심으로 감사드립니다.

앞장서서 필자를 인도해주셨던 은퇴하신 조직신학 전공 교수님들(고 이종성 학장님, 이수영 교수님, 김명용 총장님, 현요한 교수님, 윤철호 교수님)에게 진심으로 감사드립니다. "통전적 신학"을 가르쳐주신 고故 이종성 은사恩師 학장님, "깔뱅신학"과 올곧음을 가르쳐주시고, 교역학석사학위 논문과 신학석사학위 논문의 지도교수셨던 이수영 은사 교수님, "바르트신학"을 가르쳐주신 김명용 은사 총장님께 진심으로 감사드립니다. 성령님의 열매들 중에 하나가 "온유"라는 사실을 몸소 보여주신 현요한 교수님과,

성령님의 은사들 중에 하나가 "지식"이라는 사실을 실천해주신 윤철호 교수님께 진심으로 감사드립니다. 저에게 배우신 모든 학부, 신학대학원, 대학원 제자분들에게 진심으로 감사를 드리고, 논문지도를 직접 받은 신학대학원 제자분들과 대학원 석·박사 과정 제자분들에게 진심으로 감사드리고, 특히 필자의 조교로 충성스럽게 봉사하신 역대 모든 조교분들에게 진심으로 감사드립니다.

필자가 교수로 재직하는 동안 앞장서서 큰 수고를 하시면서 장로회신학대학교를 행정적으로 탁월하게 이끄셨던 역대 총장님들(고 이종성 학장님, 서정운 명예총장님, 맹용길 학장님, 고용수 총장님, 김중은 총장님, 김명용 총장님, 임성빈 총장님)께 진심으로 감사드립니다. 조직신학 전공 이외의 모든 타 전공 동료 교수님들과 학교 각 부서의 모든 행정직원분들에게 진심으로 감사드립니다. 필자를 정성스럽게 길러주셨던 모든 모교들의 교원분들과 직원분들(입암초등학교, 영양중학교 입암분교, 대건고등학교, 한국항공대학교, 연세대학교, 장로회신학대학교, 깜뻔 네덜란드개혁신학대학교, 아뻴도른 네덜란드기독교개혁신학대학교)에 깊은 감사를 드립니다. 연세대학교 대학원에서 공학석사학위논문을 지도해주신 이상배 은사 교수님께 진심으로 감사드립니다. 약 6년 반의 네덜란드 유학 체류 기간에 필자의 가족을 위해 장학금을 보내주신 승복교회 원로목사님이신 김태수 목사님과 모든 성도님들에게 진심으로 감사드립니다. 네덜란드에서 네덜란드어 지도를 비롯하여 다양한 형태로 도움을 주셨던 얀 판 더 펠드 Jan van de Velde 장로님 가족, 얍 꼽 Jaap Koop 장로님 가족, 뻬터 판 더 브루크 Pieter van de Broek 가족에게 진심으로 감사드립니다. 깜뻔 네덜란드개혁신학대학교에서 독토란두스학위 Doctorandus = Drs. 논문을 지도해주신 네이븐 G. W. Neven 은사 교수님과 아뻴도른 네덜란드기독교개혁신학대학교에서 신학박사학위 Dr. Theol. 논문을 지도해주신 판 어뜨 스뻬이꺼르 W. van 't Spijker 은사 교수님께 진심으로 감사드립니다.

필자가 한때 몸담았거나 몸담고 있는 모든 교회들의 목회자분들과 성도님들(동신교회, 승복교회, 청주 서남교회, 희성교회, 입암교회, 깜뻔 소재 네덜란드개혁교회, 깜뻔 소재 네덜란드기독교개혁교회, 한서교회, 보리울교회, 새문안교회, 영락교회, 동막교회, 명성교회)에게 진심으로 감사드립니다. 필자를 강신명석좌교수로 지정해주셨던 새문안교회와, 장년부성경반 강사로 초청해주셨던 영락교회와, 협동목사로 임명해주셨던 동막교회(곽재욱 담임목사님)와, 명성교회(김삼환 원로목사님과 김하나 담임목사님)에 진심으로 감사드립니다. 필자에게 후대하고, 한때 몸담았던 강동고등학교 교장 선생님이하 모든 교사와 직원분들과 평택대학교와 서울장신대학교 총장님들과 교수님들과 직원분들과 객원교수로 가르칠 수 있는 기회를 주셨던 모스크바장로회신학대학교와 호주 시드니신학대학교(SCD)의 학장님이하 모든 교수님들과 직원분들에게 진심으로 감사드립니다. 필자의 정년퇴임특집으로 학회지를 출판해 주신 한국복음주의조직신학회(『조직신학연구』 제35권)와 한국개혁신학회에 진심으로 감사드립니다.

이미 예수님의 품에 안기신 부모님과 장모님께 진심으로 감사드리고, 살아계신 장인이신 집사 이상진 교장선생님께도 진심으로 감사드립니다. 필자를 사랑하는 모든 일가 친지분들과 사돈내외분들에게 진심으로 감사드립니다. 딸(기쁨), 사위(홍구), 아들(소리), 외손녀(유진), 외손자(유혁)를 진심으로 사랑하고, 1983년 2월 22일부터 지금까지 억수로 고생시켰고, 지금도 필자로 인해 고생하고 있는 아내(이은희)인 당신을 억수로 사랑하고, 진심으로 감사합니다.

"오직 성경으로!"*Sola Scriptura* "오직 은혜로!"*Sola Gratia*, "오직 믿음으로!"*Sola Fide*, "오직 그리스도로!"*Solus Christus*, "오직 하나님께 영광!"*Soli Deo Gloria*

"우리 주 예수 그리스도의 하나님, 영광의 아버지께서 지혜와 계시의 영을 너희에게 주사 하나님을 알게 하시고."엡 1:17 "태초에 하나님이 천지를 창조하시니라."창 1:1 "하나님이 세상을 이처럼 사랑하사 독생자를 주셨으니 이는 그를 믿는 자마다 멸망하지 않고 영생을 얻게 하려 하심이라."요 3:16 "다른 이로써는 구원을 받을 수 없나니 천하 사람들 중에 구원을 받을 만한 다른 이름을 우리에게 주신 일이 없음이라 하였더라."행 4:12 "다른 복음은 없나니 다만 어떤 사람들이 너희를 교란하여 그리스도의 복음을 변하게 하려 함이라."갈 1:7 "오직 성령의 열매는 사랑과 희락과 화평과 오래 참음과 자비와 양선과 충성과 온유와 절제니 이 같은 것을 금지할 법이 없느니라."갈 5:22-23 "여러분은 자기를 위하여 또는 온 양 떼를 위하여 삼가라 성령이 그들 가운데 여러분을 감독자로 삼고 하나님이 자기 피로 사신 교회를 보살피게 하셨느니라."행 20:28 "항상 기뻐하라 쉬지 말고 기도하라 범사에 감사하라 이것이 그리스도 예수 안에서 너희를 향하신 하나님의 뜻이니라 성령을 소멸하지 말며 예언을 멸시하지 말고 범사에 헤아려 좋은 것을 취하고 악은 어떤 모양이라도 버리라."살전 5:16-22 "그런즉 너희는 먼저 그의 나라와 그의 의를 구하라 그리하면 이 모든 것을 너희에 더하시리라."마 6:33

"갈보리산 위에 십자가 섰으니 주가 고난을 당한 표라 … 최후 승리 얻기까지 주의 십자가 사랑하리 빛난 면류관 받기까지 험한 십자가 붙들겠네."찬 150장/통 150장 "내 주의 보혈은 정하고 정하다 … 십자가의 보혈로 날 씻어 주소서 아멘."찬 254장/통 186장

"주 예수 그리스도의 은혜와 하나님의 사랑과 성령의 교통하심이 너희 무리와 함께 있을지어다."고후 13:13 아멘.

2020년 10월 31일

종교개혁503주년을 맞이하면서
장로회신학대학교 마펫관 5022호 광나루에서
향목香木 최 윤 배

The Theology

and

Ministry of

the Korean Church:

To Love Jesus

and

Church in

the Holy Spirit

제1부

한국교회의 신학과 목회

제1장

향목 최윤배 교수의
저서 및 활동 목록

| 가족들과 함께 (2018년 3월 17일)

| 외손녀 _ 최유진 (2020년 9월 28일)

| 외손자 _ 최유혁 (2020년 9월 28일)

| 독토란두스(Doctorandus) 학위수여식 (1993년 2월 26일)

| 독토란두스(Doctorandus) 학위수여식 (1993년 2월 26일)

| 신학박사 학위수여식 (1996년 9월 4일)

| 신학박사 학위수여식 _ 학국신학자들과 함께 (1996년 9월 4일)

| 신학박사 학위수여식 (1996년 9월 4일)

| 보리울교회 야외예배 (1998년 5월)

| 목사 안수 (1989년 5월 8-9일, 서울강동노회)

| 제8회 세계칼빈학회 참석 (2002년 8월 20-24일, 미국 프린스턴신학교)

| 제7회 세계칼빈학회(서울) _ 박사학위논문 지도교수와 함께 (제주도, 1998년)

| 칼빈연구모임 (2007년 7월 8-9일)

| "올해의 저자상" 수상 (제17회 문서선교의 날, 2012년 10월 19일)

| 장로회신학대학교 대학원 박사과정 대학원생 (2015년 12월 28일)

| 회갑기념감사예배 (2016년 1월 25일)

| 장로회신학대학교 조직신학 전공자 세미나 (2016년 4월 4일)

| 장로회신학대학교 신학대학원 선택과목 「기독교 강교」 수업 수강생 (2016년 11월 8일)

| 한경직기념예배당 채플설교 (2018년 3월 16일)

| 2019-1학기 퇴수회의 기념 (2019년 6월 12일)

| 제15회 춘계 이종성 신학강좌 (2019년 9월 25일)

| 신학대학원 신학생활 K조 (2019년 11월)

Ⅰ. 약력

성   명: 최 윤 배(崔允培, Yoon-Bae Choi)

생년월일: 1955년 12월 28일(경북 영양 출생)

가   족: 아내(이은희, Eun-Hee), 딸(최기쁨, Gi-Bbeum),
          아들(최소리, So-Ree), 사위(최홍구, Hong-Gu),
          외손녀(최유진, Eu-Gine), 외손자(최유혁, Yoo-Heuk)

1. 학력

1975.3-1979.2 한국항공대학교 항공전자공학과(B.E.)

1979.9-1981.8 연세대학교 대학원 전자공학과(M.E.)

1984.3-1987.2 장로회신학대학교 신학대학원(M.Div.)

1987.3-1989.8 장로회신학대학교 대학원(Th.M.)

1989.12-1993.2 네덜란드개혁신학대학교(De Theologische Universiteit van de
          Gereformeerde Kerken in Nederland, Kampen 소재, 독토란두스 Drs. =
          Doctorandus)

1993.3-1996.9.4. 네덜란드기독교개혁신학대학교(De Theologische Universiteit
          van de Christelijke Gereformeerde Kerken in Nederland. Apeldoorn 소재,
          Dr. Theol.)

2. 수상 및 발표

1) 장로회신학대학교 교원업적평가 우수교원 3회 선정 (2009.5.19., 2010.5.19.,
   2013.5.14.).

2) 한국기독교학회 "제6회 소망학술상" 수상 (2011.10.21): 『잊혀진 종교개혁자 마
   르틴 부처』, 서울: 대한기독교서회, 2012.

3) 제17회 문서선교의 날 (2012.10.19) "2012년 올해의 저자상" 수상: 『깔뱅신학 입문』 등.

4) 제29회 한국기독교출판문화상 시상식 (2013.2.21) "2012년 신학 국내부문 최우수상" 수상: 『깔뱅신학 입문』. 서울: 장로회신학대학교출판부, 2012.

5) 제32회 한국기독교출판문화상 (2016.1.14) "2015년 신학 국내부문 우수상" 수상: 『개혁신학 입문』. 서울: 장로회신학대학교출판부, 2015.

6) "The Relationship between the Holy Spirit and Jesus Christ by John Calvin." (네덜란드 Apeldoorn 기독교개혁신학대학교/독일 Emden . à Lasco 도서관에서 개최된 제9차 세계칼빈학회(2006.8.22.-26)에서 발표. 8.26).

3. 경력

1980.3.2-1981.8.25   강동고등학교 교사

1981.8.29-1982.10.15   육군 복무

1984.3-1989.5   청주 서남교회, 청량리중앙교회, 희성교회 교육전도사, 승복교회 전임전도사

1989.3.1-1990.2.28   서울장신대학교(서울 광주 캠퍼스) 시간강사

1989.5.9   대한예수교장로회총회(통합) 서울강동노회(승복교회) 목사 안수

1989.5.9-1989.12   승복교회 부목사

1989.12-1996.9   서울강동노회(승복교회) 유학목사

1996.9-1999.12   보리울교회(강원노회) 담임목사(당회장)

1996.9-1997.2   장로회신학대학교 시간강사

1997.3-1998.2   평택대학교 전임강사

1998.3-2000.2   서울장신대학교 전임강사

2000.3-2002.8   서울장신대학교 조교수

2001-2007   영락교회 장년성경공부반 강사

2001-2002   한국칼빈학회 서기

2002.9-현재   서울강동노회 파송 기관목사(장로회신학대학교)

2002. 3-2002. 8	서울장신대학교 실천처장
2002-2009	한국에드워즈학회 서기
2002.9-2006.9	장로회신학대학교 조교수
2002.9-2016.12	장로회신학대학교 새문안교회 강신명 석좌교수
2003-2005	한국조직신학회 서기
2003-2006	한국칼빈학회 총무
2005.3-2006.2	장로회신학대학교 생활관 주임교수
2006.10-2011.9	장로회신학대학교 부교수
2006(2013, 2017)	모스크바장로회신학대학교 객원교수
2007-2008	한국칼빈학회 부회장
2008.3-2010.2	장로회신학대학교 도서관장, 장신대역사박물관장
2008-2009	한국복음주의조직신학회 부회장
2009.1-2009.12	한국칼빈학회 회장
2010-2011	한국칼빈학회 명예회장
2010	한국에드워즈학회 총무
2010-현재	한국개혁신학회 부회장
2010-2012	한국복음주의조직신학회 회장
2010-2013	한국장로교신학회 협동총무
2011-현재	한국칼빈학회 자문위원
2011.3-2013.2	장로회신학대학교 신학과장, 『신학춘추』 편집인 겸 주간
2011.10-현재	장로회신학대학교 교수
2012	동막교회 협동목사
2012-현재	한국기독교학술원 전문연구위원
2013-현재	명성교회 협동목사
2013	호주 시드니신학대학교(SCD) 한국어학부 객원교수
2014-현재	온신학회 신학전문위원
2014-현재	기독교학술연구원 수석연구원

2014.3-2015.2	장로회신학대학교 학생지원처장, 외국인학생지도교수
2014-현재	한국장로교신학회 부회장
2015.2-2019.2	재단법인 장신대장학재단 이사
2015.3-2016.2	장로회신학대학교 복음실천처장, 외국인학생지도교수
2015-2016	대한예수교장로회총회 이단·사이비대책위원회 전문연구위원
2015.12-현재	한국성서학연구소 이사(서기)
2015-현재	고신대학교 개혁주의학술원 전문연구원
2015-현재	한국기독교교육교역연구원 전문위원
2016.3-2018.3	장로회신학대학교 도서관장, 장신대역사박물관장
2017.3-2017.8	장로회신학대학교 조직신학 주임교수

II. 저술목록

1. 학위논문

1) "디지탈회로 및 신호흐름도의 어드죠인트 회로와 센시티비티에 관한 연구." 미간행 석사학위논문, 연세대학교 대학원, 1980, M.E.

2) "깔뱅(Calvin)신학에 나타난 지식과 경건의 관계성 연구." 미간행 석사학위논문, 장로회신학대학교, 1987, M.Div.

3) "Gerrit Cornelis Berkouwer의 하나님의 형상이해." 미간행 석사학위논문, 장로회신학대학교, 1989, Th.M.

4) "De verhouding tussen pneumatologie en christologie bij H. Berkhof." De Theologische Universiteit van de Gerformeerde Kerken in Nederland, Kampen 1993, Drs.

5) De Verhouding tussen pneumatologie en christologie bij Martin Bucer en Johannes Calvijn(Leiden: J. J. Groen en Zoon, 1996; De Theologische Universiteit van de Christelijke Gereformeerde Kerken in Nederland, Apeldoorn, 1996, Proefschrift).

2. 저서

단독 저서

1) 『그리스도론 입문』. 서울: 장로회신학대학교출판부, 2009.

2) 『성령론 입문』. 서울: 장로회신학대학교출판부, 2010.

3) 『잊혀진 종교개혁자 마르틴 부처』. 서울: 대한기독교서회, 2012(한국기독교학회 2011년 "제6회 소망학술상" 수상저서).

4) 『깔뱅신학 입문』. 서울: 장로회신학대학교출판부, 2012(2012년 한국기독교출판 문화상 국내신학부문 "최우수상" 수상저서).

5) 『영혼을 울리는 설교』. 용인: 킹덤북스, 2012(장로회신학대학교 신학대학원 2009 년 가을신앙사경회 설교).

6) 『성경적 · 개혁적 · 복음주의적 · 에큐메니칼적 · 기독교적 조직신학 입문』. 서울: 장로회신학대학교출판부, 2013.

7) 『개혁신학 입문』. 서울: 장로회신학대학교출판부, 2015(2015년 국내신학부문 "우 수상" 수상저서).

8) 『참된 신앙에 따른 삶의 개혁』. 용인: 킹덤북스, 2015(종교개혁500주년 기념사업 회 선정도서).

9) 『구원은 하나님 은혜의 선물』. 용인: 킹덤북스, 2016.

10) 『한국교회의 신학과 목회: 성령안에서 예수사랑·교회사랑』. 서울: 장로회신 학대학교출판부, 2020.

번역서

1) 『멜란히톤과 부처』. 서울: 두란노아카데미, 2011. 이은선 · 최윤배 공역.

2) Bucer, Martin. *Von der waren Seelsorge* (1538). 최윤배 역. 『참된 목회학』. 용인: 킹덤북스, 2014(종교개혁500주년 기념사업회 선정도서).

3) Bucer, Martin. *Epistola D. Pauli ad Ephesios* (1527). 최윤배 역. 『에베소서 주석』(번역 예정).

공저

1) 『내가 새 일을 행하리라: 통권 제1호』. 평택: 평택대학교출판부, 1997.

2) 『칼빈신학과 목회』. 서울: 대한기독교서회, 1999.

3) 『최근의 칼빈연구』. 서울: 대한기독교서회, 2001.

4) 『16세기 종교개혁과 개혁교회의 유산(1)』. 서울: 한국장로교출판사, 2003.

5) 『개혁교회의 역사와 신학(2)』. 서울: 한국장로교출판사, 2004.

6) 『개혁교회의 종말론(3)』. 서울: 한국장로교출판사, 2005.

7) 『신학적 해석학 上』. 서울: 주·이컴비즈넷, 2005.

8) 『2006 말씀과 기도』. 서울: 장로회신학대학교출판부, 2005.

9) 『설교로 이해하는 종교개혁』. 서울: 도서출판 이화, 2006.

10) 『2007 말씀과 기도』. 서울: 장로회신학대학교출판부, 2006.

11) 『2008 말씀과 기도』. 서울: 장로회신학대학교출판부, 2007.

12) 『개혁교회의 신앙고백(4)』. 서울: 한국장로교출판사, 2007.

13) 『칼빈과 교회론』. 부산: 고신대학교출판부, 2007.

14) 『개혁신학과 기독교교육(6)』. 서울: 한국장로교출판사, 2007.

15) 『위로하라 내 백성을』. 서울: 한국학술정보·주, 2007.

16) 『성경통신대학 제2권』. 서울: 한국장로교출판사, 2007.

17) 『임택진 목사님을 생각하며』. 서울: 크리스천 디자인 어린양, 2008.

18) 『21세기 교회와 사회봉사 제2권』. 서울: 장로회신학대학교출판부, 2008.

19) 『교회를 섬기는 청지기의 길(Ⅰ)』. 서울: 도서출판 성안당, 2008.

20) 『교회를 섬기는 청지기의 길(Ⅱ)』. 서울: 도서출판 성안당, 2008.

21) 『교회를 섬기는 청지기의 길(Ⅲ)』. 서울: 도서출판 성안당, 2008.

22) 『제2회 長神筆苑書展』. 서울: 이화문화사, 2008.

23) 『第 2回大韓民國中央書藝大殿』. 서울: 이화문화사, 2008.

24) 『교회론』. 서울: 대한기독교서회, 2009.

25) 『칼빈탄생 500주년 기념: 칼빈신학개요』. 서울: 두란노아카데미, 2009.

26) 『칼빈신학 2009』. 서울: 성광문화사, 2009.

27) 『제3회 長神筆苑書典』. 서울: 이화문화사, 2010.

28) 『제15회 대한민국 중부서예대전』. 수원: 중부일보사, 2010.

29) 『하나님 나라와 교회의 현실참여2』. 서울: 장로회신학대학교출판부, 2010.

30) 『성령과 기독교신학』. 서울: 대한기독교서회, 2010.

31) 『종교개혁과 칼뱅』. 서울: 두란노아카데미, 2010.

32) 『시편찬송가』. 서울: 한국기독교교육교역연구원, 2010.

33) 『그리스도론』. 서울: 대한기독교서회, 2011.

34) 『칼빈과 예배』. 부산: 고신대학교출판부, 2011.

35) Yoonbae Choi, "Kyung-Chik Han's Theology of the Holy Spirit," Eun-seop Kim (ed.), *Kyung-Chik Han Collection 9 Theses 1* (Seoul: Kyung-Chik Foundation, 2011), 315-364.

36) "깔뱅의 선교신학과 선교활동에 관한 연구." 『세상 속에 존재하는 교회』. 서울: 총신대학교출판부, 2011, 538-567.

37) 『신론』. 서울: 대한기독교서회, 2012.

38) 『에큐메니즘 A에서 Z까지』. 서울: 대한기독교서회, 2012, 88-98.

39) "세계교회협의회(WCC)의 성령론: 제7차 호주 캔버라총회(1991)를 중심으로." 『나와 함께 하신 하나님의 은혜: 김영한 박사 은퇴기념논문집』. 서울: 미션앤컬처, 2012, 730-761.

40) "마르틴 부처의 예배에 관한 연구." 『깔뱅의 종교개혁과 교회갱신』. 서울: 장로회신학대학교출판부, 2012, 381-407.

41) 『종말론』. 서울: 대한기독교서회, 2012.

42) 『설교를 위한 신학 신학 있는 설교』. 서울: 대한기독교서회, 2012.

43) 『제4회 장신필원서전』. 서울: 이화출판사, 2012.

44) 『제6회 대한민국중앙서예대전』. 서울: 애드원, 2012.

45) 『칼빈의 목회와 윤리, 사회참여』. 서울: SFC, 2013.

46) "정유 고 이상근 박사의 구원론." 『권호덕 박사 퇴임논문집』, 2013.

47) 『한국교회의 위기 진단과 대안 모색』. 서울: 장로회신학대학교출판부, 2013.

48) 『대학부 신학과의 정체성과 특성화에 관한 연구』. 서울: 장로회신학대학교 연구지원처, 2013.

49) 『제7회 대한민국중앙서예대전』. 서울: 애드원, 2013.

50) 『제8·9회 춘계신학강좌: 춘계이종성 박사의 생애와 사상』. 서울: 장로회신학대학교출판부, 2014.

51) 『장로회신학대학교 장애대학생 교육복지 지원 발전계획서(2013-2016)』. 서울: 장로회신학대학교, 2014.

52) 『고신교회 어디서와서 어디로 가는가』. 서울: 미래교회포럼, 2014.

53) 『제5회 장신필원서전: 장신필원 10주년기념전시회』. 서울: 이화문화사, 2014.

54) 『개혁교회의 예배·예전 및 직제 I: 개혁교회의 예배·예전 전통과 타 교단들의 예배·예전 전통』. 서울: 한국장로교출판사, 2015.

55) 『WCC신학의 평가와 전망』. 서울: 장로회신학대학교출판부, 2015.

56) 『제20회 서울서예대전』. 서울: 이화문화사, 2015.

57) 『관계 속에 계신 삼위일체 하나님』. 서울: 협동조합 이레서원, 2015.

58) 『구원론』. 서울: 대한기독교서회, 2015.

59) 『오직 주님: 은파 김삼환 목사 성역 50주년기념논문집』. 서울: 도서출판 실로암, 2016.

60) "지족상락." 『제21회 사울서예대전』. 서울: 이화문화사, 2016.8.24, 129, 사단법인한국서예협회서울특별시지회. "제6029호 입선(예서부문)"(2016.8.24).

61) "잊혀진 종교개혁자 마르틴 부처." 『종교개혁500주년기념: 한국교회 강단 공동설교의 꿈』. 서울: 한국장로교출판사, 2016.9.26), 670-676.

62) "조직신학 분야 100년의 흐름." 대한예수교장로회총회 총회백서발간위원회 편. 『총회창립100주년기념백서: 개혁하고 꿈꾸는 100년의 신학』. 서울: 한국장로교출판사, 2016.9.30, 192-237.

63) "7장 교회론," 대한예수교장로회총회신학교육부(편). 『조직신학개론』. 서울: 한국장로교출판사, 2019, 197-238.

64) "이수영 박사의 생애와 신학." 『한국교회를 빛낸 칼빈주의자들』. 용인: 킹덤북스, 2020.1.10. ISBN 979-11-5886-153-7(03230), 412-438.

65) 『춘계春溪 이종성 박사의 통전적 교회론과 국가론』. 서울: 장로회신학대학교 출판부, 2020.

66) "마르틴 부처와 코로나 이후의 한국교회." 『교회통찰』. 서울: 세움북스, 2020, 182-188.

책임편집

1) 『21세기 신학의 학문성』. 서울: 장로회신학대학교출판부, 2003.

2) 『어거스틴, 루터, 깔뱅, 오늘의 개혁교회』. 서울: 장로회신학대학교출판부, 2004.

3) 『칼빈연구(창간호)』. 서울: 한국장로교출판사, 2004.

4) 『칼빈연구(제2집)』. 서울: 한국장로교출판사, 2005.

5) 『칼빈연구(제3집)』. 서울: 한국장로교출판사, 2006.

6) 『개혁신학과 경건』. 서울: 장로회신학대학교출판부, 2006.

7) 『칼빈연구(제4집)』. 서울: 한국장로교출판사, 2007.

8) 『개혁교회의 경건론과 국가론』. 서울: 장로회신학대학교출판부, 2007.

9) 『기독교사상과 문화』 제3호. 서울: 장로회신학대학교출판부, 2007.

10) 『기독교사상과 문화』 제4호. 서울: 장로회신학대학교출판부, 2008.

11) 『조직신학연구 제14집』(2011 봄·여름). 서울: 이비즈넷컴, 2011.

12) 『조직신학연구 제15집』(2011 가을·겨울). 서울: 이비즈넷컴, 2011.

13) 『조직신학연구 제16집』(2012 봄·여름). 서울: 이비즈넷컴, 2012.

14) 『조직신학연구 제17집』(2012 가을·겨울). 서울: 이비즈넷컴, 2012.

15) 『소망교회후원: 제15회 소망신학포럼: 한국교회의 위기진단과 대안모색』. 서울: 장로회신학대학교출판부, 2013.

16) 『평신도를 위한 알기 쉬운 교리』. 서울: 도서출판 하늘향, 2017.

17) 『춘계 이종성 박사의 통전적 신학과 한국신학』. 서울: 장로회신학대학교출판부, 2018.

감수

1) 『2009구역예배교재: 인도자용』. 서울: 한국장로교출판사, 2008.

2) 『2009구역예배교재: 구역원용』. 서울: 한국장로교출판사, 2008.

3) 『2010구역예배교재: 인도자용』. 서울: 한국장로교출판사, 2009.

4) 『2010구역예배교재: 구역원용』. 서울: 한국장로교출판사, 2009.

5) 『2012구역예배교재: 인도자용』. 서울: 한국장로교출판사, 2011.

6) 『2012구역예배교재: 구역원용』. 서울: 한국장로교출판사, 2011.

7) 『2012 소그룹 성경연구를 위한 구역워크숍교재: 리더용』. 서울: 한국장로교출판사, 2011.

8) 『2012 소그룹 성경연구를 위한 구역워크숍교재: 멤버용』. 서울: 한국장로교출판사, 2011.

9) 『2013 구역 모임을 위한 구역예배교재: 구역원용』. 서울: 한국장로교출판사, 2012.

10) 『2013 구역 모임을 위한 구역예배교재: 인도자용』. 서울: 한국장로교출판사, 2012.

11) 『GPL 바이블 제자도: 저학년 어린이 1,2,3 드림주니어』. 서울: 한국장로교출판사, 2014.

12) 『GPL바이블 제자도: 고학년 어린이 4,5,6 드림주이어』. 서울: 한국장로교출판사, 2014.

13) 『GPL 바이블 제자도: 저학년 교사 1,2,3 드림주니어』. 서울: 한국장로교출판사, 2014.

14) 『GPL바이블 제자도: 고학년 교사 4,5,6 드림주이어』. 서울: 한국장로교출판사, 2014.

15) 『아동부지도자 GPL 지도자를 위한 공과 가이드북. 서울: 한국장로교출판사, 2016.

16) 『GPL 바이블 성품짱: 고학년 어린이 4, 5, 6 드림시니어』. 서울: 한국장로교출판사, 2016.

17) 『GPL 바이블 성품짱: 저학년 어린이 1, 2, 3 드림주니어』. 서울: 한국장로교출판사, 2016.

18) 『고학년 교사 GPL 바이블 성품짱: 고학년 어린이 4, 5, 6 드림시니어』. 서울: 한국장로교출판사, 2016.

19) 『저학년 교사 GPL 바이블 성품짱: 저학년 어린이 1, 2, 3 드림주니어』. 서울: 한국장로교출판사, 2016.

20) 『GPL 바이블 꿈짱숏: 어린이 저학년 드림주니어』. 서울: 한국장로교출판사, 2017.

21) 『GPL 바이블 꿈짱숏: 어린이 고학년 드림주니어』. 서울: 한국장로교출판사, 2017.

22) 『GPL 바이블 꿈짱숏: 교사 저학년 드림주니어』. 서울: 한국장로교출판사, 2017.

23) 『GPL 바이블 꿈짱숏: 교사 고학년 드림주니어』. 서울: 한국장로교출판사, 2017.

24) 『GPL 바이블 꿈짱숏: 지도자 아동부 가이드북』. 서울: 한국장로교출판사, 2017.

25) 『2018년 여름성경학교 전·저학년 교사 가이드북(지침서): 예수님과 두루두루 마을탐험』. 서울: 한국장로교출판사, 2018.

26) 『2018년 여름성경학교 고학년 교사 가이드북(지침서): 예수님과 두루두루 마을탐험』. 서울: 한국장로교출판사, 2018.

27) 『GPL 말씀따라 체인지 업! 어린이 저학년 드림주니어』. 서울: 한국장로교출판사, 2018.

28) 『GPL 말씀따라 체인지 업! 교사 저학년 드림주니어』. 서울: 한국장로교출판사, 2018.

29) 『GPL 말씀따라 체인지 업! 어린이 고학년 드림시니어』. 서울: 한국장로교출판사, 2018.

30) 『GPL 말씀따라 체인지 업! 교사 고학년 드림시니어』. 서울: 한국장로교출판사, 2018.

31) 『GPL지도자를 위한 공과 가이드북: 지도자 아동부 가이드북』. 서울: 한국장로교출판사, 2018.

32) 『말씀의 숲: 구약1: 아동부 지도자』. 서울: 한국장로교출판사, 2018.

33) 『말씀의 숲: 구약1: 저학년·교사』. 서울: 한국장로교출판사, 2018.11.20.

34) 『말씀의 숲: 구약1: 저학년·어린이』. 서울: 한국장로교출판사, 2018.

35) 『말씀의 숲: 구약1: 고학년·교사』. 서울: 한국장로교출판사, 2018.

36) 『말씀의 숲: 구약1: 고학년·어린이』. 서울: 한국장로교출판사, 2018.

37) 『말씀의 숲: 구약2: 아동부 지도자』. 서울: 한국장로교출판사, 2019.

38) 『말씀의 숲: 구약2: 저학년·교사』. 서울: 한국장로교출판사, 2019.

39) 『말씀의 숲: 구약2: 저학년·어린이』. 서울: 한국장로교출판사, 2019.

40) 『말씀의 숲: 구약2: 고학년·교사』. 서울: 한국장로교출판사, 2019.

41) 『말씀의 숲: 구약2: 고학년·어린이』. 서울: 한국장로교출판사, 2019.

42) 『말씀의 숲: 신약1: 아동부 지도자』. 서울: 한국장로교출판사, 2019.

43) 『말씀의 숲: 신약1: 저학년·교사』. 서울: 한국장로교출판사, 2019.

44) 『말씀의 숲: 신약1: 저학년·어린이』. 서울: 한국장로교출판사, 2019.

45) 『말씀의 숲: 신약1: 고학년·교사』. 서울: 한국장로교출판사, 2019.

46) 『말씀의 숲: 신약1: 고학년·어린이』. 서울: 한국장로교출판사, 2019.

3. 소논문 및 소고

1985년

1) "위르겐 몰트만의 희망의 정치신학." 장로회신학대학원 편. 『ΛΟΓΟΣ(로고스)』 제XXI집(1985.6.6), 107-112.

1988년

2) "평화의 본질." 『교육교회』(1988.2), 108-115.

1997년

3) "개혁신학이란 무엇인가?." 평택대학교 편. 『논문집』 제9집·제2호(1997.후기), 59-69.

4) "두 가지 종류의 생년월일." 평택대학교 편. 『내가 새 일을 행하리라』 통권 제1호(1997.12.31), 83-90.

1998년

5) "종교개혁의 세 가지 모델." 『서울장신학보』(1998).

1999년

6) "Der Heilige Geist und dreifache Amt Christi bei Martin Bucer (1491–1551) und Johannes Calvin(1509–1564)." *Yonsei Review of Theology & Culture* V(1999), 81–89.

7) "복음주의신학이란 무엇인가?." 안양대학교 편. 『신학지평』 제10집(1999), 145–162.

8) "성령론과 그리스도의 삼중직: Bucer와 관련하여." 한국칼빈학회 편. 『칼빈신학과 목회』(1999), 33–45.

9) "부처와 깔뱅에게서 성령과 그리스도의 삼중직." 서울장신대학교 편. 『서울장신논단』 제7집(1999), 128–146.

2000년

10) "헨드리꾸스 베르꼬프의 성령론의 발전." 서울장신대학교 편. 『서울장신논단』 제8집(2000), 99–119.

11) "'개혁교의학'(Reformed Dogmatics)에서 '프로레고메나'(prolegomena) 개요." 평택대학교 편. 『복음과 신학』 제3호(2000), 124–143.

12) "논의 중에 있는 칼빈의 예정론." 연세대학교 편. 『현대와 신학』 제25집(2000), 318–333.

13) "Martin Bucer(1491–1551) und Johannes Calvin(1509–1564) im Umgang miteinander." *Yonsei Journal of Theology* V (Dec. 2000), 349–362.

14) "H. Berkhof의 K. Barth에 대한 관계 발전: 신학방법론을 중심으로." 한국조직신학회 편. 『조직신학논총』 제5집(2000), 245–262.

15) "개혁파 종교개혁자 Martin Bucer(1491–1551)에게서 구약과 신약의 관계." 한국기독교학회 편. 『한국기독교신학 논총』 제18집(2000), 223–246.

16) "Martin Bucer의 삼위일체론적 성령론." 안양대학교 편. 『신학지평』 제13집(2000), 207–236.

17) "자원봉사의 의의와 가치." 『새가정』 10월호(2000), 30–33.

18) "종교개혁적 관점에서 본 한국교회의 문제." 『서울장신학보』(2000.11).

19) "추천도서 소개." 『서울장신학보』(2000.11).

20) "종교개혁운동은 윤리적 사건인가 종교적 사건인가." 『영남신학대학보사』
(2000.11).

2001년

21) "사랑과 하나님의 나라에 뿌리를 둔 목회." 『기독교사상』(2001년 1월호), 135-
141.

22) "최근의 칼빈의 성령론: 연구방법론과 성령론을 중심으로." 한국칼빈학회
편. 『최근의 칼빈연구』(2001), 158-173.

23) "마르틴 부처와 쟝 깔뱅의 상호관계." 『서울장신논단』 제9집(2001), 98-116.

24) "G.C. Berkouwer의 하나님의 형상의 회복." 평택대학교 편. 『복음과 신학』
제4호(2001), 218-241.

25) "Die Entwicklung des Verhältnisses von Berkhof zu Barth: hinsichtlich
der theologische Methode." *Yonsei Journal of Theology VI* (2001),
105-119.

26) "G.C. Berkouwer의 하나님의 형상 이해." 한국기독교학회 편. 『한국기독교
신학논총』 21집(2001).

27) "십자가를 전하는 선교." 서울서남노회 편. 『남선교회보』(2001), 6-9.

28) "십자가의 의미 (I)." 『서울장신학보』 제119호(2001).

29) "칼빈의 기도론." 영락교회 편. 『제7기 기도학교』(2001).

30) "2001년 크리스마스에는⋯." 영락교회 편. 『만남』(2001.12), 4-5.

2002년

31) "부활의 영광 속에서 십자가를." 영락교회. 『만남』(2002.3.), 8-10.

32) "개혁신학 전통 속에서 여·남 평등: 조직신학적 소고." 전국여신학생연합회.
『새날』 재창간호(2002), 31-33.

33) "십자가의 의미(II)." 『서울장신학보』 제120호(2002).

34) "예수 그리스도의 부활." 서울장신대학교 편. 『서울장신논단』 제10집(2002),
106-125.

35) "루터의 종교개혁과 우리시대의 교회개혁." 대한예수교장로회총회교육부 편. 『교육목회』 제14호(2002 가을), 33-39.

36) "바람직한 기독교 가정." 대한예수교장로회총회교육부 편. 『생명의 성령이 역사하시는 하나님의 나라와 가정』(2002), 293-314.

37) "요한 칼빈의 구원론: 칭의와 성화의 관계를 중심으로." 목원대학교대학원신학과학생회 엮음. 『루터 칼빈 웨슬리의 구원론 비교』(2002), 33-60.

2003년

38) "Clavins Prädestinationslehre unter Diskussion." *Korea Presbyterian Journal of Theology 3* (2003.5), 85-101.

39) "기독교는 인간에 대해서 어떻게 가르쳐야 하는가?." 『새문안』(2003.5), 10-12.

40) "헨드리꾸스 베르꼬프의 성령론과 기독론의 관계 연구." 연세대학교연합신학대학원 편. 『신학논단』 제31집(2003.5.15), 99-138.

41) "개혁교회 전통 속에서 하나님의 나라와 가정." 『남제 유정우 박사 회갑기념 논문집: 역사와 신학』(2003.5.16), 358-378.

42) "하나님의 나라와 가정의 성서적 접근." 『교육교회』 통권/315호(2003.7.1), 6-14.

43) "세 가지 종류의 십자가." 『교회와 신학』 제54호(2003.9.1), 48-56.

44) "기도 일천 시간! 책 일천 권!." 『로고스』 제35집(2003.9.22), 35-42.

45) "선물로 받은 평화를 전해주는 2003년 성탄절." 영락교회 편. 『만남』 통권 (2003.11.23), 4-6.

46) "지식으로서 신학: 마르틴 부처의 '이중적 신지식'(duplex cognitio Dei)을 중심으로." 장로회신학대학교 편. 『21세기 신학의 학문성』(2003.12.30), 199-220.

47) "마르틴 부처(Martin Bucer)의 교회일치적 활동에 나타난 교회론." 『장신논단』 제20집(2003.12.30), 161-181.

2004년

48) "칼빈의 성령과 그리스도와의 관계: 성령의 담지자로서 그리스도를 중심으로." 한국칼빈학회 편. 『칼빈연구』 창간호(2004.1.10), 71-91.

49) "마르틴 부처의 교회론-그리스도의 나라로서 교회." 이형기교수 은퇴기념논문위원회 편.『하나님의 나라, 역사 그리고 신학』(2004.2.26), 293-319.

50) "현대 개혁신학의 종말론: G. C. Berkouwer와 O. Weber를 중심으로." 한국복음주의조직신학회 편.『조직신학연구』제4호(2004.3.27), 233-254.

51) "로마가톨릭교회와 바르트를 비판하는 칼빈주의자 베르까우어의 개혁신학." 연세대학교연합신학대학원 편.『신학논단』37집(2004.9.20), 307-351.

52) "칼빈과 바르트의 중재자로서 오토 베버(Otto Weber)." 한국개혁신학회 편.『한국개혁신학』제16권(2004.10.1), 222-261.

53) "마르틴 부처의 삼위일체론적·기독론적 성령론." 한국기독교학회 편.『한국조직신학논총』제11집(2004.10.15), 269-303.

54) "황정욱 교수의 '칼빈과 오늘의 개혁교회-교회론'을 중심으로." 최윤배 책임편집.『어거스틴, 루터, 깔뱅, 오늘의 개혁교회』. 서울: 장로회신학대학교출판부, 2004, 158-164.

55) "통전적 신학."『교회와 신학』제59호(2004), 139-142.

56) "마르틴 부처의 해석학."『장신논단』제22집(2004.12.31), 173-190.

2005년

57) "마르틴 부처의 신학적 해석학."『신학적 해석학 상』(2005.1.5), 187-210.

58) "부처와 칼빈의 종말론."『칼빈연구』제2집(2005.1.20), 235-257.

59) "두 질서 안에서 살아가는 그리스도인."『목회자신문』제438호(2005.1.29).

60) "잊혀져 가지만 그러나 반드시 간직해야 할 말씀, '그리스도의 보혈'."『목회자신문』제444호(2005.3.19).

61) "쯔빙글리, 부처, 칼빈의 종말론." 한국기독교학회 편.『한국기독교신학논총』제38호(2005.4.15), 185-209.

62) "윤철호, 신옥수 교수의 21세기 한국교회의 패러다임을 위한 교회론적 고찰 – 하나님 나라의 비전을 품고 세상과의 상호적이고 역동적인 상관관계 속에서 세상을 변혁시키는 삼위일체적 교회."『한국교회의 영적 부흥과 리더십1·2』. 서울: 장로회신학대학교출판부, 2006, 645-652.

63) "아그누스 데이."『목회자신문』제449호(2005.4.30).

64) "나라사랑과 교회." 영락교회 편.『만남』통권/377호(2005.6.1), 4-6.

65) "그리스도인과 애국자의 관계." 『목회자신문』 제456호(2005.6.25).

66) "깔뱅의 경건으로서 영성." 장로회신학대학교 편. 『제3차 종교개혁기념학술강좌』(2005.10.27).

67) "시 62:7; 행 11:21." 장로회신학대학교 편. 『2006 말씀과 기도』(2005. 12.25), 149-150.

68) "깔뱅의 삼위일체(론)적 성령론." 한국칼빈학회 편. 『칼빈연구』 제3집(2005. 12.30), 79-99.

69) "깔뱅의 '기독교 강요'(1559)에 나타난 교회의 본질." 한국칼빈학회 편. 『칼빈연구』 제3집(2005.12.30), 123-145.

2006년

70) "백수신앙과 일하는 신앙." 『목회자신문』 제481호(2006.1.28).

71) "상급은 공로주의인가?." 『목회자신문』 제485호(2006.3.4).

72) "교회직분의 절대론이냐? 무용론이냐?." 『목회자신문』 제490호(2006.4.16).

73) "깔뱅의 국가론(Calvin's Thoughts on State)." 장로회신학대학교 편. 『장신논단』 제25집(2006.4.30.), 127-167.

74) "The Relationship between the Holy Spirit and Jesus Christ by John Calvin."(제9차 세계칼빈학회(2006.8.26)에서 발표, 네덜란드 Apeldoorn 기독교개혁신학대학교/독일 Emden . à Lasco 도서관, 2006.8.22.-26).

75) "깔뱅과 한국신학." 『로고스』 제38집(2006.8.29), 12-32.

76) "깔뱅의 성령과 예수 그리스도의 관계: 성령의 파송자로서 예수 그리스도." 연세대학교연합신학대학원 편. 『신학논단』 제45집(2006.9.15), 147-180.

77) "오직 하나님의 은혜로!." 최윤배 공저. 『설교로 이해하는 종교개혁』(2006.9. 20), 151-162.

78) "칼빈의 성례전으로 세례: '기독교 강요'(1559)를 중심으로." 한국개혁신학회 편. 『한국개혁신학』 제20권(2006.10.1), 313-340.

79) "개혁교회 전통에서 경제관: 깔뱅을 중심으로." 장로회신학대학교 기독교교육연구원 편. 『교육교회』 제351회(2006.11.1), 9-15.

80) "장신대 교수님이 추천하는 신학생 필독서 50권." 『신학춘추』 통합/51호(2006.11.21).

81) "깔뱅의 그리스도의 나라(Regnum Christi)에 관한 연구." 김영한교수 회갑기념논문집 간행위원회 편. 『은혜 김영한 교수 회갑기념 논문집: 21세시 한국 신학의 방향』(2006.11.23), 504-526.

82) "깔뱅의 교회론: 교회의 본질을 중심으로." 한국복음주의조직신학회 편. 『조직신학연구』 제8집(2006.12.12), 8-43.

83) "시62:7; 막14:62." 장로회신학대학교 편. 『2007 말씀과 기도』(2006.12.20), 184-185.

84) "개혁교회의 역사와 신학." 『교회와 신학』 제67호(2006 겨울), 156-158.

85) "칼빈의 중세 로마가톨릭교회의 7성례에 대한 비판." 한국기독교학회 편. 『한국조직신학논총』 제17집(2006.12.30), 203-235.

2007년

86) "깔뱅의 교회직분과 교회권위에 대한 연구: '기독교강요'(1559)를 중심으로." 한국칼빈학회편. 『칼빈연구』 제4집(2007.1.10), 199-226.

87) "칼빈의 교회론: 교회의 본질을 중심으로." 한국기독교학회 편. 『한국기독교신학논총』 제49호(2007.1.15), 92-122.

88) "The Relationship between the Holy Spirit and Christ as the Sender of the Holy Spirit in john Clavin." *Korea Presbyterian Journal of Theology* Vol. 7 (2007.2.20), 181-208.

89) "위르겐 몰트만의 '디아코니아'." 『유정우교수 정년퇴임 기념논문집』(2007.2.20).

90) "평양대부흥운동의 신학적 고찰 (1): 세계 신앙각성운동과 연계하여." 『교회와 신학』 제68호(2007.3.15), 36-43.

91) "깔뱅의 권징론." 고신대학교개혁주의학술원 편. 『칼빈과 교회론』(2007.3.23), 147-171.

92) "The Relationship between the Holy Spirit and Christ as the Bearer of the Holy Spirit in john Clavin." 한국개혁신학회 편. 『한국개혁신학』 제21집(2007.4.1), 261-286.

93) "박형룡의 개혁신앙: 칭의와 성화를 중심으로." 한국개혁신학회 편. 『한국개혁신학』 제21집(2007.4.1), 187-209.

94) "무극(無極) 한숭홍(韓崇弘), 그에게는 무엇이 있는가?." 『신학춘추』 통권53호(2007.5.1).

95) "21세기 글로벌 신학의 동향과 과제(Trends and Tasks of Global Theology in 21st Century)." 백석대학교 편. 『춘계신학전공학술제』 제1회(2007.5.17).

96) "개혁전통에서 디아코니아: 개혁파 정통주의와 H. Berkhof 중심으로." 한국 조직신학회 편. 『한국조직신학논총』 제19집(2007.5.22), 81-108.

97) "21세기 교단신학의 정체성." 『장신논단』 제28집(2007.5.30), 95-139.

98) "평양대부흥운동의 신학적 고찰 (1): 세계신앙각성운동과 연계하여." 『교회와 신학』 제68호(2007 봄), 36-43.

99) "깔뱅의 성례전으로 성찬: '기독교강요'(1559)를 중심으로." 평택대학교 편. 『복음과 신학』 통권/제9호(2007.8.29), 191-223.

100) "개혁파 종교개혁자 마르틴 부처의 '경건'(pietas) 개념." 『로고스』 제39호 (2007.9.1), 67-90.

101) "한국교회의 정치신학과 2007 대선 참여." 『교회와 신학』 제71호(2007. 12.3), 59-67.

102) "Bucer와 Strasbourg." 제11차 한중학술대회(2007.12.10-12).

2008년

103) "마르틴 부처(Martin Bucer, 1491-1551)의 종교개혁과 선교: 하나님의 나라 를 중심으로." 『선교와 신학』 제21집(2008.1.14), 69-96.

104) "시편주석서를 통해 본 성경번역자로서의 깔뱅." 한국칼빈학회 편. 『칼빈연 구』 제5집(2008.1.20), 169-187.

105) "개혁파 전통에서 본 국가론." 『장로교회와 신학』 제5집(2008.2.12), 138-160.

106) "오직 메시아이신 주를 의지해 그 존재 이유와 영예를 발견하는 민족." 『새 문안』 통권/235호(2008.3.2), 10-12.

107) "한경직의 성령신학." 한국개혁신학회 편. 『한국개혁신학논문집』 제23권 (2008.4.1), 117-152.

108) "칼빈의 가정론." 두란노 편. 『목회와 신학』(2008.5.1), 164-169.

109) "Bucer와 Strasbourg." *Korea Presbyterian Journal of Theology* Vol. 8 (2008.5), 143-156.

110) "마르틴 부처의 선교 사상: 예수 그리스도와 사도들에 의한 하나님의 나라 를 중심으로." 『장신논단』 제31집(2008.5.30), 9-36.

111) "성경에 근거한 교리." 『한국기독공보』(2008.8.9).

112) "마르틴 부처의 '경건'(pietas)에 관한 연구." 한국기독교학회 편. 『한국조직신학논총』 제21집(2008.9.30), 11-33.

113) "칼뱅의 교회정치사상에 대한 연구." 『한국기독교신학논총』 제59집(2008.10.15), 101-126.

114) "중보자 예수 그리스도의 직무(munus)에 대한 고찰: 고대교회로부터 칼뱅까지." 『교회를 위한 신학 제7권』 통권 제2호(2008.12.20), 272-291.

115) "말씀과 기도." 장로회신학대학교출판부 편. 『2009 말씀과 기도』(2008.12.31), 230.

2009년

116) "깔뱅의 기도 이해: '기독교 강요' 초판과 최종판(1536/1559)을 중심으로." 한국칼빈학회 편. 『칼빈연구』 제6집(2009.1.20), 61-90.

117) "칼빈탄생 500주년 특집: 학술기고⑤ '칼빈의 동역자'." 『한국기독공보』(2009.2.14).

118) "〈7〉 박형룡 목사: 1. 초기신앙과 교육적 배경." 『한국기독공보』(2009. 3.7).

119) "〈7〉 박형룡 목사: 2. 신학교분열의 중심에 서다." 『한국기독공보』(2009. 3.14).

120) "〈7〉 박형룡 목사: 3. 박형룡 사상에 대한 연구들." 『한국기독공보』(2009. 3.21).

121) "〈7〉 박형룡 목사: 4. 죽산 박형룡이 논쟁한 주요 사건들." 『한국기독공보』(2009.3.28).

122) "정암 박윤선의 성령신학." 한국개혁신학회 편. 『한국개혁신학』 제25권(2009.4.1), 34-83.

123) "하나님의 나라와 개혁교회의 현실참여: 역사신학적·조직신학적 고찰과 한국교회를 위한 실천방향." 『제10회 소망포럼』(2009.5.6).

124) "왜 21세기에도 16세기의 칼빈인가?." (계명대 특강, 2009.5.18).

125) "개혁교회의 미래." 평신도대학원교육대회 (2009.5.21).

126) "칼빈의 문화관: 하나님 나라 위한 문화 만들라." 『한국기독공보』(2009.5.23).

127) "칼빈 탄생 500주년에 부쳐." 『한국장로신문』(2009.5.23).

128) "칼빈의 신학과 한국장로교회신학의 특성." 서울교회 강연(2009.6.1).

129) "깔뱅의 장로교이념의 신학적 재해석." 제4회 한강목회포럼(2009. 6.29).

130) "칼뱅과 문화." 한국기독교회사학회 편. 『교회사학』 제8권/1호(2009.7.1), 81-108.

131) "세상을 품는 교회의 나라사랑과 평화." 『새문안』 통권/8호(2009.8.2), 10-12.

132) "21세기에도 칼빈이 주목받는 이유." 『신앙세계』 통권/489호(2009.4), 34-39.

133) "학술기고 30 '칼빈의 기도'." 『한국기독공보』(2009.9.5).

134) "칼뱅의 생애와 사상 및 신학 (1)." 『통독 큐티』(2009.5), 152-155.

135) "칼뱅의 생애와 사상 및 신학 (2)." 『통독 큐티』(2009.6), 150-155.

136) "칼뱅의 생애와 사상 및 신학 (3)." 『통독 큐티』(2009.6), 150-155.

137) "소그룹 학습을 통한 교회학교교리교육의 이론과 실제: 깔뱅의 '즈네브교회 교리문답'을 중심으로." 장로회신학대학교교수학습개발원 편. 『학습자 주도적 협력학습연구』 제5호(2009.9.23), 37-83.

138) "깔뱅은 성경을 어떻게 이해했는가?." 『성서마당』 통권/제22호(2009. 9.30), 31-43.

139) "마르틴 부처(Martin Bucer)의 성서주석들에 나타난 해석학적 관점들에 대한 연구." 한국조직신학회 편. 『한국조직신학논총』 제24집(2009. 9.30), 7-33.

140) "칼빈의 통전적(holistic) 영성." NCCK 선교훈련원 주최.(장신대 신대원 주관, 감신, 구세군사관학교, 성공회대, 연신원, 한신대, 장신대) (2009.10.19.).

141) "마르틴 부처(Martin Bucer)의 '시편주석'에 나타난 역사적 해석." 『장신논단』 제35집(2009), 109-137.

2010년

142) "칼빈의 종교적 인식에 대한 연구: '기독교강요' 프랑스어판(1560) I권 1장에서 9장을 중심으로." 한국칼빈학회 편. 『칼빈연구』 제7집(2010. 1.20), 275-304.

143) "종교개혁신학에 나타난 '그리스도와의 신비적 연합'(unio mystica cum Christo)에 대한 이해." 『장신논단』 제37집(2010.2.15).

144) "마르틴 부처의 '에베소서주석'(1527)에 나타난 중심사상: 성령과 말씀을 중심으로." 연세대학교연합신학대학원 편. 『신학논단』 제59집(2010.3.31), 149-171.

145) "깔뱅의 '과학'(science) 이해." 한국조직신학회 편. 한국기독교학회 편. 『한국조직신학논총』 제26집(2010.6.30), 7-39.

146) "부처의 예배." 장로회신학대학교 제8회 종교개혁기념학술강좌(2010.10.20).

147) "칼빈의 인간 이해: 중생된 인간을 중심으로." 한국복음주의조직신학회 편. 『조직신학연구』 제13호(2010.10.29), 139-153.

148) "칼빈의 성령론." 『교회력에 따른 2011 예배와 강단』(2010.10.30), 63-80.

149) "앤드류 머레이의 '예수님의 보혈의 능력'." 장로회신학대학교도서관 편. 『교수님에게 듣는 나를 변화시킨 한 권의 책』(2010.11.3), 48-49.

150) "이상원 교수의 '아브라함 카이퍼의 하나님의 주권사상 실천과정, 오늘날의 의미'." 개혁주의이론 실천학회 제1회 학술대회(2010.12.18).

151) "개혁신학과 교회일치: 교회의 '하나됨'의 속성을 중심으로." 필그림출판사 편. 『바른신학과 교회갱신』(2010.12.26), 814-833.

152) "하나님 나라와 개혁교회의 현실참여." 장로회신학대학교연구지원처 편. 『하나님 나라와 교회의 현실 참여 2』(2010.12.30), 77-150.

2011년

153) "마르틴 부처의 생애와 사상 (I)." 도서출판통독원. 『큐티성경통독』(2011.1.1), 144-147.

154) "마르틴 부처의 생애와 사상 (II)." 도서출판통독원. 『큐티성경통독』(2011.2.1), 144-147.

155) "종교개혁신학에 나타난 '그리스도와의 신비적 연합'(unio mystica cum Christo)에 대한 이해." 장로회신학대학교 편. 『장신논총』 제3집(2011.2.28).

156) "깔뱅의 예배신학의 특징." 한국칼빈학회 편. 『칼빈연구』 제8집(2011. 2.28), 123-154.

157) "칼빈과 16세기 예배 이해." 고신대학교 개혁주의학술원 편. 『칼빈과 예배』 (2011.2.28), 37-58.

158) "마르틴 부처의 예배신학에 대한 연구." 한국장로교신학회 발표(2011.3.5).

159) "마르틴 부처(Martin Bucer)의 초기 사상에 나타난 그리스도론 연구." 『장신논단』 제40집(2011.4.30), 289-309.

160) "WCC 문서에 나타난성령론." 한국개혁신학회 발표(2011.5.14).

161) "헬무트 틸리케의 성령론 연구." 『한국개혁신학』 제30권(2011.5.31), 38-78.

162) "헬무트 틸리케의 교회론적 성령론 연구: '개신교 신앙' 제3권의 3부에 나타난 '교회론'을 중심으로." 『신학논단』 제64집(2011), 259-283.

163) "Kyung-Chik Han's Theology of the Holy Spirit." *Kyung-Chik Foundation* (2010), 315-364.

164) "칼빈의 신론에 관한 연구." 『조직신학연구』 제14집(2011 봄·여름), 154-169.

165) "프랑스 개혁교회의 예배와 직제에 관한 연구." 『조직신학연구』 제15집(2011 가을·겨울), 79-108.

166) "맑은 물과 흐린 물." 『신학춘추』통합 79호(2011.9.27).

167) "부처, 칼빈, 한경직의 삼위일체론적 성령론." 한국칼빈학회 발표(2011.10.17).

168) "故 이종성 명예학장의 신학." 『신학춘추』 제80호(2011.10.25).

169) "붙잡지 못한 사랑하는 제자와 존경하는 스승님." 『신학춘추』 제80호(2011.10.25).

170) "깔뱅의 선교론." 한국복음주의신학회 발표(2011.10.28-29).

171) "성령론과 목회." 장로회신학대학교 기독교사상연구부·새세대성장연구소 발표(2011.11.5).

172) "소통(疏通)과 불통(不通)." 『신학춘추』 제81호(2011.11.22).

173) "프랑스 개혁교회의 예배와 직제에 관한 연구." 『조직신학연구』 제14집(2011.5.30), 154-169.

174) "개혁신학과 교회일치." 『성경과 신학』 제59권(2011.10.25), 265-290.

175) "칼빈의 신론에 관한 연구." 『조직신학연구』 제15집(2011.10.30), 79-108.

176) "마르틴 부처의 생애와 사상(III)." 『큐티성경통독 2011년 3월호』. 서울: 도서출판 통독원, 2011, 150-155.

177) "16세기 종교개혁운동의 오늘날의 의미." 『금성월보』 통권72호(2011.11.1), 13-17.

2012년

178) "마르틴 부처(Martin Bucer)의 구원론에 관한 연구: 예정과 소명과 영화를 중심으로." 『신학논단』 제67집(2012.3.31), 141-169.

179) "마르틴 부처의 구원론: 칭의를 중심으로." 『조직신학연구』 제16호(2012. 5.31), 168-196.

180) "깔뱅의 선교신학과 선교활동." 『성경과 신학』 제62권(2012.4.25), 133-162.

181) "'프리베'와 '퍄블릭' 사이의 경계선에서." 『신학춘추』 통합82호(2012.3.27). 화, A10.

182) 제6회 대한민국중앙서예대전, "한문특선 '범사감사'," "문인화 입선 '감'" (2012. 3.29-4.1 경복궁 메트로미술관 1/2관(전관).

183) "계절의 '봄'과 마음의 '봄'" 『신학춘추』 통합83호(2012.4.24).화, A10.

184) "가장 싫은 시험과 가장 좋은 방학." 『신학춘추』 통합84호(2012.5.22)화, A10.

185) "개신교 목회신학의 뿌리로서의 종교개혁신학." 『교육목회』 Vol. 41 (2012.4. 8), 34-43.

186) "직제적 관점에서 본 한국교회의 위기와 신학적 실천적 대안모색." 『한국개혁신학』 제34권(2012.5.31), 67-98.

187) "대한예수교장로회총회 100년: 조직신학의 어제와 오늘과 내일." 『장신논단』 제44권-2호(2012.7.30), 41-73.

188) "마르틴 부처의 구원론: 성화를 중심으로." 『조직신학연구: 최갑종 교수 은퇴논문』 제17집(2012 가을·겨울), 134-168.

189) "구원자이신 예수 그리스도의 힐링(healing)." 『신학춘추』 통합85호(2012. 9.25.화), A10.

190) "쌍두마차로서의 교회와 선교, 선교와 교회." 『신학춘추』 통합86호(2012. 10.30.화), A10.

191) "아듀! 아-듀!" 『신학춘추』 통합87호(2012.11.27.화), A10.

192) "종교개혁 제495주년을 보내면서 …." 『장신소식 2012 Winter』, 9.

2013년

193) "장공 김재준 박사의 구원론에 관한 연구: 초기 신학사상(1926-1949)을 중심으로." 한국개혁신학회 편. 『한국개혁신학』 제38권(2013.5.31), 51-80.

194) "중국인 가옥명(賈玉銘; Chia Yu Ming, 1879-1964)의 성령론 연구." 한국개혁 신학회 편. 『한국개혁신학』 제39권(2013.8.31), 124-159.

195) "호주 디아스포라신학과 실천에 관한 연구: 홍길복을 중심으로." 한국복음 주의조직신학회 편. 『조직신학연구』 제19호(2013.11.1), 39-82.

196) "화해(和解)에 대한 조직신학적 소고." 한국성서학연구소 편. 『성서마당』 Vol. 106 (2013. 6.30), 37-48.

2014년

197) "정유(靜流) 이상근(李相根) 박사의 구원론: 『신약성서 주해 로마서』를 중심으로." 장로회신학대학교출판부. 『교회와 신학』 제78집(2014. 2.28), 141-169.

198) "기독교 교리, 왜 필요한가?" 『목회와 신학』(2014.3.1), 42-46.

199) "'성경·개혁·복음주의·에큐메니칼·기독교'적인 본교단 신학의 미래 전망." 『한국기독공보』 제2939호(2014.2.22, 토), A21.

200) "개혁신학의 관점에서 본 신사도운동의 영성." 『한국조직신학논총』 제38집 (2014.6), 121-156.

201) "기독교 교리의 필요성에 관한 연구." 『조직신학 연구』 제20집(2014. 5.16), 140-161.

202) "성령에 대한 이해." 『만남』 통권 485호(2014 6월호)(2004.6), 12-13.

203) "치유의 믿음." 대한예수교장로회 제삼교회(편). 『제삼의만남』 통권 50호 (2014.6), 6-14.

204) "목회자가 목회자에게 들려주는 TULIP." 『목회와 신학』(2014.9), 216-217.

205) "제1과 『로마서』 성경공부 개요." 『평신도신문』 제66호(2014.8.9, 토), A9.

206) "제2과 복음과 우리의 신분." 『평신도신문』 제67호(2014.8.23, 토), A11.

207) "제3과 하나님의 의." 『평신도신문』 제68호(2014.9.6, 토), A9.

208) "제4과 인간의 죄로서의 불의 또는 불법." 『평신도신문』 제69호(2014.9. 27, 토), A11.

209) "제5과 유대인의 불법으로서의 죄." 『평신도신문』 제70호(2014.10.11, 토), A9.

210) "제6과 행위의 법과 믿음의 법; 율법을 통한 죄인과 믿음을 통한 의인." 『평신도신문』 제71호(2014.10.25, 토), A9.

211) "제7과 믿음으로 의롭다함(칭의)을 받은 아브라함과 우리들."『평신도신문』 제72호(2014.11.15, 토), A9.

212) "제8과 칭의받은 신앙인의 삶과, 아담-그리스도 모형(type)."『평신도신문』 제73호(2014.11.29, 토), A9.

213) "제9과 칭의받은 신앙인의 거룩한 삶의 실천."『평신도신문』제74호(2014.12.13, 토), A9.

214) "제10과 죄와 사망의 법과, 생명의 성령의 법."『평신도신문』제75호(2014.12.13, 토), A9.

215) "기독교 관점에서 본 죽음과 노년의 관계에 대한 연구."『구약논단』제20권 4호 · 통권54집(2014.12.31), 42-88.

2015년

216) "제11과 성령의 사람으로서의 그리스도인."『평신도신문』제76호(2015.1. 10, 토), A9.

217) "제12과 그리스도인의 '구원의 과정(순서)."『평신도신문』제77호(2015.1. 24, 토), A11.

218) "제13과 하나님의 사랑과 자비에 근거한 하나님의 일방적인 선택."『평신도신문』제78호(2015.2.7, 토), A9.

219) "제14과 복음전파와 선교의 절대 필요성과 절대 긴박성."『평신도신문』제79호(2015.2.28, 토), A9.

220) "제15과 하나님의 구원의 역사."『평신도신문』제80호(2015.3.7, 토), A9.

221) "제16과 영적 예배."『평신도신문』제81호(2015.3.21, 토), A9.

222) "제17과 은사와 직분을 통한 그리스도인의 삶."『평신도신문』제82호(2015.4.4, 토), A9.

223) "제18과 국가와 사회 속에서의 그리스도인의 삶."『평신도신문』제83호(2015.4.18, 토), A9.

224) "제19과 국가와 사회 속에서 율법."『평신도신문』제84호(2015.5.2, 토), A9.

225) "제20과 그리스도인의 종말(론)적인 삶의 태도."『평신도신문』제85호(2015.5.23, 토), A9.

226) "제21과 상호교제와 소통을 해치는 '상호 비판행위'."『평신도신문』제86호(2015.6.6, 토) A9.

227) "제22과 상호교제를 가능케하는 '상호 사랑'."『평신도신문』제87호(2015.6. 20, 토) A9.

228) "제23과 상호교제와 소통을 가능케하는 상호 덕을 세움."『평신도신문』제 88호(2015.7.11, 토) A9.

229) "제24과 하나님의 복음의 제사장 직무."『평신도신문』제89호(2015.7.25, 토) A9.

230) "제25과 바울의 미래 선교사역에 대한 구체적 계획."『평신도신문』제90호 (2015.8.8, 토) A9.

231) "제26과 바울 사도의 로마교회에 대한 마지막 문안인사."『평신도신문』제 90호(2015.8.22, 토) A11.

232) "제1과 '잊혀진 종교개혁자'로서의 마르틴 부처(Martin Bucer, 1491-1551)." 『평신도신문』제92호(2015.9.5, 토) A9.

233) "제2과 16세기 종교개혁의 주된 동기는 '윤리' 문제가 아니라 '종교' 문제였 다."『평신도신문』제93호(2015.9.19, 토) A11.

234) "제3과 마르틴 루터의 구원론 중심의 비텐베르크 종교개혁."『평신도신문』 제94호(2015.10.10, 토) A9.

235) "제4과 츠빙글리의 국가론 중심의 취리히 종교개혁과, 마르틴 부처와 요한 칼빈의 교회론 중심의 스트라스부르와 제네바의 종교개혁."『평신도신문』 제95호(2015.10.24, 토) A9.

236) "제5과 종교개혁운동의 다양성 속에서 통일성."『평신도신문』제96호(2015. 11.14, 토) A9.

237) "제6과 마르틴 부처의 생애(1)."『평신도신문』제97호(2015.11.28, 토) A11.

238) "제7과 마르틴 부처의 생애(2)."『평신도신문』제98호(2015.12.12, 토) A9.

239) "제8과 마르틴 부처와 칼빈의 인격적·신앙적·신학적 상호 관계와 상호 영향 (1)."『평신도신문』제99호(2015.12.26, 토) A11.

240) 제20회 서울서예대전 예서 부문 입선("유란일실")(2015.7.29.-8.4, 인사동 한 국미술관).

241) "은파 김삼환 박사의 새벽기도신학에 관한 연구."『제6회 2015년 새벽기도 목회자 컨퍼런스』(2015.3.5-6), 97-118.

242) "춘계 이종성 박사의 구원론에 관한 연구."『한국개혁신학』제47집(2015.8. 31), 158-183.

243) "칼빈주의자 이수영의 성령론에 관한 연구."『조직신학 연구』제22호(2015. 6.30.), 6-27.(2015.6.30)

244) "칼빈의 관계적 삼위일체론에 관한 연구."『교회와 신학』제80호(2016).

245) "로호만의 구원론에 관한 연구." 제498회 장로회신학대학교 종교개혁기념 강좌 발표(2015.10.21)

246) "칼빈과 칼빈주의자 이환봉 박사의 성경 계시 이해." 고신대학교 개혁주의 학술원 편.『갱신과 부흥』. Vol. 16 (2015), 350-367.

247) 시미즈 마사유키(清水正之)의 "화해와 연대: 동아시아 공동체를 위하여-일본 의 철학적 과제." (2015.11.20)(논찬)

248) "복지지수가 감사지수와 항상 정비례하는 것은 아니다." 한국성서신학연구 소.『성서마당』Vol. 115 (2015 가을), 4-7.

249) "추천의 글." 이필수.『따뜻한 강단』. 서울: 베드로서원, 2015, 6-8.

2016년

250) "제9과 마르틴 부처와 칼빈의 인격적·신앙적·신학적 상호 관계와 상호 영향 (2)."『평신도신문』제100호(2016.1.16.—, 토), A11.

251) "제10과 마르틴 부처와 칼빈의 인격적·신앙적·신학적 상호 관계와 상호 영 향(3)."『평신도신문』제101호(2016.1.30, 토), A9.

252) "제11과 마르틴 부처의 교회론(1)."『평신도신문』제102호(2016.2.13, 토), A9.

253) "제12과 마르틴 부처의 교회론(2)."『평신도신문』제103호(2016.2.17, 토), A9.

254) "잊혀진 종교개혁자 마르틴 부처 13: 마르틴 부처의 교회론(3)."『평신도신 문』제104호(2016.3.12, 토), A9.

255) "잊혀진 종교개혁자 마르틴 부처 14: 마르틴 부처의 교회론(4)."『평신도신 문』제105호(2016.3.26, 토), A11.

256) "잊혀진 종교개혁자 마르틴 부처 15: 마르틴 부처의 교회론(5)."『평신도신 문』제106호(2016.4.9, 토), A9.

257) "잊혀진 종교개혁자 마르틴 부처 16: 마르틴 부처의 교회론(6)."『평신도신 문』통합627/제107호(2016.4.23, 토), A9.

258) "잊혀진 종교개혁자 마르틴 부처 17: 마르틴 부처의 교회론(7)."『평신도신 문』통합628/제108호(2016.5.7, 토), A9.

259) "잊혀진 종교개혁자 마르틴 부처 18: 교회연합과 교회일치의 종교개혁자
(1)." 『평신도신문』 통합629/제109호(2016.5.28, 토), A9.

260) "잊혀진 종교개혁자 마르틴 부처 19: 교회연합과 교회일치의 종교개혁자
(2)." 『평신도신문』 통합630/제110호(2016.5.28, 토), A9.

261) "잊혀진 종교개혁자 마르틴 부처 20: 교회연합과 교회일치의 종교개혁자
(3)." 『평신도신문』 통합631/제111호(2016.6.25, 토), A9.

262) "잊혀진 종교개혁자 마르틴 부처 21: 교회연합과 교회일치의 종교개혁자
(4)." 『평신도신문』 통합632/제112호(2016.7.9, 토), A9.

263) "잊혀진 종교개혁자 마르틴 부처 22: 교회연합과 교회일치의 종교개혁자
(5)." 『평신도신문』 통합633/제113호(2016.7.23, 토), A9.

264) "잊혀진 종교개혁자 마르틴 부처 23: 교회연합과 교회일치의 종교개혁자
(6)." 『평신도신문』 통합634/제114호(2016.8.13, 토), A9.

265) "잊혀진 종교개혁자 마르틴 부처 24: 구약과 신약의 관계(1)." 『평신도신문』
통합635/제115호(2016.8.27, 토), A7.

266) "잊혀진 종교개혁자 마르틴 부처 25: 구약과 신약의 관계(2)." 『평신도신문』
통합636/제116호(2016.9.10, 토), A9.

267) "잊혀진 종교개혁자 마르틴 부처 26: 구약과 신약의 관계(3)." 『평신도신문』
통합637/제117호(2016.9.30, 토), A11.

268) "잊혀진 종교개혁자 마르틴 부처 27: 구약과 신약의 관계(4)." 『평신도신문』
통합638/제118호(2016.10.15, 토), A9.

269) "잊혀진 종교개혁자 마르틴 부처 28: 직제(1)." 『평신도신문』 통합639/제119
호(2016.10.29, 토), A9.

270) "잊혀진 종교개혁자 마르틴 부처 29: 직제(2)." 『평신도신문』 통합640/제
120호(2016.11, 토), A9.

271) "잊혀진 종교개혁자 마르틴 부처 30: 직제(3)." 『평신도신문』 통합641/제121
호(2016.11.26., 토), A9.

272) "잊혀진 종교개혁자 마르틴 부처 31: 직제(4)." 『평신도신문』 통합643/제121
호(2016.12.24, 토), A11.

273) "신앙의 어머니와 요람으로서의 동신교회." 동신교회 편. 『동신』 통권 150호
(2016 봄), 21-27.

274) "인터뷰: 만나고 싶었습니다." 일산동안교회 편집부 편. 『섬김과 나눔』 통권
74호(2016 겨울), 4-9.

275) "종교개혁 신앙의 원리와 목적." 충신교회 편.『지금』No. 316 (2017년 1·2
월), 8-13.

276) "흔들리지 않는 기독교 신앙의 나침반 기능."『한국기독공보』제3051호
(2016.7.10, 토), A22.

277) "8·9월 특집 - 한국장로교, 정체성을 말하다: 직제, 좋은 교회 만드는 도
구."『한국기독공보』제3056호(2016.8.27, 토), A21.

278) "8·9월 특집 - 한국장로교, 정체성을 말하다: 좋은 교회를 만드는 도구."
『한국기독공보』제3055호(2016.9.3, 토), A21.

279) "8·9월 특집 - 한국장로교, 정체성을 말하다: 권징, 거룩함 지켜내는 도구."
『한국기독공보』제3055호(2016.9.3, 토), A21-22.

280) "칼뱅신학의 오늘날의 의미에 관한 연구."『교회와 신학』제80집(2016.2.28).

281) "김삼환의 특별새벽기도신학에 관한 연구." 한국복음주의조직신학회 편.
『조직신학연구』제24호(2016.6.30), 118-146.

282) "성령의 열매로서 '절제'" 한국성서학연구소 편.『성서마당』vol. 119 (2016 가
을), 4-7.

283) "개혁주의 신앙은 무엇인가?." 대한예수교장로회 여전도회 전국연합회 편.
『2017년도 월례회』. 서울: 교육문화부, 2016.10.1, 29-30.

284) "로흐만(J. M. Lochman)의 구원론에 대한 연구." 한국개혁신학회 편집위원
회 편.『한국개혁신학회 창립20주년 기념특별호(제50권): 한국개혁신학의
진로(進路)』. 서울: 이머징북스, 2016, 354-375.

2017년

285) "잊혀진 종교개혁자 마르틴 부처 32: 직제(5)."『평신도신문』통합644/제
124(2017.1.14 ,토), A11.

286) "잊혀진 종교개혁자 마르틴 부처 33: 직제(6)."『평신도신문』통합645/제
125(2017.1.28 ,토), A9.

287) "잊혀진 종교개혁자 마르틴 부처 34: 직제(7)."『평신도신문』통합646/제
126(2017.2.11 ,토), A9.

288) "잊혀진 종교개혁자 마르틴 부처 35: 디아코니아(1)."『평신도신문』통합
647/제127(2017.2.24, 토), A8.

289) "잊혀진 종교개혁자 마르틴 부처 36: 디아코니아(2)."『평신도신문』통합

648/제128(2017.3.11. 토), A8.

290) "잊혀진 종교개혁자 마르틴 부처 37: 디아코니아(3)." 『평신도신문』 통합 649/제128 (2017.3.25.토), A8.

291) "잊혀진 종교개혁자 마르틴 부처 38: 디아코니아(4)." 『평신도신문』 통합 650/제130 (2017.4.15. 토), A12.

292) "잊혀진 종교개혁자 마르틴 부처 39: 디아코니아(5)." 『평신도신문』 통합 651/제131 (2017.4.29. 토), A9.

293) "잊혀진 종교개혁자 마르틴 부처 40: 디아코니아(6)." 『평신도신문』 통합 652/제132 (2017.5.20. 토), A9.

294) "잊혀진 종교개혁자 마르틴 부처 41: 기독(그리스도론)(1)." 『평신도신문』 통합653/제133 (2017.5.27.) A9.

295) "잊혀진 종교개혁자 마르틴 부처 42: 기독(그리스도론)(2)." 『평신도신문』 통합654/제134 (2017.6.10.), A9.

296) "잊혀진 종교개혁자 마르틴 부처 43: 기독(그리스도론)(3)." 『평신도신문』 통합655/제135 (2017), A9.

297) "잊혀진 종교개혁자 마르틴 부처 44: 기독(그리스도론)(4)." 『평신도신문』 통합656/제136 (2017.7.8.), A9.

298) "잊혀진 종교개혁자 마르틴 부처 45: 기독(그리스도론)(5)." 『평신도신문』 통합657/제137 (2017.7.22.), A9.

299) "잊혀진 종교개혁자 마르틴 부처 46: 성령론(1)." 『평신도신문』 통합658/제138 (2017.8.12.), A9.

300) "잊혀진 종교개혁자 마르틴 부처 47: 성령론(2)." 『평신도신문』 통합660/제140 (2017.9.9.), A9.

301) "잊혀진 종교개혁자 마르틴 부처 48: 성령론(3)." 『평신도신문』 통합661/제141 (2017.9.23.), A11.

302) "잊혀진 종교개혁자 마르틴 부처 49: 성령론(4)." 『평신도신문』 통합662/제142 (2017.10.2.), A9.

303) "잊혀진 종교개혁자 마르틴 부처 50: 성령론(5)." 『평신도신문』 통합663/제143 (2017.10.28.), A9.

304) "잊혀진 종교개혁자 마르틴 부처 51: 성령론(6)." 『평신도신문』 통합664/제144(2017.11.11.), A9.

305) "잊혀진 종교개혁자 마르틴 부처 52: 경건(영성)론⑴." 『평신도신문』 통합 665/제145(2017.11.25.), A9.

306) "잊혀진 종교개혁자 마르틴 부처 53: 경건(영성)론⑵." 『평신도신문』 통합 666/제146 (2017.12.9.), A9.

307) "잊혀진 종교개혁자 마르틴 부처 54: 경건(영성)론⑶." 『평신도신문』 통합 667/제147 (2017.12.23.), A11.

308) "로흐만(J. M. Lochman)의 구원론에 대한 연구." 『교회와 신학』 제81집 (2017.2.28), 109-135.

309) "오직 그리스도." 『백석신학저널』 제33호(2017년 11.30. 가을호), 51-72.

310) "'오직 성경으로(Sola Scriptura)': 하나님 말씀과 특별계시로서의 성경." 『성서마당』(2017년 봄, Vol. 121. 2017.3.31), 34-45.

311) "목회자 이수영과 그의 목회자관." 『한국개혁신학』 제54권 (2017.5.31): 81-109.

312) "'잊혀진 종교개혁자' 마르틴 부처의 희생적 삶과 사상." 『순교신학과 목회』 2017. vol. 1 (2017.5.31), 42-57.

313) "깔뱅에게 지대한 영향을 미친 마르틴 부처(1491-1551): 잊혀진 종교개혁자." 『새문안』 제130호(2017.7.8), 33-37.

314) "강동수 목사의 성령론에 대한 연구." 『온신학의 지평』. 서울: 장로회신학대학교출판부, 2017, 288-310.

315) "한국교회와 마르틴 부처(Martin Bucer)." 종교개혁500주년 공동학술대회 발표 (2017.10.20-21, 소망수양관).

316) "춘계 이종성과 16세기 종교개혁." 제13차 춘계신학강좌 발표(2017. 9.20).

317) "오직 그리스도(Solus Christus)." 종교개혁500주년 개혁주의생명신학 연합 학술대회 및 부흥사경회 발표(2017.10.31), 백석대학교.

318) "명성교회 종합연구: 은파 김삼환 목사의 성령론에 관한 연구(上)." 『월간 목회』 Vol. 494 (2017년 10월), 9—101.

319) "명성교회 종합연구: 은파 김삼환 목사의 성령론에 관한 연구(下)." 『월간 목회』 Vol. 495 (2017년 11월), 82-101.

320) "추천사." 마이케 로트-벡, Martin Luthers Wittenberger Thesen. 전성우 역. 『마르틴 루터의 종교개혁 이야기』. 논산: 샘물지기, 2017, 2.

321) "칼뱅의 성령론." 한국장로교출판사(편). 『종교개혁500주년 2018년 목회와

설교자료: 한국교회강단』. 서울: 한국장로교출판사, 2017.9.18, 486-499.

322) "의인은 '오직 믿음'으로 말미암아 살리라!" 『성서마당』 Vol. 123 (2017 가을) (2017.9.30), 4-7.

323) "네덜란드의 종교개혁운동." 『농촌과 목회』 통권 76호(2017년 겨울), 43-55.

324) "김세진과 한기원의 성령론에 대한 연구." 『교회와 신학』 제82집(2018. 2.28), 83-108.

325) "잊혀진 종개혁자 마르틴 부처." 대한예수교장로회 전국은퇴목사회. 『하나님 나라와 평화』. 서울: 대한예수교장로회전국은퇴목사회, 2017.9.15, 179-294.

2018년

326) "잊혀진 종교개혁자 마르틴 부처 55: 성경해석방법론(1)." 『평신도신문』 통합668/제148 (2018.1.13), A11.

327) "잊혀진 종교개혁자 마르틴 부처 56: 성경해석방법론(2)." 『평신도신문』 통합670/제150 (2018.2.10), A9.

328) "잊혀진 종교개혁자 마르틴 부처 57: 성경해석방법론(3)." 『평신도신문』 통합671/제151 (2018.2.24), A9.

329) "잊혀진 종교개혁자 마르틴 부처 58: 성경해석방법론(4)." 『평신도신문』 통합672/제152 (2018.3.10), A9.

330) "잊혀진 종교개혁자 마르틴 부처 59: 성경해석방법론(5)." 『평신도신문』 통합673/제153 (2018.3.31), A11.

331) "잊혀진 종교개혁자 마르틴 부처 60: 성경해석방법론(6)." 『평신도신문』통합674/제154 (2018.4.14), A9.

332) "잊혀진 종교개혁자 마르틴 부처 61: 성경해석방법론(7)." 『평신도신문』통합675/제155 (2018.4.28), A9.

333) "잊혀진 종교개혁자 마르틴 부처 62: 성경해석방법론(8)." 『평신도신문』통합676/제156 (2018.5.5), A9.

334) "잊혀진 종교개혁자 마르틴 부처 63: 성경해석방법론(9)." 『평신도신문』통합677/제157 (2018.5.19), A9.

335) "잊혀진 종교개혁자 마르틴 부처 64: 성경해석방법론(10)." 『평신도신문』통

합678/제158 (2018.6.9), A9.

336) "잊혀진 종교개혁자 마르틴 부처 65: 성경해석방법론(11)."『평신도신문』통합679/제159 (2018.6.23), A9.

337) "잊혀진 종교개혁자 마르틴 부처 66: 성경해석방법론(12)."『평신도신문』통합680/제160 (2018.7.7), A9.

338) "잊혀진 종교개혁자 마르틴 부처 67: 구원론(1)."『평신도신문』 통합681/제161 (2018.7.21), A9.

339) "잊혀진 종교개혁자 마르틴 부처 68: 구원론(2)."『평신도신문』 통합682/제162 (2018.8.11), A9.

340) "잊혀진 종교개혁자 마르틴 부처 69: 구원론(3)."『평신도신문』 통합684/제164 (2018.9.8), A8.

341) "잊혀진 종교개혁자 마르틴 부처 70: 구원론(4)."『평신도신문』 통합685/제165 (2018.9.22), A9.

342) "잊혀진 종교개혁자 마르틴 부처 71: 구원론(5)."『평신도신문』 통합686/제166 (2018.10.13), A9.

343) "잊혀진 종교개혁자 마르틴 부처 72: 구원론(6)."『평신도신문』 통합687/제167 (2018.10.27), A9.

344) "잊혀진 종교개혁자 마르틴 부처 73: 구원론(7)."『평신도신문』 통합688/제168 (2018.11.10), A9.

345) "잊혀진 종교개혁자 마르틴 부처 74: 구원론(8)."『평신도신문』 통합689/제169 (2018.11.24), A9.

346) "잊혀진 종교개혁자 마르틴 부처 75: 구원론(9)."『평신도신문』 통합690/제170 (2018.12.8), A9.

347) "잊혀진 종교개혁자 마르틴 부처 76: 구원론(10)."『평신도신문』통합691/제171 (2018.12.22), A11.

348) "네덜란드에서 종교개혁운동의 전개와 내용." 장훈태(편집).『칼빈과 복음신앙』. 경기도 광주: 아가페문화사, 2018.4, 104-116.

349) "한국에서 마르틴 부처(Martin Bucer)에 대한 연구사."『한국조직신학논총』 제51집(2018.6.30), 159-199.

350) "춘계 이종성의 구원론." 최윤배·박성규·백충현(책임편집).『춘계 이종성 박사의 통전적 신학과 한국신학』. 서울: 장로회신학대학교출판부, 2018.7.1, 65-89.

351) "하나님께만 영광 돌리는(Soli Deo Gloria) 예배 실천."『성서마당』Vol. 127(2018년 가을), 4-8.

352) "한국교회와 마르틴 부처(Martin Bucer)." 종교개혁500주년기념 공동학술대회 준비위원회 편.『종교개혁 신학의 전통과 그 영향 5』. 서울: 도서출판 나눔사, 2018.9.20, 47-70.

353) "개혁파 종교개혁자 부처와 칼뱅의 구약과 신약의 관계."『성서마당』Vol. 128 (2018년 겨울), 33-44.

354) "춘계 이종성과 16세기 종교개혁신학."『교회와 신학』제83집(2019.2.28), 61-86.

2019년

355) "잊혀진 종교개혁자 마르틴 부처 77: 구원론(11)."『평신도신문』통합692/제 172 (2019.1.12), A11.

356) "잊혀진 종교개혁자 마르틴 부처 78: 구원론(12)."『평신도신문』통합694/제 174 (2019.2.16), A9.

357) "잊혀진 종교개혁자 마르틴 부처 79: 구원론(13)."『평신도신문』통합695/제 175 (2019.2.23), A9.

358) "잊혀진 종교개혁자 마르틴 부처 80: 구원론(14)."『평신도신문』통합696/제 176 (2019.3.9), A9.

359) "잊혀진 종교개혁자 마르틴 부처 81: 구원론(15)."『평신도신문』통합697/제 177 (2019.3.23), A9.

360) "잊혀진 종교개혁자 마르틴 부처 82: 구원론(16)."『평신도신문』통합698/제 178 (2019.4.6), A9.

361) "잊혀진 종교개혁자 마르틴 부처 83: 구원론(17)."『평신도신문』통합699/제 179 (2019. 4.20), A11.

362) "잊혀진 종교개혁자 마르틴 부처 84: 구원론(18)."『평신도신문』통합700/제 180 (2019.5.4), A11.

363) "잊혀진 종교개혁자 마르틴 부처 85: 구원론(19)."『평신도신문』통합701/제 181 (2019.5.25), A9.

364) "잊혀진 종교개혁자 마르틴 부처 86: 구원론(20)."『평신도신문』통합702/제 182 (2019.6.8), A9.

365) "잊혀진 종교개혁자 마르틴 부처 87: 구원론(21)."『평신도신문』통합703/제 183 (2019.6.8), A9.

366) "잊혀진 종교개혁자 마르틴 부처 88: 구원론(22)."『평신도신문』통합704/ 제184 (2019.7.6), A9.

367) "잊혀진 종교개혁자 마르틴 부처 89: 종말론(1)."『평신도신문』통합705/제 185 (2019.7.20), A9.

368) "잊혀진 종교개혁자 마르틴 부처 90: 종말론(2)."『평신도신문』통합706/제 186 (2019.8.10), A9.

369) "요한 칼빈의 신학 1: 생애(1)."『평신도신문』통합707/제187 (2019.8.24), A8.

370) "요한 칼빈의 신학 2: 생애(2)."『평신도신문』통합708/제188 (2019.9.7), A9.

371) "요한 칼빈의 신학 3: 생애(3)."『평신도신문』통합709/제189 (2019.9.28), A8.

372) "요한 칼빈의 신학 4: 연구방법론(1)."『평신도신문』통합710/제190 (2019. 10.12), A9.

373) "요한 칼빈의 신학 5: 연구방법론(2)."『평신도신문』통합711/제191 (2019.10.26), A9.

374) "사설: 16세기 종교개혁의 주된 동기는 '윤리' 문제가 아니라 '종교' 문제였 습니다."『평신도신문』통합711/제191 (2019.10.26), A11.

375) "요한 칼빈의 신학 6: 신론(1)."『평신도신문』통합712/제192 (2019.11.9), A9.

376) "요한 칼빈의 신학 7: 신론(2)."『평신도신문』통합713/제193 (2019.11.23), A8.

377) "요한 칼빈의 신학 8: 신론(3)."『평신도신문』통합714/제194 (2019.12.7), A9.

378) "요한 칼빈의 신학 9: 신론(4)."『평신도신문』통합715/제195 (2019.12.21), A11.

379) "교회사적 배경에서 비추어 본 네덜란드 개혁교회의 직제에 관한 연구."『조 직신학 연구』제31권 (2019.4.30), 46-79.

380) "기독교 창조신학과 천문학."『C채널 Newsletter』Vol. 40 (2019 여름), 29.

381) "춘계 이종성의 국가론."『제15회 춘계(春溪) 이종성 신학강좌』(2019.9.25), 5-39.

382) "시론: 그리스도인은 반드시 애국자가 되어야 한다."『성서마당』Vol. 131 (2019년 가을), 4-8.

383) "기도 가운데 역사하시는 하나님: 기도론 소고(小考)."『2019년 새벽기도 국 제컨퍼런스』(2019.9.5-7), 15-37.

384) "개혁교회 전통에서 교회와 국가의 관계." 기독교학술원 편. 『제33회 영성 포럼: 교회와 국가』(2019.11.15 오후 3-6시, 양재 온누리교회 화평홀), 50-69.

385) "네덜란드에서의 16세기 종교개혁운동의 역사적 배경과 발전." 『성령과 함께 걷는 신앙과 신학의 여정: 현요한 교수 은퇴기념특집』. 서울: 장로회신학대학교출판부, 2019, 165-180.

2020년

386) "교회사적 배경에서 비추어 본 네덜란드 개혁교회의 예배에 관한 연구." 『교회와 신학』 제84집(2020.2.28), 35-59.

387) "칼뱅의 대한민국을 위한 기도." 서초교회 발표(2020.3.22).

388) "춘계(春溪) 이종성의 국가론에 대한 연구." 『장신논단』 52-1집(2020.3.30), 65-91.

389) "개혁교회 전통에서 교회와 국가의 관계에 대한 연구." 『한국조직신학논총』 제58집(2020.3.30), 167-210.

390) "보편적 기독교의 정통교리와 이단사상." 『성서마당』 제133호(2020년 봄), 31-39.

391) "요한 칼빈의 신학 10: 신론(V)." 『평신도신문』 통합716/제196 (2020.1.11), A11.

392) "요한 칼빈의 신학 11: 신론(VI)." 『평신도신문』 통합718/제198 (2020.2.15), A8.

393) "요한 칼빈의 신학 12: 신론(VII)." 『평신도신문』 통합719/제199 (2020.2.29), A9.

394) "요한 칼빈의 신학 13: 신론(VIII)." 『평신도신문』 통합720/제200 (2020.3.14), A9.

395) "요한 칼빈의 신학 14: 기독론(I)." 『평신도신문』 통합721/제201 (2020.3.26), A8.

396) "요한 칼빈의 신학 15: 기독론(II)." 『평신도신문』 통합722/제202 (2020.4.11), A11.

397) "우생순. 『평신도신문』 통합 721/제201 (2020.4.11), A15.

398) "요한 칼빈의 신학 16: 기독론(III)." 『평신도신문』 통합723/제203 (2020.4.30), A9.

399) "요한 칼빈의 신학 17: 기독론(IV)." 『평신도신문』통합724/제204 (2020.5.16), A9.

400) "요한 칼빈의 신학 18: 기독론(V)." 『평신도신문』통합725/제205 (2020.5.30), A9.

401) "요한 칼빈의 신학 19: 기독론(VI)." 『평신도신문』통합726/제206 (2020.6.13), A9.

402) "요한 칼빈의 신학 20: 기독론(VII)." 『평신도신문』통합727/제207 (2020.6.27), A9.

403) "요한 칼빈의 신학 21: 기독론(VIII)." 『평신도신문』통합728/제208 (2020.7.11), A9.

404) "요한 칼빈의 신학 22: 성령론(I)." 『평신도신문』통합729/제209 (2020.7.25), A9.

405) "요한 칼빈의 신학 23: 성령론(II)." 『평신도신문』통합730/제210 (2020.8.15), A9.

406) "요한 칼빈의 신학 24: 성령론(III)." 『평신도신문』통합731/제211 (2020.8.29), A9.

407) "요한 칼빈의 신학 25: 성령론(IV)." 『평신도신문』통합732/제212 (2020.9.12), A9.

408) "요한 칼빈의 신학 26: 성령론(V)." 『평신도신문』통합733/제213 (2020.9.26), A12.

409) "요한 칼빈의 신학 27: 성령론(VI)." 『평신도신문』통합734/제214 (2020.10. 17), A9.

410) "요한 칼빈의 신학 28: 성령론(VII)." 『평신도신문』통합735/제215 (2020.10. 31), A10.

411) "최윤배 교수 은퇴기념논문집." 『조직신학연구』제35권(2020년 8월), 10-23.

412) "순도 100%의 복음을 만나고 소유하고 전파하여야." 『성서마당』Vol.135 (2020년 가을), 4-7.

제2장

한국교회에서
마르틴 부처 Martin Bucer 연구

• 최윤배, "한국에서 마르틴 부처(Martin Bucer)에 대한 연구사," 『한국조직신학논총』 제51집(2018년 6월): 159-199에 실린 논문이며, 2018년 장로회신학대학교의 지원을 받아 수행된 연구이고, 종교개혁500주년공동학술대회(2017.10.20.-21.)에서 발표된 것을 수정 보완한 것임을 밝힘.

Ⅰ. 서론

16세기 종교개혁 500주년을 맞이했던 2017년은 특별히 기독교(개신교) 진영에게 역사적으로 뜻 깊은 해임에 틀림없다. "종교개혁500주년 기념사업회"는 종교개혁500주년을 기념하기 위해 2011년 3월 5일에 한국기독교회관에서 창립총회를 열고, 8월 27일에 한국교회100주년기념관에서 발대식을 가진 이후 6대 주요사업을 중심으로 계속적으로 여러 가지 행사들을 차질 없이 진행했다.[1]

지난 2017년 10월 20-21일(소망수양관)에서 한국기독교학회, 한국복음주의신학회, 한국개혁신학회, 종교개혁500주년기념사업회의 공동 주최로 한국루터학회, 한국칼빈학회, 한국웨슬리학회, 한국장로교신학회 등 국내의 거의 모든 학회가 "종교개혁500주년기념 공동학술대회"를 함께 가지게 된 것은 한국신학사韓國神學史에서 전대미문의 역사적 사건이며, 교단과 교파를 초월하여 모든 한국기독교(개신교)가 자신들의 신앙의 동일한 뿌리가 16세기 종교개혁임을 확인하는 "교회연합적"ecumenical 쾌거임에 틀림없다. 바로 이점에서 "종교개혁은 교회일치적 사건"이라고 말한 푈만의 주장은 타당하다. "종교개혁은 개별교회적partikularkirchliches 사건이 아니라, 보편교회적 사건 universalkirchliches Geschehen 이다. 교회일치를 위하여 종교개혁이 희생되어서는 안 된다. 종교개혁은 교회일치에로 계속 진척되어야 한다. 종교개혁은 교회연합적 사건ökumenisches Ereignis 이다."[2]

16세기 종교개혁신학 연구에 대한 국내 상황을 살펴볼 경우, 루터는

---

1   Martin Bucer, *Von der waren Seelsorge*, 최윤배 역, 『참된 목회학』(용인: 킹덤북스, 2014), 6-7쪽을 참고하시오.

2   Horst Georg Pöhlmann, *Abriß der Dogmatik* (Gerd Mohn: Gütersloher Verlagshaus, 1980⁹), 301; 최윤배, "개혁신학과 교회일치," 『성경과 신학』 제59권(2011. 10): 265-290.

16세기 종교개혁 운동의 첫 주자이기 때문에 익히 알려졌고, 츠빙글리는 소위 개혁교회의 첫 주자로 인해 널리 알려졌으며, 칼뱅은 한국교회의 큰 비중을 차지하는 한국장로교회에 의해서 꾸준히 소개되어오다가,[3] 특히 칼뱅탄생500주년을 기념하는 2009년 전후에 널리 소개되었다. 그러나 칼뱅의 "영적 아버지"인[4] 동시에 "개혁교회의 원조元祖"와[5] "칼빈주의의 시조"로[6] 불릴 수 있는 마르틴 부처Martin Bucer/Butzer, 1491.1.11. - 1551.2.28.에 대한 연구는 그가 종교개혁에 기여한 신학사상과 활동에 비해 국외는 물론 국내에서 절대적으로 부족한 상황이다. 그럼에도 불구하고, 마르틴 부처에 대한 연구가 조금씩 진척을 보이는 것은 반가운 일이다. 우리는 본고에서 한국에서 진행된 연구사研究史에 대한 연구를 수행함으로서 마르틴 부처 연구 발전에 공헌하고자 한다. 이를 위해 우리는 "마르틴 부처"라는 이름에 대한 한글번역 문제를 시작으로, 한국교회에서 지금까지 이루어진 마르틴 부처에 대한 번역서, 저서, 논문 등을 중심으로 마르틴 부처에 대한 한국 연구사研究史를 기술하고자 한다.

---

3 박경수, "한국에서의 칼뱅 연구사," 박경수 편저, 『한국칼빈학회 50년의 발자취: 회고와 전망』(성남: 북코리아, 2014), 9-29; 김선권, "칼뱅의 교회정치 차제 및 교회업에 대한 연구," 『한국조직신학논총』 제47집(2017년 6월): 7-48; 박종현, "이양호 박사의 칼빈 연구," 『신학논단』 제83집(2016.3): 67-98; 전봉준, "칼뱅의 정치적 유산," 『성경과 신학』 제63권(2012.10): 323-352; 정미현, "츠빙글리의 신인식론," 『한국조직신학논총』 제48집(2017년 9월): 123-162; 정병식, "마틴 루터에 대한 윤리적 비판 재고찰," 『성경과 신학』 제62권(2012.04): 67-96; 정홍렬, "아나포라(anaphora)의 관점에서 본 칼빈의 성찬론," 『한국조직신학논총』 제48집(2017년 9월): 163-203; 최윤배, "칼뱅의 선교신학과 선교활동," 『성경과 신학』 제62권(2012.04): 133-162; 한상진, "루터의 인간 이해에 대한 철학적 사고," 『성경과 신학』 제64권(2012.10): 137-161; 최윤배, "칼뱅의 성령과 예수 그리스도의 관계," 『신학논단』 제45집(2006.9): 147-180.

4 최윤배, 『잊혀진 종교개혁자 마르틴 부처』(서울: 대한기독교서회, 2012), 45; 최윤배, 『신학논단』 제59집(2010.3): 149-171.

5 최윤배, 『잊혀진 종교개혁자 마르틴 부처』, 7.

6 Tony Lane, *Christian Thought*, 김응국 역, "마르틴 부처," 『복음주의 입장에서 본 기독교 사상사』(서울: 나침반사, 1987), 280-282.

II. "잊혀진 종교개혁자"[7]로서의 마르틴 부처

국내 어느 신학자가 1996년에 외국 유학을 마치고 귀국해서 국내 어느 학회에 참석했는데, 신진학자 소개 시간이 있었다고 한다. 이 신학자의 신학박사 학위논문을 칼뱅과 마르틴 부처의 성령론을 비교했다는 말을 듣고 어떤 신학자는 종교개혁자 마르틴 부처를 불교佛敎의 창시자인 "부처"Buddha; 불타, 佛陀로 잘못 알아들은 나머지, 불교에도 "성령"聖靈이 있느냐고 질문하는가하면, 어떤 신학자는 마르틴 부처를 유대교 하시딤 Hasidim 종교철학자인 마르틴 부버Martin Buber로 잘못 알아듣고서 개혁교회의 창시자인 칼뱅의 사상과 마르틴 부버의 유대주의 철학사상이 상호 무슨 관계가 있느냐고 호기심에 가득 찬 모습으로 질문했다고 한다.

1996년 10월에 국내 신학자들의 마르틴 부처에 대한 이해 수준이 이 정도라면, 그 당시 일반 교회와 신자들은 물론 신학생들과 목회자들의 마르틴 부처에 대한 이해 수준은 어느 정도인지 우리는 충분히 짐작할 수 있을 것이다. 역사적으로 확인되지 않은 전해져 내려오는 소문에 의하면, 한국장로교회의 어느 교단에서 목사(강도사)고시에 "대표 종교개혁자 3명을 쓰시오."라는 문제가 출제되었다. 어느 탁월한 수험생이 "루터, 칼뱅, 부처"라고 답안지를 작성했는데, 그 수험생의 답안지를 채점하던 어느 채점자께서 대표 종교개혁자 "부처"를 불교佛敎의 창시자인 "부처"로 이해하고, 그 수험생을 "반기독교적이고도 경거망동한" 수험생으로 오해한 나머지 그 수험생의 해당 과목점수를 낙제점으로 처리하는 황당한 일이 발생했다고 한다.

마르틴 부처는 우리나라에서만 "잊혀진 종교개혁자"일 뿐만 아니

---

7 M. van Kampen, *Martin Bucer: een vergeten reformer* ('s-Gravenhage: Boekcentrum, 1991). 이 네덜란드 책의 제목은 『마르틴 부처: 잊혀진 종교개혁자』로 직역될 수 있다.

라, 서양교회와 신학에서도 "잊혀진 종교개혁자"였다. 루터는 독일에서 영웅대접을 받고, 칼뱅은 제네바는 물론 그의 전통을 잇고 있는 다양한 국가나 도시에서도 개혁교회의 창시자와 원조元祖로 존경받고, 츠빙글리는 취리히와 스위스에서 국부國父로 추앙되고, 존 녹스John Knox는 스코틀랜드에서 장로교회의 창시자와 청교도의 조상祖上으로서 큰 추앙을 받아왔다. 그러나 마르틴 부처는 그의 사후死後 어느 도시에서도 어느 나라에서도 관심과 사랑을 받지 못하고 교회와 역사로부터 완전히 외면되고, 잊혀졌다. 왜냐하면 그가 그곳에서 태어나고 또 거의 25년 동안 목회사역을 하고, 신앙적, 신학적 유산을 남겨둔 스트라스부르Strasbourg; 스트라스부르크. Straßburg가 독일 땅일 때는 그의 유산이 루터파 신학자들에 의해 외면당했고, 프랑스 땅일 때는 로마천주교회로부터 버림받았기 때문이다.

인터넷을 잠깐만 검색하더라도, 종교개혁자 "Martin Bucer/Butzer"에 대한 우리말 번역들이 매우 다양함을 단번에 발견할 수 있을 것이다. "Martin"은 "마르틴" 또는 "마틴",[8]으로 번역되어 있고, "Bucer = Butzer"는 "부서",[9] "부써",[10] "부쩌",[11] "부쪄",[12] "부커",[13] "부쳐",[14] 부쳐,[15] 부케루스Bucerus[16] 등 매우 다양하게 번역되어 있다. 인터넷에 나타난 이 같은 현상은 미간행학위논문이나 출판된 논문집과 저서 및 번역서 등에서

---

8 http://terms.naver.com/entrynhn?docid=2379627&cid=50762&cafegoryId=51369 (2017.7.13. 접속)

9 https://ko.wikipedia.org/wiki%EB%A7%88%EB%A5%B4%ED%8B%B4-%EB%B... (2017.7.13. 접속).

10 http://bolg.naver.com/PostPrint.hnn?blogID=chandochung&logNo=221031921541# (2017.7.13. 접속).

11 http://bolg.daum.net/sjrjrksduwk/839. (2017.7.13. 접속); http://blog.daum.net/david-na1004/12718176. (2017.7.13. 접속).

12 cafe.daum.net/jkrpc/5mBY/4. (2017.7.13. 접속).

13 http:/bolg.naver.com/PostView.nhn?bolgId=jj1872&logNo=110114198903. (2017.7.13. 접속).

14 clsk.org/shop/item.ph?it-id=1418015592&ca-id=1113. (2017.7.13. 접속).

15 https://brunch.co.kr/@rothem/450. (2017.7.13. 접속).

16 https://ko.wikipedia.org/wiki%EB%A7%88%EB%A5%B4%ED%8B%B4_%EB%B... (2017.8.3. 접속).

도 "마틴"[17] 또는 "마르틴"[18] 그리고 "부처"Bucer, Butzer, [19] "부처", [20] "부써", [21] "부서", [22] "부체르", [23] "마틴부터"[24] 등 매우 다양하게 나타난다.

마르틴 "부처"의 이름이 불교의 창시자인 "부처"Buddha와의 혼동을 피하는 등 여러 가지 이유로, 국내에서는 위와 같이 다양하게 번역되나, 라틴어 표기 "Bucer"의 원래 이름은 16세기 남부독일어 "Butzer"로부터 파생되었기 때문에, 불교의 창시자인 "부처"와의 혼동에도 불구하고, 우리는 "마르틴 부처"라는 번역이 원어 발음에 가깝다는 점과, 한글 번역과 사용 빈도수가 매우 높다는 점과, 한글맞춤법 등을 고려할 때,

---

17 이용욱, "16세기 종교개혁 속에서 전개된 마틴 부처(Martin Bucer)의 교회일치운동에 관한 연구,"(미간행석사학위논문, 호남신학대학교 대학원 신학과 역사신학 전공, 2011); 이은선, "제8장 스트라스부르의 종교개혁자 마틴 부처," 『종교개혁자들 이야기』(시흥: 도서출판 지민, 2013), 223-253.

18 배경희, "마르틴 부처의 교회론: 교회의 본질과 기능을 중심으로,"(미간행석사학위논문, 장로회신학대학교 대학원 신학, 2015).

19 F. Wendel, Calvin: The Origins and Development of his Religious Thought, 김재성 역, 『칼빈: 그의 신학사상의 근원과 발전』(크리스챤다이제스트, 1999), 67; 민경배 외 3인 역편, 『세계기독교회사』(서울: 대한기독교서회, 1975/1982), 300; 박경수 편저, "제2장 칼빈 서거 400주년기념논문집(1964)," 『한국칼빈학회 50년의 발자취: 회고와 전망』(성남: 북코리아, 2014), 43; 박균상, "개혁주의 신학에서의 칭의교리 연구: 마르틴 부처와 조나단 에드워즈를 중심으로,"(미간행 신학박사학위논문, 아세아연합신학대학교 대학원 신학과 조직신학 전공, 2015); 배경희, "마르틴 부처의 교회론: 교회의 본질과 기능을 중심으로,"(미간행석사학위논문, 장로회신학대학교 대학원 신학과 조직신학 전공, 2015); 이용욱, "16세기 종교개혁 속에서 전개된 마틴 부처(Martin Bucer)의 교회일치운동에 관한 연구,"(미간행석사학위논문, 호남신학대학교 대학원 신학과 역사신학 전공, 2011); 이수영, 『개혁신학과 경건』(서울: 장로회신학대학교출판부, 2006), 39; 류형기 역편, 『기독교회사』(서울: 한국기독교문화원, 1979/1983), 421; 이종성, 『칼빈』(서울: 대한기독교서회, 1983), 36-37; 이은선·최윤배 역, 『멜란히톤과 부처』(서울: 두란노아카데미, 2011); 전경연, 『칼빈의 생애와 신학사상』(서울: 한신대학출판부, 1982.7.30.), 34; 최윤배, 『잊혀진 종교개혁자 마르틴 부처』(서울: 대한기독교서회, 2012), 44, 각주 1; Martin Bucer, Von der waren Seelsorge, 최윤배 역, 『참된 목회학』(용인: 킹덤북스, 2014).

20 Tony Lane, Christian Thought, 김응국 역, "마르틴 부처," 『복음주의 입장에서 본 기독교 사상사』(서울: 나침반사, 1987), 280-284; Martin Bucer, Concerning the True Care of Souls, 신혁복 역, 『영혼을 돌보는 참된 목회자』(서울: 아침영성지도연구원, 2013); 정성구 편저, 『칼빈의 생애와 사상』(서울: 세종문화사, 1980.10.15.), 41.

21 황대우 편저, 『삶, 나아닌 남을 위하여: 마르틴 부써의 기독교 윤리』(서울: SFC, 2007); 이상규 편, 『칼빈시대 유럽대륙의 종교개혁가들』(부산: 개혁주의학술원, 2014), 233.

22 Herman Selderhuis, John Calvin: A Pilgrims's Life, 조승희 역(안명준 감수), 『칼빈』(서울: 대성닷컴(주) Korea.com), 123-126.

23 K. S. Latourette, A History of Christianity Vol. 2, 윤두혁 역, 『기독교사 中』(서울: 생명의말씀사, 1980), 386.

24 정성구 편저, 『칼빈의 생애와 사상』, 40.

"마르틴 부처"로 번역하여 사용하는 것이 상대적으로 큰 유익성과 타당성이 있다고 생각한다.

III. 마르틴 부처 작품에 대한 한글 번역 작품

"잊혀진 종교개혁자"로서의 마르틴 부처 사상은 국내에 소개된 정도는 아직 미약하다. 국내 한국 신학자들이 쓴 마르틴 부처에 관한 전문 자료로서 1996년의 최윤배의 신학박사학위논문(「마르틴 부처와 요한 칼뱅의 성령론과 기독론의 관계」)과,[25] 2002년의 황대우의 신학박사학위 논문 ("그리스도의 신비한 몸: 마르틴 부처와 요한 칼뱅의 교회론")과,[26] 2012년의 임도건의 박사학위논문과,[27] 2017년 최근의 박균상의 신학박사학위 논문이[28] 있다. 그러나 앞의 두 논문은 네덜란드어로 씌어져서, 일반인의 접근이 용이하지 않다.

우리는 본고에서는 한글로 된 인터넷 등에 소개된 마르틴 부처에 대한 자료들은 배제하기로 하고, 마르틴 부처에 대한 한글 출판물 자료들을 중심으로 분석하고자 한다. 한글 출판물자료에는 한글 번역서와 한글 편·저서 및 소논문, 서평, 신문기사 등이 있을 것이다.

---

25 Yoon-Bae Choi, *De verhouding tussen Pneumatologie en Christologie bij Martin Bucer en Johannes Calvijn* (Leiden: J. J. Groen en Zoon, 1996, De Theologische Universiteit van de Christelijke Gereformeede Kerken in Nederland, Apledoorn).

26 Dae-Woo Hwang, "Het Mystieke Lichaam van Christus: de Ecclesiologie van Martin Bucer en Johannes Calvijn,"(Proefschrift, Diss., 2002, De Theologische Universiteit van de Christelijke Gereformeede Kerken in Nederland, Apledoorn).

27 임도건, "후기 종교개혁 사상연구: P. 멜란히톤, M. 부처, H. 불링거, T. 베자를 중심으로,"(미간행박사학위 논문, 숭실대학교 대학원 사학과, 2012.8).

28 박균상, "개혁주의 신학에서의 칭의교리 연구: 마르틴 부처와 조나단 에드워즈를 중심으로,"(미간행 신학박사학위논문, 아세아연합신학대학교 대학원 신학과 조직신학 전공, 2017.1.8).

1. 마르틴 부처 작품의 한글번역의 효시嚆矢인 황대우의 번역 작품

마르틴 부처 작품이 한글로 번역된 최초 번역서는 황대우가 2007년 5월 24일에 번역 출판한 작품인 바, 마르틴 부처가 1523년에 설교한 처녀작인 『누구든지 자기 자신이 아니라 다른 사람을 위해 살아야 한다는 것과 어떻게 그것에 도달할 수 있는지에 관하여』Das ym selbs niemant, sonder anderen leben soll, und wie der mensch kummen mog., 1523일 것이다. 역자 황대우도 "이 책의 부피는 작지만 마르틴 부써라는 독립된 제목으로 출판되는 첫 번째 한글 책이라는 점에서 의미가 있습니다. 1장은 마르틴 부써의 주요 저작 가운데 하나이며 개혁초기에 출판된 작품을 번역한 것입니다."라고 기술하고 있다.[29]

황대우는 독자들을 위해 "자신이 아닌 이웃을 위한 삶"이라는 축약된 제목을 붙이고, 번역 속에는 원래 책 전체 제목(『누구든지 자기 자신이 아니라 다른 사람을 위해 살아야한다는 것과 어떻게 그것에 도달할 수 있는지에 관하여』)을 번역하였다.[30] 황대우는 이 소책자는 "부써가 스트라스부르크에서 행한 설교 가운데 하나이며, 1523년 8월에 출판된 그의 첫 작품"임을 소개한다.[31]

황대우에 의하면, 이 번역서는 독어 원본이 아니라,[32] 앙리 스트롤 Henri Strohl의 불어번역판과 푸르만P. T. Fuhrmann의 영어번역판을[33] 자료로 삼아 번역되었다. 황대우는 최윤배와의 SNS 문자 교류에서 "제 번역의 1

---

29 황대우 편저, 『삶, 나아닌 남을 위하여: 마르틴 부써의 기독교 윤리』, 11.

30 황대우 편저, "자신이 아닌 이웃을 위한 삶," 『삶, 나아닌 남을 위하여: 마르틴 부써의 기독교 윤리』, 13-57. 13쪽에 축약된 제목 "자신이 아닌 이웃을 위한 삶"이, 14쪽에 원래 책 전체 제목이 번역되어 있다.

31 황대우 편저, 『삶, 나아닌 남을 위하여: 마르틴 부써의 기독교 윤리』, 14.

32 Robert Stupperich(Hrg.), *Martin Bucers Deutsche Schriften Band 1: Frühschriften 1520-1524: Martini Buceri Opera Omnia Series I* (Gerd Mohn: Gütersloher Verlaghaus, 1960), 44-67.

33 Martin Bucer, *Instruction in Christian Love* (1523), trans. Paul Traugott Fuhrmann (Richmond: John Knox Press, 1952).

차 자료는 영어와 불어 번역서입니다. … 당시 번역할 때는 학문적인 것보다는 부써를 대중적으로 소개하는 것에 의미를 부여했기 때문에 급하게 번역서 중심으로 원문을 참고하여 번역했습니다.”라고 말했다.[34] 황대우는 이 작품번역 서두에 각주를 통해 그의 번역 작업의 과정을 다음과 같이 자세하게 기술하고 있다.

이 소책자의 불어번역판은 스트라스부르크 신학부 앙리 스트롤(Henri Strohl)이 1949년에 『이웃 사랑에 관한 소논문』(Traité de l'Amour de Prochain)이라는 제목으로 번역 출판했으며, 영어번역판은 푸르만(P. Fuhrmann)이 1952년에 『기독교 사랑에 대한 가르침』(Instruction in Christian Love)라는 제목으로 번역 출간했다.[35]

2. 마르틴 부처 작품의 한글번역의 두 번째 책인 최윤배의 번역 작품

최윤배의 2011년 2월 1일의 한글 번역서, 마르틴 부처의 『그리스도 왕국론』De Regno Christi은 20권으로 구성된 “기독교고전총서” 제17권, 『멜란히톤과 부처: 기독교고전총서 17』의 제II부에 번역되어 있다.[36] 본 작품은 빌헬름 파우크Wilhelm Pauck가 편집한 영어판 『기독교고전도서』The Library of Christian Classics 26권 시리즈 중에 제19권 『멜란히톤과 부처』Melanchthon and Bucer를 번역본으로 삼아 번역되었다.[37] 영어번역판이 마르틴 부처의 결혼관에 대한 부분, 곧 『그리스도 왕국론』의 제2권의 제22장부터 제46

---

34 SNS교류[2017년 7월 29일(토) 오후 4:53].

35 황대우 편저, 『삶, 나아닌 남을 위하여: 마르틴 부써의 기독교 윤리』, 14, 각주 1.

36 이은선 · 최윤배 역, “Part II De Regno Christi Martin Bucer,” 『멜란히톤과 부처: 기독교고전총서 17』(서울: 두란노아카데미, 2011), 241-496.

37 Wilhelm Pauck (ed.), The Library of Christian classics Ichthus Edition: Melanchthon and Bucer (Philadelphia: The Westminster Press, 1969), 154-394.

장까지 번역이 되지 않음으로써, 한글번역판도 이 부분이 번역되지 못한 점이 아쉬움으로 남는다. 역자는 제2권 제22장에서 제46장 부분을 번역할 의도가 있었지만, 영어번역판을 그대로 번역한다는 출판위원회의 출판방침을 따를 수밖에 없었다.

이미 프랑스와 방델François Wendel이 편집한 두 권으로 된 마르틴 부처 라틴어전집Martini Buceri Opera Latina 38 제15권에 『그리스도 왕국론』의 원본 라틴어 작품과[39] 불어번역판이 1955년에 출판되었다.[40] 라틴어 작품과 불어 번역판은 영어번역판과 한글번역판과는 달리 『그리스도 왕국론』 전체가 실려 있다. 우리는 최윤배가 CGN TV에서 "기독교고전총서 명품강좌 27강: 멜란히톤과 부처 II"라는 제목으로 진행한 동영상강의를 통해 마르틴 부처의 『그리스도 왕국론』의 핵심내용을 잘 파악할 수 있을 것이다.[41]

3. 마르틴 부처 작품의 한글번역의 세 번째 책인 신현복의 번역 작품

신현복의 2013년 1월 1일의 한글 번역서는 마르틴 부처의 『영혼을

---

38 최윤배는 네덜란드 유학시절(1989.12~1996.9)에 이 두 권의 책을 고서(古書) 경매를 통해 구입하기 위해 비가 오는 추운 겨울날, 집에서 자전거를 타고, 네덜란드 깜뻰(Kampen) 역에까지 가서 자전거를 역에 세워 놓고, 즈볼르(Zwolle)에 가는 기차를 타고, 다시 즈볼르에서 암스테르담(Amsterdam)행 기차를 타고, 암스테르담 중앙역(Central Station)에 내려서 암스테르담 시내에서 벌어지고 있는 고서 경매장에까지 걸어서 도착했다고 회상한다. 이 두 권의 책은 그에게 반드시 필요한 책이었기 때문에 끝까지 경매에 참여하여, 그 당시 유학생 네 식구의 한 달 생활비의 3분의 1이 되는 한화 50만 원 정도에 낙찰 받아 구입하여 집에 돌아오니, 늦은 밤이었으며, 귀한 책을 구입해서 한편으로 기뻤지만, 가족의 생활비를 생각할 때, 아내와 두 아이들에게 참으로 미안한 마음이 들었다고 한다.

39 François Wendel (ed.), *Martini Buceri Opera Latina Volumen XV De Regno Christi Libri Dua 1550* (Paris: Presses Universitaires de France, 1955/Gütersloh: C. Bertelsmann Verlag, 1955).

40 François Wendel (ed.), *Martini Buceri Opera Latina Volume XV bis Du Yoyaume de Jesu-Christ Édition crotique de la traduction Française de 1558* (Paris: Presses Universitaires de France, 1955/ Gütersloh: C. Bertelsmann Verlag, 1955).

41 https://www.mixcloud.com/cgntv%EC%84%B%EB%AF%B8%EB%82%98%EB%... (2017.7.31. 접속).

돌보는 참된 목회자』Von der waren Seelsorge; Concerning the True Care of Souls, 1538 이다.[42] 그는 그의 번역서가 "가장 최근에 나온 국내외 관련 자료들을 면밀히 분석하고 심층연구한 결과물"임을 밝히고 있다.[43] 특히 본문은 영어번역판에서 많은 도움을 받았다고 다음과 같이 밝히고 있다. "특히 본문은 피터 빌Peter Beale의 영문번역판에서, 마르틴 부처의 생애와 저서는 데이비드 라이트David F. Wright의 연구자료에서 많은 도움을 받았습니다."[44] 이 번역서 앞에 있는 문서정보를 참고할 경우, 피터 빌의 영어번역판과 독점계약을 한 사실을 통해 본 번역서는 영어번역판에 거의 의존하고 있음을 추측할 수 있을 것이다.[45]

4. 마르틴 부처 작품의 한글번역의 네 번째 책인 최윤배의 번역

최윤배의 2014년 10월 16일의 한글 번역서는 마르틴 부처의 『참된 목회학』Von der waren Seelsorge und dem rechten Hirtendienst, 1538 이다.[46] "종교개혁500주년기념사업회"는 종교개혁500주년을 기념하기 위해 2011년 3월 5일에 한국기독교회관에서 창립총회를 열고, 8월 27일에 한국교회100주년기념관에서 발대식을 가진 이후 6대 주요사업들을 선정했는데, 그 중에

---

42 마르틴 부처, *Concerning the True Care of Souls, translated by Peter Beale*, 신혁복 역, 『영혼을 돌보는 참된 목회자』(서울: 아침영성지도연구원, 2013).

43 위의책, 7; 6쪽: "Martin Bucer, *Von dr waren Seelsorge und dem rechten Hirten dienst, wie derselbige inn der Kirchen Christi bestellt, und verrichtet, werden solle* (Robert Stupperich, *Martin Bucers Deutsche Schriften*, 1964, 제7권); Jean Erbes, Martin Bucer, *Ie Reformateur Alsacian Inconnu et Meconnu* (Starsbourg: Libraries Protestantes, 1966); Peter N. Brooks, 'Martin Bucer: Oecumeniste and Forgotten Reformer,' in *Expository Times* 103 (1991-2), 2321-5쪽; Greschat, Martin Bucer. *Ein Reformator uns seine Zeit* (Munich: Verlag C. H. Beck, 1990); Martin Bucer, trans. by Peter Beale, *Concerning the True Care of Souls* (Banner of Truth, 2009) 등."

44 마르틴 부처, *Concerning the True Care of Souls*, translated by Peter Beale, 신혁복 역, 『영혼을 돌보는 참된 목회자』, 7.

45 위의 책, 6: "Copyright ⓒ The Banner of Truth Trust 2009 ··· Translated and used by permission of The Banner of Truth Trust through arrangemenr of rMaeng2, Seoul, Korea."

46 Martin Bucer, *Von der waren Seelsorge*, 최윤배 역, 『참된 목회학』(용인: 킹덤북스, 2014).

첫 번째가 "종교개혁신학 명저번역 프로젝트"였다. 본 역서는 이 사업회의 공모로 선정되고, 지원받아 번역된 것이다.[47] 본 역서에 대한 서평은 최윤배에 의해,[48] 그리고 박태현에 의해,[49] 진행된 바가 있다. 본서의 역자는 번역과정에 대해 다음과 같이 자세하게 밝히고 있다.

② 번역 원문: 역자는 본서를 쉬투페리히(Robert Stupperich)가 편집한 부처의 독일어 원본으로부터 직접 번역하였다. 번역과정에서 한글번역판, 영어번역판, 그리고 네덜란드어 번역판을 참고하였다. 스트라스부르에서 인쇄업자 벤델 리헬(Wendel Rihel)에 의해 아마도 1538년 4월경에 출판된 독일어 초판(Bibliographia Bucerana Nr. 59)은 122쪽이었는데, 쪽수가 매겨진 것이 116쪽, 매겨지지 않는 쪽수가 6쪽이었다. 1574년과 1592년에도(Bibliographia Bucerana Nr. 59b-c) 독일어로 재출판되었으며, 라틴어 번역본은(Bibliographia Bucerana Nr. 59a) 1577년에 출판되었다. 놀랍게도 부처의 『참된 목회학』은 1543년에 체코어로(Bibliographia Bucerana Nr. 59g) 번역 출판되었다.[50]

2007년 이래 현재까지 마르틴 부처의 세 작품들이 한글로 번역된 셈이다. 다시 말하면, 마르틴 부처의 처녀작인 동시에 초기初期 작품인 설교 1편(『누구든지 자기 자신이 아니라 다른 사람을 위해 살아야 한다는 것과 어떻게 그것에 도달할 수 있는지에 관하여』, 1523)이 2007년에, 그의 중기中期 작품 1편(『영혼을 돌보는 참된 목회자』, 『참된 목회학』, 1538)이 각각 2013년과

47 위의 책, 6-7.
48 최윤배, "마르틴 부처의 『참된 목회학』(Von der waren Seelsorge, 1538)에 대한 번역과 서평에 관한 소고," 『교회와 신학』 제79집(2015. 2. 28.): 221-244.
49 박태현, "『참된 목회학』(Von der wahren Seelsorge, 1538)," 『신학지남』 제82권 2집(2015. 6): 308-310.
50 Martin Bucer, Von der waren Seelsorge, 최윤배 역, 『참된 목회학』, 15-16.

2014년에, 그의 말기末期 작품인 동시에 대작大作 1편(『그리스도 왕국론』)이 2011년에 번역됨으로써, 한글로 된 마르틴 부처의 초기, 중기, 말기의 제1차 문헌인 세 작품이 확보된 것은 한국교회와 신학에서 마르틴 부처 연구를 위한 큰 디딤돌이 마련된 셈이다.

IV. 마르틴 부처에 대한 한글 단권 저서

1. 황대우의 『삶, 나아닌 남을 위하여: 마르틴 부써의 기독교 윤리』

2007년 5월 24일에 출판된 황대우의 편저, 『삶, 나아닌 남을 위하여: 마르틴 부써의 기독교 윤리』는 마르틴 부처에 관한 국내 최초의 한글 작품이다. 그는 앞부분에 마르틴 부처의 첫 작품을 번역하였고,[51] 계속해서 두 개의 글, 곧 "슈트라스부르크의 종교개혁자 마르틴 부써,"와,[52] "교제로서의 예배의 삶 : 마르틴 부써의 예배 이해,"를[53] 싣고 있다. 앞의 글에서 황대우는 마르틴 부처에 대한 간단한 생애를 기술한 뒤에 그의 저술들에 대한 중요한 정보를 주고 있다. 그리고 황대우는 교회 연합운동의 선구자로서의 부처에 대해 기술하고, 마지막으로 스트라스부르의 "기독교 공동체"Christliche Gemeinschaft를 중심으로 스트라스부르의 급격한 정치적 상황변화와 비상상황에서의 마르틴 부처의 교회론적 노력을 기술했다. 두 번째 글에서 황대우는 종교개혁의 원리와 마르틴 부

---

51 황대우의 편저, 『삶, 나아닌 남을 위하여: 마르틴 부써의 기독교 윤리』, 14-57.
52 위의 책, 59-88.
53 위의 책, 89-112.

처의 예배·예전신학을 충실하게 다루고 있다.

2. 최윤배의 『잊혀진 종교개혁자 마르틴 부처』

2012년 2월 25일에 최윤배는 황대우의 편저 다음으로 두 번째, 순전한 저서로서는 첫 번째 작품, 『잊혀진 종교개혁자 마르틴 부처』를 출간하였다.[54] 이 작품은 대한예수교장로회 소망교회(김지철 담임목사)의 후원으로 한국기독교학회가 선정하여, 수여하는 "제6회 소망학술상"(2011년 10월 21일)으로 받은 상금으로 출판된 것으로서 606쪽에 달하는 방대한 저서이다.

최윤배는 마르틴 부처의 생애를 스트라스부르 중심으로 다룬 다음, 마르틴 부처를 "성서해석자로서의 마르틴 부처", "구속사 신학자로서의 마르틴 부처", "교회일치 신학자와 에큐메니컬 운동가로서의 마르틴 부처", "개혁교회의 예배·직제 창시자로서의 마르틴 부처", "개혁교회의 디아코니아·영성·선교 창시자로서의 마르틴 부처"라는 제목으로 마르틴 부처 사상의 다양한 측면을 기술하여, 마르틴 부처 사상을 거의 총망라하고 있다. 그에 의하면, 마르틴 부처의 신학사상 연구는 역사적 종교개혁 자체를 위해서도 중요하지만, 마르틴 부처의 사상에는 지금도 오늘날 한국교회에게 현실성과 접합성이 있는 풍성한 아이디어와 사상이 많다.

특히 성경과 복음을 신앙과 신학에서 가장 기초적인 출발점으로 받아들이는 한국기독교(개신교)의 교회와 신학자는 성서해석학을 절대로 비껴갈 수가 없다. 마르틴 부처는 "렉티오 콘티누아"lectio continua 전통에서 전卷 성경 읽기와 주석에 큰 애착을 가졌다. 그는 본문비평, 문법적

54 최윤배, 『잊혀진 종교개혁자 마르틴 부처』(서울: 대한기독교서회, 2012).

역사학적 해석을 기초로 중세의 알레고리적 성서해석 방법을 비판하면서 랍비적 주석을 비판수용하면서도 기독교적으로 고유한 주석 방법으로서 "신앙의 유비"analogia fidei를 중요시하면서 구속역사적, 기독론적, 성령론적 방법을 사용하였다. 그의 주석 방법론은 칼뱅에게 그대로 전승되었다. 성서 본문을 사랑하고, 성서주석을 중요시하는 부처의 성서해석학 정신은 말씀 부재의 한국강단과 그리스도인의 삶으로 하여금 말씀의 근원으로 돌아갈 것을ad fontes 강력하게 촉구한다.

그는 구속사신학자로서 구약과 신약의 일치성과 차이점을 분명히 했다. 구약과 신약은 내용과 본질에서는 동일하나, 형식과 하나님의 경륜의 방식에서 차이가 있다. 다시 말하면, 구약과 신약의 차이는 비교급적인 차이다. 신약이 구약보다 더 풍성하고, 더 분명하다. 또한 마르틴 부처는 그리스도의 사역과 성령의 사역을 구속사적으로 밀접하게 잘 연결시켜, 그의 신학을 그리스도론 중심, 성령론 중심으로 전개했다.

어느 종교개혁자들보다도 마르틴 부처의 탁월한 점은 그가 교회일치적 신학자이며, 에큐메니칼 운동가이며, 개혁교회의 예배, 직제, 디아코니아, 영성(경건), 선교의 창시자라는 점이다. 사실상 에큐메니칼신학자와 운동가로서 칼뱅의 특징은 마르틴 부처로부터 물려받은 유산이다. 마르틴 부처의 교회론 자체가 비상시에 "교회 안에 있는 작은 교회"("기독교 공동체")라는 사상으로부터 정교일치 상황에서 "국가교회" 사상에 이르기까지 시대에 따라 매우 다양하다. 그는 직접적으로 헤센에서 재세례파와, 기독교 종교 간의 대화에서는 루터와 츠빙글리와 중세 로마천주교회와의 교회일치 운동을 너무나도 적극적으로 전개함으로써 상대편으로부터 협상자나 타협가로 오해받기도 했다. 심지어 그는 쾰른의 로마천주교회 주교의 교회재건을 위해 고문역할을 했고, 말년에 영국에 망명하여 궁정목사와 왕립대학교수로서 그는 영국의 전全 교회와 사회에서 그리스도 나라의 실현을 위한 청사진이 담긴 『그리스도 왕국론』De Regno Christi, 1550을 에드워드 6세에게 헌정하였다.

그는 개혁교회의 예배와 직제의 창시자이다. 그의 예배양식이 개혁교회의 예배양식의 기초이며, 그가 창안한 4중직(목사, 장로, 교사, 집사)과 외콜람파디우스^Ökolampadius로부터 받아들여 보급한 교회 치리는 개혁교회의 교회정치 기본 구조를 형성했다는 사실은 너무나도 잘 알려진 사실이다.

마르틴 부처가 사랑의 윤리학자와 실천가로서 디아코니아를 강조했고, 경건주의의 아버지라는 말을 들을 정도로 그는 경건과 영성신학자로서 사랑의 실천가였다. 마르틴 부처의 경건 사상 속에는 하나님에 대한 신앙과, 하나님과 이웃에 대한 사랑이 결합되어 있어서, 경건은 신앙과 사랑이라는 한 동전의 양면과 같다. 신앙과 사랑의 균형을 이루고 있는 마르틴 부처의 영성 사상은 오늘날 한국교회의 목회와 선교 현장에서 귀담아 들어야 할 내용이다. 신앙이 없는 사랑은 자칫 윤리주의나 도덕주의로 전락할 위험이 있고, 사랑이 없는 신앙은 자칫 신앙주의에 빠져 열매 없는 무화과나무가 될 수 있다. 바로 이점에서 한국교회는 어느 때보다도 더욱 강하게 기독교이단들과 안티기독교와 일반시민들의 비판에 직면해 있다.

더구나 마르틴 부처의 강한 선교사상은 루터나 칼뱅을 비롯하여 선교사상이 부족하다는 일부 잘못된 로마천주교회나 일부 개신교 (선교)신학자들의 주장을 완전하게 불식시킬 수 있을 것이다. 최근의 선교학자들은 루터에게는 선교사상이 좀 약한 것이 사실이지만, 칼뱅에게서는 선교사상이 전혀 약하지 않고, 마르틴 부처에게서는 선교사상이 종교개혁자들 중에서 가장 강하다고 말한다. 마르틴 부처의 선교비전은 넓고, 그의 선교 열정은 뜨겁다.

V. 마르틴 부처에 대한 한글 학위논문

2005년 2월에 미간행 된 성현식의 조직신학 전공 신학석사논문인 "Bucer-Calvin의 성령관 연구: 성령관의 흐름과 관련하여"는 국내 최초 한글 학위논문의 효시 嚆矢로 간주된다.[55]

2011년 7월에 미간행 된 이용욱의 역사신학 전공 신학석사학위 논문, "16세기 종교개혁 속에서 전개된 마틴 부처Martin Bucer의 교회일치운동에 관한 연구"을 쓴 이용욱은 서론에 이어, 마르틴 부처에 대한 국내외 연구사硏究史를 개괄한 뒤에, 16세기 종교개혁에서 교회의 분열과 일치에 대해서 논한다. 16세기 종교개혁 상황 속에서 마르틴 부처가 종교개혁 진영 안의 루터와 츠빙글리 사이에서, 그리고 종교개혁 밖의 로마천주교회와 재세례파와의 관계 속에서 기여한 교회연합적ecumenical 역할을 상세하게 다루고, 미래 교회의 개혁과 일치를 위한 원리, 곧 "교회일치를 통한 개혁"과 "다양성을 통한 일치"를 제시한다.[56]

2012년 8월에 미간행 된 임도건의 박사학위논문인 "후기 종교개혁 사상연구: P. 멜란히톤, M. 부처, H. 불링거, T. 베자를 중심으로."는 국내 최초 한글로 된 박사학위논문으로 간주된다.[57]

2015년 2월에 미간행 된 배경희의 조직신학 전공 신학석사학위 논문, "마르틴 부처의 교회론 – 교회의 본질과 기능을 중심으로"는 마르틴 부처의 제1차 문헌을 기초로 하여 씌어진 마르틴 부처에 관한 논문으로 평가된다.[58] 그녀는 마르틴 부처의 교회론을 본질과 기능으로 나누어

---

55 성현식, "Bucer-Calvin의 성령관 연구: 성령과의 흐름과 관련하여,"(미간행석사학위 논문, 총신대학교 대학원 신학과 조직신학 전공, 2005.2).

56 이용욱, "16세기 종교개혁 속에서 전개된 마틴 부처(Martin Bucer)의 교회일치운동에 관한 연구,"(미간행석사학위논문, 호남신학대학교 대학원 신학과 역사신학 전공, 2011.7).

57 임도건, "후기 종교개혁 사상연구: P. 멜란히톤, M. 부처, H. 불링거, T. 베자를 중심으로,"(미간행박사학위 논문, 숭실대학교 대학원 사학과, 2012.8).

기술한다. 마르틴 부처의 교회의 본질로서 "선택된 배성으로서의 교회", "그리스도의 몸으로서의 교회", "하나님 나라로서의 교회"가 다루어지고, 교회의 실천적 기능으로서 목양牧羊이 다루어진다.

2015년 2월에 미간행 된 이상배의 역사신학 전공 신학석사학위논문, "부처와 칼빈의 교회론에 있어서 상호영향"은 마르틴 부처와 요한 칼뱅을 비교한 국내 최초 신학석사학위 논문으로서 흥미롭다.[59] 그는 마르틴 부처의 교회론의 성립과 칼뱅의 교회론을 역사신학적으로 취급한다. 이어서 그는 마르틴 부처와 요한 칼뱅의 교회론을 상호 비교하여 상호 간의 일치점과 차이점을 찾아냈다.

2015년 2월에 미간행 된 최준혁의 신학석사논문인 "마르틴 부쳐의 목회관과 목회사역에 대한 연구."는 마르틴 부처의 목회신학에 대한 논문이다.[60]

2017년 1월에 미간행 된 박균상의 조직신학 전공 신학박사학위 논문, "개혁주의 신학에서의 칭의교리 연구: 마르틴 부처와 조나단 에드워즈를 중심으로"는 마르틴 부처에 관한 국내 두 번째 신학박사학위논문이다.[61] 마르틴 부처의 칭의론를 본격적으로 논의하기 전에 박균상은 마르틴 부처의 생애를 간단하게 기술하고, 그의 칭의론의 신학적, 사상적 배경으로 토마스 아퀴나스의 원인이론原因理論, 마르틴 루터의 법정적인 칭의론, 에라스무스의 윤리주의적 성경적 접근법과 관련하여 논의한다. 그리고 본격적으로 마르틴 루터의 칭의론을 마르틴 부처의 주요 저서인 『로마서 주석』1536을 중심으로 다루고, 그의 칭의론의 특징을 "구원 서

58 배경희, "마르틴 부처의 교회론: 교회의 본질과 기능을 중심으로,"(미간행석사학위논문, 장로회신학대학교 대학원 신학과 조직신학 전공, 2015.2).

59 이상배, "부처와 칼빈의 교회론에 있어서 상호영향,"(미간행석사학위논문, 총신대학교 일반대학원 신학과 역사신학 전공, 2015.2).

60 최준혁, "마르틴 부처의 목회관과 목회사역에 대한 연구,"(미간행석사학위논문, 안양대학교 일반대학원 신하과, 2015.2).

61 박균상, "개혁주의 신학에서의 칭의교리 연구: 마르틴 부처와 조나단 에드워즈를 중심으로,"(미간행 신학박사학위논문, 아세아연합신학대학교 대학원 신학과 조직신학 전공, 2017.1.8).

정"ordo salutis과 관련하여 다루고, 독일 레겐스부르크 회의the Diet of Regens-burg, 1541를 중심으로 "이중 칭의"에 대해 다룬다. 2018년 2월에 최준혁은 "마르틴 부처의 요리문답연구"라는 제목으로 신학박사학위논문을 발표하였고,[62] 2019년 2월에 전세홍은 "좋은 교회 - 마르틴 부처의 교회론을 중심으로"를 발표하였다.[63] 그리고 정병희의 "종교개혁자 마르틴 부처의 종말론 속에 나타난 하나님 나라"가 있다.[64]

2005년 2월 이래로 일반대학원 한글 학위논문으로서 석사학위 논문 7편, 박사학위논문 3편이 발표되었다.

VI. 마르틴 부처에 대한 일부 내용이 있는 한글 저서나 역서

1987년에 김응국에 의해 번역 출판된 『복음주의 입장에서 본 기독교 사상사』에서 "마르틴 부처"라는 항목으로 마르틴 부처의 간략한 생애와 사상이 5쪽으로 소개되어 있다.[65] 1991년에 백철현에 의해 번역, 출판된 『종교개혁자들의 종말론』의 "제3장 사랑의 종말론 : 마르틴 부쩌"라는 제목으로 마르틴 부처의 종말론 연구가 28쪽으로 실려 있다.[66]

---

62 최준혁, "마르틴 부처의 요리문답연구,"(미간행 신학박사학위논문, 안양대학교 일반대학원 신학과, 2018. 2).

63 전세홍, "좋은 교회 - 마르틴 부처의 교회론을 중심으로,"(장로회신학대학교 일반대학원 미간행 Th. M. 학위 논문, 2019. 2).

64 정병희, "종교개혁자 마르틴 부처의 종말론 속에 나타난 하나님 나라," 장로회신학대학교 신학대학원 미간행 교역학석사학위논문(2020. 2).

65 Tony Lane, *Christian Thought*, 김응국 역, "마르틴 부처," 『복음주의 입장에서 본 기독교 사상사』(서울: 나침반사, 1987), 280-284.

66 T. F. Torrance, *Kingdom and Church: A Study in the Theology of the Reformation*, 백철현 역, 『종교개혁자들의 종말론』(서울: 그리스도교신학연구소, 1991), 124-152.

1994년에 정장복에 의해서 번역. 출판된 『예배의 발전과 그 형태』의 "제 4장 3. 스트라스부르크의 독일 예배 의식" 부분에서 마르틴 부처의 예 배·예전이 자세하게 31쪽에 거쳐 기술되어 있다.[67]

2001년에 남정우에 의해 번역, 출판된 『신학자 사전』의 "부커, 마르 틴,"이라는 항목에서 마르틴 부처의 생애와 사상에 대한 기초 정보가 3 쪽 분량으로 기술되어 있다.[68] 2003년에 이형기의 공저로 출판된 『16세 기 종교개혁과 개혁교회의 유산』 속에 최윤배가 기술한 "Ⅶ. 1. 마르틴 부처의 생애와 신학사상"이 11쪽으로 기술되어 있다.[69] 2006년 최재건 에 의해 번역, 출판된 『종교개혁사상』에 "제5장 4. 마틴 부써"라는 제목 으로 3쪽이 간략한 생애와 사상이 기술되어 있다.[70] 2008년에 주승중은 "스트라스부르크에서의 부처의 예배의식"을 취급하고, 부처의 칼뱅에 대한 영향을 기술했다.[71]

2012년에 이상규 편, 『칼빈과 종교개혁가들』에서 황대우는 "칼빈과 부써"라는 제목으로 마르틴 부처에 대한 글을 썼다.[72] 2013년에 이은선 의 저서, 『종교개혁자들 이야기』에서 "제8장 스트라스부르의 종교개혁 자 마틴 부처 M.Bucer"이라는 제목으로 31쪽의 상당한 분량으로 마르틴 부 처의 생애와 사상에 대해 기술되어 있다.[73] 2015년에 이형기의 공저, 『개혁교회의 예배·예전 및 직제 I』 속에 최윤배가 기술한 "제1장 2. 부처

67 William D. Maxwell, *A History of Christian Worship: An Outline of Its Development and Forms*, 정 장복 역, 『예배의 발전과 그 형태 - 기독교 예배의 역사 개관-』(서울: 장로회신학대학교 교회 커뮤 니케이션 연구원, 1994), 122-153.

68 헤를레/바그너 편, *Theologenlexikon*, 남정우 역, 『신학자 사전』(서울: 한들출판사, 2001.3.31.), 159-161.

69 최윤배 공저, 『16세기 종교개혁과 개혁교회의 유산』(서울: 한국장로교출판사, 2003), 305-315.

70 Alister McGrath, *Reformation Thouhght: An Introduction Third Edition*, 최재건 역, 『종교개혁사상』 (서울: 기독교문서선교회, 2006.9.30.), 155-157.

71 주승중, "스트라스부르크에서의 부청의 예배 의식," 주승중 · 최윤배 공저, 『교회를 섬기는 청지기 의 길(I)』(파주: 도서출판 성안당, 2008), 116-120.

72 이상규 편, 『칼빈과 종교개혁가들』(부산: 고신대학교 개혁주의학술원, 2012.3.1.), 31-49.

73 이은선, "제8장 스트라스부르의 종교개혁자 마틴 부처(M.Bucer)," 『종교개혁자들의 이야기』(시 흥: 도서출판 지민, 2013.7.16.), 223-254.

의 예배" 속에 마르틴 부처의 예배신학이 23쪽 담겨져 있다.[74] 조성현은 2018년 최근에『설교로 보는 종교개혁』에서 "마틴 부처의 설교세계"를 취급했다.[75]

VII. 마르틴 부처에 대한 한글 소논문, 서평, 신문기사 등

1. 마르틴 부처의 한글 소논문

1999년 3월 30일에 국내 논문집에 발표한 최윤배의 "부처와 깔뱅에 게서 성령과 그리스도의 삼중직"이라는 논문이 한국 신학자가 발표한 마르틴 부처에 관한 국내 최초의 논문일 것이다.[76] 이 논문 발표 이후 가 장 최근의 2015년의 발표 논문을 포함하여,[77] 최윤배는 마르틴 부처에 관한 다양한 주제들로 구성된 약 25편의 논문을 꾸준히 발표했다.[78]

2003년에 허정갑은 마르틴 부처의 스트라스부르 예전을 잘 소개했 다.[79] 2003년에 정장복은 예배·예전과 관련된 논문에서 마르틴 부처에

---

74 최윤배, "부처의 예배,"『개혁교회의 예배·예전 및 직제 I』(서울: 한국장로교출판사, 2015. 3. 20), 34-56.

75 조성현, "마틴 부처의 설교세계,"조성현,『설교로 보는 종교개혁』(서울: 기독교문서선교회, 2018), 174-184.

76 최윤배, "부처와 깔뱅에게서 성령과 그리스도의 삼중직." 서울장신대학교 편.『서울장신논단』7집 (1999. 3. 30.): 128-146.

77 최윤배. "마르틴 부처의『참된 목회학』(*Von der waren Seelsorge*, 1538)에 대한 번역과 서평."『교회 와 신학』제79집(2015. 2. 28.): 221-244.

78 최윤배가 발표한 논문들을 참고하시려면 본 논문의 참고문헌을 참고하시기 바랍니다. 발표된 논 문들의 주제는 칼뱅과 마르틴 부처의 관계, 성서해석, 구약과 신약의 관계, 기독론, 성령론, 구원 론, 교회론, 종말론, 교회연합과 일치, 경건, 예배, 직제, 디아코니아, 선교, 국가 등 매우 다양하다.

79 허정갑, "마르틴 부처(1491-1551)와 스트라스부르크 예전," 한국실천신학회 편,『신학과 실천』제 6권(2003. 2): 113-129.

대해 부분적으로 다루는데, 후일에 "부처"의 1537년의 예배 전통으로부터 "칼빈주의 예전과 스코틀랜드 교회의 예전이 파생되"었다는 것이다.[80] 2004년에 박경수는 "마르틴 부처와 요한 칼뱅: 교회일치의 옹호가들"이라는 주제로 발표했다.[81] 2008년에 박준철은 "종교개혁과 섹슈얼리티: 부부의 성에 대한 루터와 부처의 담론을 중심으로"를 발표하였고,[82] 2014년에 강경림은 "마르틴 부처와 성상파괴운동에 대한 소고"를 발표하였고,[83] 2016년에 최준혁은 "마르틴 부처의 기독교교육 사상과 활동"을 발표하였다.[84]

앞에서 살펴보았다시피, 황대우는 2007년에 한국 최초로 마르틴 부처에 관한 편저를 저술함과 동시에 마르틴 부처 작품을 번역했다. 그 이후 황대우는 꾸준히 마르틴 부처에 대한 논문을 계속 발표하고 있다는 사실은 마르틴 부처 연구와 발전을 위해 매우 고무적이다.[85]

2. 마르틴 부처에 대한 한글 서평, 신문기사, 대학원 과제 등

2015년에 박태현은 최윤배의 번역본 『참된 목회학』에 대한 서평을 학술적으로 자세하게 다루었다.[86] 목회자로서 김인주는 마르틴 부처에

---

80   정장복, "종교개혁기에 등장한 다양한 예배 전통에 관한 분석,"『장신논단』제19호(2003.9.30),
       255, 254-255, 235-265.

81   Gyeung-Su Park, "Martin Bucer and John Calvin: Advocates of Church Uinty," *Korea Journal of
       Theology* Vol. 4(2004): 65-91.

82   박준철, "종교개혁과 섹슈얼리티: 부부의 성에 대한 루터와 부처의 담론을 중심으로," 역사학회
       편,『역사학보』Vol. 197(2008): 131-159.

83   강경림, "마르틴 부처와 성상파괴운동에 대한 소고," 안양대학교 신학연구소 편,『신학지평』
       Vol. 27(2014): 5-30.

84   최준혁, "마르틴 부처의 기독교교육 사상과 활동," 안양대학교 신학연구소 편,『신학지평』Vol.
       29(2016): 35-74.

85   황대우, "깔뱅의 교회론과 선교."『선교와 신학』제24집(2009.8.31.): 43-87, 52-53. 다른 논문들은
       참고문헌을 참고하시오.

대한 관심을 가지고 『한국기독공보』에 두 번씩이나 기고했는데, 2014년에 마르틴 부처의 5가지 목양 개념에 대해서,[87] 그리고 2016년에 마르틴 부처의 생애에 대해 연재했다.[88] 이은주는 "마르틴 부처 Martin Bucer 의 설교세계"라는 소논문의 과제를 대학원에서 수행했다.[89] 최윤배는 『평신도신문』에 2015년 9월 5일부터[90] 2019년 8월 10일까지[91] 마르틴 부처에 대해 90회까지 계속적으로 연재했다.

VIII. 결론

종교개혁500주년을 맞이했지만, 마르틴 부처는 다른 종교개혁자들에 비해, 국내외적으로 여전히 "잊혀진 종교개혁자"임에 틀림없다. 그는 그의 조국 독일에 있는 자신의 고향 도시인 스트라스부르 Strasbourg; Straßburg 에서 약 25년간[1523.5-1549.8] 종교개혁 운동과 목회사역을 한 "스트라스부르의 종교개혁자"로서, 스트라스부르교회의 감독이 되어, 스트라스부르의 종교개혁을 선봉에서 이끈 최고의 지도자였고, "개혁교회의

---

86 박태현, "『참된 목회학』(*Von der waren Seelsorge*, 1538)에 대한 서평," 『신학지남』(*Presbyterian Theological Quaterly*) 제82권 2집(2015년 6월), 308-310.

87 "목양의 원칙을 찾아서". 『한국기독공보』 2933호(2014. 1. 22.), A23, http://www.pckworld.com/news/articlePrint.html?idxno=63122(2017. 7. 17. 접속).

88 김인주, "연재39/마틴 부처(Martin Bucer) - 종교개혁을 주도한 신학자," 『한국기독공보』 제3065호(2016. 11. 1.), http://www.pckworld.com/news/articleView.html?idxno=72396(2017. 8. 1. 접속).

89 http://cafe.daum.net/_c21_bbs_search_read?grpid=1KGbY&fldid=D121&datanum=...(2017. 8. 1. 접속).

90 최윤배. "제1과 '잊혀진 종교개혁자'로서의 마르틴 부처(Martin Bucer, 1491-1551)." 『평신도신문』 통합612/제92호(2015. 9. 5., 토) A9.

91 최윤배. "잊혀진 종교개혁자 마르틴 부처 58: 성경해석방법론(4)" 『평신도신문』 통합672/제152 (2018. 3. 10., 토), A9.

원조元祖"로도 불린다. 그는 스트라스부르에서 주도적인 지도력을 행사했을 뿐만 아니라, 유럽 전역과 다양한 종교개혁 진영들과 특히 칼뱅에게 큰 영향을 주었고, 특히 교회연합과 교회일치ecumenical를 위해 큰 노력과 공헌을 하였다.

"Martin Bucer= Butzer"의 이름에 대한 한글 번역들("마틴", "마르틴"; "부서", "부써", "부쩌", "부쪄", "부커", "부처", "부쳐", 부체르, 부체루스; "마틴부텨" 등)이 온-오프라인on-off line에서 지금까지 다양하게 사용되고 있지만, 여러 가지 이유로 "마르틴 부처"로 번역하는 것이 상대적으로 좋다고 제안했다.

마르틴 부처에 대한 한국 최초의 전문가는 최윤배인데, 그는 1996년에 네덜란드에서 세계 최고最高의 마르틴 부처전문가인 빌렘 판 어뜨 스뻬이꺼르Willem van 't Spijker 교수 밑에서 신학박사학위논문(『마르틴 부처와 요한 칼뱅의 성령론과 기독론의 관계』)을 썼고, 두 번째 전문가는 황대우인데, 그도 역시 판 어뜨 스뻬이꺼르 교수 밑에서 2002년에 신학박사학위논문("그리스도의 신비한 몸: 마르틴 부처와 요한 칼뱅의 교회론")을 썼고, 최근의 세 번째 전문가는 임도건인데, 그는 2012년 8월에 "후기 종교개혁 사상연구: P. 멜란히톤, M. 부처, H. 불링거, T. 베자를 중심으로."라는 박사학위 논문을 발표하였고, 네 번째 전문가는 박균상인데, 그는 2017년에 신학박사학위 논문("개혁주의 신학에서의 칭의교리 연구: 마르틴 부처와 조나단 에드워즈를 중심으로")을 썼다.

마르틴 부처 작품이 한글로 번역된 최초 번역서는 황대우가 2007년 5월 24일에 번역 출판한 작품인 바, 마르틴 부처가 1523년에 설교한 처녀작인 『누구든지 자기 자신이 아니라 다른 사람을 위해 살아야한다는 것과 어떻게 그것에 도달할 수 있는지에 관하여』Das ym selbs niemant, sonder anderen leben soll, und wie der mensch kummen mog., 1523.8일 것이다. 마르틴 부처 작품의 두 번째 번역서, 『그리스도 왕국론』De Regno Christi, 1550; 1557은 20권으로 구성된 "기독교고전총서" 제17권, 『멜란히톤과 부처: 기독교고전총서 17』

의 제II부에서, 최윤배에 의해 2011년 2월 1일에 번역되었다. 마르틴 부처 작품의 세 번째 번역서로서, 신현복의 2013년 1월 1일의 한글 번역서는 마르틴 부처의 『영혼을 돌보는 참된 목회자』*Von der waren Seelsorge; Concerning the True Care of Souls, 1538* 이고, 주로 영어번역판으로부터 번역된 것으로 추측되고, 최윤배의 2014년 10월 16일의 한글 번역서는 마르틴 부처의 『참된 목회학』*Von der waren Seelsorge und dem rechten Hirtendienst, 1538* 인데, 독일어원본으로부터 번역되었다.

2007년 5월 24일에 출판된 황대우의 편저, 『삶, 나아닌 남을 위하여: 마르틴 부써의 기독교 윤리』는 마르틴 부처에 관한 국내 최초의 한글 작품이다. 2012년 2월 25일에 최윤배는 황대우의 편저 다음으로 한글 저서 두 번째 작품이지만, 편저가 아니라, 순전한 저서로서는 첫 번째 작품에 해당되는 『잊혀진 종교개혁자 마르틴 부처』를 출간하였다.

마르틴 부처에 관한 국내 대학원 학위논문은 2005년 1월 이후 2020년 2월말까지 석사학위 논문 7편, 박사학위 논문 3편이 연구되었는데, 마르틴 부처에 대한 국내 최초 미간행 된 학위논문은 성현식의 "Bucer-Calvin의 성령관 연구: 성령과의 흐름과 관련하여"이다. 그 이후 2015년 2월에 미간행 된 배경희의 조직신학 전공 신학석사학위 논문, "마르틴 부처의 교회론 - 교회의 본질과 기능을 중심으로"가 있고, 2015년 2월에 미간행 된 이상배의 역사신학 전공 신학석사학위논문, "부처와 칼빈의 교회론에 있어서 상호영향"이 있고, 2015년 2월에 미간행 된 신학석사학위논문인 "마르틴 부처의 목회관과 목회사역에 대한 연구"가 있다. 그리고 2018년의 전세홍의 "좋은 교회 - 마르틴 부처의 교회론을 중심으로"[92] 2020년의 정병희의 "종교개혁자 마르틴 부처의 종말론 속에 나타난 하나님 나라"가 있다.[93]

---

[92] 전세홍, "좋은 교회 - 마르틴 부처의 교회론을 중심으로 -,"(장로회신학대학교 대학원 미간행 Th.M. 학위논문, 2019.2).

2012년 8월에 미간행 된 임도건의 박사학위논문인 "후기 종교개혁 사상연구: P. 멜란히톤, M. 부처, H. 불링거, T. 베자를 중심으로"는 국내 한글 최초의 박사학위논문이다. 그리고 2017년 1월에 미간행 된 박균상의 조직신학 전공 신학박사학위 논문인 "개혁주의 신학에서의 칭의교리 연구: 마르틴 부처와 조나단 에드워즈를 중심으로"가 있다.

1999년 3월 30일에 국내학술지에 발표된 마르틴 부처에 관한 최초의 논문은 최윤배의 "부처와 깔뱅에게서 성령과 그리스도의 삼중직"이라는 논문이다. 이 논문으로부터 시작하여 최근 2015년의 발표 논문을 포함하여, 연구자는 마르틴 부처에 관한 다양한 주제들로 구성된 약 25편의 논문을 학술지에 꾸준히 발표했다.

국내 마르틴 부처연구 및 발전을 위해 매우 고무적인 현상은 마르틴 부처 비전문가들도 마르틴 부처에 대한 관심을 갖고, 소논문, 서평, 신문기고문 등을 통해 마르틴 부처와 관련된 글을 쓰고 있다는 사실이다. 가령, 2003년 2월에 허정갑이 "마르틴 부처[1491-1551]와 스트라스부르크 예전"을 기고했고, 2003년 9월에 정장복은 예배·예전과 관련된 논문에서 마르틴 부처에 대해 상당 부분을 할애했고, 2004년에 박경수는 "마르틴 부처와 요한 칼뱅: 교회일치의 옹호가들"이라는 주제로 발표하였고, 그리고 최근에 김인주는 목회자로서『한국기독교공보』에 두 차례나 마르틴 부처의 생애와 목회사상을 소개했다.

한국교회 신학자들과 목회자들뿐만 아니라, 한국교회 평신도들도 마르틴 부처에 대한 관심이 점점 높아진 나머지, 각 매체들과 세미나들, 가령『큐티성경통독』[2011년 1, 2, 3월호], 『평신도신문』[2015.3-2019.8.10. 현재], "평대원 '종교개혁500주년'기념강좌",[94] 『2017년 목회와 설교자료: 종교개혁

93 정병희, "종교개혁자 마르틴 부처의 종말론 속에 나타난 하나님 나라,"(장로회신학대학교 신학대학원 미간행 M. Div. 학위논문, 2020, 2).

94 http://pckworld.com/news/articleView.html?idxno=71069 (2017. 8. 5. 접속).

500주년기념 한국교회강단공동설교』2016, 『새문안』2017년 7·8월호, 『순교신학과 목회』2017. Vol. 1, "종교개혁기념강좌"분당 구미교회, 2017.2.24., "종교개혁 500주년기념강좌"평양남노회, 2017.3.7., "제23회 권사세미나: 강원동노회"2017.6.13., "총회사이버교육원"www.pci.or.kr 등을 통해 마르틴 부처를 만나고 있다.

마르틴 부처의 전문가들과 마르틴 부처의 제1차 자료 번역서의 확보와, 마르틴 부처에 대해 관심 있는 신학자들과 목회자들과 평신도들과 교회의 노력과 기도와 후원이 있는 한, 네덜란드에서 1996년부터 그리고 국내에서 1999년부터 최윤배에 의해 전문적으로 시작된 한국교회의 마르틴 부처에 대한 연구는 계속적으로 발전해서, 완전히 "잊혀진 종교개혁자 마르틴 부처"가 잘 "알려진 종교개혁자 마르틴 부처"로 반드시 될 것으로 기대한다.

참고문헌

강경림. "마르틴 부처와 성상파괴운동에 대한 소고." 안양대학교 신학연구소 편. 『신학지평』 Vol. 27 (2014): 5-30.

김인주. "목양의 원칙을 찾아서". 『한국기독공보』 제2933호 (2014.1.22.), http://www.pckworld. com/news/articlePrint.html?idxno=63122 (2017.7.17. 접속).

_____. "연재39/마틴 부처(Martin Bucer) - 종교개혁을 주도한 신학자." 『한국기독공보』 제3065호 (2016.11.1.) http://www.pckworld.com/news/articleView.html?idxno=72396 (2017.8.1. 접속).

박균상. "개혁주의 신학에서의 칭의교리 연구: 마르틴 부처와 조나단 에드워즈를 중심으로." 미간행 신학박사학위논문, 아세아연합신학대학교 대학원 신학과 조직신학 전공, 2016.

박준철. "종교개혁과 섹슈얼리티: 부부의 성에 대한 루터와 부처의 담론을 중심으로." 역사학회 편. 『역사학보』 Vol. 197(2008): 131-159.

배경희. "마르틴 부처의 교회론: 교회의 본질과 기능을 중심으로." 미간행석사학위논문, 장로회신학 대학교 대학원 신학과 조직신학 전공, 2015.2.

성현식. "Bucer-Calvin의 성령관 연구: 성령관의 흐름과 관련하여." 미간행석사학위 논문, 총신대학 교 대학원 신학과 조직신학 전공, 2005.2.

이상배. "부처와 칼빈의 교회론에 있어서 상호영향." 미간행석사학위논문, 총신대학교 일반대학원 신학과 역사신학 전공, 2015.2.

이용욱. "16세기 종교개혁 속에서 전개된 마틴 부처(Martin Bucer)의 교회일치운동에 관한 연구." 미 간행석사학위논문, 호남신학대학교 대학원 신학과 역사신학 전공, 2011.

이은선. "제8장 스트라스부르의 종교개혁자 마틴 부처." 이은선. 『종교개혁자들의 이야기』. 시흥: 도 서출판 지민, 2013.

임도건. "후기 종교개혁 사상연구: P. 멜란히톤, M. 부처, H. 불링거, T. 베자를 중심으로." 미간행박 사학위 논문, 숭실대학교 대학원 사학과, 2012.8.

전세홍, "좋은 교회 - 마르틴 부처의 교회론을 중심으로 -." 장로회신학대학교 대학원 미간행 Th. M. 학위논문, 2019.2.

정병희, "종교개혁자 마르틴 부처의 종말론 속에 나타난 하나님 나라." 장로회신학대학교 신학대학 원 미간행 M. Div. 학위논문, 2020, 2.

정장복 . "종교개혁기에 등장한 다양한 예배 전통에 관한 분석." 『장신논단』 제19호(2003.9.30), 255, 254-255, 235-265.

조성현. "마틴 부처의 설교세계." 조성현. 『설교로보는 종교개혁』. 서울: 기독교문서선교회, 2018, 174-184.

주승중. "스트라스부르크에서의 부처의 예배 의식." 주승중·최윤배 공저. 『교회를 섬기는 청지기의 길(I)』. 파주: 도서출판 성안당, 2008, 116-120.

최윤배. "제2부 그리스도의 왕국론." 이은선 · 최윤배 공역. 『멜란히톤과 부처』. 서울: 두란노아카데 미, 2011, 219-496.

_____. 『잊혀진 종교개혁자 마르틴 부처』. 서울: 대한기독교서회, 2012.

_____. "VII. 1. 마르틴 부처의 생애와 신학사상." 대한예수교장로회총회교육자원부 편. 『16세기 종교개혁과 개혁교회의 유산(1)』. 서울: 한국장로교출판사, 2003, 305-315.

_____. "지식으로서 신학: 마르틴 부처의 '이중적 신지식'(duplex cognitio Dei)을 중심으로." 장로 회신학대학교 편. 『21세기 신학의 학문성』(2003.12.30), 199-220.

_____. "제3장 3.2. 부처의 종말론." 총회교육자원부 편. 『개혁교회의 종말론(3)』. 서울: 한국장로 교출판사, 2005, 141-148.

_____. "마르틴 부처의 예배에 관한 연구." 『깔뱅의 종교개혁과 교회갱신』. 서울: 장로회신학대학 교출판부, 2012. 381-407.

_____. "개혁과 연합운동: 부처와 칼빈을 중심으로." 공저. 미래교회포럼 편. 『고신교회 어디서와 서 어디로 가는가 I』. 서울: 미래교회포럼, 2014.9.20., 323-364.

_____. "제1장 2. 부처의 예배." 총회교육자원부 편. 『개혁교회의 예배·예전 및 직제(5-1)』. 서울: 한국장로교출판사, 2015, 34-56.

_____. "잊혀진 종교개혁자 마르틴 부처." 이성희·조병호 역음. 『종교개혁500주년기념: 한국교회 강단 공동설교의 꿈』. 서울: 한국장로교출판사, 2016.9.26.), 670-676.

_____. "마르틴 부처의 신학적 해석학." 『신학적해석학』상(2005.1.5), 187-210.

_____. "성령론과 그리스도의 삼중직: Bucer와 관련하여." 한국칼빈학회 편. 『칼빈신학과 목회』 (1999), 33-45.

_____. "부처와 깔뱅에게서 성령과 그리스도의 삼중직." 서울장신대학교 편. 『서울장신논단』 7집 (1999.3.30.): 128-146.

_____. "개혁파 종교개혁자 Martin Bucer(1491-1551)에게서 구약과 신약의 관계." 한국기독교학 회 편. 『한국기독교신학 논총』 제18집(2000.8.30.): 223-246.

_____. "Martin Bucer의 삼위일체론적 성령론." 안양대학교 편. 『신학지평』제13(2000 가을·겨울, 12.26): 207-236.

_____. "마르틴 부처와 쟝 깔뱅의 상호관계." 『서울장신논단』제9집(2001.3): 98-116.

_____. "마르틴 부처(Martin Bucer)의 교회일치적 활동에 나타난 교회론." 『장신논단』제20집 (2003.12.30.): 161-181.

_____. "마르틴 부처의 교회론-그리스도의 나라로서 교회." 이형기교수 은퇴기념논문위원회 편. 『 하나님의 나라, 역사 그리고 신학』(2004.2.26), 293-319.

_____. "마르틴 부처의 삼위일체론적 · 기독론적 성령론." 한국기독교학회 편. 『한국조직신학논 총』제11집(2004.10.15.): 269-303.

_____. "마르틴 부처의 해석학." 『장신논단』 제22집(2004.12.31.): 173-190.

_____. "부처와 칼빈의 종말론." 『칼빈연구』 제2집(2005.1.20.): 235-257.

_____. "쯔빙글리, 부처, 칼빈의 종말론." 한국기독교학회 편. 『한국기독교신학논총』 제38호 (2005.4.15.): 185-209.

_____. "개혁파 종교개혁자 마르트 부처의 '경건'(pietas) 개념." 『로고스』 제39호(2007.9.1.): 67-90.

_____. "마르틴 부처(Martin Bucer, 1491-1551)의 종교개혁과 선교: 하나님의 나라를 중심으로." 『선교와 신학』 제21집(2008.1.14.): 69-96.

_____. "개혁파 전통에서 본 국가론." 『장로교회와 신학』 제5집(2008.2.12.): 138-160.

_____. "마르틴 부처의 선교 사상: 예수 그리스도와 사도들에 의한 하나님의 나라를 중심으로." 『장신논단』 제31집(2008.5.30.): 9-36.

_____. "마르틴 부처의 '경건'(pietas)에 관한 연구." 한국기독교학회 편.『한국조직신학논총』제21
집(2008.9.30.): 11-33.

_____. "마르틴 부처(Martin Bucer)의 성서주석들에 나타난 해석학적 관점들에 대한 연구." 한국
조직신학회 편.『한국조직신학논총』제24집(2009.9.30.): 7-33.

_____. "마르틴 부처(Martin Bucer)의 '시편주석'에 나타난 역사적 해석."『장신논단』제35집
(2009): 109-137.

_____. "마르틴 부처의 '에베소서주석'(1527)에 나타난 중심사상: 성령과 말씀을 중심으로." 연세
대학교연합신학대학원 편.『신학논단』제59집(2010.3.31.): 149-171.

_____. "마르틴 부처의 생애와 사상 (I)." 도서출판통독원,『큐티성경통독』(2011.1.1), 144-147.

_____. "마르틴 부처의 생애와 사상 (II)." 도서출판통독원,『큐티성경통독』(2011.2.1), 144-147.

_____. "마르틴 부처(Martin Bucer)의 초기 사상에 나타난 그리스도론 연구."『장신논단』제40집
(2011.4.30.): 289-309.

_____. "마르틴 부처의 생애와 사상(III)."『큐티성경통독 2011년 3월호』. 서울: 도서출판 통독원,
2011.3.1, 150-155.

_____. "마르틴 부처(Martin Bucer)의 구원론에 관한 연구: 예정과 소명과 영화를 중심으로."『신
학논단』제67집(2012.3.31.): 141-169.

_____. "마르틴 부처의 구원론: 칭의를 중심으로."『조직신학연구』제16호(2012 봄·여름호)
(2012.5.31.): 168-196.

_____. "마르틴 부처의 구원론에 관한 연구: 성화를 중심으로."『조직신학연구』제17집(2012 가을·
겨울호): 134-168.

_____. "마르틴 부처의『참된 목회학』(Von der waren Seelsorge, 1538)에 대한 번역과 서평."『교회
와 신학』제79집(2015.2.28.): 221-244.

최준혁. "마르틴 부처의 목회관과 목회사역에 대한 연구." 미간행석사학위논문, 안양대학교 일반대
학원 신학과, 2015.2.

_____. "마르틴 부처의 기독교교육 사상과 활동." 안양대학교 신학연구소 편.『신학지평』Vol.
29(2016): 35-74.

_____. "마르틴 부처의 요리 문답연구." 미간행신학박사학위논문, 안양대학교 일반대학원 신학과,
2018.2.

황대우 편저.『삶, 나아닌 남을 위하여: 마르틴 부써의 기독교 윤리』. 서울: SFC, 2007.

황대우. "칼뱅의 교회론과 선교."『선교와 신학』제24집(2009.8.31.): 43-87, 52-53.

_____. "종교개혁가 부써에게 있어서 교회와 국가의 관계." 한국복음주의역사학회 편.『역사신학
논총』Vol. 21(2011): 8-36.

_____. "칼빈과 부써."『칼빈과 종교개혁가들』. 부산: 고신대학교 개혁주의학술원, 2012.3.12., 31-
49.

_____. "종교개혁과 예배: 부써와 칼빈의 예배 이해를 중심으로."『갱신과 부흥』제14호(2014.7).

_____. "마르틴 부써(Martin Bucer)의 성찬론." 개혁주의생명신학회 편.『생명과 말씀』Vol.
11(2015): 218-245.

_____. "부써의 예정론." 아세아연합신학대학교 신학연구소 편.『ACTS 신학저널』Vol. 31(2017):
35-71.

허정갑. "마르틴 부처(1491-1551)와 스트라스부르크 예전." 한국실천신학회 편.『신학과 실천』제6권
(2003.2): 113-129.

Bucer, Martin. *Concerning the True Care of Souls*. 신혁복 역. 『영혼을 돌보는 참된 목회자』. 서울: 아침영성지도연구원, 2013.

_____. *Von der waren Seelsorge*. 최윤배 역. 『참된 목회학』. 용인: 킹덤북스, 2014.

Choi, Yoon-Bae. *De verhouding tussen Pneumatologie en Christologie bij Martin Bucer en Johannes Calvijn*. Leiden: J. J. Groen en Zoon, 1996, De Theologische Universiteit van de Christelijke Gereformeede Kerken in Nederland, Apledoorn.

_____. "Der Heilige Geist und dreifache Amt Christi bei Martin Bucer (1491-1551) und Johannes Calvin(1509-1564)." *Yonsei Review of Theology & Culture* V (Dec. 1999): 81-89.

_____. "Martin Bucer(1491-1551) und Johannes Calvin(1509-1564) im Umgang miteinander." *Yonsei Journal of Theology* V (Dec. 2000): 349-362.

_____. "Bucer와 Strasbourg." *Korea Presbyterian of Theology*. Vol. 8 (2008.5): 143-156.

Hwang, Dae-Woo. "Het Mystieke Lichaam van Christus: de Ecclesiologie van Martin Bucer en Johannes Calvijn." (Proefschrift, Diss., 2002, De Theologische Universiteit van de Christelijke Gereformeede Kerken in Nederland, Apledoorn).

Park, Gyeung Su. "Martin Bucer and John Calvin: Advocates of Church Uinity." *Korea Journal of Theology* Vol. 4 (2004): 65-91.

제3장

한국교회에서
16세기 종교개혁 연구

• 제13회 춘계신학강좌(2017.9.20.)에서 발표되고, 다음에 실린 논문: 최윤배, "춘계(春溪) 이종성과 16세기 종교개혁신학,"『교회와 신학』제83집(2019.2.28.), 61-86.

I. 서론

16세기 종교개혁 500주년을 맞이한 2017년 올해는 특별히 기독교
(개신교)에 속한 우리에게 역사적으로 뜻 깊은 해임에 틀림없다. "종교개
혁500주년기념사업회"는 종교개혁500주년을 기념하기 위해 2011년 3
월 5일에 한국기독교회관에서 창립총회를 열고, 8월 27일에 한국교회
100주년기념관에서 발대식을 가진 이후 6대 주요사업을 중심으로 계속
적으로 여러 가지 행사들을 차질 없이 진행하고 있다.[1] 한국신학계에서
"한국기독교학회"와 "한국복음주의신학회"가 지금까지 한 번도 공동학
술대회를 가진 적이 없었는데, 오는 10월 20-21일(소망수양관)에 두 학
회는 물론 한국개혁신학회, 한국루터학회, 한국칼빈학회, 한국웨슬리학
회, 한국장로교신학 등, 거의 모든 학회가 공동으로 학술대회를 가지는
것은 교단과 교파를 초월하여 모든 한국기독교(개신교)가 자신들의 신앙
의 동일한 뿌리가 16세기 종교개혁임을 확인하는 셈이 된다.

16세기 종교개혁운동 자체에 대한 연구가 매우 중요하므로 여기에
대한 한국 신학자들의 연구가 상당한 열매를 맺고 있다. 그러나 한국선
교 132년의 역사를 기록한 한국교회와 한국 신학 자체 안에서 발전되
고, 이룩된 한국교회와 한국 신학자들의 신학 활동에 대한 연구와 평가
는 부진한 상황에 있다.[2] 이런 상황에서 "제13회 춘계春溪 이종성李鍾聲 신
학강좌"를 맞이하여 대표적인 한국 신학자 이종성에 대한 연구는 중요

---

1   M. Bucer, *Von der waren Seelsorge*, 최윤배 역, 『참된 목회학』(용인: 킹덤북스, 2014), 6-7쪽을 참
     고하시오.
2   최윤배, "목회자 이수영과 그의 목회자관," 『한국개혁신학』 제54권(2017), 83.

하고도, 필요하다. 이종성에 대한 연구는 상당히 진행되었지만,[3] 이종성이 공헌한 칼뱅에 대한 연구는 최근에 발표된 박성규의 훌륭한 논문이 유일한 논문이다.[4] 그러므로 이종성이 공헌한 종교개혁신학 연구에 대한 평가는 신학적으로는 물론, 역사적으로도 매우 중요하고, 더욱 필요한 것으로 사료된다.

본고에서 우리는 이종성의 생애와 신학사상을 간단하게 다루고, 그 다음 이종성과 16세기 종교개혁사상의 관계에 대해 논의한 후, 마지막으로 논문의 결론에 이르고자 한다.

II. 춘계 이종성의 생애와 신학사상

1. 춘계 이종성의 생애

고故 춘계春溪 이종성 Dr. Lhee Jong Sung, 1922.4.8-2011.10.2은 1922년 4월 8일 경상북도 문경군閒慶郡 동로면東路面 거산巨山에서 이규봉李圭鳳 선생님과 김성연金成鍊 여사 사이에 2남 4녀 중 차남으로 태어났다. 그는 경상북도 의성군義城郡 춘산면春山面 빙계동氷溪洞에서 자라났고, 어릴 때부터 빙계교

---

3   참고, 소기천, "춘계 이종성 박사의 통전적 신학에 관한 연구,"『한국개혁신학』제47권(2015), 68-91; 김지훈, "이종성 박사의 섭리론과 예정론에 대한 이해,"『한국개혁신학』제47권(2015), 128-157; 최윤배, "춘계 이종성 박사의 구원론에 관한 연구,"『한국개혁신학』제47권(2015), 158-183; 김도훈·박성규(책임편집),『춘계 이종성 박사의 생애와 사상』(서울: 장로회신학대학교출판부, 2014)에 이종성의 생애(김도훈), 인간학(윤철호), 그리스도론(박성규), 성령론(현요한), 삼위일체론(신옥수), 교회론(최윤배), 종말론(낙운해), 문화관(배요한) 등, 이종성에 관한 8편의 논문이 실려 있는데, 참고문헌을 참고하시기 바랍니다.

4   박성규, "한국칼빈연구에 끼친 춘계(春溪) 이종성의 신학적 기여,"『한국개혁신학』제54권(2017), 8-44.

회 주일학교에 다녔다.[5] 그의 호 "춘계"는 면소재지와 마을 이름을 따서 지은 것이라고 고인이 생전에 필자에게 직접 말씀했다. 그는 2011년 10월 2일 서울에서 하나님의 부르심을 받았다.[6]

김도훈은 "한국 교회의 종소리"로서 이종성의 "사람을 살리는 공부"에로의 "신학적 회심"을 다음과 같이 소개한다.

> "1922년 암울한 시대의 어느 봄날에, 자유 없는 가난한 나라에 태어나 한국 강산을 울리는 절의 종소리가 되라는 뜻으로 종성이라는 이름을 가지셨다는 학장님의 회고를 보면서, 참으로 묘한 하나님의 섭리를 느낍니다. 학장님은 한국 절간의 종소리가 아니라 한국 교회의 종소리로 살다 하나님의 품으로 가셨으니 말입니다. … 전쟁의 와중에 수많은 사람들이 죽어가는 현장을 목격하면서 가지신 회한, … 무엇보다도 감동적인 것은 '이제는 사람을 죽이는 학문이 아니라 사람을 살리는 공부를 하리라'는 학장님의 신학적 회심이었습니다."[7]

2. 춘계 이종성의 신학사상

김명용은 이종성은 신사(紳士)로서 그의 제자들을 신사로 키운 결과 그의 제자들은 폭넓은 신학을 함으로써 "모나지 아니하고 싸우지 아니하고 넓은 가슴으로 받아들이고 사랑할 줄 아는" 사람들이 되었다고 그를 추모했다.[8] 이종성은 "한국에서 가장 성서적이고 가장 개혁신학적이고,

---

5   춘계 이종성 박사 고희기념논문집 간행위원회(엮음), 『교회와 신학: 춘계 이종성 박사 고희기념논문집』(서울: 대한기독교서회, 1992), 825.

6   이종성 박사의 자세한 생애와 사역에 대한 자료는 다음을 참고하시기 바랍니다. 김도훈, "고(故) 이종성 박사의 생애," 그리고 이종성, 『고(故) 춘계 이종성 박사 회고록: 미완성의 완성』(서울: 장로회신학대학교출판부, 2012).

7   김도훈, "故 이종성 명예학장님을 추모하며…," 『신학춘추』 통합 80호(2011. 10. 25), A03.

가장 복음적이고 가장 에큐메니칼적인 신학자"였다.[9]

우리는 한국교회의 '교부'敎父로 부릴 수 있는[10] 이종성의 신학적 특징을 개괄적으로 살펴보고자 한다.[11] 이종성은 1966년 3월 1일부로 조직신학을 가르치는 장로회신학대학교 교수 겸 학감으로 임용된 후, 1971년 5월부터 1983년까지 제10대, 제11대, 제12대 학장을 역임했고, 1987년 8월 31일에 정년퇴임했다. 그가 1975년부터 1993년까지 18년 동안 완간한 『조직신학대계』 14권이 포함된 『춘계이종성저작전집』 40권이 2001년에 발간되었다.[12] 40권의 각권 서두 "저작전집 40권을 내면서"에서 이종성은 자신이 지금까지 추구하고 노력했던 신학은 "통전적이고 열린 복음주의와 열린 보수주의 신학"임을 다음과 같이 시적詩的이면서도 변증법적辨證法的으로 표현한다. "필자는 성서적이고 복음적이며, 자유하면서도 자유주의 신신학에 물들지 않으며, 보수적이면서도 폐쇄적이 아닌 통전적이고 열린 복음주의와 열린 보수주의 신학을 강조하고 그러한 신학을 형성하여 교육하려고 최선의 노력을 다해왔다."[13]

그는 1900년의 기독교 역사에서는 물론 자신에게 가장 큰 영향을 미친 세 신학자들로서 아우구스티누스와 칼뱅과 바르트를 손꼽았다. 이종성은 위의 세 신학자들을 가장 선호하는 이유는 그들의 신학이 "성서적이고 복음적이며 은총주의"적인 신학이기 때문이다. 그러므로 이종성 박사는 아우구스티누스의 고대 교부전통과, 칼뱅과 바르트의 개혁신학

8 김명용, "故 이종성 명예학장님을 추모하며…," 『신학춘추』 통합 80호(2011. 10. 25), A03.

9 2011. 10. 25. 위의 글 , A03.

10 최윤배, "붙잡지 못한 사랑하는 제자와 존경하는 스승님," 『신학춘추』 통합 80호(2011. 10. 25), A10: "우리가 고 이종성 명예학장님을 120년의 한국교회가 배출한 '교부'(敎父)로 불러도 조금도 지나친 말은 아닐 것이다." 참고, 최윤배, 『성경적 · 개혁적 · 복음주의적 · 에큐메니칼적 · 기독교적 조직신학 입문』(서울: 장로회신학대학교출판부, 2013), 814.

11 참고, 최윤배, "대한예수교장로회 총회 100년: 조직신학의 어제와 오늘과 내일," 장로회신학대학교출판부(편), 『장신논단』 44-2집(2012): 53-55; 최윤배, "故 이종성 명예학장의 신학," 『신학춘추』 통합 80호(2011. 10. 25), A03.

12 이종성, 『춘계이종성저작전집1-40권』(서울: 한국기독교학술원, 2001).

13 위의 책, 6.

전통을 사랑하지 않을 수 없었다. "그러한 세 번의 (혁명적, 필자 주) 사건은 아우구스티누스와 칼빈과 바르트에 의해서 일어났다. … 현재 기독교 신학이 성서적이고 복음적이며 은총주의에 머물러 있다면, 이는 상기한 세 사람의 혁명적 결과라고 할 수 있다. 그래서 나는 이 세 사람의 신학을 좋아하고, 많은 신학자 중에서도 이 세 사람의 책을 가장 많이 읽었으며, 이 세 사람의 수많은 책들이 나의 서재를 장식하고 있다."[14]

1979년 제64회 총회가 이종성에게 "귀하가 신정통주의를 장로회신학대학교의 신학노선으로 삼겠다는 뜻입니까?"라는 질문에 대해 "그 말의 뜻은 현대사조에 대한 신정통주의의 태도가 보수주의나 자유주의보다 대화가 더 잘 된다는 뜻입니다. 본 대학의 신학 노선과 방향은 본 교단의 노선인 웨스트민스터 신앙고백의 노선과 에큐메니칼 운동 노선에 근거하여 성서적 복음주의 신학을 영위해 나가는 것입니다."라고 대답했다.[15] 또한 그는 "칼빈의 성서적 복음주의 신학"은 그리스도 중심적인 신학인 동시에, 모든 신자와 교회에 의해서 지지받는 "에큐메니칼적 신학"이라고 밝혔다.[16]

이종성이 교부전통과 개혁신학 전통을 선호하면서도 폐쇄적이거나 독단적이지 않고, 모든 시대의 다른 신학자들과 다른 사상들과 폭넓고도 개방적인 대화를 가능케 했던 것은 바로 그의 신학이 "성서적 복음주의 신학"인 동시에, "통전적 신학"이라는 점에 있다.

김명용은 한국장로교회의 신학을 크게 세 가지로 분류할 때, 박형룡은 대한예수교장로회총회 "합동측"의 신학을, 이종성은 대한예수교장로회총회 "통합측"의 신학을, 김재준은 한국기독교장로회총회의 신학을

---

14 이종성, "나를 신학자로 만들어 준 신학자들," 『춘계이종성저작전집 38: 수상집: 산을 보고 바다를 보고』(서울: 한국기독교학술원, 2001), 40-41.
15 장로회신학대학교 100년사 편찬위원회, 『장로회신학대학교 100년사』, 474.
16 이종성, "우리가 지향하는 신학," 『춘계이종성저작전집 22: 소논문집: 한국교회와 세계교회의 신학』, 172-180.

대변할 수 있다고 말한 뒤, "박형룡의 신학은 옛 프린스톤의 신학자들^{C.} Hodge, A. A. Hodge, B. B. Warfield과 메이첸 Machen과 뻴콥 L. Berkhof 으로 연결되는 신학선상에 있는 개혁교회의 신학 가운데 근본주의 성향이 아주 강한 극단적으로 보수주의적인 개혁신학"이며, "김재준의 신학은 바르트의 신학적 영향을" 많이 받은 신학이지만, "이종성의 신학은 대체로 칼빈의 신학과 바르트의 신학 양쪽에 뿌리를 두고 있는 개혁교회의 신학의 중심부에 가까이 존재하고 있는 신학"이며, "한편으로는 근본주의 성향의 개혁신학을 반대하고 또 한편으로는 자유주의 성향의 개혁신학을 반대하는 특성을" 가진 신학으로 평가한다.[17]

이종성의 신학은 "성서적 복음주의 신학"이다. "이종성은 자신의 신학을 성서적 복음주의 신학이라고 언급했다. … 이종성의 신학은 성서에 기초한 성서적 신학이었다."[18] 이종성은 "성서적 복음주의 신학" 형성의 당위성을 주장하면서 종교개혁자들의 신학을 "성서적 복음주의 신학"이라고 주장했다.[19]

무엇보다도 이종성의 신학의 가장 큰 특징은 바로 그의 신학이 "통전적 신학"이라는 데 있다. "이종성은 2001년 조직신학대계 14권을 비롯해서 40권의 자신의 신학전집을 출간시킨, 한국신학계에 큰 영향을 미친 대단히 중요한 신학자이다. 그런데 이종성은 한국의 통전적 신학의 아버지인 동시에 통전적 신학의 대표적인 신학자이다. 한국의 통전적 신학이 무엇인지 알기 위해서는 이종성의 통전적 신학 연구는 필수적이다."[20]

---

17 김명용, 『열린신학 바른 교회론』(서울: 장로회신학대학교출판부, 1997), 177-179.
18 이종성 외 3인 공저, 『통전적 신학』(서울: 장로회신학대학교출판부, 2004), 110.
19 이종성, "성서적 복음주의 신학," 『춘계이종성저작전집 25: 소논문집: 종교개혁에서 현대신학까지』, 382.
20 이종성 외 3인 공저, 『통전적 신학』, 83.

III. 춘계 이종성과 16세기 종교개혁신학

1. 성서적, 복음적, 은총주의 신학으로서의 종교개혁신학

이종성은 1900년의 기독교신학의 역사歷史에서 신학의 내용과 방향을 전환시켰던 세 번의 "혁명적 전환점"이 있었다고 주장한다. 바로 여기에 칼뱅을 포함시킨다. "그러한 세 번의 사건은 아우구스티누스와 칼뱅과 바르트에 의해서 일어났다. … 칼빈은 당시 유행하던 인물주의자들(인문주의자들, 필자 주)과의 논쟁에 있어서(피기우스, 볼섹) 하나님의 은총에 의한 예정을 강조했다."[21]

이종성은 자신이 칼뱅을 좋아했던 이유를 다섯 가지로 제시했다.[22] 칼뱅은 첫째, 강력한 신념과 추진력을 가진 신념의 사람이며, 둘째, 불의와 타협하지 않는 사람이며, 셋째, 시대를 앞서가는 "성서주의자"인 동시에 신학자이며, 넷째, 교육이념에서 후세에 귀감이 되는 기독교 교육가이며, 다섯째, "내가 죽거든 나의 묘비를 세우지 말라. 나는 이 세상에 태어나 후세인에게 내 이름을 남길만한 일을 한 적이 없다."라는 유언을 남긴 사람이기 때문이다. "이상과 같은 이유에서 나(이종성, 필자 주)는 일본 동경신학대학 졸업논문을 칼빈에 관한 글을 썼으며 그 후 한국교회에 봉사하면서 기회가 있을 때마다 그의 삶과 신학을 자랑했으며, 그 자랑 속에 나의 삶을 반영시키기도 했다."[23]

이종성은 16세기 종교개혁 신앙과 신학의 핵심 내용을 표현하는 "오직 은총으로"*sola gratia*, "오직 신앙으로"*sola fide*, "오직 성경으로"*sola*

---

21 이종성, "나를 신학자로 만들어 준 신학자들," 40-41.
22 위의 글, 43-44.
23 위의 글, 44.

scriptura 라는 슬로건을 그대로 수용하면서도, 한걸음 더 나아가 종교개혁 신학을 "성서적 복음주의 신학" 또는 성서적, 복음적, 은총주의 신학으로 탁월하게 표현했다. "개혁운동(종교개혁운동, 필자 주)은 무엇을 개혁하려고 했을까? 개혁자들(종교개혁자들, 필자 주)에게 공통된 구호로서 '성서만', '은총만', '믿으만'이란 세 가지가 있는데 여기에 개혁의 내용이 집약되어 있다."[24]

이종성은 종교개혁자들의 신앙과 신학의 특징을 "(1) 은총주의 sola gratia, 신앙주의 sola fide, 성서주의 sola scriptura. (2) 로마천주교회의 비성서적이고 율법주의를 철저하게 반대함. (3) 만인 죄인, 만인제사장직, 만인의 자유를 강조함."으로 요약하고 있다.[25]

이종성은 오리게네스로부터 현대 신학자들에 이르기까지 각 시대 속에서 발전했던 신학의 특성을 개괄하면서, "성서적 복음주의 신학형성의 당위성"을 주장했다. 이종성에 의하면, 종교개혁자들만이 양극단을 달리지 않고, "성서적 복음주의 신학"을 가장 성공적으로 추구했다고 평가한다. "개혁자들(종교개혁자들, 필자 주)의 신학이다. 중세기의 토마스 Thomas 의 신학과 스콜라주의에 반대하고 성서와 은총과 신앙 sola scriptura, sola gratia, sola fide 을 최우선적으로 강조하는 가장 복음적이고 성서적이고 은총주의적인 신학을 형성했다."[26] "과거 2000년 동안의 기독교 신학은 개혁자들(종교개혁자들, 필자 주)을 제외하고는 언제든지 양극을 왕래하는 특징을 가지고 있었다."[27]

여기서 이종성이 의도하는 "성서적 신학"은 "성서적 성경관"을 가지고 추구하는 신학을 가리킨다. 성서는 하나님과 인간 사이의 계약의 책

---

24 이종성, "종교개혁운동의 별들," 『춘계이종성저작전집 36: 수상집: 기독교는 살아 있다』(서울: 한국기독교학술원, 2001), 52.

25 이종성, "종교개혁과 신앙의 개혁," 『춘계이종성저작전집 25: 소논문집: 종교개혁에서 현대신학까지』, 72.

26 이종성, "성서적 복음주의 신학," 382.

27 위의 글, 383.

이며, 개인, 인류, 역사, 우주, 종말, 종말 이후의 모든 것 등에 대한 예고豫告의 책이며, 말씀하시는 하나님과 듣고 기록하는 인간의 공동작품이며, 인간의 구원에 관한 바르고 정확한 가르침을 주는 유일의 책이며, 하나님의 기록된 말씀이다. 그러므로 모든 기독교교리와 신학체계는 성서에 의해서 재해석되어야 한다. "이러한 성서관을 성서적 성서관이라고 나(이종성, 필자 주)는 부른다."[28]

또한 이종성은 "복음"의 사전적, 신학적 의미를 풀이한 후, 다음과 같이 요약한다. "이것이 곧 기쁜 소식이란 뜻이다. … 그러므로 복음주의란 두 가지 축을 강조한다. 그리스도를 유일의 구주로 믿는 그리스도론적 신앙과, 율법이 아닌 하나님의 은혜로 우리가 구원을 받았다고 하는 은총주의다."[29]

이종성은 심지어 종교개혁자들의 예배의식 속에서도 말씀중심, 은혜중심, 믿음중심 사상이 중심을 이루고 있다고 지적하고 있다. 종교개혁자들은 로마천주교회가 말씀(설교) 없이 미사와 예전 중심의 의식에 치중한데 대한 반발로, 말씀중심의 믿음과 가정생활과 교회생활을 강조했고, 로마천주교회가 인간의 공로를 높이 평가하고, 교회를 위해 세운 공로에 따라 구원과 축복이 좌우된다는 가르침에 반대하여 은총제일주의를 부르짖었고, 개인믿음만으로는 불충분하며, 여기에 교회를 믿는 신앙의 정도에 따라 구원과 삶의 질이 결정된다고 주장하는 로마천주교회에 반대하여 하나님과 예수 그리스도에 대한 믿음이 가장 중요한 조건임을 강조했다. 종교개혁자들의 교회생활과 예배의식은 이 세 가지의 신학사상에 근거해 있다.[30]

---

28 위의 글, 379-380.
29 위의 글, 381.
30 이종성, "개혁자들의 예배의식,"『춘계이종성저작전집 34: 설교집: 꿈꾸는 젊은이들』, 121-122.

2. "혁명"이나 "분리"가 아닌 "개혁"

이종성에 의하면, "혁명"革命이라는 말은 본래 유교에서 사용하던 용어인데, "혁"革은 천명天命을 의미하고, "명"命은 새롭게 한다는 뜻으로 군주는 천명을 받아서 군주가 되었는데, 그 천명이 바뀌어졌으니 군주 자신도 바뀌져야 되며, 천명을 받은 다른 사람에 의해서 대치된다는 뜻이다. 또한 영어의 "Revolution"이란 말은 회전한다, 선회한다는 뜻이며, 넓은 뜻으로서는 사물의 어떤 상태, 제도, 질에서 다른 어떤 상태와 제도와 질로 급변해가는 것을 의미한다. 그런데 혁명이란 용어는 주로 정치적, 사회적 개념이다. 국가와 사회발전에 방해가 되고 지장이 된다고 생각되는 구舊 지배계급과 사회제도를 변화시켜 다른 계급을 구성하는 정체변동을 의미한다.[31]

이종성은 루터의 종교개혁은 처음부터 "혁명"이나 "분리" 차원에서 전개된 것이 아니라, "개혁" 차원에서 전개되었음을 재차 강조한다. "혁명revolution은 과거의 것을 없이하고 다른 것을 택한다라는 뜻이다. … 개혁reformation은 현재의 것 중에 고칠 것은 고치고 지킬 것은 지키는 개선 또는 개량을 의미한다. 루터의 종교개혁 운동을 종교혁명이라고 부르지 않고 종교개혁이라고 부르는 것은 그리스도교 안에 있는 근본적인 것은 그대로 지키면서 교회제도와 의식을 고치는 운동이기 때문에 그렇게 붙인 것이다."[32] "목사는 혁신의 선두자가 되는 동시에 보수의 총수가 되어야 한다. 이 두 가지 삶의 형태를 분명히 해야 한다."[33] "종교개혁은 종교혁명이 아니라 기존 교회의 잘못된 점만을 수정하자는 운동이다. 그래서 이 운동은 Revolution이라고 부르지 않고 Reformation이라고

---

31 이종성, "종교개혁과 신학의 개혁," 43.
32 이종성, "개혁과 혁명,"『춘계이종성저작전집 33: 설교집: 이 사람을 보라』, 326.
33 위의 글, 328.

불렀다. 루터나 칼빈은 기존의 로마천주교회를 완전히 없애버리고 새로운 종교를 시작하려고 한 것이 아니었다. 다만 로마 천주교회에서 그릇되게 가르치는 것만을 수정해서 성서에 입각한 기독교를 건설하려고 노력했었다. 종교라는 것은 본질상 보수적인 것이다."[34]

이종성에 의하면, 종교개혁운동은 "만인제사장직"모든 신자제사장직; the priesthood of all believers을 통해 하나님과 인간 사이의 막힌 담벽을 없애고, 종교적 독재주의를 깨뜨리고, 학문의 발달을 촉진시키는 등의 수많은 발전적인 변화를 가져왔다.[35] 그러나 이종성이 가장 안타깝게 생각하는 것은 종교개혁운동을 통한 교회의 분열이다. "로마천주교회의 지배권에 분열을 가져 온 것은 물론이다. … 이 때부터 구라파는 종교적으로 이분되고 말았다. 동시에 개혁운동자들(종교개혁운동자들, 필자 주)이나 개신교인들 사이에서도 분열이 일어났다. … 그 여파가 현재까지 개신교 안에 계속되고 있다."[36]

종교개혁 제1세대들인 루터나 츠빙글리나 특히 마르틴 부처Martin Bucer는[37] 중세교회의 개혁을 주장하고, 중세교회의 개혁을 지향한 것이지, 중세교회의 분열이나 분리를 주장한 것이 결코 아니다. 비록 20세기 이후에 기독교(개신교) 진영 안에서의 교회연합과 교회일치운동(에큐메니칼운동)이 상당한 성과를 보여주고 있지만,[38] 16세기 종교개혁 운동 이후, 기독교(개신교) 안에서나 개신교 특정 교파와 교단 안에서의 계속된 교회분열에 대한 분명한 반성과 개선이 철저하게 요구된다.

34 이종성, "종교개혁의 어제와 오늘," 『춘계이종성저작전집 25: 소논문집: 종교개혁에서 현대신학까지』, 22.
35 위의 글, 19-21.
36 위의 글, 21.
37 최윤배, 『잊혀진 종교개혁자 마르틴 부처』(서울: 대한기독교서회, 2012), 특히 "제4부 교회일치 신학자와 에큐메니컬 운동가로서의 마르틴 부처"를 참고하시오, 347-394.
38 최윤배, 『성경적·개혁적·복음주의적·에큐메니칼적·기독교적 조직신학 입문』(서울: 장로회신학대학교출판부, 2012), "제35장 세계교회협의회(W.C.C.)의 성령론," "제36장 개혁교회와 교회일치,"를 참고하시오, 863-921.

3. 종교개혁의 직접적 계기契機

상당수의 교회사나 교리사敎理史 책은 루터의 종교개혁은 종교적 사건일 뿐만 아니라, 다양한 동기와 원인을 동반하고 있다고 말하고 있다. 그러나 최근 신·구교 종교개혁 전문가들은 일반적으로 루터의 종교개혁의 주된 동기와 원인은 종교 문제이며, 교리 문제이며, 영적 문제로 규정한다.[39] 이 주장은 두 가지 의미를 내포한다. 첫째, 종교 문제에 집중하지 않고, 주로 사회, 경제 문제에 집중한 과격파 농민운동 등과는 달리 루터의 종교개혁의 주된 동기와 목적은 종교 문제에 집중되었다. 둘째, 16세기 중세 로마천주교회 진영에서도 루터보다 먼저 종교개혁의 필요성을 인정하는 기류들이 있었고, 종교개혁이 먼저 시도되었지만, 로마천주교회는 종교개혁을 "종교"의 틀 속에서가 아니라, "윤리"도덕의 틀 속에서 이해하고 개혁을 시도했다. 이와는 정반대로 루터의 종교개혁은 종교 문제, 교리 문제, 진리 문제, 영적 문제로부터 시작되었다.[40]

비록 중세 로마천주교회의 도덕적 부패성이 심각했을지라도, 루터의 주된 관심은 로마천주교회의 도덕적 부패성보다 신학적 부패성이었다고 이종성은 종교개혁 운동의 직접적 계기를 잘 간파했다. 성경의 진리에 일치하는 믿음으로부터 성경의 진리에 일치하는 행위(선행, 도덕)가 나온다.[41] "영혼의 안식과 죽음의 공포를 극복하기 위하여 수도사가 된 루터는 로마천주교회의 도덕적인 부패성보다 신학적인 부패성에 더 고민을 하였다. … 루터의 종교개혁 운동의 주된 목적은 성서가 가르치는 복음의 본질을 바로 이해함으로써 구원의 도리를 잘 알고, 동시에 교회의 부패를 막으며 참 하나님의 교회를 형성하자는 데 있었다."[42] "루터

---

39   최윤배, 『칼뱅신학 입문』(서울: 장로회신학대학교출판부, 2012), 26.
40   위의 책, 26.
41   최윤배, 『개혁신학 입문』, 28.
42   이종성, "종교개혁의 어제와 오늘," 17-18.

의 95개조에는 당시의 로마카톨릭교회를 완전히 부정하고 어떤 새로운 교회를 시작하려는 의도는 전연 없었다. 오히려 고갈된 신앙을 부흥시키고, 느끼지 못한 영적 만족을 얻고, 복음을 재발견하려는 신앙운동 및 신학운동이었다. 이것이 초기의 루터의 태도였다."[43]

이종성은 16세기 로마천주교회의 신앙적, 신학적 타락의 심각성 외에, 경제적, 정치적, 도덕적 문제도 지적하면서, 이같은 이유로 일어난 종교개혁을 하나님의 섭리로 규정한다. "이러한 이유에서 개혁자들(종교개혁자들, 필자 주)이 개혁운동을 일으켰으며, 그것은 신의 섭리에 따르는 것이었다."[44]

4. 종교개혁의 의의意義

이종성에 의하면, 16세기 종교개혁 운동은 신앙과 종교 운동으로부터 시작되었지만, 그 영향력은 16세기 당시 유럽에만 국한된 것이 아니라, 이를 훨씬 뛰어 넘어 그 이후의 유럽 전全 역사歷史는 물론 전全 세계 인류역사에까지 파급되어 오늘에까지 이르고 있다.[45] 우리는 이종성이 주장한 종교개혁의 몇 가지 주요한 의의를 살펴보고, 평가해 보고자 한다.

첫째, 16세기 종교개혁 운동은 복음의 재발견 운동이었다.[46] 이종성에 의하면, 중세 로마천주교회에 안에 있는 극소수의 사람만이 예수 그리스도가 가르치신 복음의 참뜻을 이해하였다. "복음"은 예수 그리스도

---

43 위의 글, 43-44.
44 이종성, "로마천주교회의 죄와 하나님의 진노," 『춘계이종성저작전집 33: 설교집: 이 사람을 보라』, 181.
45 이종성, "종교개혁의 어제와 오늘," 19.
46 이종성, "16세기 종교개혁과 20세기의 교회개혁," 『춘계이종성저작전집 25: 소논문집: 종교개혁에서 현대신학까지』, 28-30; 이종성, "종교개혁의 어제와 오늘," 19.

께서 가르쳐주신 "기쁜 소식"으로서 죄인이었던 우리가 예수 그리스도
의 공로로 죄사함 받는다는 것이다. 그러나 중세 로마천주교회는 예수
그리스도의 공로를 의지하고, 그를 믿음으로 구원을 얻는다고 가르치지
않고, 로마천주교회에 대한 충성을 절대적으로 요구하고, 돈으로 영혼
의 구원을 얻을 수 있다고 가르쳤다. 이처럼 종교개혁은 복음의 참뜻을
그릇되게 가르치던 로마천주교회에 대하여 그들의 잘못을 깨닫게 하고,
성서가 가르치는 대로 복음의 참뜻을 찾게 했다.[47]

종교는 물론 정치, 경제, 사회, 문화 등 전 유럽의 모든 영역에서 절
대 권력을 가진 로마천주교회와 로마교황청은 교회의 본연의 자세인 복
음전도와 증거에 주력하지 않고, 율법주의적 생활윤리를 강조하고, 미
신적 방법으로 가르치고, 지도하였다. 루터는 성서연구[시편, 로마서 등]를 통
해 "복음", 곧 "복음주의와 하나님의 은총의 제일주의"를 발견했다. 루
터는 "로마 천주교 안에서는 율법주의를 발견했지만 성서 안에서는 복
음을 새로이 발견했던 것이다. 이것이 바로 16세기 종교개혁이 가지는
중대한 의미이다. 이 진리를 발견했기 때문에 16세기의 종교개혁이 성
공했던 것이다."[48]

둘째, 16세기 종교개혁 운동은 "성서에로의 복귀" 운동이었다. 이종
성은 로마천주교회와 종교개혁 신앙과 신학방법론에서 근본적인 차이
점을 지적한다. 종교개혁자들이 종교개혁 운동을 강력하게 추진하기 위
해 복음의 재발견 등, 그들의 사상적, 신학적 기초와 근거를 성서에 두
었다. 이와는 정반대로 로마천주교회는 성서를 간과하고, 자신의 사상
적, 신학적 기초와 근거를 교회와 인간의 "전승"傳承에 두었다. "그것은
로마 천주교회가 주장하고 지켜온 전승傳承이나 베드로 성좌나 교황의
교령집이나 토마스 아퀴나스의 신학사상이 아니라, 하나님의 계시가 기

---

47 이종성, "종교개혁의 어제와 오늘," 19.
48 이종성, "16세기 종교개혁과 20세기의 교회개혁," 29; 참고 28-29.

록되어 있고, 예수 그리스도의 생활과 교훈이 담겨 있고 제자들의 신앙을 고백하고 증거한 내용이 기록된 하나님의 말씀으로서의 성서였다. 과거 1500년 동안 교회가 간직해 온 것은 교황의 자리도 아니고 성자들의 유해물도 아니요, 전승도 아니다. 교회는 교회의 존재 자체가 걸려 있는 성서를 수호해 왔던 것이다. 그러나 불행하게도 로마 천주교회는 이와 같은 절대적인 가치와 중요성을 가지고 있는 성서를 제2차적인 것으로 생각하고 거기에 담겨 있는 '진주'를 묻어버리고 그들의 머리에서 고안해 낸 여러 가지 비본래적인 것에만 치중하였다."[49] 종교개혁자들은 로마천주교회가 잘못된 신앙과 신학방법론의 기초와 근거로부터 벗어나서 "성서에로의 복귀"를 촉구하였다. "'성서만'sola scriptura 이란 말이 나온 이유가 여기에 있다. … 그러므로 16세기의 종교개혁운동은 '성서에로의 복귀'였다."[50]

셋째, 16세기 종교개혁 운동은 인류사회에 큰 영향을 주었다. 쿠르트 알란트 Kurt Aland 는 루터의 종교개혁을 중세의 연장선상에서 이해하지 않고, 중세와의 불연속성 속에서 파악하여 루터의 종교개혁을 코페르니쿠스적 전환점이라고 불렀다.[51] "확실히 루터의 사상에서 많은 중세적 요소들을 추적할 수 있다. 그러나 그의 활동과 첫째로 그의 활동들의 영향을 볼 때, 루터와 종교개혁과 함께 근대의 시작을 명백히 찾아볼 수 있다. '코페르니쿠스의 전환점'Kopernikanische Wende 은 1517년 10월 31일 항의문을 붙임으로써 시작되었다. … 오늘날 루터를 하나의 괴물로서 또는 기껏해야 시대에 뒤진 사람으로 여기는 사상의 학파들조차도 루터의 상속자들이며 루터와 종교개혁이 없었다면, 우리의 현대 사상계는 오늘날과 같은 발전을 이루지 못했을 것이다."[52]

---

49 위의 글, 30-31.
50 위의 글, 31.
51 최윤배, 『개혁신학 입문』, 27.

종교개혁전문가가 아닌 이종성의 판단은 놀랍게도 종교개혁전문가
들의 판단과 정확하게 일치한다. 이종성에 의하면, 중세 천년 동안 로마
천주교회의 교권제도와 절대적인 통솔 아래 사회제도와 문화의 성격은
완전히 로마 천주교회화된 결과, 학문의 자유가 무시당하고, 인간의 구
원은 성직계급에 종속되었으며, 개인의 양심의 자유조차도 무시되었다.
"이와 같은 새로운 역사적 단계에로의 도약과 내일을 위한 새로운 교회
형성의 기틀을 마련해 준 것이 바로 루터-칼빈의 종교개혁운동이었다.
이 운동이 일어난 즉시, 전 구라파의 정치적, 문화적, 정신적 상황은 격
변했다. 개혁운동에 국왕들이 개입했다. 학자들도 개입했다."[53]

종교개혁운동의 영향력은 단지 16세기에만 국한된 것이 아니라,
"프로테스탄트" 정신을 형성하여 현대에 이르기까지 전全 유럽과 전全
세계에 계속되고 있다. "이 상황은 어느 면에 있어서는 현재까지 계속되
고 있다. 그리고 프로테스탄트의 정신력이 미치는 곳에는 모든 면에 있
어서 새로운 힘이 약동했다. … 오늘날까지의 서구문명을 기독교문명이
라고 한다면 그것은 프로테스탄트문명이라고 부를 수 있을 것이다."[54]
"16세기 이후부터 서양의 역사는 많은 이데올로기가 나타나고 있으나
그 모든 사상은 성서를 프로테스탄트적 신학원리에 의해서 해석함으로
나타난 사상들이다. 이토록 개혁운동(종교개혁운동, 필자 주)은 서양정신사
에 대해서 뿐만 아니라 인류정신사 전체에 대하여 큰 영향을 주었다. 로
마 천주교회에 의하여 갇혀져 있던 복음의 다양한 의미가 개혁운동(종교
개혁, 필자 주)에 의하여 해방된 것이다."[55]

이종성은 막스 웨버Max Weber의 주장과 똑같이 "칼빈의 개혁사상은

---

52   Kurt Aland, *Die Reformation: Luther · Mlenachthon · Zwingli · Calvin* (Gütersloher Verlagshaus
      Gerd Mohn, 1980⁴), 47.
53   이종성, "16세기 종교개혁과 20세기의 교회개혁," 32.
54   위의 글, 33.
55   이종성, "종교개혁의 교회사적 의의," 『춘계이종성저작전집 36: 수상집: 기독교는 살아 있다』, 87.

자본주의를 낳았다."고 칼빈의 후대 영향을 강조했다.[56] 비록 이종성과 막스 웨버의 이 같은 주장 자체에 대한 비판이 없는 것은 아니지만,[57] 칼 빈의 예정사상이 후대 개혁교회의 경제관에 절대적인 영향을 끼친 것은 확실하다.

IV. 춘계 이종성과 오늘날의 종교개혁 운동

이종성은 두 가지 이유에서 오늘날의 한국교회의 개혁에 대한 요청을 강하게 주문한다. 한 가지 이유는 기독교(개신교)의 교회론, 특히 개혁교회의 교회론의 특징에 있다. 왜냐하면 "개혁(개혁된)교회는 항상 개혁되어야"*ecclesia reformata semper reformanda* 하기 때문이다. 다른 하나의 이유는 시대적 요청 때문이다.[58] 모든 기독교(개신교), 특히 "개혁교회는 개혁자들(종교개혁자들, 필자 주)의 '솔라 스크립투라'*sola scriptura*의 원리에 의하여 계속해서 반복적으로 자아비판을 하지 않으면 안 될 것이다. 한 순간이라도 신언神言에 의한 자기반성을 중지한다면 프로테스탄트 교회의 특징은 없어지고 단순한 기성교회가 되고 말 것이다. 그러므로 개혁교회의 특징은 계속적인 개혁운동을 전개하는 데 있다."[59]

우리가 앞에서 살펴본 바와 같이, 이종성은 16세기 종교개혁 운동 자체에 대한 연구에도 큰 성과를 거두었지만, 16세기 종교개혁 운동에

---

56 이종성, "종교개혁의 어제와 오늘," 21.

57 최윤배, 『깔뱅신학 입문』, 793-794.

58 이종성, "종교개혁과 한국교회," 『춘계이종성저작전집 21: 소논문집: 한국교회의 현실과 이상』, 46-47.

59 이종성, "종교개혁의 어제와 오늘," 54.

비춰 본 오늘날의 종교개혁 운동에도 지대한 관심을 가졌다. 우리는 이 종성이 바라본 오늘날의 종교개혁 운동에 집중하고자 한다. 이종성은 교회개혁과 교회혁신에 대해 젊은이는 젊은이대로, 늙은이는 늙은이대로, 목사는 목사대로, 장로는 장로대로, 각자가 각자의 입장에서 본 개혁론과 혁신론을 전개하는 바, 그들의 각 주장에는 나름대로 이유와 정당성이 있을지라도, 자신은 개별적 입장에서 논하기 보다는 좀 더 "신학적이고, 원칙적인 면"에서 방안을 제시하고자 한다.[60]

교회개혁을 종교적 문제나 신학적 문제에서 출발하지 않고, 도덕적 문제나 제도적 문제에서 시작하고, 여기에 초점을 맞추는 16세기 당시의 로마천주교회나 현대의 로마천주교회와 개신교회가 동일한 실수를 반복하고 있다고 이종성은 강하게 비판한다. "그러나 20세기의 교회혁신은 교회제도의 혁신을 위주로 하는 경향이 강하다. 이 점은 로마 천주교회나 프로테스탄트 교회에서도 공통되는 점이다."[61]

1. 신학개혁의 네 가지 원칙

이종성은 역사적歷史的으로 신학개혁의 진행 내용과 과정을 개괄적으로 살피고, "신神과 성서와 인간생人間生"의 세 가지 요소 중에서 한 가지라도 문제가 생겼을 때, 신학개혁의 당위성이 제기된다고 말한 후, 신학개혁의 네 가지 원칙을 주장한다.[62]

첫째, 모든 신학 영위의 제1의 자료와 제1의 표준은 성서이다. 이종성에 의하면, 성서는 하나님의 섭리의 자아계시의 집대성이므로, 신학

---

60 이종성, "종교개혁과 한국교회," 42.
61 이종성, "16세기 종교개혁과 20세기의 교회개혁," 29.
62 이종성, "종교개혁의 어제와 오늘," 54.

이 신에 관한 인간의 의식적 작업이라고 한다면, 성서를 떠나거나 성서를 정당하게 이해하지 않고는 결코 신학을 할 수가 없다. 그러므로 종교개혁이 시작되었을 때, 루터는 시편과 로마서에서 영감을 받았으며, 칼뱅은 성서 전체의 주석을 필수 요소로 삼고, 바르트는 로마서를 연구함으로써 개혁운동을 일으켰다. 왜냐하면, 성서는 단지 과거의 사건을 기록한 역사나 전기이거나 미래에 대한 기대를 극대화한 환상적 이야기책이 아니라, 살아계시는 하나님의 말씀히 4:12이기 때문이다. 그러므로 성서는 언제든지 형식화되고 냉각된 신학과 교회에 새 힘과 활력소를 제공해 준다.[63]

둘째, 모든 신학 영위의 제2의 자료와 제2의 표준은 신학사神學史이다. 이종성에 의하면, 과거 2000년 동안의 신학사는 성서를 통해서 하나님이 역사하시는 그 뜻을 파악하고 이해하려는 노력이다. 하나님은 인간의 구체적인 상황에 대하여 그 상황에 적합한 방법으로 관계를 가지시는바, 하나님이 새 그리스도를 파송하거나 새 성서를 쓰시는 것이 아니라, 이미 보내신 그리스도와 이미 형성된 성서를 통해서 역사하신다. 2000년 동안의 신학사를 통해서 나타난 신의 역사와 이에 대한 이해가, 오늘날 우리가 성서를 이해하고, 신의 역사를 이해하는데 있어서 제2의 자료와 제2의 표준이 된다.[64]

셋째, 모든 신학은 실존적이고, 주체적인 결단을 통해서 영위되어야한다. 이종성에 의하면, 신학은 단순한 이론이나 형이상학이나 그림의 떡을 추구하는 운동이 아니다. 신학은 신학하는 자의 자신의 생명과 존재와 운명을 좌우하는 신과, 또한 다같이 지배권을 주장하는 현실(사탄, 우상) 사이에 끼어, 자신은 우상偶像: Abgott을 택하지 않고, 야훼 신Gott을 택하겠다고 하는 결단이 있을 때 비로소 가능하다. 신학하는 신앙생활

---

63 위의 글, 56-57.
64 위의 글, 57-58.

에는 삼중적 결단이 요구되는 바, 곧, 자기 자신에 대한 결단, 이웃에 대한 결단, 그리고 신에 대한 결단이다. 이 삼중적 결단이 없이 자기 자신은 신앙과 신학생활을 할 수가 없다.[65]

넷째, 모든 신학의 영위에서 성령의 역사役事에 대한 복종하는 겸손한 태도가 있어야 한다. 이종성은 성서의 최고의 해석가는 성서 자체요, 성서가 하나님의 말씀으로 힘을 가지려면 "성령의 내적 증거"*Testimonium Spiritus Sancti Internum*가 반드시 필요하다는 칼뱅의 사상을 그대로 수용하면서, 성령은 성서해석뿐만 아니라, 신자의 모든 활동영역에서도 역사하신다고 성령의 사역의 절대성을 강조한다. "성령은 단지 성서해석에만 역사하시는 것이 아니라 신자의 모든 활동영역에서도 역사하신다. 기도, 설교, 대화, 전도, 직장생활 등 언제든지 어디에서든지 역사하신다. 특히 신학하는 일과 신앙을 고백하는 일에서 성령이 더 강력하게 역사하신다. 그러므로 성령론이 없는 신학은 있을 수 없으며, 성령론이 없는 신앙고백서란 그 만큼 가치가 약한 것이다."[66]

2. 16세기 종교개혁과 20세기의 교회개혁의 차이점

이종성은 16세기 종교개혁과 20세기의 교회개혁의 차이점을 세 가지 관점에서 지적하면서, 동시에 20세기 교회개혁의 문제점을 지적한다.

첫째, 이종성은 "16세기 종교개혁은 복음과 신은神恩의 재발견"인데, 오늘날의 한국교회의 개혁은 교회제도의 개혁을 중심으로 이루어지는 잘못을 범하고 있다고 지적한다. 20세기의 교회개혁은 어떤 중요한 교리에 대한 개혁이 아니라, 교회의 생활이나 제도상의 개혁을 중심으로

---

65   위의 글, 58-59.
66   위의 글, 59.

이루어져서 16세기 로마천주교회의 실수를 그대로 답습하고 있다.[67]

둘째, 이종성은 16세기 종교개혁 운동은 "성서에로의 복귀" 운동이었는데, 이와는 정반대로 "20세기의 개혁운동은 성서에로의 복귀운동이 아니라 시대정신의 도입운동"이라고 강하게 비판한다. "20세기의 개혁운동은 성서로 돌아가는 운동이 아니라 성서를 현대어로 바꾸고 그것을 현대적 입장에서 현대인의 구미에 맞도록 재해석해야한다는 운동이 되고 말았다."[68]

셋째, 이종성은 16세기 종교개혁 운동은 인류사회에 영향을 주었는데, 이와는 정반대로 20세기 후반의 교회개혁은 사회 영향을 받아서 일어났다고 지적한다. 현대교회의 개혁은 복음의 재발견에 의해서 일어난 것이 아니라, 그 반대로 과학 등의 영향을 받아 사회와 문화에 끌려가는 상태에서 일어났다.[69]

3. 20세기의 교회개혁의 네 가지 방향

20세기 교회개혁운동의 세 가지 문제를 지적한 이종성은 20세기의 교회개혁운동의 네 가지 방향을 제시한다. 첫째, 교회는 하나의 교회를 지향하고 있다. 성서를 위주로 한 신학사상으로 복귀한다면, 기독교(개신교)는 하나가 될 수 있을 것이다.[70] 둘째, 시대정신과 방법을 도입하는 데에는 주체성을 잊어서는 안 된다. 교회는 문화나 철학이나 사상 체계와는 달라서 주체성이 없이 무정견적으로 시대사상에 영향을 받아서는 안 된다. 복음은 언제나 문화를 창조하고, 변화시키고, 그것을 초월한

67   이종성, "16세기 종교개혁과 20세기의 교회개혁," 29-30.
68   위의 글, 31-32.
69   위의 글, 34-35.
70   위의 글, 35-37.

다. 영향을 받을 때에도 주체성을 잃지 않고 복음의 본질을 상실하지 않는 범위 안에서 영향을 받고, 또 그렇게 되어야 한다.[71] 셋째, 교회는 사회보다 앞서는 예언자적 사명을 수행해야 한다. 16세기 종교개혁 운동은 그 당시 사회보다 앞서 일어난 운동이었고, 그 당시 사회에 큰 영향을 줄 수 있었다. 그러나 20세기의 개혁운동은 사회보다 뒤떨어진 개혁운동을 부르짖고 있다.[72] 넷째, 현대교회는 과학의 가치와 의의를 재인식해야 한다. 교회는 과학자들보다 앞서서 과학자들에게 방향을 제시해 주고, 과학자들의 양심을 지켜주는 과학의 선도자가 되어야 한다.[73]

4. 한국교회의 개혁의 과제

이종성은 16세기 종교개혁운동과 한국교회의 개혁을 비교하면서, 한국교회의 개혁의 과제를 다섯 가지로 지적한다.

첫째, 이종성은 오늘날 한국교회가 개혁해야 할 문제는 하나님의 은혜를 오해하고 있는 점이라고 지적한다. 이종성에 의하면, 종교개혁자들은 "하나님의 은총의 절대불가결성"을 주장했다. 그들이 생각하던 은총은 하나님의 절대자유에서 값없이 그의 섭리에 따라 간단 없이 우리에게 주어진 사랑의 보호를 뜻했다. 그러나 이종성에 의하면, 오늘의 한국교회의 대다수는 은총을 한갓 마술적인 것으로 생각하고 은총을 받으면 곧 이적기사도 행할 수 있다고 생각한다. 그래서 은총을 받았다고 자랑하는 사람들은 방언을 하고, 안수도 하고 열광적인 부흥회를 열게 된다. 그렇지 못한 사람은 은총을 받지 못했다고 생각한다.[74]

---

71 위의 글, 37-38.
72 위의 글, 38.
73 위의 글, 38-39.
74 이종성, "종교개혁과 한국교회," 42.

둘째, 이종성은 오늘날 한국교회가 개혁해야 할 문제는 "신앙 유일론"sola fide을 오해하고 있는 점이라고 지적한다. 이종성에 의하면, 종교개혁자들은 "신앙 유일론"sola fide을 주장했다. 종교개혁자들이 말하는 신앙은 우리에게 주시는 하나님의 은혜와 동일한 것이다. 따라서 신앙은 반드시 위에서 은혜의 줄을 타고 내려오는 생명력이 있어야 한다. 그렇지 않다면 우주인宇宙人이 유영遊泳 시時, 모선母船의 생명선이 끊겨져서 허공에 유영하는 것과 같은 것이 되고 만다. 그러므로 종교개혁자들이 생각한 신앙은 언제든지 은총에서 보급되는 생명수를 받아 마셔야 한다. 그러나 이종성에 의하면, 오늘의 한국교회의 대다수는 신앙을 고립된 어떤 단일체로 보고 은총의 보급 없이 단독적으로 무엇이든지 할 수 있다고 생각한다. 그 결과 믿음을 가졌다고 하는 사람이 주인이 되고, 그 믿음을 주신 하나님은 막후로 퇴거시켜버리고, 그 결과 신앙은 미신과 다를 바가 없는 수준으로 전락해 버리고 만다.[75]

셋째, 이종성은 오늘날 한국교회가 개혁해야 할 문제는 "만인제사장직"the pristhood of all believers; 모든신자제사장직을 오해하고 있는 점이라고 지적한다. 믿음을 가진 모든 성도들은 성령 안에서 믿음과 말씀과 기도를 통해 하나님을 만날 수 있고, 그 결과 성도의 교제가 가능해진다. 그러나 이종성의 의하면, 한국교회의 대다수는 만인제사장직의 사상을 신비주의자들과 자칭 예언자들과 아류 기독교 선지자들을 대량으로 생산했다는 것이다.[76]

넷째, 이종성은 오늘날 한국교회가 개혁해야 할 문제는 성서적 성서관을 오해하고 있는 점이라고 지적한다. 이종성에 의하면, 종교개혁자들의 성서관은 절대로 문자주의 율법주의나 기계적 영감설을 말하지 않았다. 그들의 성서관은 동적이고, 생동적이며, 성령의 역사와 직결되어

---

[75] 위의 글, 42.
[76] 위의 글, 42-43.

있다. 그러나 이종성에 의하면, 한국교회의 대다수는 성서를 기계적으로 이해하는 것 같으며, 주자학의 영향을 받아서인지 문자에 치중한 나머지 그 문자를 통하여 계시된 하나님의 뜻과 성서 전체를 통해 주시는 하나님의 메시지를 상실하는 경향에 빠져 있다. 그 결과 성서의 글자 하나를 위해서 믿는 형제끼리 비판하고 저주하고 정죄하고 분노하여 결국에는 원수가 되어 버린다.[77]

다섯째, 이종성은 오늘날 한국교회가 개혁해야 할 문제는 종교개혁자들이 매우 경계하고, 강하게 비판했던 교권주의라고 지적한다. 이종성에 의하면, 종교개혁운동 자체가 중세기적인 교권주의를 타파하기 위하여 일으킨 운동이었다. 그 결과 종교개혁자들 자신들도 이 교권주의에 빠지지 않도록 노력했다. 칼뱅이 제네바에서 교권을 남용했다는 비난도 있으나, 그것은 역사적으로 정당한 비판이 아니다. 칼뱅이 가진 교권은 복음과 진리를 수호하기 위한 권한을 사용한 것뿐이었다. 그러나 이종성에 의하면, 오늘의 한국교회의 교권주의자들은 복음과 진리를 위해 교권을 사용하지 않고, 복음과 진리를 빙자(憑藉)한 이기주의적 분파 싸움을 하고 있다. 그 결과 오늘의 한국교회 내에는 싸움의 목적이 변질되었고, 교권제도의 방향이 이탈되었고, 교회 싸움의 투사들은 망신을 당하고 있음에도 불구하고, 한국교회에는 아직도 싸움이 계속되고 있다.[78]

---

77 위의 글, 43.
78 위의 글, 44.

V. 결론

우리는 2017년 종교개혁500주년기념의 해를 맞아 종교개혁운동에 대한 한국 신학자의 연구에 대한 연구 및 평가의 필요성을 제기하면서, 고故 춘계春溪 이종성Dr. Lhee Jong Sung, 1922.4.8-2011.10.2이 이해한 16세기 종교 개혁이라는 주제를 선택하게 되었다.

이종성은 1922년 4월 8일 경상북도 문경군聞慶郡 동로면東路面 거산트 山에서 이규봉李圭鳳 선생님과 김성연金成鍊 여사 사이에 2남 4녀 중 차남 으로 태어났다. 그는 경상북도 의성군義城郡 춘산면春山面 빙계동氷溪洞에서 자라났고, 어릴 때부터 빙계교회 주일학교에 다녔고, 그의 호 "춘계"는 면소재지와 마을 이름을 따서 지은 것이며, 그는 2011년 10월 2일 서울 에서 하나님의 부르심을 받았다.

그는 한국교회가 낳은 한국교회의 교부敎父로 불릴 만하며, 성서적, 개혁신학적, 복음적, 에큐메니칼적인 신학을 일생동안 추구하고, 자신 의 신학을 "통전적統全的 신학"Holistic Theology으로 명명했다.

이종성은 16세기 종교개혁 신앙과 신학의 핵심 내용을 표현하는 "오직 은총으로"sola gratia , "오직 신앙으로"sola fide , "오직 성경으로"sola scriptura라는 슬로건을 그대로 수용하면서도, 한걸음 더 나아가 종교개혁 신학을 성서적, 복음적, 은총주의 신학으로 탁월하게 표현했다. 종교개 혁신학은 말씀 중심, 은혜 중심, 믿음 중심의 신학이라는 것이다.

이종성은 루터의 종교개혁은 처음부터 "혁명"이나 "분리" 차원에서 전개된 것이 아니라, "개혁" 차원에서 전개되었음을 힘주어 강조한다. 종교개혁은 종교혁명이 아니라 기존교회의 잘못된 점만을 수정하자는 운동이다. 그러므로 종교개혁운동은 Revolution이라고 부르지 않고 Reformation이라고 불렀다. 루터나 칼뱅은 기존의 로마천주교회를 완 전히 없애버리고 새로운 종교를 시작하려고 한 것이 아니라, 로마천주교회에서 그릇되게 가르치는 것만을 수정해서 성서에 입각한 기독교를 건설하려고 노력하여, "기독교개혁"을 목표로 했다. 이종성이 안타깝게 생각하는 것은 신·구교의 분열과 개신교 안에서의 계속되고 있는 교회 분열이다. 비록 중세 로마천주교회의 도덕적 부패성이 심각했을지라도, 루터의 주된 관심은 로마천주교회의 도덕적 부패성보다 신학적 부패성 이었다고 이종성은 종교개혁 운동의 직접적 계기를 잘 간파했다. 왜냐 하면 성경의 진리에 일치하는 믿음으로부터 성경의 진리에 일치하는 행 위선행·도덕가 흘러나오기 때문이다.

이종성이 이해한 16세기 종교개혁의 의의는 다양하지만, 특히 세 가 지였는데, 곧 복음의 재발견, 성서에로의 복귀, 후세대에 끼친 큰 긍정 적인 영향이었다.

이종성은 오늘날의 세계교회와 특히 한국교회의 신학과 신앙의 개 혁과 관련하여 현실적인 문제와 함께 개혁방법과 방향을 제시했다. 이 종성은 역사적歷史的으로 신학개혁의 진행 내용과 과정을 개괄적으로 살 피고, "신神과 성서와 인간생人間生"의 세 가지 요소 중에서 한 가지라도 문제가 생겼을 때, 신학개혁의 당위성이 제기된다고 말한 후, 신학개혁 의 네 가지 원칙을 주장한다. 신학영위의 제1차 자료와 제1차 표준은 성 서이며, 신학영위의 제2차 자료와 제2차 표준은 신학사神學史이며, 모든 신학은 실존적이고, 주체적인 결단이 필요하며, 신학영위에서 성령의 역사에 대한 절대 복종하는 겸손한 태도가 필요하다.

이종성은 16세기 종교개혁과 오늘날의 개혁의 큰 차이점은 16세기 종교개혁은 본질 문제에 집중했는데, 오늘날의 개혁은 형식 등 비본질 적인 것에 집중하고 있는 점이다. 16세기 종교개혁운동은 복음의 재발 견이나 성서에로의 복귀 등을 통해 사회와 후대에 긍정적인 영향을 미 쳤는데, 오늘날의 개혁은 비본질적인 형식 문제에 집중한 나머지 사회 와 세상으로부터 역으로 악영향을 받고 있다.

이종성은 오늘날의 교회개혁이 네 가지 방향에서 수행되기를 희망한다. 곧, 하나의 교회가 되는 교회연합을 지향할 것과, 주체성을 가지고 시대정신과 방법을 활용할 것과, 예언자적 사명을 감당할 것과, 과학의 가치를 재인식할 것이다.

이종성은 한국교회의 개혁과제를 다섯 가지로 제시하고 있다. 한국교회는 "하나님의 은혜"와 "신앙"과 "만인제사장직"을 오해하고 있다. 한국교회는 올바른 성경적인 성서관을 가져야 하며, 교권주의를 경계해야 할 것이다.

비록 이종성은 종교개혁전문가는 아닐지라도, 우리가 살펴본 바와 같이, 그는 16세기 종교개혁운동 자체는 물론 교회사 속에서의 교회개혁과 오늘날 세계교회와 한국교회가 직면한 개혁해야 할 대상과 문제점을 예리하게 진단하고, 여기에 대한 현실성이 있는 방법을 탁월하게 제시하고 있다.

참고문헌

제1차 문헌

이종성. 『춘계 이종성저작전집 1-40권』. 서울: 한국기독교학술원, 2001.

이종성(김도훈·박성규 책임편집). 『미완성의 완성』. 서울: 장로회신학대학교출판부, 2012.

제2차 문헌

김도훈·박성규(책임편집). 『춘계 이종성 박사의 생애와 사상』. 서울: 장로회신학대학교출판부, 2014.

김도훈. "영원한 지리를 탐구하는 순례자." 『춘계 이종성 박사의 생애와 사상』. 서울: 장로회신학대학교출판부, 2014, 9-49.

김명용. 『열린신학 바른 교회론』. 서울: 장로회신학대학교출판부, 1997.

김지훈. "이종성 박사의 섭리론과 예정론에 대한 이해." 『한국개혁신학』 제47권(2015), 128-157.

낙운해. "춘계(春溪) 이종성 박사의 종말론." 『춘계 이종성 박사의 생애와 사상』, 272-311.

박성규. "한국칼빈연구에 끼친 춘계(春溪) 이종성의 신학적 기여." 『한국개혁신학』 제54권(2017), 8-44.

_____. "춘계(春溪) 이종성 박사의 그리스도론." 『춘계 이종성 박사의 생애와 사상』, 74-127.

배요한. "춘계(春溪) 이종성 박사의 사상에 나타난 타문화와 타종교 이해." 『춘계 이종성 박사의 생애와 사상』, 312-336.

소기천. "춘계 이종성 박사의 통전적 신학에 관한 연구." 『한국개혁신학』 제47권(2015), 68-91.

신옥수. "춘계(春溪) 이종성 박사의 삼위일체론." 『춘계 이종성 박사의 생애와 사상』, 153-183.

윤철호. "춘계(春溪) 이종성 박사의 『신학적 인간학』에 대한 고찰." 『춘계 이종성 박사의 생애와 사상』, 50-73.

춘계 이종성 박사 고희기념논문집간행위원회(엮음). 『교회와 신학: 춘계 이종성 박사 고희기념논문집』. 서울: 대한기독교서회, 1992.

최윤배. "춘계(春溪) 이종성 박사의 교회론." 『춘계 이종성 박사의 생애와 사상』, 184-271.

_____. "춘계 이종성 박사의 구원론에 관한 연구." 『한국개혁신학』 제47권(2015), 158-183.

_____. 『깔뱅신학 입문』. 서울: 장로회신학대학교출판부, 2012.

_____. 『잊혀진 종교개혁자 마르틴 부처』. 서울: 대한기독교서회, 2012.

최윤배 외 7명. 『제8·9회 춘계신학강좌: 춘계이종성 박사의 생애와 사상』. 서울: 장로회신학대학교출판부, 2014.

현요한. "춘계(春溪) 이종성 박사의 성령론." 『춘계 이종성 박사의 생애와 사상』, 128-152.

제1부 한국교회의 신학과 목회

제4장

한국교회에서
신사도운동 연구

• 최윤배, "개혁신학의 관점에서 본 신사도영성," 『한국조직신학논총』 제38집(2014년 6월): 121-156에 실린 글. 이 논문은 2014년 장로회신학대학교의 지원을 받아 수행된 논문임.

Ⅰ. 서론

1906년 미국 아주사 부흥Azusa Revival을 기점으로 시작된 '신사도 운동' New Apostolic Reformation Movement은[1] '늦은비의 새 질서'New Order of the Latter Rain 운동을 거쳐 '빈야드 운동'Vineyard Movement에까지 발전했다. 빈야드 운동은 1990년대 중반 토론토와 플로리다 펜서콜라를 중심으로 다시 크게 일어났다. 1994년부터 존 아놋John Arnott은 토론토공항교회Toronto Airport Christian Fellowship를 중심으로 소위 '토론토 블레싱'Toronto Blessing 또는 '거룩한 웃음 운동'Holy Laughter Movement을 일으켰다. 이 운동은 성령세례로서의 '은사' 운동에서 시작하여 치유운동과 예언운동 및 이적과 기사운동으로 발전했다.

이 운동은 외국의 신사도 운동가들이 한국교회와 각종 집회에 강사로 초청되거나 한국교회의 목회자들이나 평신도가 현지에 직접 방문하여 영향을 받아 다시 귀국하여 한국에 영향을 미치거나 매체들, 즉 원서와 번역서나 인터넷 등을 통해 강력하게 전파되었다. 한국교회 안팎에서 개최된 일종의 은사, 치유, 예언집회와 세미나 등에서 혼란스런 방언 현상, 우울증 등 치유 현상, 예언 현상, 이적과 기적 현상이 나타나면서 괴이한 소리 현상, 쓰러짐 현상, 술 취한 듯 비틀거리는 현상, 혀가 풀려서 웅얼거리는 현상, 팔이 길어지거나 짧아지는 현상, 발광하면서 괴성을 지르는 현상, 울음 현상, 금이빨과 금가루 현상, 웃음 현상, 입신 현상, 심리학이나 최면술催眠術 등의 효과 현상 등이 나타나면서 한국기독교의 대표 교단들이 경계의 목소리를 냈다.[2]

---

1   김재성, 『교회를 허무는 두 대적』(용인: 킹덤북스, 2013), 26.

정작 신사도 운동이 발생한 미국이나 캐나다에서는 그 영향이 최근 급격하게 감소했지만, 그 반대로 한국교회에서는 신사도 운동의 신앙과 신학이 평범해 보이는 각종 신앙수련회나 신학세미나 속에 암암리 영향력을 미치고 있다. 이런 상황에서 교회와 신학과 목회와 선교를 위해 신사도 운동을 신학적 관점, 특별히 '개혁주의' 또는 '개혁신학'의 관점에서 냉정하게 평가하는 것이 절대적으로 필요하다.

우리는 본고에서 '영성'과 '개혁신학'이라는 용어를 먼저 정의하고, 신사도 운동에 대한 역사적歷史的 개요를 기술한 후, 신사도 운동의 영성을 개혁신학의 관점에서 평가할 것이다. 본고에서 미리 밝혀두는 사실은 본고에서 활용된 자료는 국내외 2차 문헌 자료에 제한되었다는 것과, 외국에서 일어난 신사도 운동에 제한되어, 한국교회 안에서 일어나고 있는 신사도 운동에 대한 자료나 연구가 포함되지 못했다는 점이다.

II. 용어 정의[3]

1. '영성'에 대한 정의[4]

국어사전은 '영성'靈性을 '신령한 품성'으로 풀이한다.[5] 독일이나 네덜란드 신학계에서는 주로 '경건'Frömmigkeit; vroomheid 이나 '종교성'Religiosität; religiositeit 이라는 용어가 사용되어 오다가 프랑스 로마천주교회 신학과 세계교회협의회WCC 운동 속에서 '영성'Spiritualität; spiritualiteit 이라는 단어가 1960

---

2 '빈야드운동': 대한예수교장로회총회(합동, 참여자 및 동조자 징계 결의, 1997년 제82차 총회), 대한예수교장로회총회(통합, 도입금지 결의, 1995년 제81차 총회), 대한예수교장로회총회(고신, 참여금지 결의, 1996년 제46차 총회).

년대 초부터 자주 사용되었다.[6]

'영성'이라는 말이 얼마나 다양하게 사용되는지 다음의 분류를 보면 쉽게 알 수 있다. ① 역사, 연대적 척도: 초기교회 영성, 중세교회 영성, 현대교회 영성 등 ② 민족, 지리적 척도: 서양 영성, 동양 영성, 한국 영성, 일본 영성 등 ③ 생활상태의 척도: 수도자 영성, 사제 영성, 평신도 영성 등 ④ 직업의 척도: 교사 영성, 공무원 영성, 의사 영성, 농부 영성 등.[7] 위 분류로부터 볼 때, '영성'이라는 말 자체는 일반종교나 기독교에만 국한된 것이 아님이 분명하다.

우리는 단순하게 영성의 범주를 아래와 같이 세 가지로 나눌 수 있을 것이다.

첫째, 비종교적 영역, 가령 일반 사상이나 철학 등에서 사용되는 경우이다. 이 경우 "영성 spirituality은 어떠한 정신을 가지고 살아간다든지, 또는 누구의 정신을 가지고 살아간다는 것을 의미" 할 수 있다.[8]

둘째, 종교적 영역에서 사용되는 종교적 영성을 생각해 볼 수 있다. 이 경우 영성은 해당 종교나 종교단체가 종교적 체험을 통해서 일상적인 삶 가운데서 표현하고, 실현한 종교적 삶의 양식樣式이라고 할 수 있다. 이 경우 영성은 '종교성'과 종교적 실천과 깊은 관계가 있을 것이다.

---

3 김화영, "통합적 영성의 현상과 과정에 대한 연구," 『한국조직신학논총』 제29집(2011년 6월), 325-332.

4 최윤배, "부처의 경건론," 『잊혀진 종교개혁자 마르틴 부처』(서울: 대한기독교서회, 2012), 471-493; 최윤배, "칼뱅의 경건론," 『칼뱅신학 입문』(서울: 장로회신학대학교출판부, 2012), 721-761.

5 이숭녕, 『표준국어대사전』(서울 : 민중서관, 1981), 869.

6 W. van 't Spijker, "De betekenis van Luther voor de spiritualiteit vandaag," *Theologia Reformata* Jr. 35(1992): 115ff; Lengsfeld(Hrsg.), Ökumenische Theologie. Ein Arbeitsbuch (Stuttgart/Berlin/Köln, Mainz, 1980), S. 342f; C. Schütz(Hrsg.), *Praktische Lexikon der Spiritualität* (Freiburg/Basel/Wien, 1988), Kol. 1170; Ph. Shelddrake, *Spirituality and History of Interpretation and Method* (London : 1991), 32ff.

7 박재만, "제2차 비티칸 공의회 이후 가톨릭 교회의 평신도의 영성," 한국기독교학회 (편), 『오늘의 영성』(서울: 양서각, 1988), 9.

8 오성춘, 『영성과 목회 - 기독교 영성훈련의 이론과 실제』(서울: 장로회신학대학교출판부, 1989), 40.

영성이 종교에서 얼마나 중요한지를 카프라Fritjof Capra의 질문, "신학의 목표는 무엇이며, 신학은 제도화한 종교 그리고 인간의 내면으로 흐르는 영성과의 어떤 관계를 맺고" 있는지에 대한 매터스David Steindl-Rast의 다음의 대답 "종교 없는 영성은 가능하지만 영성 없는 종교는 불가능하다. 제대로 된 종교라면 영성을 빼놓고는 안된다는 얘기입니다. 그 다음에, 신학의 이론이 없이도 종교는 가능합니다. 그러나 종교와 종교적 영성이 없이 제대로 된 신학이 나올 수는 없는 일입니다."에서 잘 나타난다.[9]

셋째, 기독교 내에서 기독교 영성을 생각해 볼 수 있다. 기독교가 여러 종교들 중 하나라는 비교종교학적 의미에서 기독교 영성은 두 번째 범주에 넣을 수 있겠지만, 우리는 기독교 영성을 신학적인 이유 때문만이 아니라, 필자의 주된 신학적 관점이 '개혁주의'이기 때문에 타종교의 영성과 기독교 영성을 구별하고자 한다. 맥그라스A.E. McGrath는 영성에 대한 기본 정의를 "특정종교의 독특한 개념들과, 특정종교의 기초와 양상에 근거한 삶을 가져오는 것을 포함하면서, 성취된 그리고 참된 종교적 삶에 대한 탐구와 관계된다." 라고 말하고, "기독교 영성은 기독교의 근본적 개념들과, 기독교신앙의 기초에 근거하고 기독교신앙의 국면 안에서 사는 것에 대한 총체적 경험을 함께 가져오는 것을 포함하면서 성취된 그리고 참된 종교적 삶에 대한 요구이다." 라고 정의한다.[10]

기독교 안에서도 기독교 영성에 대한 이해의 다양성은 기독교 영성사靈性史나 최근의 기독교 신학자들에게서 쉽사리 발견된다.[11] 기독교 영성사에서 "'영성'의 의미나 사용용도가 미묘하게 여러 모양으로 변화를 겪어 왔다."는것이다.[12] 기독교 역사歷史와 오늘날의 영성과 영성운동들

9   Fritjof Capra & David Steindl-Rast, *Belong to the Universe : Exploration on the Frontiers of Science and Spirituality* (Pumyang Co., Ltd., 1997), 김재희 역, 『신과학과 영성의 시대』(서울: 범양사출판부, 1997), 30-31.

10   Alister E. McGrath, *Christian Spirituality* (Bodmin, Cornmall : MPG Books, 2000), 2.

에 대한 다양한 시각들, 심지어 성서 안에서도 나타나는 영성에 대한 다양한 시각들 때문에,[13] 우리가 '영성'에 대해 확정적으로 정의하기가 쉽지는 않지만, 영성과 기독교 영성에 대한 다음의 몇 가지 정의들 중에서 영성과 기독교 영성에 대한 정의가 분명하게 나타난다.

영성은 "하나님에 대한 경험에 상응하여 우리의 삶을 형성하는 양식"이다.[14] "영성이란 한 사람의 전인격적인, 또는 어떤 집단의 전공동체적인 삶의 태도, 가치관, 세계관, 비전들을 총체적으로 일컫는 개념이다. 따라서 영성이란 넓은 의미에서, 필연적으로 규범적인 기독교 용어라기보다는 가치중립적이며, 기술記述적인 용어"이며, 기독교적 의미에서 "영성이란 우리가 기독교인으로서 성령 안에서 그리고 성령을 따라 이 세상의 현실 한가운데에서 살아가는 삶의 정신, 태도, 비전, 가치관, 방식 전체를 가리킨다."[15] "기독교 영성은 초월자와의 인격적인 관계—변화의 체험—역사현장에의 참여라는 3각 도식으로 설명할 수 있다."[16] 개혁신학의 관점에서 본 '경건'pietas[17] 또는 영성의 본질은 성령의 감동을 통해서 하나님의 계시에 대한 인간의 응답인데, 하나님의 계시를 통해서 인간은 자신의 가장 깊은 본질 안에서 그리고 자신의 삶의 모든 차원 안에서 하나님 앞에 서게 된다.[18] 기독교 영성은 하나님의 은혜로 주어

---

11 참고, Bernard McGinn, John Meyendorff, Jean Leclerq (ed.), 유해룡 외 3인 공역, 『기독교 영성(I) : 초대부터 12세기까지』(서울: 은성출판사, 1997); Jill Rait, John Meyendorff, Jean Leclerq (ed.), 이후정 외 2인 공역, 『기독교 영성(II) : 중세부터 종교개혁까지』(서울: 은성출판사, 1998); Louis Dupré & Don E. Sailers (ed.), 엄성옥, 지인성 공역, 『기독교영성(III) : 종교개혁이후부터 현대까지』(서울: 은성출판사, 2001).

12 유해룡, "칼빈의 영성학 소고," 장로회신학대학교출판부(편), 『장신논단』제16집(2000): 545.

13 W. van 't Spijker, Spiritualiteit (Kampen : Uitgeverij de Groot Goudriaan, 1993), 17-68; 윤철호, 『현대 신학과 현대 개혁신학』(서울 : 장로회신학대학교출판사, 2003), 274.

14 최태영, "칼빈의 신학과 영성," 『조직신학 속의 영성: 조직신학논총 제7집』, 31.

15 윤철호, 『현대 신학과 현대개혁신학』, 273-274.

16 오성춘, 『영성과 목회 - 기독교 영성훈련의 이론과 실제』, 70-71.

17 필자는 일반적으로 영성신학에서 '영성'이라는 단어를 사용하지만, 깔뱅의 경우, '경건'이라는 단어가 더 어울린다고 생각한다. 최윤배, 『깔뱅신학 입문』, 731-732.

18 W. van 't Spijker, "De betekenis van Luther voor de spiritualiteit vandaag," 119.

졌고, 그리스도 안에서 보존되고 확증되었으며, 성령의 능력을 통해서 복음 안에서 열매를 맺는 하나님의 나라를 향해 열려진 참 인간적인 삶의 능력인데, 우리의 인생관, 가치관, 행복관의 인식과 관계되며, 그와 같은 실천 가운데서 감격, 감사, 기쁨, 평안을 누릴 수 있는 능력과 관계된다.[19]

우리는 기독교역사와 신학에서 나타난 영성에 대한 다양한 시각들을 성서적 관점에서 여과시켜 수용하면서도, 모름지기 "기독교" 영성 또는 "기독교적" 영성의 초석으로서 네 가지를 제시하고자 한다.

첫째, 기독교 영성은 삼위일체론적인 기초를 가져야 한다. 기독교 영성의 삼위일체론적 관점은 어떤 의미에서 기독교 영성의 여러 관점들 중에 하나가 아니라, 모든 시각들 중에 모든 것이라고 할 만큼 중요하다. 기독교 영성은 아버지 하나님과 아들 하나님과 성령 하나님의 특징을 가진다. "기독교 영성christelijke spiritualiteit은 삼위일체 하나님과 우리의 교제에 대한 훈련과 묵상이다."[20]

둘째, 기독교 영성은 피조세계의 모든 영역을 포괄할 수 있는 삼위일체 하나님의 나라를 지향해야 한다. 기독교 영성은 "이제 올 영원한 세계를 바라봄 때문에 지금 있는 이 세계를 외면하고 부인하는 것이 아니라 하나님의 나라와의 관계 속에서 이 세상의 참된 존재의미와 가치, 그리고 그 한계를 바로 인식함으로써 이 세상을 바르게 사랑하며 살아갈 수 있는 능력이다."[21]

셋째, 기독교 영성은 모름지기 '기독교적'이 되려면, 기독론(그리스도론)적이어야 한다. "우리는 예수 그리스도의 삶과 가르침 속에서 우리의 영성의 실체를 찾을 수 있음을 본다. 예수 그리스도를 통해서 우리에게

19 이수영, "영성의 의미에 대한 조직신학적 고찰," 한국기독교학회(편), 『한국기독교신학논총4』(서울: 양서각, 1988), 107.

20 J. Douma, *Christelijke levensstijl* (Kampen : Uitgeverij van den Berg, 1993), 44.

21 이수영, "영성의 의미에 관한 조직신학적 고찰," 98-99.

열려진 것은 하나님과의 화목이다롬 5:1, 10-11, 고후 5:18. 그것은 우리가 하나님을 아바 아버지라고까지 부를 수 있는 화목의 관계이다롬 8:14-16, 갈 4:6."22

넷째, 기독교 영성은 피조세계의 모든 장場들(그리스도인, 교회, 인간, 가정, 국가, 역사, 환경, 생태, 자연, 우주 등)과 하나님의 말씀인 성서와 결부되어 성령론적이어야 한다. 창조주와 섭리주 및 구속주 성령께서 인간, 가정, 국가, 역사, 생태, 자연과 우주 전체를 보존하실 뿐만 아니라, 그리스도인과 교회로 하여금 하나님의 말씀인 성서해석과 선포와 적용과 실천을 가능케 하신다. 기독교 영성은 피조세계에 있는 모든 은사와 생명은 성령의 활동의 결과임을 인정하는 삶이며, 은혜로 비롯된 삶이며, 성서에 기초한 삶이고, 거룩한 교회와 성도의 교통으로서 교회 안에서 살아가는 삶이다.23

2. '개혁주의'에 대한 정의24

우리가 의도하는 '개혁주의' 또는 '개혁적'reformed; reformierte; 네덜란드어로 gereformeerd 또는 hervormd 이라는 일차적 의미는 '역사적歷史的 개혁신학改革神學' 전통을 말한다.25 역사적 개혁신학 전통은 세계 도처에 '개혁교회'the Reformed churches 와 '장로교회'the Presbyterian churches 라는 이름으로 약 500년 동안 이어져 내려오고 있다. 구체적으로 말하면, 16세기 '개혁파 종교개혁자

---

22 위의 글, 100.
23 W. van 't Spijker, *Spiritualiteit*, 326.
24 참고, 최윤배, "개혁신학이란 무엇인가?," 평택대학교 편, 『논문집』 제9집 제2호(1997. 후기): 59-69; 최윤배, "21세기 교단신학의 정체성," 장로회신학대학교출판부 편, 『장신논단』 제28집(2008): 95-139; 최윤배, "대한예수교장로회총회 100년: 조직신학의 어제와 오늘과 내일," 장로회신학대학교출판부 편, 『장신논단』 제44-2집(2012): 41-73.
25 이수영, 『개혁신학과 경건』(서울: 장로회신학대학교출판부, 2006), 392-395.

들'Reformed reformers; 츠빙글리, 마르틴 부처, 깔뱅, 베자, 존 녹스 등은 루터의 '이신칭의'以信稱義 사상을 비롯하여 '오직 믿음, 오직 은혜, 오직 성경' 사상을 공유하면서도 루터와 그의 전통을 잇는 루터교회 전통과 차이를 보였다. 개혁파 종교개혁신학은 후대 개혁파 정통주의신학(『웨스트민스터 신앙고백』, H. Bavinck, A. A. Hodge 등)과 개혁파 신정통주의신학(『바르멘 신학선언』, K. Barth, E. Brunner 등)을 거쳐 오늘날 현대 개혁신학전통(네덜란드의 A. A. van Ruler, G. C. Berkouwer, H. Berkhof, J. van Genderen, A. van de Beek, 남아프리카공화국의 A. Heyns, 독일의 J. Moltmann, M. Welker, O Weber, 체코의 J. Lochman, 영국 스코틀랜드의 T. F. Torrance, 미국의 C. van Til, A. A. Hoekema, D. L. Migliore, J. H. Leith, I. J. Hesselink 등)과, 한국개혁신학전통(예장통합의 이종성, 이수영, 김이태, 김명용, 김균진, 김영한, 기장의 박봉랑, 오영석, 예장합동의 박형룡, 김명혁, 길희성, 서철원, 이신열, 문병호, 조봉근, 권호덕, 이승구, 김재성, 예장 고신의 이근삼, 유해무 등)에까지 이르고 있다.

역사적으로 츠빙글리와 부처와 깔뱅으로부터 시작된 '개혁적' 또는 '개혁신학적' 전통은 깔뱅의 제자 베자T. Beza를 통해 유럽대륙에서는 '개혁교회'의 이름으로 발전하였고, 깔뱅의 제자 존 녹스를 통해 영국 스코틀랜드를 중심으로 '장로교회'로 발전하였다. 우리나라의 장로교회는 주로 미국 남·북장로교회, 캐나다장로교회, 호주장로교회 등이 파송한 장로교회 선교사들로부터 '역사적 개혁신학' 전통을 이어받았다.

이런 전통이 우리나라에서는 '개혁주의', '칼빈주의' 등 다양하게 불리어 지고 있으며, 안타깝게도 교단이나 학자에 따라 종교개혁신학이나 특정한 시대의 개혁신학 전통이나 특정한 학자의 개혁신학 사상에만 국한시켜 너무나도 좁게 이해되기도 한다. 그러나 500년 역사 속에서 찬란하게 빛나는 개혁교회의 신앙과 개혁신학은 하나님의 말씀인 성경에 따라 "개혁된 교회(개혁교회)는 항상 개혁하는 교회"ecclesia reformata semper reformanda 라는 개혁성과 개방성을 가진 명제를 신앙과 신학의 주요 원리와 정체성으로 삼고 있기 때문에, 우리가 예수 그리스도의 재림 시 까지 올바른 개혁신앙과 올바른 개혁신학 전통에 대한 계승과 함께 하나님의 말씀에 따라 그리고 성령의 인도하심에 따라 구속사적 발전 속에서 개혁신학 전통을 올바르게 발전시켜야 한다. 그럴 때 '개혁주의' 또는 개혁신학 전통은 비로소 항상 "살아 있는 개혁신학 전통"이 될 것이다. 바빙크나 유해무는 자신들의 조직신학을 『개혁교의학』으로 명명했다.[26]

III. 신사도 운동의 역사歷史 개요

신사도 개혁 운동New Apostolic Reformation Movement의 사상과 뼈대를 수립한 피터 와그너Peter Wagner는 신사도 운동의 기원을 1906년 아주사 부흥 Azusa Rivival으로 규정한다.[27] 1900연말 저녁에 캔자스Kansas에 있는 토페카 성서대학Bible College in Topeka의 학생들이 모여 송년집회를 가졌다. 여기서 찰스 폭스 펄햄Charles Fox Farham이 성령세례를 받기 위해 안수기도를 부탁한 여학생 오즈맨Agnes Ozman에게 기도를 해주었는데, 오즈맨이 중국어 방언을 했다. 펄햄의 제자들 중에 한 명이었던 세이모어William J. Seymour라는 흑인 목사도 나중에 로스앤젤레스에 있는 감리교회에서 목회하면서 성령세례로서의 방언을 체험했다. 그 후 오즈맨과 세이모어에 의해서 시작된 현대 오순절Pentecost, 펜테코스트 운동은 급속도로 확산되었다.[28]

신사도 운동의 본격적 기원은 미국에서 시작되어 캐나다에서 크게

---

26 H. Bavinck, *Gereformeerde Dogmatiek* 1-IV(Kampen: J. H. Kok, 1928-1930); 유해무, 『개혁교의학 - 송영으로서의 신학』(서울: 크리스챤다이제스트, 1997).

27 정이철, 『신사도 운동에 빠진 교회: 한국교회 속의 뒤틀린 성령운동』(서울: 새물결플러스, 2013), 12.

28 최윤배, 『성령론 입문』(서울: 장로회신학대학교출판부, 2009), 57; 김재성, 『교회를 허무는 두 대적』(용인: 킹덤북스, 2013), 63-64.

확산된 '늦은비 운동' 사상이다. 늦은비 운동은 방언을 기독교의 새로운 시대의 상징으로 간주했던 찰스 펄헴 등의 사상이 더욱 발전된 바, 늦은비 운동의 정확한 명칭은 '늦은비의 새 질서' New Order of the Latter Rain 이다. 그 시초는 미국인 윌리엄 브랜험 William Marrion Branham, 1909-1965 이지만, 그의 영향을 받은 캐나다인 조지 호턴 George Hawtin 과 헌트 P. G. Hunt 가 서스캐처원 노스 배틀퍼드 North Battleford, Saskatchewan 중심으로 활동하였는데, 이곳이 늦은비 운동의 실질적인 발생지가 되었다.[29] 미국의 '하나님의 성회' Assembly of God 는 1949년 시애틀 제23차 총회에서 늦은비 운동을 강하게 비판하였고, 그 후 늦은비 운동은 수십 년간 잠적했다가, 1980년 이후 빈야드 운동과 피터 와그너의 제3의 물결운동 등에 의해 더욱 체계화되어 나타났다.[30]

이단異端으로 판명되어 사라질 것 같은 늦은비 운동은 1980년대 초부터 미국에서 다시 일어나게 되는데, 마이크 비클 Mike Bickle, 1955- , 밥 존스 Bob Jones , 폴 케인 Paul Cain 등을 중심으로 '캔자스시티의 선지자들' Kansas City Prophets: KCP 그룹이 형성되었다. 이 운동에 대한 어니 그루엔 Ernie Gruen 목사의 폭로 보고서 Documentation of the Aberrant Practice and Teaching of the Kansas City Fellowship 는 신사도 운동에 대한 매우 중요한 비판 자료이다.[31] 마이크 비클이 개척한 캔자스시티펠로우쉽교회 Kansas City Fellowship, KCF 는 나중에 메트로 크리스천 펠로우쉽교회 Metro Christian Fellowship 로 개명하였고, 3,000명 이상 모이는 대형교회가 되었다. 그 후 마이크 비클은 이 교회를 사임하고, 지금의 '국제기도의 집' International House of Prayer, IHOP 을 세우고, 1983년에 들었던 '다윗의 장막의 영 the Spirit 으로 24시간 기도하라'는 음성을 따라 24시간356일 기도운동을 통해 신사도 운동을 전 세계에 확산시키고 있다.[32]

---

29 정이철, 『신사도 운동에 빠진 교회: 한국교회 속의 뒤틀린 성령운동』, 17.
30 위의 책, 21-22.
31 위의 책, 23-24.
32 위의 책, 26.

또한 늦은비 운동은 1980년대에 캘리포니아에서 존 윔버John Richard Wimber, 1934-1997에 의해서 '빈야드 부흥운동'으로 크게 부활하였다. 존 윔버는 척 스미스 목사가 인도하는 갈보리 채플Clavary Chaple에 합류하였으나 1982년에 탈퇴하였고, 켄 걸릭슨 목사가 이끌던 빈야드 크리스찬 펠로우쉽Vineyard Christian Fellowship/s에 합류하게 되는데, 이곳에서 훗날 전 세계적인 빈야드 운동Vineyard Movement이 일어나게 된다. [33]

빈야드 운동은 1989년을 기점으로 큰 변화를 보이는데, 1989년은 신사도 운동의 발전 과정에서 매우 중요한 해이다. 왜냐하면 마이크 비클과 '캔자스시티의 선지자들' 그룹이 존 윔버의 빈야드 운동에 합류했기 때문이다. 여기서 폴 케인이 마이크 비클과 존 윔버 사이의 다리를 놓았다.[34] 존 윔버로부터 사상적 영향을 받은 피터 와그너는 2000년 텍사스 주의 댈러스Dallas에서 자신이 중심이 되어 '국제사도연맹'The International Coalition of Apostles; ICA을 결성했다. [35]

위와 같이 1980년대에 캘리포니아에서 왕성하게 일어났던 빈야드 운동은 1990년대 중반에 토론토와 플로리다 펜서콜라를 중심으로 다시 크게 일어났다. 1994년부터 존 아놋John Arnott은 토론토공항교회Toronto Airport Christian Fellowship를 중심으로 소위 '토론토 블레싱'Toronto Blessing 또는 '거룩한 웃음 운동'Holy Laughter Movement을 일으켰다.[36] 존 아놋을 통해 기름부음을 받아 후에 신사도 운동의 세계적 기수가 된 사람은 안재호Che Ahn, 체안 목사인데, 그는 캘리포니아의 패서디나에 있는 추수반석교회Harvest Rock Church에서 목회하였고, 2008년 타드 벤틀리Todd Bently의 사도임직식에서 피터 와그너와 중요한 역할을 했던 자칭 사도이다. 그는 현재 루 잉글Lou Engle과 함께 약 500명의 신사도 운동 교회 지도자들로 구성된 '국

---

33 위의 책, 27.
34 위의 책, 33.
35 위의 책, 35.
36 위의 책, 36

제추수선교회'Harvest International Ministries; HIM를 이끌고 있고, 또한 '와그너 리더십연구소'Wagner Leadership Institute; WLI; 대표 홍정식의 대표 강사로서 성령과 성령의 능력의 '임파테이션'impartation, 배분, 전달에 대해서 강의하고 있다.[37]

1995년에 플로리다의 펜서콜라에서도 토론토에서 일어났던 빈야드 웃음부흥운동이 일어났다. 펜서콜라의 부흥은 1994년 브라운즈빌교회 Brownsville Assembly of God; 존 킬패트릭 목사의 중심인물들이 토론토공항교회에서 일어난 성령의 기름 부음을 받았기 때문에 일어났다. 다시 말하면 펜서콜라 부흥은 1995년 6월에 킬패트릭 목사가 존 아놋과 친분이 있던 스티브 힐 Steve Hill을 자기 교회의 부흥강사로 초청했을 때 일어났다.[38]

정이철에 의하면, 2000년대에 접어들면서 한국교회 안에서도 신사도 운동이 깊이 침투되어 일부 교회들과 단체들과 기관들과 개인들이 신사도 운동의 직접적 또는 간접적 영향을 받아 여기에 연루되어 있다.[39]

Ⅳ. 개혁신학의 관점에서 본 신사도 영성에 대한 비판

1. 사도직과 선지자직의 역사적歷史的 회복을 통한 역사적歷史的 보편기독교회의 권위 부정

신新사도使徒 운동은 소위 '두 날개'로 불리는 사도직과 선지자직의 역사적歷史的 회복과 부활을 주장한다. 신사도 운동에 의하면, 하나님께

---

37 위의 책, 36, 40.
38 정이철, 『신사도 운동에 빠진 교회: 한국교회 속의 뒤틀린 성령운동』, 42.

서 에베소서 4장 11절의 말씀대로 오중표重 직분(사도, 선지자, 복음전하는 자/복음전도자, 목사, 교사)을 교회에 허락하셨지만, 세속화된 교회들과, 교권으로 횡포를 휘두르는 교회 지도자들이 자신들의 특권을 유지하기 위해 사도들과 선지자들을 교회사 속에서 사라지게 했지만, 하나님께서 종말의 대추수기大秋收期를 맞이하여 신사도 운동을 통해 새신.新 사도들과 선지자들을 세우신다.[40] 소위 '신사도 개혁교회'를 지휘하는 하나님의 엘리트 일꾼들에 해당하는 신 사도들과 선지자들은 일반 목사들은 물론 구약의 선지자들과 바울 사도를 포함하는 신약의 사도들 이상以上으로 강력한 영적 능력으로 부흥과 추수를 위한 종말적 목회 사역과 선교 사역을 감당할 수 있게 되었다.[41]

신사도 운동의 '두 날개' 주장에 대해 우리는 개혁신학적 입장에서 다음과 같은 질문을 제기할 수 있다. "예수 그리스도께서 직접 선택하셨던 열두 사도들과, 가룟 유다 대신에 뽑힌 맛디아와行 1장, 다메섹 도상에서 부활하셨던 예수 그리스도를 만났던 바울 사도가行 9장 지녔던 사도직과 동등한 사도직이 지금도 역사적歷史的으로 반복될 수 있는가?" 현재도 사도직과 선지자직이 역사적歷史的으로 반복될 수 있다는 주장은 개혁신학적 입장과는 정면으로 충돌된다.

깔뱅에 의하면, 하나님은 아무 도움이나 도구가 없이도 친히 사역을 하실 수도 있고, 천사를 시켜서 사역을 하실 수도 있지만, 여러 가지 이유로 사람을 그의 사역의 도구와 수단으로 삼아 일하시는 편을 선택하셨다. 다시 말하면, 깔뱅은 교회의 직분을 하나님께서 제정하신 수단으로 이해한다.[42] 그는 에베소서 4장 11절에 대한 성경주석을 근거로 특정

39 위의 책, 46-47, 255-455, 행크 해너그라프, *Counterfeit Revival*, 이선숙 역, 『빈야드와 가짜 신사도의 부흥운동』(서울: 부흥과 개혁사, 2012), 114.
40 정이철, 『신사도 운동에 빠진 교회: 한국교회 속의 뒤틀린 성령운동』, 75.
41 위의 책, 75.
42 깔뱅, 『기독교 강요』(1559), IV iii 1.

한 시대에만 필요했던 교회의 '임시직'*extraordinarium*; extraordinary office; temporary office 에 사도, 선지자, 복음전도자를 포함시키고, 교회시대에 항상 필요한 '일상직' 또는 '항존직'*perpectuae*; ordinary office; permanent office 에 목사와 교사를 포함시킨다.[43]

그러면 지금도 "교회가 사도성을 갖고 있다."는 말이나 "교회가 사도적 apostolic 이다."*apostolicam Ecclesiam* 라는 말은 무슨 뜻인가? 네덜란드의 후 껜데이끄 J. C. Hoekendijk 는 '흩어지는 교회'로서의 교회의 세상에 대한 봉사를 교회의 사도성으로 이해한다. 로마천주교회는 교황을 그리스도의 대리자로 간주하여, 현재 교황이 제1대 교황이었던 베드로의 교황권을 역사적歷史的으로 계승하는 것을 사도직의 역사적 계승으로 이해한다.[44] 여기에 반대하여 깔뱅은 교회의 사도성을 다음과 같이 이해했다. 교회가 구약성경의 선자자들의 말씀과 신약성경의 사도들의 말씀을 하나님의 말씀으로 이해하고, 성경과 성령을 통하여 진리를 올바르게 이해하고 올바르게 실천하는 진리의 연속성과 '교리의 연속'*successio doctrinae* 을 유지할 때, 그 교회는 사도성을 가지고 있으며, 사도적이며, 사도적 교회이다.[45] 다시 말하면 성경의 진리의 연속성 속에 있는 교회가 바로 사도적인 교회이고, 이런 교회가 바로 사도적이다. 로마천주교회는 이미 교회 안에 있는 교회의 직분教皇職을 통하여 그리스도께서 직접 부여했던 사도직이 역사적으로 계승되는 것으로 이해한다면, 신사도 운동은 그 동안 교회사 속에서 없어졌던 사도직과 선지자직으로 오늘날 부름 받아 임명된 특정한 사람들을 통해 세워지고 이룩될 '신사도 개혁교회'를 주장하고 있다.

결국 신사도 운동은 약 2000년간 사도직과 선지자직을 교권을 위해

---

43 위의 책, IV iii 4.

44 최윤배, 『깔뱅신학 입문』, 426.

45 Dae-Woo Hwang, "Het Mystieke lichaam van Christus: De ecclesiologie van Martin Bucer en Johannes Calvijn," 211, 각주 2241.

일방적으로 폐기시키고, 이 두 직분을 유지하지 못했다고 주장함으로써, 역사상의 보편 기독교회의 권위를 전적으로 부정하는 셈이 된다.

2. '직통계시'를 통한 하나님의 말씀과 계시로서의 정경正經의 절대성 붕괴

로마천주교회와 기독교(개신교, 프로테스탄트교회) 사이의 가장 큰 차이들 중에 하나는 하나님의 말씀과 계시로서의 정경正經; Canon에 관한 이해일 것이다. 로마천주교회는 기독교가 인정하는 66권의 성경 이외에 외경外經이라는 다른 책들이 포함된 성경을 가지고 있을 뿐만 아니라, 교황무오설의 지지를 받고 있는 교황이 발표하는ex cathedra 교황교서는 교회전통에 속하지만, 기독교의 정경이나 로마천주교회의 정경과 동등한 권위를 가진 하나님의 계시로 간주된다. 결국 로마천주교회에는 기독교가 인정하는 정경에 '새로운 계시'가 이미 추가되어 있고, 계속적으로 추가될 수 있다.

신사도 운동이 주장하는 '두 날개'로서의 사도직과 선지자직의 역사적 회복은 기독교는 물론 개혁교회가 가장 중요하게 고백하는 '오직 성경만'sola Scriptura의 원리를 정면으로 부정할 뿐만 아니라, 그 원리를 뿌리째 뽑아버리게 된다. 다시 말하면 신사도 운동은 신新 사도와 선지자는 오늘날 하나님으로부터 직접적으로 '예언'을 받아서 예언할 수 있다고 주장함으로써, 소위 '직통계시'를 인정하는 셈이 된다. 2000년 교회사 속에서, 특히 몬타누스Montanus 이단異端에게서 발견되는 '직통계시' 사상은 하나님의 말씀과 계시로서의 정경의 절대적 권위를 훼손하고, 파괴하는 사상이다.

한국장로교회는 물론이고 세계의 대부분의 장로교회가 고백하고 있는『웨스트민스터 신앙고백』제1장 제1조는 신사도 운동이 주장하는 '직통계시'를 다음과 같이 전적으로 부인한다.

> "주님은 여러 기회에 여러 가지 방법으로 교회에 대하여 자신을 계
> 시하시고 자기의 뜻을 선포하시기를 기뻐하셨다(히 1:1). 그리고 나
> 중에는 진리를 더 잘 보존하시고 전파하시며, 육신의 부패와 사단과
> 이 세상의 악에 대하여 교회를 더 견고하게 건설하시고 또한 위안하
> 시기 위하여 주님의 뜻을 온전히 기록해 두시기를 기뻐하셨다. …
> 이것이 성경이 가장 필요하게 된 원인이다(딤후 3:15, 벧후 1:19). 그
> 러나 하나님이 자기의 뜻을 자기 백성에게 계시해 주시던 이전 방법
> 은 현재 중지되어 버렸다(히 1:1-2)."[46]

깔뱅도 그의 당시에 성경 자체를 무시하고, 성경 이외에 교회나 그
리스도인 각자의 상황에 따라 받을 수 있다는 '새로운 계시'를 주장한 열
광주의자들을 강력하게 비판했다. 깔뱅에 의하면, 오늘날 교회와 그리
스도인은 성경 이외의 '새로운 계시'를 받을 것이 아니라, 성령의 내적
조명을 통해서 성경을 읽고, 교회에서 목회자의 설교를 경청함으로써 구
약의 예언자들과 신약의 사도들의 말씀에 동일하게 머물러 있어야 한다.[47]

> "요사이 어떤 견실치 못한 사람들(열광주의자들, 필자 주)이 나타나서
> 거만하게도 성령의 가르침을 받았다고 말하면서, 자기 자신이 성경
> 읽기를 거절하면서 소위 그들(종교개혁자들, 필자 주)이 죽은 문자에
> 아직도 관심을 가진다고 해서 그들이 순진하다고 비웃는다. … 우리
> 에게 약속된 성령의 직무는 듣지 못한 새로운 계시를 만들어 내는

---

46 대한예수교장로회총회 헌법개정위원회(편), 『대한예수교장로회총회 헌법』(서울: 한국장로교출판
사, 2011), 68.
47 최윤배, 『깔뱅신학 입문』, 114.

것이 아니라 … 우리의 마음을 복음이 전해준 동일한 교리에 머물러 있게 하는데 있다."[48]

3. 비성경적 성령론을 통한 교회와 그리스도인의 비정상적, 비윤리적 삶

우리가 앞에서 "신사도 운동의 역사적歷史的 개요"에서 살펴보았다시피, 성령의 은사와 관련하여[49] 신사도 운동은 성령세례와 절대적인 관계에 있는 방언 은사 중심으로부터 시작하여, 치유 은사를 거쳐서, 예언 은사 및 이적과 기적으로 옮겨갔다.

오늘날 교회와 신학에서 방언 은사에 대한 인정의 문제와, 성령세례에 대한 문제는 뜨거운 감자에 속한다. 오늘날 방언의 은사에 대한 입장은 개혁교회와 개혁신학자들 사이에도 다양하다. 그러나 필자의 입장은 다음과 같다. 고린도전서 12장에 기록된 방언은 오늘날도 가능하며, 반드시 개인의 차원에서 성경적으로 사용되어야 할 것이다. 그리고 필자는 성령세례를 방언 은사와 성화의 차원에서 이해하지 않고, 성령을 통한 예수 그리스도의 영접과 칭의 차원에서 이해하면서도, 물세례(유아세례, 세례)와 항상 배타적 관계로 이해하지는 않는다.[50] 그러므로 필자는 신사도 운동에서 일어나는 성령의 은사로서의 방언 자체를 문제 삼는 것이 아니라, 방언의 결과로 파생된 문제나 성경적이지 않는 정통 기독교 밖의 유사類似 방언이나 가짜 방언을 문제 삼는다.

또한 성경은 치유를 어떻게 이해하고 있는가?[51] 성경학자들에 의하면, 복음서에 나타난 35개 이적들 중에 '치유'治癒, healing 이적은 17개로서

---

48 깔뱅, 『기독교 강요』(1559), I ix 1.
49 최윤배, 『성령론 입문』(서울: 장로회신학대학교출판부, 2010), 117-120.
50 위의 책, 121-122.
51 최윤배, "구원자이신 예수 그리스도의 힐링(healing)," 『신학춘추』 통합85호(2012. 9. 25 화 A10).

제4장 한국교회에서 신사도운동 연구   163

예수 그리스도의 이적 사역(치유 이적 17회, 자연 이적 8회, 축사 이적 6회, 소생 이적 3회, 징벌 이적 1회) 중에 거의 절반을 차지한다.[52] 여기에 기초하여 어떤 신학자나 목회자는 목회 현장과 선교 현장에서 예수 그리스도의 총체적 구원 사역 자체가 힐링 사역의 전부인 것으로 오해했다. 예수 그리스도의 구원 사역 전체를 그의 치유 사역으로 완전하게 환원시키는 것도 문제겠지만, 예수 그리스도의 구원 사역으로부터 그의 치유 사역을 전적으로 배제시키는 것도 성경적 태도는 아니다. 예수 그리스도의 풍부한 구원 사역 속에 그의 치유 사역을 포함시키는 것이 올바른 이해이다.

구약성경에서도 하나님은 병든 사람을 고치시는 '라파'(רפא)의 여호와이시고[호 6:1], 예수 그리스도도 공생애 동안 치유 이적을 많이 행하셨고[마 15:28], 지금도 하나님께서 성령의 치유 은사를 통해 우리를 치유하신다.[고전 12:9, 28, 30] 비록 완전한 구원과 치유는 예수 그리스도의 재림 시에 몸의 부활을 통해서 이루어지겠지만, 구원의 일부로서의 치유는 삼위일체론적 근거를 가진다.[53] 그러나 우리는 일반 종교나 미신 속에서도 치유 현상이 일어날 수 있다는 사실을 반드시 기억해야 한다.

우리는 일상적인 삶 속에서, 작은 일에서부터 큰일에 이르기까지 창조주와 섭리주 및 구속주 하나님께서 행하시는 신비하고도 놀라운 일들을 경험한다. 하나님께서 구약성경의 선지자들과 신약성경의 사도들을 통해서 행하신 이적과 기적 그리고 예수 그리스도께서 행하신 이적과 기적에 절대적으로 기초하여, 우리는 오늘날 교회의 예배와 기도와 목회와 선교 현장에서 그리고 그리스도인들의 삶의 현장에서 신비하고도 놀라운 일들을 신앙적으로 신학적으로 신중하게 평가해야 할 것이다. 우리는 일부 자유주의적 성경학자들처럼 성경 속에 기록된 이적과 기적

---

52 성종현, 『신약총론』(서울: 장로회신학대학교출판부, 1997), 142-144.
53 최윤배, 『영혼을 울리는 설교』(용인: 킹덤북스, 2012), 152-153.

사건 자체를 부인하여 삭제하거나 오늘날에도 하나님께서 이적과 기사를 교회와 다른 수단들을 통해 행사하실 수 없다고 단정해서는 안 될 것이다. 그러나 우리는 기독교 밖의 일반 종교세계에서나 심리학이나 최면술 등을 통해, 마치 애굽의 술사(術士)들이 모세 앞에서 행했던 것처럼, 기적이나 이적이 일어날 수 있다는 사실도 반드시 기억해야 할 것이다.

신사도 운동에서 자칭 사도들과 선지자들을 통해서 행해지는 예언 행위는 개혁신학적 입장에서 절대적으로 용납될 수 없다. 우리가 앞에서 말했다시피, 오늘날의 '예언'은 직통계시를 통한 "새로운 계시"를 받는 방법이 아니라, 정경으로서의 66권 성경을 성령의 내적 조명과 기도를 전제한 올바르고, 책임적인 해석학적 과정을 통해서 이해된 하나님의 말씀으로 간주된다. 개혁파 종교개혁자 마르틴 부처는 그의 당시 이 문제로 열광주의자들과 논쟁하면서 지금도 선지자들이 일어나고 있다는 열광주의자들에 반대하여, 그의 당시 목사와 교사(신학대학교 교수, doctor)가 성경에 기초한 설교와 신학을 통해서 선지자의 기능을 교회론적으로 대신한다고 말했다.[54] 그리고 교회와 그리스도인은 꿈이나 느낌 등을 통한 미래 일에 대한 예감이나 예측 등을 예언 차원에서 이해해서는 안 되고, 반드시 성경의 계시에 기초하여 신중하게 판단해야 한다.

우리가 이해하는 성경적인 '성령의 기름 부으심'은 주로 다음 세 가지로 이해될 수 있다. 구약의 예언자, 제사장, 왕 등을 비롯하여 오늘날 목사나 장로나 집사가 신앙 공동체의 지도자로 부름 받을 때, 성령의 임재의 약속과 상징으로서 공적 직무에 취임하는 경우가 있고, 예수 그리스도께서 메시아로서 공식 취임하실 때 세례를 받으신 경우가 있고, 그리스도인들이 유아세례나 (성인)세례를 받을 때 만인제사장직(모든 신자 제사장직; the priesthood of all believers) 속에서 성령세례와 결부되는 경우가 있다. 이 세 경우는 모두 성령론과 결부되지만, 성령의 전적인 자유가 반드시 전제

---

54   최윤배, 『깔뱅신학 입문』, 66-67.

되고, 보장되어야 한다.

로마천주교회에서 '신품성사'神品聖事, the Sacrament of Order를 할 때나 종부성사Extreme Unction를 할 때, '기름 부음'의 행위는 기적이나 주술적 방법에 기초한 '은혜의 주입'gratia infusa 개념이 사용되는 바, 깔뱅은 여기에 대해 강력하게 비판했다.[55] 그런데 신사도 운동에서 자주 사용되는 '성령의 바텐더'the bartender of the Holy Spirit 개념이나 성령과 은사의 일방적 '배분'impartation 개념이나 '성령의 기름부음'the anointing of the Holy Spirit 개념은 개혁신학적 입장에서 전적으로 거부되어야 한다.

성령의 '바텐더'는 성령의 큰 권능을 받은 자로서 마음만 먹으면 성령을 언제든지 불러올 수 있고, 산타크로스 할아버지가 자기 마음대로 아이들에게 선물을 주듯이, 성령의 능력과 은사를 자기마음대로 자신이 베풀고 싶은 사람에게 언제든지 베풀 수 있다. 성령의 기름부으심도 성령께서 절대적 자유를 가지고 그의 뜻에 따라 임재하시고, 은사를 베푸시는 것이 아니라, 이미 성령의 큰 권능을 가진 '바텐더'로서의 신 사도나 선지자가 성령의 기름부으심의 도구와 수단을 넘어 주체적으로 그리고 주권적으로 행사하여, 신 사도와 선지자가 원하는 특정한 사람에게 기도나 안수함으로써 성령의 기름부으심과 권능을 자유자재自由自在로 배분impartation하고, 전달할 수 있다. 성령의 사역work에 대한 위와 같은 개념들 속에는 로마천주교회에서 이해된 '은혜의 주입' 개념이나 어떤 종교나 미신에서 일어나고 있는 기적적이며, 비인격적이며, 주술적이며, 교주적教主的이고도 영웅적인 측면이 강력하게 나타난다.

성령론, 특히 성령의 은사론과 관련하여 신사도 운동 속에서 방언 현상, 우울증 등 치유 현상, 예언 현상, 이적과 기적 현상이 나타나면서 괴이한 소리 현상, 쓰러짐 현상, 술취한듯 비틀거리는 현상, 혀가 풀려서 웅얼거리는 현상, 발광하면서 괴성을 지르는 현상, 울음 현상, 금이

---

55 위의 책, 511-514.

빨과 금가루 현상, 웃음 현상, 입신 현상, 심리학이나 최면술 등의 효과 현상 등이 강력하게 나타난다.[56]

위와 같은 현상들을 주도하는 대부분의 신 사도들이나 선지자들은 물론 위의 현상을 경험한 대부분의 사람들은 신체적으로, 정신적으로, 신앙적으로, 영적으로 회복되어 이전보다 더 개인적으로 그리고 공동체 적으로 성령의 열매를 맺는 정상적이고, 올바르고, 거룩한 삶을 살기보 다는 개인적으로나 공동체적으로 파괴적이면서도 비윤리적인 비정상인 으로 변화되었다는 사실은 신사도 운동이 우리에게 시사하는 바가 크 다.

미국이나 캐나다 등 해외에서 신사도 운동을 주도하는 지도자들 중 에 많은 사람들이 집회 도중에 수많은 거짓 예언을 하고, 심리술이나 최 면술을 사용하여 속이고, 성적性的으로 타락했고, 많은 추종자들은 정상 적인 가정생활이나 사회생활을 힘들어하고 있다. 여기서 우리는 "그들 의 열매로 그들을 알아야" 한다는 예수 그리스도의 말씀을 반드시 기억 해야 할 것이다. 마 7:15-27

4. 잘못된 구원과 선교 방법을 통한 교회와 그리스도인의 오도誤導

개혁신학적 입장에서 칭의나 회개나 성화 이해에서 하나님의 은혜 와 성령의 역사와 우리의 신앙이 항상 전제된다. 신사도 운동에는 예수 그리스도의 십자가의 구속에서 나타난 하나님의 일방적인 은혜와 사랑 과 용서를 전제한 참된 회개가 아니라, 하나님의 심판과 진노를 절대적 으로 강조하는 율법주의적 정죄와 회개 이해가 나타난다.

'다윗의 장막'에 근거하여 신사도 운동은 24시간 365일 연속 중보

---

56 행크 해너그라프, *Counterfeit Revival*, 이선숙 역, 『빈야드와 가짜 신사도의 부흥운동』, 303-429.

기도와 예배를 강조한다. 기독교에서 기도와 예배가 절대적으로 강조되는 것은 환영할만한 일이고 지극히 정상적이다. 문제는 정상적이고도 일상적인 삶을 완전히 제쳐 놓고 특정한 장소에서 기도와 예배에만 며칠씩 몇 달씩 몇 년씩 몰두하는 것이다. 신사도 운동이 이해한 중보기도의 개념에는 큰 문제가 있다. 신사도 운동에서 중보기도는 교회와 그리스도인이 성령 안에서 구속주이시며 유일한 중보자 예수 그리스도의 이름으로 하나님 아버지께 자신을 위해 기도하고 또 다른 사람들을 위해 중보기도하는 차원에서 중보기도가 아니다. 신 사도나 선지자나 특정한 사람들이 구속주이며 유일 중보자 예수 그리스도에 버금가는 중보자들이 되어 중보기도의 은사와 직분을 특별히 받았다는 사실이다.

신사도 운동은 지나치게 '새 포도주', '성령의 술', '군화軍靴 신은 신부新婦' 등의 개념을 사용하여 신비주의적 구원론을 띠는가 하면, 매우 전투적인 신앙운동을 추구한다. 물론 지상의 교회는 '전투하는 교회'miltans ecclesia이지만, 신사도 운동이 사용하는 '군대'요엘의 군대, '예수의 군대' 등 개념은 근본주의적 종교에서 발견되는 전투적 개념이 지나치게 강하다.

선교방법과 관련하여 '영적 도해'Spiritual Mapping, '지배권'dominion, '땅밟기 중보기도'Prayer Walk, '선포 기도', '7대산 정복 운동', '백투예루살렘' Back to Jerusalem 운동 등은 미신적이거나 이원론적인 방법과 세대주의적 종말론에 근거한 선교 방법으로써 개혁신학적 관점에서 볼 때 많은 문제를 지니고 있다.

5. 신학과 성경에 대한 몰이해로 교회와 그리스도인을 반反신학적, 비성경적 사고로 유도誘導

신사도 운동의 지도자들(신사도, 선지자, 목사, 평신도)의 대부분은 사회에서 정상적인 교육과정을 이수하지 못했을 뿐만 아니라, 기존교회에서 신앙훈련도 받지 못했고, 정상적인 신학 교육기관에서 신앙훈련과 신학교육을 제대로 받지 못했다. 여기서 우리는 고학력주의나 엘리트주의를 주장하는 것은 절대로 아니다. 예외는 있지만, 어떤 사회에서도 지도자가 되려면 그 직위와 분야에 걸맞는 인격성과 전문성을 구비해야 한다.

신사도 운동 속에 있는 대부분의 지도자들은 신학에 대한 이해와 성경에 대한 이해가 절대적으로 부족하여 설교 내용 속에 잘못 이해된 교리 내용이나 잘못 해석된 성경 주석 내용이 다반사茶飯事다. 신사도 운동 속에는 절대적으로 필요한 교리와 신학에 대한 증오심마저 있는 것 같다. 기독교회와 신학에서 가장 기본적인 삼위일체론을 잘못 이해하여 반反삼위일체론에 빠지는가 하면, 성경을 종종 문자적으로 또는 알레고리적으로 allegorical 해석한다.

가령 24시간 365일 중보기도 개념을 구약의 '다윗의 장막'으로부터 주석했는데, 구약시대 제사장들이 조組를 편성하여 24시간 365일 법궤를 중심으로 기도하고, 예배를 드렸다는 역사적 사실에 근거하여 오늘날도 특정한 장소인 '국제기도의 집'IHOP 등에서 가정과 사회로부터 격리된 채, 24시간 365일 무아지경이나 황홀경 속에서 찬송가 한 구절을 수십 번씩 반복적으로 부르면서 기도와 예배를 드린다. 우리는 개인의 경건 목적이나 신앙공동체 훈련 차원에서 특정한 장소에서 특정한 시간에 집중적으로 기도드리고 예배드리는 자체를 결코 비판하는 것이 아니다. 그것은 오히려 초대교회뿐만행 2:46 아니라 오늘날 교회의 신앙생활을 위해 절대적으로 필요하다.

최근에 접어들수록 한국교회에서 다른 다양한 프로그램들은 더욱더 증가하는데 비해 기초 교리공부 훈련이나 성경공부 훈련이 태반으로 부족한 현상이 나타난다. 신사도 운동은 한국교회의 이 같은 취약점을 역이용할 수 있다.

6. 잘못된 은사, 기도, 선교 운동은 교회와 그리스도인으로 하여금 올바른 은사, 기도, 선교 운동을 적극적으로 요청함

필자는 신사도 운동을 연구하면서 필자 자신과 한국교회를 뒤돌아보는 시간이 되었다. 필자가 청년이었던 1970년대와 1980년대만 해도, 한국교회는 여러 집회 장소(교회, 기도원, 여의도광장, 체육관 등)에 함께 모여 뜨겁게 기도하고 예배했다. 교회에서는 날마다 낮과 저녁으로 다양한 교리공부반과 성경공부반이 있었고, 어린이부터 장년에 이르기까지 교회의 여름과 겨울 수련회 기간은 거의 일주일이나 되었다. 한국기독교선교 초기에는 사경회查經會가 몇 주씩 이어지기도 했다.

그러나 언제부터인가 기존 교회보다도 신흥 사이비 기독교단체들이 더 열심을 내어 은사집회나 치유집회나 예언집회 등 각종집회를 체육관 등에서 매우 자주 전국적으로 개최하고 있다. 신흥 사이비 기독교단체들은 비복음적이고도 비성경적인 내용을 가지고, 왜곡된 교리와 진리를 가지고 열심히 그리고 결사적으로 기존교회를 넘어뜨리려 호시탐탐노리고 있다.

한국교회는 1906년 평양부흥운동 때 이상以上으로 진지하게 성경을 배우고, 성경에 기초하여 열심히 기도하는 '사경회'查經會라는 귀한 전통, '성서한국'聖書韓國이라는 훌륭한 전통을 되살려야 할 것이다.[57] 또한 우리는 때를 얻던지 못 얻던지 열심히 전도하고 선교해야 할 것이다. 우리가 성경 말씀을 듣고, 묵상하고, 배우고, 기도하고, 각자의 모든 일상적인 삶의 자리에서 그리스도의 사랑을 진실하게 실천할 때, 하나님께서 성령을 보내셔서 성령 충만을 통해 각자에게 필요한 성령의 은사를 주시

---

57 최윤배, "평양대부흥운동의 신학적 고찰(1): 세계신앙각성운동과 연계하여," 장로회신학대학교출판부 편, 『교회와 신학』 제68호(2007): 36-43.

고, 성령의 열매를 맺게 해 주실 것이다. 성령께서 올바른 성령의 은사운동과 올바른 기도운동과 올바른 선교운동을 기존교회 안에서 일으켜 주실 것을 간절히 소원한다.

성령의 은사가 부족하여 무력해진 교회, 성령의 열매가 없어 사랑의 실천이 부족하고, 미성숙한 교회, 기도와 선교 열정을 잃어버린 교회는 하나님께서 신사도 운동의 약점들을 통해 나태해진 기존 한국교회에 대한 경고의 매세지로 겸허하게 받아들여야 할 것이다.[58]

V. 결론

우리는 본고에서 '영성'과 '개혁주의'라는 용어를 먼저 정의하고, 신사도 운동에 대한 역사懸를 간략하게 기술한 뒤에, 신사도 운동의 영성을 개혁신학의 관점에서 여섯 가지로 평가해 보았다.

'신사도 운동'New Apostolic Reformation Movement 은 1906년 미국 아주사 부흥 Azusa Rivival을 기점으로 시작된 '늦은비의 새 질서'New Order of the Latter Rain 운동을 거쳐 '빈야드 운동'Vineyard Movement 에 이른다. 빈야드 운동은 1990년대 중반에 토론토와 플로리다 펜서콜라를 중심으로 다시 크게 일어났다. 1994년부터 존 아놋John Arnott 은 토론토공항교회Toronto Airport Christian Fellowship를 중심으로 소위 '토론토 블레싱'Toronto Blessing 또는 '거룩한 웃음 운동'Holy Laughter Movement 을 일으켰다. 이 운동은 성령세례로서의 은사운동에서 시작하여 치유운동과 예언운동 및 이적과 기적운동으로 발전했다.

---

58 참고, 황덕형, "신사도 개혁운동, 성령의 바람인가? 거짓 예언자의 나팔인가,"(http://blog.naver.com/cselee59/100206602814); 김영한, "'토론토 블레싱' 운동의 위험성: 말씀 속에서 벗어난 감각 위주의 표적주의신앙,"(http://bolg.naver.com/kjbgod68/20206427629).

이 운동은 외국의 신사도 운동가들이 한국교회와 각종 집회에 강사로 초청되거나 한국교회의 목회자나 평신도가 현지에 직접 방문하여 영향을 받아 다시 귀국하여 한국에 영향을 미치거나 책이나 인터넷 등의 매체들을 통하여 전파되었다.

비종교 분야에서의 영성과 일반 종교분야에서의 영성과 근본적인 차이점을 가진 기독교 영성은 하나님의 은혜로 주어졌고, 그리스도 안에서 보존되고 확증되었으며, 성령의 능력을 통해서 복음 안에서 열매를 맺는 하나님의 나라를 향해 열려진 참 인간적인 삶의 능력인데, 우리의 인생관, 가치관, 행복관의 인식과 관계되며, 그와 같은 실천 가운데서 감격, 감사, 기쁨, 평안을 누릴 수 있는 능력과 관계된다. 개혁교회의 '경건'pietas 또는 영성의 본질은 성령의 감동을 통해서 하나님의 계시에 대한 인간의 응답인데, 하나님의 계시를 통해서 인간은 자신의 가장 깊은 본질 안에서 그리고 자신의 삶의 모든 차원 안에서 하나님 앞에 서게 된다.

우리가 본고에서 정의한 '개혁주의' 또는 '개혁적'reformed; reformiert; 네덜란드어로 gereformeerd 또는 hervormd 이라는 일차적 의미는 '역사적歷史的 개혁신학改革神學' 전통이며, 역사적 개혁신학 전통은 세계 도처에 '개혁교회'the Reformed churches 와 '장로교회'the Presbyterian churches 라는 이름으로 약 500년 동안 이어져 내려오고 있다.

우리는 신사도 영성을 개혁신학의 관점에서 여섯 가지로 평가해 보았다.

첫째, 신사도 운동의 사도직과 선지자직의 역사적歷史的 회복의 영성은 역사적歷史的 보편 기독교회의 권위를 전적으로 부정하는 결과를 낳는다.

둘째, 신사도 운동의 '직통계시'의 영성은 하나님의 말씀과 계시로서의 정경正經의 절대성을 완전히 파괴하는 결과를 낳는다.

셋째, 신사도 운동의 비성경적 성령론은 교회와 그리스도인의 비정상적, 비윤리적 삶을 초래케 한다.

넷째, 신사도 운동의 잘못된 구원과 선교 방법은 교회와 그리스도인의 구원관과 선교관을 오도^{誤導}한다.

다섯째, 신사도 운동의 신학과 성경에 대한 몰이해는 교회와 그리스도인으로 하여금 반^反신학적, 비성경적 사고로 유도^{誘導}한다.

여섯째, 신사도 운동의 문제된 은사, 기도, 선교 운동으로부터 교회와 그리스도인은 성경에 기초한 올바른 은사운동, 올바른 기도운동, 올바른 선교운동을 적극적으로 전개해야 할 역사적 큰 책임감을 갖게 된다.

신사도 운동의 영성에 대한 개혁신학적 평가를 통해 우리는 크게 두 가지 유익을 얻었다. 하나는 신사도 운동의 영성과 신학이 개혁교회의 신앙과 신학을 위협하는 심각한 수준이라는 사실이며, 다른 하나는 기존 교회는 자신의 영성과 신학의 취약한 부분을 뒤돌아 보아야 한다는 사실이다. "개혁된 교회^{개혁교회}는 항상 개혁하는 교회"*ecclesia reformata semper reformanda*라는 신앙과 신학의 주요 원리와 정체성을 우리는 계속 실천해야 할 것이다. 개혁교회는 만왕의 왕이신 예수 그리스도께서 그의 말씀과 그의 성령을 통해서 우리를 항상 다스리시도록 끊임없이 기도해야 할 것이다.

참고문헌

김영한. "'토론토 블레싱' 운동의 위험성: 말씀 속에서 벗어난 감각위주의 표적주의신앙."
　　　(http://bolg.naver.com/kjbgod68/20206427629).

김재성. 『교회를 허무는 두 대적』. 용인: 킹덤북스, 2013.

김화영. "통합적 영성의 현상과 과정에 대한 연구." 『한국조직신학논총』 제29집(2011년 6월), 325-332.

정이철. 『신사도 운동에 빠진 교회: 한국교회 속의 뒤틀린 성령운동』. 서울: 새물결플러스, 2013.

최윤배. 『잊혀진 종교개혁자 마르틴 부처』. 서울: 대한기독교서회, 2012.

_____. 『칼뱅신학 입문』. 서울: 장로회신학대학교 출판부, 2012.

황덕형. "신사도 개혁운동, 성령의 바람인가? 거짓 예언자의 나팔인가,"
　　　(http://blog.naver.com/cselee59/100206602814).

Capra Fritjof & Steindl-Rast, David. *Belong to the Universe: Exploration on the Frontiers of Science and Spirituality*. Pumyang Co., Ltd., 1997.

Hanegraff, Hank. *Counterfeit Revival*. 이선숙 역. 『빈야드와 가짜 신사도의 부흥운동』. 서울: 부흥과 개혁사, 2012.

McGrath, A. E. *Christian Spirituality*. Bodmin, Cornmall : MPG Books, 2000.

Fritjof Capra & David Steindl-Rast, *Belong to the Universe : Exploration on the Frontiers of Science and Spirituality* (Pumyang Co., Ltd., 1997),

Wagner, C. Peter. *Apostles and Prophets: the Foundation of the Church*. Regal, 2000.

_____. *The New Apostolic Churches*. Regal, 1998.

제5장

한국교회에서
신앙교리 연구

• 다음에 실린 논문: 최윤배, "기독교 교리의 필요성에 관한 연구," 『조직신학 연구』 제20집(봄·여름호 2014. 5. 16.), 140-161.

Ⅰ. 기독교 교리는 무엇인가?

세계교회의 신학과 선교 현장은 물론 한국교회의 신학과 목회와 선교 현장에서 교리에 대한 경시 풍조와 무관심이 도를 넘고 있는 실정이다. 삶과 도덕을 강조하는 시대 조류에 순응하여 경도된 경험신학과 영성신학이 목회와 신학의 현장에서 주류를 형성하는 분위기다. 그 결과 기독교 교리 자체나 기독교 교리 교육은 점점 약화되어 뒷전으로 몰리고 있는 실정이다. 필자는 이같은 시대적 절박함으로 인해 기독교 교리의 중요성과 함께 기독교 교리 교육의 필요성에 대해 논하게 되었다.[1]

국어사전은 "교리"敎理를 "종교상의 원리原理나 이치理致"라고 간결하게 정의하고 있다.[2] 이 정의에 따를 경우, "기독교 교리"는 기독교, 특히 개신교프로테스탄트의 원리나 이치에 해당되기 때문에, 기독교 교리는 기독교라는 중요한 큰 건물의 기초석基礎石과 기둥과 대들보에 해당된다고 볼 수 있다.

"교의"敎義; dogma로 번역되는 헬라어 '도그마'δόγμα의 어원에 해당되는 '도케오'δοκέω나 '도케인'δοκεῖν은 "생각하다, 믿다, 가정하다, 고려하다" 등의 뜻을 갖고 있으며, 헬라어 '도그마'는 "옳다고 여겨지는 것"으로서의 법령decree, 규정ordinance, 결정decision, 명령command, 교리doctrine, 교의dogma 등의 뜻을 지닌다.[3]

히브리어 구약성경의 헬라어 번역인 70LXX인경과 헬라어 신약성경

---

1 참고, 최윤배, "기독교 교리 교육, 왜 필요한가?" 『목회와 신학』(2014년 3월호, 2014.3.1.), 42-46.
2 국어국문학회(감수), 『새로나온 국어대사전』(서울: 민중서관, 2007), 293.
3 Walter Baur, *A Greek-English Lexicon of the New Testament and Other Early Christian Literature* (Chicago/London: The University of Chicago Press, 1979), 201.

에서 '도그마'^{δόγμα}는 정부의 포고령 에 3:9; 단 2:13; 단 6:8; 눅 2:1; 행 17:7, 구약의 규례들 엡 2:15; 골 2:14, 예루살렘공의회의 결정사항들 행 16:4 등을 지칭하는데 사용되었다.[4]

기독교 신학에서 교리는 보통 "교의"$^{敎義;}$ dogma 나 "교리"doctrine 로 표현되었다. 그러나 정확하게 말할 경우, 교의와 교리는 구분되어 사용될 수 있다. "교의 dogma 는 성경에서 유래되어서 교회에 의해서 공식적으로 정의되고 하나님의 권위에 의거하고 있는 것으로서 선언된 교리 doctrine 라고 정의될 수 있다."[5] "교의 dogma 는 성경 안에서 증언된 계시와 교회 선포의 일치이다."[6] "신앙과 신학 속에서는 종종 '교의' dogma 라는 용어가 '교리' doctrine 와 실제적인 동의어로 광범위하게 사용되었지만, 교의는 일반적으로 좀더 제한된 의미를 지닌다. 가르침 doctrine 은 종교적 진리에 대한 직접적인, 그리고 흔히 소박한 표현이다. 가르침은 반드시 학문적 정확성을 기해서 표현되지도 않고, 설령 그렇게 표현되었더라도 그것은 단지 한 사람이 만들어낸 표현일 뿐이다. 반면에, 종교적 교의교리는 권위에 토대를 두고서 공적으로 어떤 교회회의에서 제정된 종교적 진리이다. 교의라는 용어의 이런 의미는 항상 포고, 명령, 또는 실생활의 준칙을 가리키는 성경적인 용법이 아니라, 어떤 명제 또는 원리를 가리키는 철학적 용법과 더 잘 부합된다. 고대교회의 몇몇 교부들은 교리의 실질적인 내용을 가리키는 데에 이 용어(교의)를 사용하였다."[7]

위에서 논의한 내용을 참고하면서, 우리는 본고에서 성경에 기초를 두고 있는 신앙고백서에서 나타난 교의는 물론 신학(특히 조직신학) 속에

---

4 G. Kittel(trans. by G. W. Bromiley), *Theological Dictionary of the New Testament* Vol. II, trans. G. W. Bromiley (Grand Rapids: WM. B. Eerdmans Publishing Company, 1974), 231.

5 Louis Berkhof, *History of Christian Doctrines*, 박문재 옮김, 『기독교교리사』(고양: 크리스챤다이제스트, 2008), 18.

6 K. Barth, KD I/1, 290: "Das Dogma ist die Übereinstimmung der kirchlichen Verkündigung mit der in der Heiligen Schrift bezeugten Offenbarung."

7 Louis Berkhof, *History of Christian Doctrines*, 박문재 옮김, 『기독교교리사』, 14.

서 사용되는 교리를 모두 포함하여 넓고도 포괄적 의미에서 "기독교 교리"를 지칭하고자 한다.

II. 기독교 교리의 특징

우리가 기독교 교리의 특징(특성) 내지 성격을 바로 이해할 때, 우리는 기독교 교리 교육의 필요성에 대한 이해에 한 걸음 더 나아갈 수 있다. 우리는 기독교 교리의 특징들 중에 대표적인 특징으로서 네 가지를 기술할 수 있을 것이다.

첫째, 기독교 교리는 성경주석적 특징을 갖는다. 기독교 교리가 성경주석적 특징을 갖는다는 말은 기독교 교리는 반드시 성경에 그 근원과 근거를 두고, 성경에 기초해야 한다는 말이다. 또한 기독교 교리는 성경에 최종적인 권위를 반드시 두어야만하기 때문에, 기독교 교리가 성경과 일치하지 않을 때, 그 권위와 유효성은 상실하게 된다. 왜냐하면 "교의의 주자료는 성경에서" 나오기 때문이다.[8] 하나님의 말씀으로서의 성경은 모든 시대 속에서 하나님의 구속에 대해 지속적으로 계시해주는 책이다. 하나님의 말씀인 성경으로부터 나오지 않은 교리적 명제들은 교회의 교의가 될 수 없다.

로마천주교회에서는 성경에 근거하지 않는 교리가 있을 수 있고, 또한 교회에 의해서 결정된 교리는 무오無誤한 것으로 주장된다. 그러나 기독교(개신교)에서 성경은 교리를 수정할 수 있으나, 그 반대로 교리가 성경을 수정할 수는 없다.

---

[8] Louis Berkhof (이상원 · 권수경 역), 『벌코프 조직신학 상』(서울: 크리스챤다이제스트, 1997), 27.

둘째, 기독교 교리는 성령론적 특징을 갖는다. 기독교 교리가 성령론적 특징을 갖는다는 뜻은 기독교 교리가 "성령의 도구"로 사용된다는 뜻이다. "교의들은 교의적 성찰의 산물이다. 교회는 성경 지면에서 확정된 형태의 교의를 찾아내는 것이 아니라 하나님의 말씀에 계시된 진리들을 숙고함으로써 진리를 얻는다."[9] "더 넓게 보면 이 성찰 활동의 주체는 그리스도인 한 개인이 아니라 성령의 인도를 받는 하나님의 교회 전체이다. 영적인 사람만이 이 일을 할 수 있는 적임자이며 그 사람조차도 진리를 모든 관계 속에서 보고 또 그 풍성함과 거대함 속에서 이해하는 것은 모든 성도들과의 교제 및 협력 가운데서만이 가능한 것이다. 교회가 성령의 인도를 받아 진리에 대해 숙고할 때 진리는 교회의 의식 속에서 명확한 모양을 갖게 되고 명료하게 정의된 관점 내지 주장으로 구체화된다."[10] "교리는 교회의 신학이자 교회의 가르침이다. 이 교회의 신학과 교회의 가르침은 성령론적 차원을 갖고 있는 매우 중요한 성령의 도구인데 한국의 교회는 일반적으로 이를 멸시하는 경향이 있다. 수많은 설교자들은 교리가 설교에서 얼마나 중요한 위치를 차지하고 있는지 조차 알지 못하고 오늘도 설교 하고 있다. 바른 설교는 바른 신학에 근거하고 바른 교리에 근거한다. 바른 설교는 바른 교리에 근거할 뿐만 아니라 교리가 설교의 주제와 내용이다."[11] "교회가 교의들을 통하여 현 세대에게 하나님의 계시의 진리를 전해 주고 또 재생산할 수 있는 것은 오직 교회가 그 진리를 성령의 인도 아래 이해하기를 배웠을 경우 뿐이다."[12]

셋째, 기독교 교리는 교회론적 특징을 가지고 있다. 비록 개인이 연

9   위의 책, 29.
10   위의 책, 29.
11   김명용, "교리와 설교," 장로회신학대학교 기독교사상연구부 · 교회성장연구원 편, 『2011 학술심포지엄: 교리와 목회 어떻게 함께 갈 것인가』(2011.11.4., 한국기독교회관), 23.
12   Louis Berkhof, 『벌코프 조직신학 상』, 32.

구하여 발전시킨 신학이나 교리가 있지만, 그 신학자 개인도 교회의 구성원으로서 교회 공동체의 신앙을 가지고 신학과 교리를 연구하는 것이 정상적이다. 대부분의 기독교(개신교)는 각 교단에서 공적으로 받아들인 신앙고백서가 있다. 기독교 교리가 교회론적 특징을 갖는다는 의미는 기독교 교리는 합법적인 교회가 공적으로 정의하고, 결정한 것임을 의미한다. "교의들은 어떤 합법적인 교회가 공적으로 정의한 것이다. 교의를 구성하는 마지막 단계는, 어떤 공적인 교회가 그것을 구체적으로 공식화하고 공적으로 받아들이는 일이다. 교회의 그러한 공적인 행동이 필요하다는 것은 대부분의 사람들이 인정하고 있다. 로마교회와 개신교도 이 점에서는 같은 입장이다. 또 주관주의를 내세우는 현대 신학자들조차도 이에 대해 동의의 음성을 발하는데, 그 이유는 '교의는 반드시 집합성 개념과 권위의 개념을 지녀야 한다'고 믿기 때문이다. 슐라이에르마허는 교회가 그 자체로 받아들인 종교적 진리만을 교의로 인정하고 있다."[13]

넷째, 기독교 교리는 종말론적 특징을 가지고 있다. 기독교 교리는 박물관에 보관된 생명력이 없는 화석化石이 아니다. 종교개혁자들, 특히 칼빈과 마르틴 부처Martin Bucer에게서 "교리"doctrina는 생명력을 상실한 딱딱한 이론이나 사변적인 관념이 아니라, 영생을 주는 "경건의 교리"doctrina pietatis, 신앙의 교리, 삶의 교리이다. 마르틴 부처에게서 "경건의 순전한 교리는 바로 예수 그리스도의 복음이 무엇인지를 가장 깊이 아는 것을 뜻한다Syncerior pietatis doctrina."[14] "영생은 곧 유일하신 참 하나님과 그가 보내신 자 예수 그리스도를 아는 것"이다.[15] 기독교 교리가 성령의 도움을 통해 설교, 전도, 선교, 교육, 기도, 찬양 등 다양한 형태로 전달

---

13   위의 책, 30.
14   최윤배, 『잊혀진 종교개혁자 마르틴 부처』(서울: 대한기독교서회, 2012), 484, cf. 485; 양금희, 『종교개혁과 교육 사상』(서울: 한국장로교출판사, 1999), 131-135.
15   요 17:3.

될 때, 성靈 삼위일체 하나님께서 직접 임재하시고, 일하시는 결과 교회의 신앙과 사랑이 성장하고, 모든 공동체가 변화되어 하나님의 나라가 도래하고, 실현된다. 이런 관점에서 우리는 '교의'를 "종말론적 개념"으로 간주할 수 있다.[16]

Ⅲ. 기독교 교리 교육은 왜 중요하고, 필요한가?

기독교 교리 교육의 중요성과 필요성을 논의하기 전에 기독교 "교리"가 무시되고, 경시된 이유와 교리 자체의 중요성과 필요성을 먼저 논의해야 할 것 같다. 왜냐하면 우리가 기독교 "교리"의 중요성과 필요성을 정확하게 인식하지 못하거나 절실하게 느끼지 못할 경우, 기독교 교리 "교육"의 동기와 목적이 희석될 수 있기 때문이다.

1. 기독교 교리가 무시된 이유

"이 시대는 반反교의적 시대이다. 교의에 대해서 뿐만 아니라 교리에 대해서까지, 그리고 교리적 진리를 조직적으로 제시하는 일에 대해서도 분명한 혐오감을 나타내고 있다. 지난 반세기 동안 종교사, 종교철학, 종교심리학 등에 관한 책들은 서점에 넘친 반면 교의적 저작은 거의 나타나지 않았다. 기독교는 교리가 아니라 삶이며, 우리가 그리스도의

---

16 K. Barth, KD I/1, 284: "Insofern kann man, ⋯ das Dogma einen ‚eschatologische Begriff' nennen."

생명에 동참하기만 한다면 무엇을 믿든 그것은 별로 중요하지 않다는 주장이 들려온다. 교의 없는 기독교를 요구하는 외침이, 특히 미국에서 강하게 들려오고 있다. 많은 진영에서 교의적 설교가 사랑을 받지 못하고 있으며 따라서 외면을 당하고 있다. 많은 보수적인 그리스도인들이 오직 경험적이기만 한 설교를 요구하는 반면, 보다 자유주의적인 사람들은 윤리적이거나 사회적인 설교를 더 선호하고 있다."[17]

약 2000년의 역사를 가진 세계기독교와 130년의 역사를 가진 한국 기독교, 특히 오늘날의 한국 기독교에서 기독교 교리가 경시되거나 아예 무시된 다양한 이유들은 무엇인가? 그 이유들을 우리가 크게 두 가지로 나눌 경우, 교회 안에서의 신앙과 신학 사상의 이유와, 교회 밖에서의 시대사조時代思潮의 이유를 제시할 수 잇을 것이다.

첫째, 목회와 선교 현장에서 신앙과 신학이 균형을 상실하였기 때문이다. 마르틴 부처와 칼빈의 경우, "경건"pietas과 "학문"scientia이 성령론적으로 연결되어 있을 뿐만 아니라, 신앙과 실천(사랑)도 성령론적으로 연결되어 있다.[18] 두 종교개혁자들에게는 학문은 경건의 학문教理이요, 경건은 학문적으로(교리적으로) 표현된 경건이며, 사랑은 신앙의 열매로서의 사랑이요, 신앙은 사랑의 뿌리로서의 신앙이다.

우리가 기독교 교리를 순전히 합리성과 이성理性과 지성에만 절대적으로 의존하여 이해하고, 연구할 경우, 우리는 주지주의主知主義에 빠지게 되며, 순전히 감정에만 전적으로 의존하여 이해하고, 연구할 경우, 우리는 주정주의主情主義에 빠지게 되고, 의지와 행동에만 순전히 의존하여 이해하고, 연구할 경우, 우리는 주의주의主意主義에 빠지게 된다. 이 같은 현상을 신·구교 스콜라주의적 신학과, 경건주의적 신학과 도덕주의적 신

17   Louis Berkhof, 『벌코프 조직신학 상』, 32.
18   최윤배, 『깔뱅신학 입문』(서울: 장로회신학대학교출판부, 2012), 746ff; 최윤배, 『잊혀진 종교개혁자 마르틴 부처』, 481.

학에서 발견된다. 우리는 "그리스 문화에서나 현대 문화에서나 합리주의는 신비주의의 딸"이라고 올바르게 지적한 틸리히의 말에 귀를 기울일 필요가 있다.[19] 17세기 경건주의는 스콜라주의적 신학에 대한 반동反動, contra으로 일어났으나, 교리 자체를 경시하는 결과를 낳았고, 스콜라주의적 신학은 교리를 강조했으나, 교리를 사변화시키는 경향을 띠었다. 그러나 올바른 의미에서의 기독교 교리는 지성, 의지, 감정을 포함하는 전인격적 작업을 통해서 성령의 인도함을 받아 교회 전체에 의해 형성된 생명력이 있는 결과물이다.[20]

오늘날 한국교회의 신앙과 신학 속에 위의 세 가지 극단이 존재한다. 한편으로는 어떤 교회와 신학은 교리를 강조하고 가르치지만, 경건과 신앙과 삶과 동떨어진 교리를 영적 능력과 감동과 감화 없이 가르침으로써 자칫 교조주의教條主義라는 인상을 받을 수 있다. 여기에 대한 반동으로 어떤 교회와 신학은 실용성과 도덕성과 "필링"feeling; 감정만을 일방적으로 지향함으로써 "반反 교리" 증세 내지 "교리 혐오증"까지 보여주고 있다. 이와는 반대 현상이 한국 천주교와 기독교 일부 이단 속에서 나타난다. 비성경적인 교리 개념을 가지고 있는 한국 천주교와, 전적으로 잘못된 교리를 가지고 있는 일부 이단들이 교리에 관심을 점점 더 기울이고 있다는 사실이 인터넷 매체를 통해 쉽사리 확인될 수 있다. 이런 현상은 참으로 아이러니하다. 다시 말하면, 기독교 교리의 중요성을 강조해 왔던 한국 기독교에서 교리에 대한 약화가 발견되고, 교리에 무관심했던 한국 천주교는 교리를 새삼 강조하고 있는 현상이 최근에 두드러지게 나타나고 있다.

둘째, 교회나 신학교에서 교리교육의 약화는 교회와 그리스도인의

---

19   P. Tillich, *Perspectives on 19th and 20th Century Protestant Theology*, 송기득 역, 『19-20 세기 프로테스탄트사상사』(서울: 한국신학연구소, 1985), 29.

20   Louis Berkhof, 『벌코프 조직신학 상』, 29.

교리에 대한 관심을 원천적으로 차단한다. 한국 기독교 전통을 살펴보면, 교회 안에서 세례와 입교시 교리 교육이 매우 강조되었고,[21] 신학대학교에서 교리신학(조직신학)의 비중이 다른 전공에 비해 매우 컸다. 그러나 최근에 학습세례 교리 교육이 폐지되고, 세례시 교리 교육이 약화되고, 신학대학교에서 교리사나 교리학의 비중이 점점 약해지고, 목사(강도사)고시에 "헌법" 과목 중에서 "교리" 부분이 폐지되고 있는 실정이다.[22] 처음으로 신앙을 시작하는 세례학습자catechumen가 교회에서 『교리(요리)문답』을 잘 배우지 못하고, 장차 기독교 지도자가 되어야 할 신학생이 신학대학교에서 교리신학을 심도 있게 배우지 못함으로써 교회와 그리스도인의 교리에 대한 관심과 필요성이 제도적으로 원천적으로 봉쇄되고 있다. 다시 말하면, 한국 기독교와 신학대학교에서 교리에 대한 교육제도와 체계와 커리큘럼이 근본적으로 흔들리고 있는 상황이다.

셋째, 오늘날 시대 조류가 교리에 대한 무관심을 낳게 한다. 포스트모던 시대에 나타나는 가장 두드러진 특징들 중에서 진리의 상대성相對性과, 권위에 대한 거부를 손꼽을 수 있다.[23] 이런 시대사조 속에서 일부 기독교회와 신학자와 그리스도인은 물론 전도와 선교의 대상으로서의 일반 사람들도 신적 권위와 교회의 권위를 전제하고 있는 교리와, 절대적인 진리를 인정하는 교리를 전적으로 거부하는 경향이 많다. 그들은 교리 자체와 교리 교육이 그들의 자유를 빼앗고, 그들을 얽어매는 족쇄로 오해하여 교리에 대한 큰 혐오증이나 교리에 대한 강한 거부감마저 갖게 된다.

---

21 김홍연, 『세례 · 입교 교육의 이론과 실제』(서울: 쿰란출판사, 2007.

22 최윤배, 『성경적 · 개혁적 · 복음주의적 · 에큐메니칼적 · 기독교적 조직신학 입문』(서울: 장로회신학대학교출판부, 2013), 95.

23 유원열, 『21세기 현대신학』(서울: 대한기독교서회, 2010), 26-31.

2. 기독교 "교리"의 중요성과 필요성

기독교 교리의 기능과 역할을 잘 이해할 경우 우리는 기독교 교리의 중요성과 필요성을 알 수 있을 것이다. 우리가 앞에서 언급한 기독교 교리의 특징에서 우리는 벌써 어느 정도 기독교 교리의 기능과 중요성과 필요성을 짐작할 수 있었을 것이다. 대부분의 기독교는 성경을 "신앙과 행위에 대하여 정확 무오한 유일의 법칙"으로 신앙 고백한다.[24] 기독교 교리는 교회가 성경의 핵심적 진리 내용을 공적으로 공표한 내용이다.

성경만 말하고, 복음만 말하고, 믿기만 하면 되지 골치 아프게 교리는 왜 필요한가? 가끔 교회와 그리스도인에게 교리가 부정적으로 들릴 수도 있다. 그러나 교리는 다음과 같은 몇 가지 이유로 절대적으로 필요하며, 몇 가지 중요한 과제(기능)를 갖는다. 교리는 기독교와 교회의 정체성과 관련된 대내적對內的 과제와, 사회와 세계에 대한 관계성이라는 측면에서 대외적對外的 과제를 가진다. 전자는 주로 교회가 기독교 진리의 순전성intégrité을 지녀야하는 과제로 요약될 수가 있고, 후자는 주로 교회의 도덕적 거룩성과 사랑을 유지할 과제로 함축할 수 있을 것이다. 우리는 교리의 대내적 과제(성경적, 신앙적, 교회적 과제)와 대외적 과제(변증적, 문화적, 실천적 과제)를 각각 세 가지씩을 제시하고, 마지막으로 양자에 똑같이 해당되는 과제로서 "학문적 과제"를 제시하고자 한다.[25]

1) 교리의 대내적 과제로서의 성경적, 신앙적, 교회적 과제

첫째, 우리는 교리의 대내적 과제로서 "성경적 과제"를 손꼽을 수가 있다. 성경적 과제는 하나님의 말씀으로서 성경이 계시하는 진리를 순

---

24 대한예수교장로회총회 (편), 『대한예수교장로회 헌법』(서울: 한국장로교출판사, 2011), 34.
25 최윤배, 『성경적 · 개혁적 · 복음주의적 · 에큐메니칼적 · 기독교적 조직신학 입문』, 37-41.

전하게 지킴과 동시에 각 시대 상황 속에서 새롭게 해석하고, 연구해야 하는 과제이다. 성경에 대한 올바른 해석의 과제는 모든 시대와 환경을 초월하는 교리의 최고의 과제라고 할 수 있다. 우리가 성경 계시의 우선성을 특별히 강조할 필요가 있는 것은 교리의 과제에서도 예외일 수가 없다. 왜냐하면 정경 66권으로 이루어진 신약성경과 구약성경은 하나님의 말씀으로서 우리의 신앙과 행위에 대한 정확 무오한 유일의 법칙이기 때문이다.

둘째, 우리는 교리의 대내적 과제로서 "신앙적 과제"를 언급해야 한다. 신앙은 성부, 성자, 성령이신 성 삼위일체 하나님에 대한 신앙이 매우 중요하다. 특히 초대교회나 16세기 종교개혁자들은 성 삼위일체 하나님에 대한 신앙고백과 더불어 예수 그리스도에 대한 신앙고백을 특별히 강조했다. 『사도신경』을 비롯하여 A.D. 3-8세기 기독교회의 교회일치적 ecumenical 신앙고백서들과 현재 우리 각자가 속해 있는 교단이 고백하는 신앙고백서에는 우리가 믿어야 할 신앙의 내용이 기술되어 있다. 이것을 우리가 조직신학적인 각론 loci 으로 표현한다면, 하나님, 창조, 인간의 타락, 죄, 예수 그리스도, 교회, 성경, 성례전, 종말 등으로 표현할 수 있을 것이다. 교리는 성경에 근거하여 오늘날도 믿어야 할 신앙의 내용을 연구하고 기술해야 할 과제를 가진다.

셋째, 우리는 교리의 대내적 과제로서 "교회적 과제"를 중시해야 한다. 교회가 성경 메시지 가운데서 중심적인 것과 본질적인 것으로 간주하는 것을 짧고도 명료하게 기술한 것이 '교의'敎義, dogma 라면, 교회가 없이는 교의가 있을 수가 없는 것이다. "신학을 연구하는 것은 교회를 연구하는 것이다. 신학은 기독교회의(신앙에 대한) 성찰이며, 이 성찰은 밖으로부터 이루어지는 것이 아니라 안으로부터 이루어진다. 신학의 장소와 설 곳은 교회 안에 있다."P. Althaus 그러나 하나의 거룩한 보편적, 사도적 교회는 "하나님의 말씀의 피조물"이지, 하나님의 말씀에 대한 심판자가 아니다. 교회는 하나님의 말씀 앞에서 자신을 반성하고, 비판하고,

수정해야 한다. 이같이 하나님의 말씀에 대한 교회의 바른 위치와 자세를 상기시키는 것이 교리의 과제이기도 한다. 교리가 있기 이전에 교회 안에서는 하나님에 관하여 선포되고 진술된다. 하나님에 대한 이 선포와 진술이 먼저 있기 때문에 교리가 성립된다.

2) 교리의 대외적 과제로서의 변증적, 문화적, 실천적 과제

교회와 기독교회와 교리는 사회와 세상과 무관계할 수가 없다. 왜냐하면, 하나님께서 세상을 이처럼 사랑하시고, 예수 그리스도께서 우리를 구원하시기 위해 육신을 입으셨기 때문이다.요 3:16 그러므로 교리는 세상과 구별되면서도, 세상 안에서, 세상을 위하여 변증적, 문화적, 실천적 과제를 수행해야 한다. 교리는 각 시대의 사조思潮와 정신精神이 무엇인가를 파악하고, 여기에 대하여 기독교 진리의 타당성 내지 의미를 제시해야 할 과제를 가진다. 또한 기독교 이외의 다른 종교들이나 사상들이 기독교 진리를 부인하고 회의懷疑하는 이유들에 대해서도 연구해야 한다. 이 과제를 수행하기 위해서 교리는 다른 종교의 사상들과 인간관, 세계관, 역사관뿐만 아니라, 기독교 진리를 거부하는 모든 무신론적無神論的 사상도 연구해야 한다.

교리는 성경적, 기독교적 진리를 모든 정당한 방법선포, 논증/변증, 순교 등을 사용하여 세상에게 변증해야 할 과제를 갖는다. 또한 교리는 모든 문화를 일방적으로 배척해서도 안 되고, 그렇다고 모든 문화를 무조건적으로 수용해도 안 된다. 교리는, 니버Helmut Richard Niebuhr의 주장에 따라, '문화의 변혁자이신 그리스도'Christ the transformer of culture의 모범을 따라, 모든 문화를 예수 그리스도의 정신으로 변화시켜야 할 과제를 갖는다.[26] 특히 오늘날 교리는 교회와 사회와 인류가 직면한, 그리고 앞으로 직면할 제

---

26   H. Richard Niebuhr, *Christ and Culture* (Harper & Brothers, 1951), 190-229.

반 문제들, 가령 역사, 환경, 생태 eco, 경제, 인권, 인종차별, 종교분쟁, 핵 문제, 최첨단과학기술, 사이버공간 cyber-space, 우주宇宙 공간 등에 관심을 갖고, 그 문제를 진단하고, 해명하고, 그 해결 방법을 모색해야 할 실천적 과제를 갖는다.

3) 교리의 학문적 과제

학문의 개념은 시대와 문화권에 따라 상이하지만, 한 가지 공통점은 인간이 인식할 수 있는 바의 세계를 연구한다는 점이다. 그러나 교리의 대상對象은 인간이 가진 표상이나 관념을 투영시킨 것이 아니다. 이 대상은 예수 그리스도 안에서 나타나신 자기 자신을 계시하신 하나님이다. 이 하나님은 인간적인 것의 투영이 아니라, 우리의 창조주요, 섭리주요, 구속주이신 삼위일체 하나님이시다. 교리에 있어서 인식 주체인 인간과 인식 대상인 하나님은 서로 중립적인 관계가 아니라, 신앙과 성령과 하나님 말씀을 통해 서로 인격적인 관계를 전제한다. 특히 깔뱅은 하나님 지식과 인간 지식의 밀접한 상관성을 매우 강조했다.

학문으로서의 교리는 "신앙의 학문"으로서의 교리이지만, 신앙은 "지식을 추구하는 신앙" fides quaerens intellectum 이다.[27] 교리는 하나님에 대한 신앙과 순종 가운데 진행되어야 하지만, 교리는 교회의 대내적 과제와 대외적 과제를 동시에 수행하기 위하여 학문적 과제를 가지고 있기 때문에, 그 과제를 성실히 수행해야 한다.

교리의 대내·외적, 학문 과제를 통해서 우리가 추구하는 신학은 인간구원을 비롯한 새 세계의 도래를 포함하는 하나님의 나라를 위하여, 하나님께만 영광을 돌리는 '송영신학'誦詠神學이 되어야 할 것이다.[28] 바하

---

[27]   Heinrich Ott, *Die Antwort des Glaubens: Systematische Theologie in 50 Artikeln* (Sttugart · Berlin: Kreuz Verlag, 1973), 31.

Johann Sebastian Bach, 1685-1750는 그의 작품마다, 심지어 세속적 작품이라 할 수 있는 작곡까지도 S.D.G.(*Soli Deo Gloria*; 오직 하나님께만 영광을!)나 J.J.(*Jesu Juva!*)라는 약자를 표시했다고 한다.[29] 장로회신학대학교 로고 에는 *Soli Deo Gloria*가 새겨져 있고, 칼뱅은 그의 『기독교 강요』를 "하 나님을 찬양하라"*Laus Deo*는 말로 마치고 있다.[30] "위대한 하나님의 영광을 위하여!"*ad majorem Dei gloria* "높은 곳에서 하나님께 영광!"*Gloria in Exelsis Deo* "지 극히 높은 곳에서는 하나님께 영광이요 땅에서는 하나님이 기뻐하시 는 사람들 중에 평화로다!"*Gloria in altissimis Deo et in terra pax hominibus bonae volun-tatis* [31]

우리는 위에서 기독교 교리의 기능적 차원에서 기독교 교리의 중요 성과 필요성을 7가지 언급했다. 그러나 베르코프[L. Berkhof]는 다섯 가지 차 원에서 기독교 교리의 중요성과 필요성을 다음과 같이 주장한다.

첫째, 성경은 기독교 교리를 통해 표현되는 진리가 기독교에 절대적 으로 필요하다고 말씀하신다.[32] 오늘날 일부 기독교 안에서 교리가 아니 라, 삶이라는 주장이 종종 들리는데, 이 말은 상당히 신앙적으로 경건하 게 들릴 수 있고, 어떤 사람들에게 호감도 줄 수 있지만, 사실 상 매우 위험한 주장이다. 복음은 그리스도 안에 있는 하나님의 자기 계시로서 의 진리의 형태로 우리에게 다가온다. 진리는 그리스도의 인격과 사역 에서만 계시된 것이 아니라, 이것들에 대한 성경에 나오는 해석에서도 계시되고 있다. 그리고 사람이 믿음으로 자기를 그리스도께 합당하게

---

28 현요한, 『신학은 하나님 배우기: 신학, 영성, 실천의 재연합』(서울: 대한기독교서회, 2011), 104-136; 유해무, 『개혁교의학: 송영으로서의 신학』(서울: 크리스챤다이제스트, 1997).

29 이승구, "종교개혁이 문화에 미친 영향," 종교개혁500주년기념사업회 편, 『제3회 서울바하합창단 과 함께하는 종교개혁신학학술대회』(2013.3.16, 서울교회), 64.

30 John Calvin, 『기독교 강요』(1559), IV xx 32.

31 눅2:14.

32 Louis Berkhof, 『벌코프 조직신학 상』, 34-35; 참고, 요 17:3, 딤전 2:4, 엡 4:13, 벧후 1:3, 요 17:17, 20, 예수 그리스도께서 진리를 강조하심(마 28:20, 요 14:26, 요 16:1-15, 요 17:3, 17), 진리에 열 심을 낸 사도들(롬 2:8, 고후 4:2, 갈 1:3, 갈 3:1f, 빌 1:15-18, 살후 1:10, 살후 2:10, 12-13, 딤후 2:15, 딤후 4:4, 벧후 1:3, 벧후 4:19-21, 요일 2:2-22, 요일 5:20).

복종시키고 성령 안에서 새 생명에 동참하게 되는 것은 복음의 메시지를 올바르게 받아들이고, 믿음으로 받아들임으로써 성취되는 것이다. 그 생명을 받는 것은 그저 신비적으로 은혜를 주입하는데 달려 있거나, 인간의 올바른 윤리적 행동에 달려 있는 것이 아니라, 올바른 진리의 교리와 지식이 그 조건이 되는 것이다.

둘째, 교회의 통일성과 일치성이 기독교 교리의 통일성과 일치성을 요구한다.[33] 성경은 예수 그리스도의 교회의 통일성을 가르치는 동시에 그것을 가리켜 '진리의 기둥과 터'딤전 3:15; 딤전 4:13 라고 부른다. 에베소서 4장에서 바울은 하나님의 교회의 통일성을 강조하면서 교회의 성도들 모두가 하나님의 아들을 아는 일에 하나가 되는 것이 이상이라고 분명히 말하고 있다. 이것은 14절에서 더 강조되고 있다. "이는 우리가 이제부터 어린아이가 되지 아니하여 사람의 속임수와 간사한 유혹에 빠져 온갖 교훈의 풍조에 밀려 요동하지 않게 하려 함이라."엡 4:14 바울은 빌립보 교인들에게 "너희가 한 마음으로 서서 한 뜻으로 복음의 신앙을 위하여 협력"하라빌 1:27 라고 권면하고 있다. 진리를 아는 일에서 교회가 분명히 하나됨은 교회의 번영을 위해 가장 중요한 것으로 인정되고 있다. 만약 교회가 갖가지 종류의 확신들을 가진 사람들을 포함한다면 그것은 교회 내부에 불일치와 투쟁과 분열의 씨를 숨기고 있는 것이다. 또한 그것은 성도들을 세우는 일과 교회의 덕에 도움이 되지 않을 것이다.

셋째, 교회의 사명과 임무가 기독교 교리의 일치를 요구한다.[34] 만약 교회가 공통된 신앙고백을 가지고 있다면, 그 교회는 당연히 교리상 하나일 수밖에 없을 것이다. 이 말은 교회는 자신이 진리를 어떻게 이해하고 있는지를 공식화하고, 그것을 표현해야 한다는 뜻이다. 그러므로

33　Louis Berkhof, 『벌코프 조직신학 상』, 35-36; 참고, 딤전 3:15, 딤전 4:13, 엡 4:14, 빌 1:27, 딤전 6:3-7.

34　Louis Berkhof, 『벌코프 조직신학 상』, 36.

교리상의 일치는 공통된 교의에 대한 고백을 포함한다. 교회가 교리를 필요로 한다는 것을 인정하면서도 동시에 교의는 필요하지 않는다고 말해서는 안 될 것이다. 만약 교회가 자신의 신앙의 내용을 의식하고 명백하게 표현하지 않는다면, 그 교회는 이 땅에서 자신의 기능을 수행할 수 없을 것이다. 예수 그리스도의 교회는 진리의 수탁자로, 보호자로, 증인으로 임명받았으며, 진리에 대해 명확한 개념을 가지고 있을 때에만 이 부르심에 충실할 수 있다.

넷째, 세상 속에서의 교회의 위치가 일치된 교리적 증거를 요구한다.[35] 모든 교회는 자기의 가르침을 공적으로 선포하는 일에 있어서 다른 교회와 주위 세상에게 도움이 된다. 예수 그리스도의 교회는 결코 은폐된 도피처를 찾거나 자신의 본체를 숨기려 해서는 안 된다. 교회가 자신의 신앙을 명료하고도 뚜렷하게 나타내는데 실패한다면, 그것은 바로 큰 잘못을 범하는 것이다.

다섯째, 기독교에 기독교 교리가 없어서는 안 된다는 사실을 우리의 경험이 말해준다.[36] 지구상의 어느 교회든지 그 교회 나름대로의 교리를 가지고 있다. 교의가 없는 교회는 침묵하는 교회일 것이며, 이는 용어 자체가 모순이다. 침묵하는 증거는 결코 증거가 아니며, 다른 사람을 결코 확신시키지 못할 것이다.

3. 기독교 교리 "교육"의 중요성과 필요성

인류 역사歷史 속에서 일반은총common grace에 근거하고 있는 인문주의적 전통에 있는 일반교육 사상에서도 교육의 중요성과 필요성은 두 말

---

35 위의 책, 36-37.
36 위의 책, 37.

할 필요가 없다. 양금희는 인문주의적 일반교육 사상을 전적으로 배제하지 않으면서도, 그것을 훨씬 뛰어 넘는 종교개혁 교육사상은 교육사敎育史에서 특별히 중요한 위치를 차지한다고 정확하게 역설한다.[37] 하물며 종교개혁 전통에 뿌리를 두고 있는 대부분의 한국 기독교에서 교육이 차지하는 비중은 거의 절대적이어야 당연할 것이다. 그러나 과연 한국 기독교가 신앙 "교육"을 중요하게 생각하고 있는가? 신앙 교육에 역점을 두고 있더라도 "교리 교육"이 신앙 교육의 중심에 위치하고 있는가?

양금희에 의하면, 마르틴 루터에게서 교육의 필요성은 두 왕국을 섬기는데 있는 바, "교육이란 '하나님께의 봉사를 위한 훈련'Zucht zur Gottes Diesnt"으로 이해하여, 루터는 인간이 삶을 살아가기 위한 수단으로서 교육의 필요성을 봄으로써 교육의 기능적 차원을 강조했다.[38] 양금희에 의하면, 칼빈의 교육사상에서 "하나님의 교육"paedagogia Dei 사상과 "하나님의 적응"accomodatio Dei 사상이 발견되며, 교회를 "하나님의 교육"의 통로와 수단으로 강조되어, 설교와 교리 교육이 중요한 위치를 차지하고 있다.[39] 요약하면, 종교개혁의 교육적 특성은 "말씀" 이해를 위한 교육의 중요성과, 기독교인 됨과 "교육"의 관련성을 강조한 것이다.[40] 하나님의 말씀 이해 속에서도 그리고 기독교인 됨의 성화聖化 실천 속에서도 교리 교육이 중심을 차지한다.

우리가 익히 잘 알다시피, 루터의 『소요리 문답』[1529]을 출발점으로[41] 파렐과 칼빈과[42] 마르틴 부처는 1537년에 『소요리 문답』을 만들어[43] 아

---

37 양금희, 『종교개혁과 교육 사상』(서울: 한국장로교출판사, 1999), 360-361.

38 위의 책, 314.

39 위의 책, 111-135.

40 위의 책, 334-339.

41 최윤배 공저, 『개혁교회의 신앙고백』(서울: 한국장로교출판사, 2007), 95-127.

42 Yoon-Bae Choi, *De Verhouding tussen Pneumatologie en Christologie bij Martin Bucer en Johannes Calvijn* (Leiden: Uitgeverij J. J. Greon en Zoon, 1996), 43-44.

43 Martin Bucer, BDS VI/3, 175-223.

동들을 비롯하여 모든 기독교 시민들에게 교리 교육을 시키고, 이 교리 교육의 책임을 가정의 부모와 교회와 국가에게 부과했다.

Ⅳ. 결론

본고에서 우리는 '교의'dogma와 '교리'doctrine의 정확한 뜻을 언급하면 서도 이 두 가지를 내포할 수 있는 포괄적 의미에서 '기독교 교리'라는 용어를 사용했다. 우리는 기독교 교리의 네 가지 특징(성경주석적, 성령론적, 교회론적, 종말론적)을 언급하고, 기독교 교리에 대한 무시 내지 경시 이유에 대해 세 가지(신앙과 신학의 문제, 교회와 신학대학교에서의 교리 교육 체계 및 제도 문제, 시대사조의 문제)를 논의했다.

우리는 기독교 교리 교육의 중요성과 필요성을 기독교 교리의 중요성과 필요성 및 기독교 교육의 중요성과 필요성을 나누어 기술했다. 기독교 교리의 중요성과 필요성과 관련하여 우리는 교리의 기능의 차원에서 7가지를 논의하고, 루이스 베르코프가 주장한 5가지 이유를 기술했다. 기독교 교육의 중요성과 필요성은 종교개혁자들의 교육 사상을 통해 논증되었다.

역사적으로 16세기 종교개혁 전통에 서 있는 세계 기독교(개신교)와 한국 기독교는 대체로 기독교 교리 교육의 중요성과 필요성을 인지하고 실천해왔다. 그러나 최근에 세계 기독교는 물론 한국 기독교조차도 기독교 교리 교육에 대한 무관심으로 일관하고 있다. 그 반대로 비성경적인 교리 개념을 가지고 있는 한국 천주교와 잘못된 교리를 가지고 있는 일부 이단들이 오히려 교리 교육에 큰 관심을 보이고 있는 실정이다. 어느 천주교 수녀가 "어떤 종교도 갖고 있지 않는 아이를 자신에게 3년만

맡기면, 그 아이에게 천주교 교리 공부를 시켜 평생 동안 천주교 신자가 되도록 만들 자신이 있다."고 한 말이 본고를 쓰는 내내 필자의 귓가를 맴돌았다. 최근의 어떤 이단에서 처음 나온 사람은 거기에 등록하기 위해 먼저 3개월간 집중 교리 교육을 받아 통과해야만 한다고 증언한다. 교리 교육의 중요성 자체는 물론 어린이 교리 교육의 중요성을 인지한 중국은 지금도 어린이에게 선교하거나 기독교 교리 교육을 시키는 것을 엄격하게 법으로 금지시키고 있다. 우리 기독교(개신교)에는 성경적 교리 개념도 있고, 성경에 기초한 올바른 교리도 있고, 교리 교육의 오랜 좋은 전통도 있다. 우리는 이 모든 것을 실천하기만 하면 된다.

불행 중 다행은 선견지명이 있는 일부 한국 기독교와 목회자들과 신학자들이 최근에 더욱 팽창하고 있는 이단들에 대처하기 위해 설교나 세미나 등을 통해 기독교 교리 교육의 중요성과 필요성을 역설하고, 실천하기 시작했다는 사실이다. 필자도 최근에 교리 설교와 교리 특강을 위해 여러 교회들로부터 여러 번 초청된 바 있다.

참고문헌

국어국문학회(감수). 『새로나온 국어대사전』. 서울: 민중서관, 2007.

김명용. "교리와 설교." 장로회신학대학교 기독교사상연구부 · 교회성장연구원 편. 『2011 학술심포지엄: 교리와 목회 어떻게 함께 갈 것인가』(2011.11.4., 한국기독교회관).

김홍연. 『세례 · 입교 교육의 이론과 실제』. 서울: 쿰란출판사, 2007.

대한예수교장로회총회 (편). 『대한예수교장로회 헌법』. 서울: 한국장로교출판사, 2011.

양금희. 『종교개혁과 교육 사상』. 서울: 한국장로교출판사, 1999.

유원열. 『21세기 현대신학』. 서울: 대한기독교서회, 2010.

유해무. 『개혁교의학: 송영으로서의 신학』. 서울: 크리스챤다이제스트, 1997.

이승구. "종교개혁이 문화에 미친 영향." 종교개혁500주년기념사업회 편. 『제3회 서울바하합창단과 함께하는 종교개혁신학학술대회』(2013.3.16., 서울교회).

최윤배. 『깔뱅신학 입문』. 서울: 장로회신학대학교출판부, 2012.

_____. 『잊혀진 종교개혁자 마르틴 부처』. 서울: 대한기독교서회, 2012.

_____. 『성경적 · 개혁적 · 복음주의적 · 에큐메니칼적 · 기독교적 조직신학 입문』. 서울: 장로회신학대학교출판부, 2013.

최윤배 공저. 『개혁교회의 신앙고백』. 서울: 한국장로교출판사, 2007.

현요한. 『신학은 하나님 배우기: 신학, 영성, 실천의 재연합』. 서울: 대한기독교서회, 2011.

Barth, K. KD I/1.

Baur, Walter(trans. by W. F. Arndt, F. W. Gingrich). *A Greek-English Lexicon of the New Testament and Other Early Christian Literature.* Chicago/London: The University of Chicago Press, 1979.

Berkhof, Louis. *History of Christian Doctrines.* 박문재 옮김. 『기독교교리사』. 고양: 크리스챤다이제스트, 2008.

Berkhof, Louis(이상원 · 권수경 역). 『벌코프 조직신학 상』. 서울: 크리스챤다이제스트, 1997.

Bucer, Martin. BDS VI/3, 175-223.

Choi, Yoon-Bae. *De Verhouding tussen Pneumatologie en Christologie bij Martin Bucer en Johannes Calvijn.* Leiden: Uitgeverij J. J. Greon en Zoon, 1996.

Kittel, G. (trans. by G. W. Bromiley) *Theological Dictionary of the New Testament* Vol. II. Grand Rapids: WM. B. Eerdmans Publishing Company, 1974.

Niebhur, H. Richard. *Christ and Culture.* Harper & Brothers, 1951.

Ott, Heinrich. *Die Antwort des Glaubens: Systematische Theologie in 50 Artikeln.* Sttugart · Berlin: Kreuz Verlag, 1973.

Tillich, P. *Perspectives on 19th and 20th Century Protestant Theology.* 송기득 역. 『19-20 세기 프로테스탄트사상사』. 서울: 한국신학연구소, 1985.

부록: 흔들리지 않는 기독교 신앙의 나침반 기능[44]

일반적으로 21세기의 세계교회의 신학과 목회와 선교 현장은 물론 한국교회의 신학과 목회와 선교 현장에서도 "교리"敎理에 대한 경시 풍조가 만연하고, "교리"에 대한 무관심과 증오심이 도를 넘고 있는 실정이다.[45] 아이러니하게도, 이와는 대조적으로 우리나라 로마천주교회나 기독교이단·사이비종파는 그 공동체의 초신자들은 물론 공동체 전체에게 교리교육을 더욱더 강화시키고 있는 실정이다.

김명용 총장은 한국기독교의 교리에 대한 경시 사상을 날카롭게 지적하면서, 교리의 중요성을 다음과 같이 역설한다. "교리는 교회의 신학이자 교회의 가르침이다. 이 교회의 신학과 교회의 가르침은 성령론적 차원을 갖고 있는 매우 중요한 성령의 도구인데 한국의 교회는 일반적으로 이를 멸시하는 경향이 있다. 수많은 설교자들은 교리가 설교에서 얼마나 중요한 위치를 차지하고 있는지 조차 알지 못하고 오늘도 설교하고 있다. 바른 설교는 바른 신학에 근거하고 바른 교리에 근거한다. 바른 설교는 바른 교리에 근거할 뿐만 아니라 교리가 설교의 주제와 내용이다."

필자가 본고에서 사용하는 "교리"doctrine 라는 말은 직접적으로 "교의"dogma 와 "신학"theology 과 밀접하게 관련되어 있으면서도, 구체적으로 소박하게 말하면, 『대한예수교장로회총회 헌법』의 "제1편 교리"에 포함되어 있는 7개 신앙고백들이 담고 있는 최소한의 내용을 말한다. 16세기 종교개혁과 개신교회(기독교회)의 원조元祖인 마르틴 루터는 어린이용

---

44 최윤배. "흔들리지 않는 기독교 신앙의 나침반 기능," 『한국기독공보』 제3051호(2016.7.10. 토), A. 22.

45 최윤배, "기독교교리교육의 필요성에 관한 연구," 『조직신학연구』 제20호/2014 봄·여름호, 140-161.

『소요리문답』[1529]을 집필하여, 어린이들에게 성경에 기초한 신앙고백적인 교리교육을 시킴으로써 16세기 로마천주교회의 신앙과 삶으로부터의 차별화를 시도하였다. 비록 칼뱅은 방대한 교리서에 가까운『기독교강요』[1559]를 완성했지만, 그의『기독교강요』[1536] 초판은 마르틴 루터의『소요리문답』처럼,『십계명』,『사도신경』,『주기도문』, 올바른 성례전(세례와 성찬)에 대한 해설과 함께 16세기 로마천주교회의 잘못된 5가지 성례전 교리를 비판하는 간단한 내용으로 구성되어 있다.

교리에 대한 부정적인 이해와 경시 사상에 대한 이유는 수없이 많다. 그 중에 하나는 일부 교회나 신학에 나타났던 소위 "교리지상주의"敎理至上主義, "교조주의"敎條主義, "교리주의"敎理主義 일 것이다. 원래 올바른 교리는 "경건의 교리"doctrina pietatis 로서 기독교인의 신앙과 삶에 진리와 생명을 불어넣는 성경에 기초한 "살아 있는 교리"인데, 상대편을 정죄하거나 심판하는 절대도구로 전락하여 오용되는 경우가 있었다. 또 다른 하나는 모든 것에서 상대적 가치만이 추구되는 21세기의 상대주의적 시대 속에서 항구적인 가치와 진리를 지향하고, 기준을 제시하는 기능을 가진 "교리"는 무용지물로 간주되고 있다.

필자는 본 교단 동신교회에서 본격적으로 신앙생활을 시작하고, 한기원 목사로부터 세례를 받았다. 그 때 "학습세례"라는 제도가 있었다. 지금 생각해보니, 본 교단 헌법에 있는 5가지 신앙고백들을 1년 반 동안 암송할 정도로 배웠다. 1975년부터 배웠던 1년 반의 "학습세례반"의 "교리교육"이 세례교인이 되고, 전도사가 되고, 목사가 되고, 조직신학자가 되어 거의 40년 동안 필자에게 근본적으로 흔들리지 않는 기독교 신앙의 기초석과 나침반의 기능을 해오고 있다. "학습세례" 제도가 폐지된 지금, 대부분의 교회에서는 4주 정도 그리고 주마다 1시간 정도의 교리교육을 마친 후에 세례를 받게 한다. 심지어 어떤 교단에서는 목사고시『헌법』과목에서 "제1편 교리"가 제외되고, 다른 부분만이 출제되고 있는 형편이다. 그리고 본 교단 신학대학원에서 "교리사"敎理史 과목은 대부분 선택 과목으로 개설되고 있는 실정이다.

교인의 필수 신앙입문과정이 세례이고, 교회를 중심으로 목회하는 목사의 필수입문과정이 신학대학원 과정과 목사고시일진데, 4시간의 교리교육으로 교회에 입문하는 교인과, "교리사" 이수 과정 없이 교리가 제외된 목사고시에 합격한 목사가 배출되고 있는 것이 일부 한국교회의 현실이다. 우리는 생명력이 없는 고리타분한 교리주의와, 교리 자체를 무시하는 교리무용론을 벗어나, 성경에 기초한 "경건의 교리"와 "살아 있는 교리"로서의 "교리"의 중요성과 교리교육의 필요성을 재확인하고, 실천해야 할 것이다. 교리교육의 부재 속에서 성장한 일부 한국교회의 평신도 중직자는 물론 일부 목회자조차 기독교이단·사이비종파의 집중적인 거짓 교리교육에 속아 넘어가고 있다. "영생은 곧 유일하신 참 하나님과 그가 보내신 자 예수 그리스도를 아는 것이니이다."요 17:3

제6장

한국교회에서
성령 연구

Ⅰ. 동신교회 김세진 목사와 한기원 목사의 성령 이해[1]

1. 필자의 신앙 어머니와 요람인 동신교회

필자는 현재도 교회가 없는 농촌 오지마을에서 태어나 중학교 시절까지 그 곳에서 자랐다. 초등학교에 입학하기 이전 유년시절의 어렴풋한 필자의 기억에 의하면, 4km나 떨어진 먼 마을에 있는 입암교회立岩敎會의 어느 전도사님께서 1년에 한두 번 정도 고향 마을에 와서 동요와 찬송가와 성경을 가르쳐 주고, 예쁜 카드를 나눠주는 전도 집회에 단 한 번만 참석했다. 형들과 누나는 이 전도 집회에 자주 나갔지만, 필자는 예수님을 믿으면 제사지낸 음식을 먹지 못한다는 전도사님의 말씀을 듣고 다시는 그 집회에 나가지 않았다.

그 후 고등학교 시절 반 친구의 권유로 교회에 몇 번 나간 기억이 난다. 1975년 서울에 있는 대학교에 진학하여 그 당시 하월곡동 중외제약이 있던 근처에 동신교회 여집사님의 집 방 한 칸을 전세 내어 자취생활을 하게 되었다. 남편을 여읜 그 여집사님은 딸 한 명과 아들 두 명을 데리고 어렵게 살았다. 그러나 그 여집사님은 항상 친절하시고, 항상 기쁘게 생활하셨다. 지금도 그 여집사님의 이름과 딸의 이름은 기억나지 않지만, 그 당시 초등학교에 다니던 두 아들 중 한 아들의 이름은 "최승주"로 기억이 되고, 큰 딸은 서울여자상업고등학교를 다녔다.

---

[1] 다음에 실린 논문: 최윤배, "김세진과 한기원의 성령론에 대한 연구,"『교회와 신학』제82집(2018. 2. 28.), 83-108. 본고는 대한예수교장로회 동신교회 창립60주년기념강좌(2016. 3. 6.)에서 발표한 내용임을 밝혀둡니다. 참고, 최윤배, "신앙의 어머니와 요람으로서의 동신교회,"『동신』(2016년 봄·통권 150호), 21-27.

결국 동신교회 여집사님의 인도로 필자는 1975년 3월 첫 주일부터 동신교회에 출석하게 되었고, 어느 주일 11시 낮예배 때, 다메섹에서의 바울 사도의 회개 사건에 대한 김세진 목사님의 설교를 통해 급격하고도 강력한 회심을 체험했다. 동신교회 신입반에서 1년 반 동안 체계적인 신앙교육을 받았고, 1976년 10월 17일에 한기원 목사님으로부터 세례를 받았다.[2] 그 때 김은집 전도사님이 유년부를 담당하셨고, 필자는 유년부 교사로 임명받아 봉사했다. 그 당시 백도웅 목사님이 대학부 지도 목사님이셨고, 대학부 부장은 김기조 은퇴장로님이셨다. 지금의 최은창 장로님, 윤정주 장로님, 고故 우성덕 장로님, 염권준 안수집사님 등이 대학부 동기들이었다. 필자는 대학부에서 서기와 신앙부장으로 봉사했다. 대학부헌신예배를 드릴 때, 신앙부장으로서 대표기도를 맡아 기도를 준비하는 과정이나 이 강단에서 기도하는 동안 얼마나 두려웠는지 모른다. 1980년 8월에 군 입대를 하면서 5년 반 다니던 동신교회에 출석할 수 없었고, 군복무를 마치고 곧 바로 목회자의 소명을 받아 장로회 신학대학교 신학대학원에 입학하면서 동신교회를 떠나 다른 교회에서 교육전도사 사역을 시작하게 되었다.

필자는 동신교회를 떠난 지 25년이 되던 2005년 5월 18일에 동신교회 경로대학에 초청받아 "그리스도인의 영성훈련: '하나님의 침묵과 인간의 자기 의'"라는 제목으로 특강을 하였고,[3] 그 후 여름 동신기도원에서 열렸던 대학부여름수련회 주강사로 초청되어 집회를 인도했다. 1975년 이후 지금까지 약 40년간 평신도로서, 교육전도사로서, 목사로서, 신학대학교 교수로서 신앙생활을 하고, 영적 사역을 감당하면서, 결코 한 번도 동신교회를 잊어본 적이 없다. 왜냐하면 동신교회는 필자를 영적으로 낳아주고, 길러준 신앙의 고향이요, 신앙의 어머니로서 신앙

2   임회국, 『동신교회 겨자씨 신앙운동 50년』(서울: 동신교회, 2007), 348.
3   위의 책, 403.

의 요람이요, 신앙의 모태이기 때문이다. 동신교회 목사님들과 전도사 님들로부터, 또 장로님들과 권사님들과 집사님들과 성도님들로부터 받은 수많은 아름답고도 감사한 기억들이 지금도 생생하다.

특히 추운 겨울철 영하 15도를 오르내리는 주일 아침에 교회에 가면, 백발이 되신 양 장로님을 비롯하여 모든 장로님들이 교회 밖 출입문 입구에서 90도로 정중하게 반갑게 인사를 하시고, 주보를 나눠주시면서, 얼어붙은 필자의 손을 꼭 잡아주시던 모습은 지금도 눈에 선하다. 김세진 목사님은 항상 교회학교 예배 도중에 아무 말씀 없이 뒤쪽에 한 바퀴를 둘러보시곤 하셨다. 필자가 유년부 교사로 갓 임명되었을 때인데, 뒷자리에 앉아 있던 저를 보시고 "최윤배 선생님! 잘 계십니까?"하고 악수를 청하셨다. 필자는 "나같이 부족한 신임교사의 이름도 알아보시다니!"하면서 그 순간에 받았던 감동과, 김세진 목사님의 사랑은 지금도 마음 속 깊이 자리 잡고 있다. 동신교회에서 경험한 교회의 큰 사랑 때문에, 삼위일체 하나님의 교회의 중요성과 교회에 대한 사랑이 지금도 목사와 신학자로서의 필자의 신앙과 신학의 중심을 잡게 해 주고 있다. 필자는 동신교회에 나온 지 만 41년 만인 지난 2016년 3월 6일에 동신교회창립60주년을 맞이하여 기념특강을 했다.

본고는 주어진 주제에 대한 전문적인 신학연구 논문의 성격이라기보다는 이 주제에 대한 앞으로의 전문적인 연구를 위한 작은 시작과 초석을 제공하는 마중물의 성격을 가지고 있다. 왜냐하면, 짧은 글 속에 두 명의 목회자들, 곧 김세진, 한기원 목사님의 전체 신학을 논의하는 것은 사실상 불가능하기 때문이다. 우리는 본고에서 각 담임목사님의 동신교회 목회사역 기간을 간략하게 기술하고, 성령론의 관점에서 각 담임목사님의 신학을 분석하고자 한다. 필자가 재직하고 있는 장로회신학대학교 세계교회협력센터에는 지금도 동신교회가 2005년 10월 7일에 기증한 "동신홀"이 있다.[4]

2. 동신교회 제1대 김세진 담임목사

1) 동신교회 목회사역 기간 [1956.2.22-1976]

1965년 9월 23일에 대한예수교장로회총회 제50회 총회장에 당선된 김세진 金世鎭, 1906-1987 목사님은 평안북도 용천 기독교 가정에서 출생했으며, 미국 북장로교 선교부에서 설립한 선천 신성중학교에 진학했다. 그는 졸업 후 1924년에 서울 연희전문학교에 입학했다. 이 무렵 순종황제가 서거하자 마지막 황제를 보낸다는 심정으로 많은 학생 시민들이 장례식에 참여했다. 이때 연희전문학교 학생 150여 명이 대한독립만세를 부르면서 시위를 벌였다. 이에 일제는 곧 용산에 있는 조선군 사령부에 연락을 취해서 일본 헌병과 일본 경찰관까지 동원해 만세를 부른 모든 학생을 순식간에 체포하여 구속시키고 말았다. 이때 김세진 학생도 구속이 되어 재판을 받았다. 재판 과정에서 그는 조금도 굴하지 않고 만세를 부른 일에 대해서 당당하게 항변하고 나섰다. 이 일로 그는 2년간 형을 받고 서울 서대문형무소에 수감이 되었다. 그는 감방에 있으면서 성경을 부지런히 읽었으며, 은혜를 받고 출소하자, 곧 바로 연희전문학교에 복학하여 1930년에 졸업하면서, 1931년에 평양 장로회신학교에 진학했다. 이때 김세진은 전도사의 신분으로 압록강 건너편에 있는 안동 縣 단둥에 있는 중앙교회 전도사로 사역했다. [5]

1935년 3월 신학교를 졸업한 김세진은 그해 가을에 의산노회에서 목사안수를 받았다. 8·15 해방이 되자 곧바로 용암중앙교회에서 시무를 하다가 다시 임지를 옮겨 평양 연화동교회에서 시무했다. 그러나 북한

---

4 위의 책, 271.
5 김수진, "김수진 목사의 총회장 열전: 제49회 김형모 목사, 제50회 김세진 목사," 『한국기독공보』 제2859호(2012.7.13.).

에 소련군이 진주하면서 목회자들을 감시하고 있었다. 이 무렵 6·25 전쟁으로 평양은 불바다가 되었으며, 미군이 상륙하자 다시 교회에서 예배를 드리기 시작했다. 그러나 1951년 1·4 후퇴가 시작되자 김세진 목사를 비롯해서 연화동교회 교인들이 다 함께 월남하여 제주도까지 이주하게 되었다. 그는 제주도에서 피난민을 모아 놓고 사역을 하다가 부산으로 이동하여 평안교회에서 목회를 했다. 권연호 목사와 함께 예배를 드리면서 부산 창신교회가 설립되게 되었다. 상경하여 창신동에 설립된 창신교회로부터 분립한 동신교회는 김세진 목사가 담임목사로 부임을 하고 돌집으로 교회를 잘 완성하였다.[6]

동신교회는 1956년 2월 22일(수)에 창립되었다. 창신교회에서 나온 교우들이 동대문구(현재 종로구) 창신동 413번지의 석조건물 2동을 사들여, 이곳에서 22일 저녁 교우 35명(창신교회 장로 6명, 남·녀 집사들)이 김세진 목사를 모시고 창립예배를 드렸다. 김세진 목사의 첫 설교제목은 '겨자씨 신앙운동'이었다.[7] 아직까지 교회이름을 짓지 않았기에, 첫 주일 예배를 드리고 난 그 자리에서 곧 바로 첫 번째 임시제직회가 열렸다. 이 자리에서 교회이름을 '동신'東信으로 정했다. '동대문'의 첫 글자 '동'자와 '창신동'의 가운데 글자 '신'을 연상케하는 교회 이름에, '서울의 동쪽에 세워진 믿음의 방주터전'이라는 뜻을 새겼다.[8]

1976년 6월 19일 교회창립 20주년기념예배에서 김세진 목사의 원로목사 추대식과 함께 3월 1일에 부임한 한기원 목사의 제2대 당회장 위임식이 있었다.[9] 김세진 목사는 동신교회를 창립하여 20년 이상을 사역했다.

방지일 목사는 김세진 목사를 '고상한 품위'와 '고매한 인격'을 지닌

---

6   김수진, "김수진 목사의 총회장 열전: 제49회 김형모 목사, 제50회 김세진 목사,"
7   임희국, 『동신교회 겨자씨 신앙운동 50년』, 22.
8   위의 책, 24.
9   위의 책, 267.

목회자로 평가한다.[10] 한철하 총장은 김세진 목사를 "겸손과 인내의 신앙 김세진 목사"로 특징지었다.[11] 첫째, 그는 교회 외에는 아무것도 모르는 분이셨다. 강단이 그에게 전부였다. 둘째, 그는 지극히 겸손한 분이셨다. 셋째, 그는 단순한 신앙을 가지셨다. 그는 단순히 하나님을 참되게 의지하여서 모든 필요한 것들을 예수의 이름으로 구하여 얻는 것이 그의 신앙의 전체였다. 넷째, 그는 인내의 사람이었다.[12] 김세진 목사는 자신을 "쓸모없는 부지깽이", "열등품"劣等品, "불량품"不良品, "버린 돌", "'부서진 질그릇" 등으로 표현하고, 설교집 출판은 "하나님의 은총에 감격하는 겸허한 마음의 표현"이라고 간증한다.[13]

2) 성령에 대한 이해

(1) 성령의 은사들 중에 하나인 신유의 은사를 체험한 김세진 목사

김세진 목사는 1919년 14세 때 그 당시 한의술이나 양의술도 고치지 못했던 결핵성 관절염을 80일의 기도를 통해 치유治癒받았다고 다음과 같이 간증했다.[14]

"다음날 새벽이었다. 고통에 지쳐 몽롱해가는 나의 귀에 하늘에서 소리가 들려왔다. 『다 나았으니 일어나라! 일어나라! 일어나라!』세 번이나 계속된 소리에 나는 벌떡 일어섰다. 나는 너무도 신기로운 무아경 속에서도 어머니를 찾았다. 어머니는 내가 걷는 모습을 보

---

10 방지일, "추천의 말씀," 김세진, 『생명강이 흐르는데』(서울: 혜선출판사, 1987), 6.
11 한철하, "잊지 못할 신앙의 선배 5: 겸손과 인내의 신앙 김세진 목사," 『빛과 소금』(1990년 5월호, 통권 제62호), 138.
12 위의 책, 139.
13 김세진, 『김세진 수상집 꺼져가는 등불처럼』(서울: 경일인쇄소, 1972), 9.
14 위의 책, 173-182.

고, 『얘야! 너 이것 웬 일이냐?』 하면서 내 손목을 잡으셨다. 옆에 있던 나 권사는 그만 감격어린 소리로, 『오! 할렐루야! 감사합니다. 택하신 자의 밤낮 비는 소리를 이루셨나이다. 할렐루야! 아멘.』 이 날의 병상의 기적은 사형이 선고되었던 나에게 새로운 삶과 신앙의 전기를 마련해준 것이었다."[15]

김세진 목사 자신의 간증이나 그를 존경하는 방지일 목사의 증언에 근거하여 우리는 김세진 목사는 신유神癒의 은사恩賜를 체험한 목회자였다는 사실을 분명하게 알 수 있다.

"김세진 목사님은 중학 시절부터 선배로 모든 면에 사표가 되시는 존경하는 목사님이시다. 신앙적 체험으로 깊은 체험을 그 몸에 지니신 분이시다. '내가 내 몸에 예수의 흔적을 가졌노라'(갈 6:17). 이 말씀을 그 신앙에서 볼 수 있다. 그는 어려서 매우 신약하였으나, 그 모친의 간절한 기도로 오늘 80고령에 이르신 바임을 그 자신은 물론 우리 가까이 친하게 지낸 사람도 이 사실은 너무 분명한 바이다. 신유의 은사를 몸에 받으신 분이라 신성 중학을 거쳐 연대를 그리고 평양 신학을 나와 안동중앙교회를 크게 부흥시키심을 보고 나는 중국으로 갔었다."[16]

(2) 성령에 대한 상징 언어로서의 "강", "물", "불", "생명" 등

김세진 목사의 설교 자체 속에서도 성령에 대한 다양한 이해가 직접적으로 발견되지만, 그가 붙인 설교집 제목(『기독교의 생명운동』, 『생명강이

---

15   위의 책, 181-182.
16   방지일, "추천의 말씀," 김세진, 『생명강이 흐르는데』, 6.

흐르는데』)은 상징적으로 또는 비유적으로 성령의 인격과 사역을 가리키고 있다고 추측할 수 있다. 그의 저서『기독교의 생명운동』1966 속에 "기독교의 생명운동"이라는 제목의 설교가 실렸는데, 이 설교는 성령에 대한 내용을 가득 담고 있다.[17] 또한 그의 저서『생명강이 흐르는데』1987 속에 "생명의 강이 흐르는데"라는 설교가 실려 있는데, 이 설교 속에서도 성령에 대한 풍성한 내용이 발견된다. "모든 생명이 물에 의지하여 살고 있습니다. 이 생명의 물은 예수님이 보내신 성령을 의미합니다. … 물은 성령으로 해석되고 있습니다. 고린도전서 12장 13절에는 '다 한 성령을 마시게 하였느니라'고 기록되어 있습니다. 이 물과 같은 성령은 마실 뿐만 아니라, 사람을 잠기게도 합니다."[18]

김세진 목사는 수영水泳은 할 줄 몰랐지만, 어려서부터 강을 좋아했다고 한다. 그가 세계 도처에서 구경한 많은 강들 이름에 생명강生命江이라는 명칭을 발견하지 못했는데, 오직 성경에서 발견했다는 것이다. "生命江(생명강, 필자주)이란 이름만도 내 마음을 시원케 하여 주고 있습니다. … 아무쪼록 이 책을 읽는 모든 분들의 심령에 生命江의 물이 흘러 넘치는 은혜가 임하기를 원하는 바입니다."[19] 이런 이유로 그는 두 번째 설교집 제목을『생명강이 흐르는데』로 붙였다.

김세진 목사의 설교 곳곳에 "여호와의 불"이라는 표현이 발견된다. 여기서 여호와의 불은 성령을 상징하고 있다고 볼 수 있다. "여호와의 불은 종교적 신앙 부흥이요, 가문 땅에 내린 큰 비는 사업 부흥임을 말하는 것입니다. 먼저 불이 내리고 다음에 큰 비가 내렸습니다. … 먼저 하늘의 불, 다음에 큰 비先天火後大雨."[20]

---

17 김세진,『설교집: 기독교의 생명운동』(서울: 서울인쇄소, 1966), 81-105.
18 김세진,『생명강이 흐르는데』, 54; 참고, 50-57.
19 위의 책, 5.
20 김세진,『생명강이 흐르는데』, 85; 참고, 김세진,『설교집: 기독교의 생명운동』, 50.

(3) '생기'生氣와 '루-하'로서의 성령

김세진 목사에 의하면, 성령 또는 성신聖神은 성경에서 '생기'生氣와 '루-하'로 표현되어 있다. "그 속에 생기가 들어가매 생기는 히브리말로 루-하입니다. 구역(舊譯, 필자 주)에는 바람이 들어갔다고 그랬습니다. 바람은 히브리말로 역시 루-하입니다. 성경에 성신 성령은 히브리말로 또한 루-하입니다. 바람이 생기가 그 속에 들어가서 살아서 일어났다는 것은 성령이 우리 속에 들어오매 영적 생명이 살아난다는 뜻입니다."[21]

(4) 신자信者 속에 임재하시는 성령

김세진 목사에 의하면, 성령을 모시고 있는 사람만이 참된 신자信者이다. "성령 없는 인격은 죽은 존재입니다. 신자는 빈부귀천 유무지식이 문제가 아닙니다. 그 사람 속에 성령이 임재하였는가의 문제뿐입니다. 성령 없으면 죽은 사람이요 성령 있으면 산 사람입니다."[22] "인물모습이 준수하고 지식과 교양이 있고, 명예와 지위가 있고, 의복범절이 화려찬란하지마는 그 속에 성령이 임하지 아니하면 영적 생명은 죽은 것입니다. 외적 인격만으론 참된 가치를 발휘할 수 없는 것입니다. 자칫하면 도리어 무서운 존재가 될 것뿐입니다."[23]

김세진 목사는 병든 신앙의 치료법으로서 두 가지를 소개하는데, 그 중에 하나는 기도하는 것이고, 다른 하나는 성령과 관계된 치료법이다.

"신앙의 치료법 중에서 둘째는, 거름을 주는 일입니다. 나무나 풀이나

---

21 김세진, 『설교집: 기독교의 생명운동』, 88.
22 위의 책, 88-89.
23 위의 책, 88.

곡식들은 거름을 주어야만 잘 자라고 열매를 맺게 되는 것입니다. 신앙에는 성령의 거름을 주지 않으면 안됩니다. 성령의 은사를 받아야 잘 자라고 병들지 않는 것입니다. 성령의 여러 모양의 은사는 또한 가물어 메마른 땅에 단비가 되어서, 거름 준 것이 뿌리로 녹아들게 할 때 신앙의 생명은 줄기차게 약동하여 마침내 풍성한 수확의 계절을 맞이하기에 이를 것입니다("빈들에 마른 풀같이" 찬송가 172장)."[24]

(5) 복음운동과 생명운동과 하나님 나라운동의 주체로서의 성령

김세진 목사는 복음운동과 생명운동과 하나님 나라운동을 성령의 관점에서 이해한다. 이 운동은 개인의 차원에서 뿐만 아니라, 교회와 사회와 민족과 세계의 차원에까지 반드시 확장되고 실현되어야 한다. 김세진 목사는 한국교회의 침체 원인은 성령에 기초한 이 운동의 부재로 진단한다.

"오직 너희에게 성령이 임하시면 너희가 권능을 받고 … 땅끝까지 이르러 내 증인이 되리라(행 1:8). 복음운동은 성령의 역사로 일어나는 것입니다. 성령의 임함 없이 복음운동이 일어날 수는 없는 것입니다. 현대교회의 침체와 부진은 그 원인이 다른데 있는 것 아닙니다. 밖의 문제가 아닙니다. 교회의 안의 문제입니다. 성령부재의 교회인 때문입니다. 교회의 모습, 제도 조직 법규 의식 설비 등 얼마나 훌륭하다 하겠습니까? 한국교회도 세계교회의 그것에 못지 않다고 자부할 수 있습니다. 오직 성령충만 이 일에 전력하여야 할 때가 왔습니다. 힘으로도 못하고 능으로도 못합니다. 오직 하나님의 주시는 성령으로만 가능한 것입니다. 특히 한국교인이 간구할 일은 성령

---

24   김세진, 『생명강이 흐르는데』, 212-213.

사사에 대한 것인 줄을 알고 있습니다. 엘리사의 간구의 정신은 엘리야의 받은 성령을 갑절구하는데 있었습니다. … 오- 하나님이시여 베드로에게 주신 성령을 一(일, 필자주)천갑절을 내게 주시옵소서 기도하였습니다. 성령이 임한 자에게 생명의 운동은 일어나는 것입니다. 살아야 합니다. 생명의 운동이 일어나야겠습니다. 산 종교인 기독교에는 생명운동이 일어나고 있는 것입니다. 개인과 교회와 민족은 기독교를 통하여 일어나는 생명운동에 접촉하여 비로소 살게 되는 것입니다."[25]

김세진 목사는 엘리야의 갈멜산 사건에 나타난 "여호와의 불과 큰 비"를 통해 성령을 통한 교회의 영적 부흥과 함께 가정과 사회와 세계 전반에 임할 하나님의 나라의 부흥을 바라본다.

"여호와의 불은 종교부흥이요 가문 땅에 내린 큰 비는 산업부흥(産業復興)을 말하는 것입니다. 먼저 불이요 다음에 큰 비입니다. 신앙부흥이 선결문제입니다. 신앙부흥 없는 곳에 사업 부흥은 없습니다. 경제제일주의를 부르짖으나 신앙부흥은 망각(忘却)하였습니다. … 먼저가 여호와의 불이요 다음이 큰 물입니다. 신앙부흥과 산업부흥 이것이 하나님의 공식(公式)입니다. 우리 신자들은 이 땅 위에 여호와의 불이 떨어지기를 위하여 기도할 것입니다. 이것이 우리나라와 민족을 살릴 수 있는 오직 하나의 길입니다. 먼저 불 다음에 비 이것이 우리 기도의 제목이 되어야 하겠습니다."[26]

기독교 운동은 자칫 일방적으로 영적 부흥이나 심령 부흥에 그칠 수

25   김세진, 『설교집: 기독교의 생명운동』, 89-90.
26   위의 책, 50-51.

가 있는가 하면, 영적 차원과 심령 차원을 무시하고 일방적으로 사회와 정치운동으로 이해되거나 발전될 수 있다. 그러나 김세진 목사는 성령의 불을 받고, 심령의 변화를 받아 이 땅의 모든 영역에서의 부흥에까지 이를 것을 하나님 나라의 관점에서 촉구하고 있다. "우리는 이 백성에게 복음을 주어 죄악을 끊어 버리도록 해야 하며, 죄악 제거 운동에 계속 거세게 하여야 할 것입니다. 오늘의 우리는 성경 역사에 나타난 엘리야의 사실을 회상하며, 이 나라에 하루 속히 그리스도의 복음이 편만하여 민족 복음화로 말미암아 우리가 갈망하는 복지 사회가 이룩되고, 정의가 구현되는 정의 사회가 건설되도록 국민 한 사람 한 사람이 다같이 힘써 노력하여야 할 것입니다."[27]

김세진 목사는 에스겔서 47장 1-12절과 요한계시록 22장 1-절을 본문으로 하는 "생명의 강이 흐르는데"라는 제목의 설교에서 성령과 관계하여 장차 이루어질 하나님 나라에 대한 비전을 설교하고 있다. "해골의 부활로써 상징되는 이스라엘의 회복은, 또한 믿음으로 아브라함의 자손이 된 새 이스라엘, 모든 성도들의 마지막 날의 부활과 생명강물이 흐르는 새 하늘과 새 땅에서 누릴 영생 복락을 합니다."[28] "이 환상과 계시(계 22:1-5의 내용, 필자주)는 하나님 나라의 본체를 보여주시고, 하나님께서 이 땅에 그의 본뜻을 성취하시는 방법과 진행 과정을 알게 하시는 것이다. … 생명강은 천국의 중심부에 흐르고 있습니다. 그 흐르는 물은 강변을 윤택하게 하며, 강 좌우에 생명나무가 무성하고, 달마다 열두 가지 과일을 맺으며, 그 잎사귀는 만물을 소성시킵니다. 다시는 저주나 죽음이 없는 생명의 세계를 이루게 되는 것입니다. 이것이 곧 영원한 천국, 하나님 나라인 것입니다."[29]

---

27   김세진, 『생명강이 흐르는데』, 86; 참고, 김세진, 『설교집: 기독교의 생명운동』, 51-52.
28   위의 책, 51.
29   위의 책, 52.

김세진 목사에 의하면, 생명강은 예수 그리스도의 상징이며, 생명이신 예수가 함께하시는 지상의 교회이다. 에스겔서 47장 1절의 전殿은 성전聖殿이며, 생명이신 예수 그리스도가 임재하시는 지상의 교회이다. 그러므로 지상의 교회는 생명강의 원천이 되는 것이다. 생명강에서 흐르는 생명수는 넓은 뜻으로 은혜이며, 이 생명의 물은 예수 그리스도께서 보내신 성령이다.[30] "우리 대한민국의 교회들은, 썩은 물, 죽은 물이 아닌 생수, 생명수가 넘쳐 흐르는 생명강의 도도한 흐름을 이 나라 방방곡곡으로 줄기차게 전파하여, 이 강산에 지상낙원으로 화할 뿐만 아니라, 전 세계로 거세찬 생명강수의 물줄기를 뻗어 나아가게 함으로써 세계를 복음화하여 하나님의 나라가 지구상에 임하는 날까지 이르지 않으면 안 될 것입니다."[31]

3. 동신교회 제2대 한기원 담임목사

1) 동신교회 목회사역 기간 1976.3.1.–1990.5.7.

한기원韓箕源, 1927-1991.7.23. 목사는 1927년 평북 철산에서 태어나 평양신학교와 한신대학교를 졸업 한 후 연세대학교 연합신학대학원, 미국 웨스턴신학교, 캘리포니아신학대학원에서 신학석사와 철학박사 학위를 받는 등 생애의 대부분을 연구하는 목회자의 모습으로 일관했다. 1952년에 대한예수교장로회 함남노회에서 목사 안수를 받고, 14년간 종군목사로서 해병대 군종감을 역임한 후 광석교회, 영락교회와 시카고 한인교회를 거쳐 1976년 3월 1일부로 동신교회 당회장으로 취임했다. 14여

---

30 김세진, 『생명강이 흐르는데』, 86; 참고, 김세진, 『설교집: 기독교의 생명운동』, 52-54.
31 김세진, 『생명강이 흐르는데』, 86; 참고, 김세진, 『설교집: 기독교의 생명운동』, 57.

년에 걸쳐 동신교회 담임목사로 시무하다가 1989년 5월에 사임서를 제출하였고, 원로목사로 예우 받으면서, 1990년 12월 16일 성역40주년 명예퇴임식을 한 후, 1991년 7월 23일에 하나님의 품에 안겼다.[32]

2) 성령에 대한 이해

보이지 않는 성령의 힘이 무엇이냐고 질문을 받을 때, 대답하기 난처해하는 그리스도인이 있기 때문에 "성령이 누구이며, 또 하시는 일이 무엇인가를" 분명하게 알아야한다고 한기원 목사는 일반적으로 성령론이 구성하고 있는 성령의 위격과 사역에 대한 올바른 이해의 필요성을 강조한다.[33]

(1) 성령의 인격과 사역

한기원 목사는 성령의 인격성을 "성령은 사람처럼 일하십니다."라는 말로 표현한다. "성경은 성령을 인격으로 지칭했습니다요 14-16장. 성경은 '지성, 감성, 의지'가 성령 안에 있다고 말했습니다. 성경은 성령의 활동을 실재하는 인물의 행동과 같이 설명했습니다."[34] 성령은 말씀하시고눅 2:7; 행 13:2, 도우시고롬 8:26, 증거하시고요 15:26, 길을 인도하시고행 8:29; 롬 8:14, 명령하시고행 16:6-7, 알려주시고요 16:13, 임명하시고행 20:28, 속임을 당하시고행 5:3-4, 욕을 당하시고히 10:29, 훼방을 받으시고마 12:31-32, 근심하신다. 엡 4:30 이상의 감정과 행동은 성경께서 인격이시기 때문에 가능하다고 한기원 목사는 주장한다.[35]

---

32 임희국, 『동신교회 겨자씨 신앙운동 50년』, 269.
33 한기원, 『한기원 목사 유고선집: 흐르는 강물처럼 그렇게 살고 싶어』(서울: 혜선출판사, 1994), 114.
34 위의 책, 114.
35 한기원, 『한기원 목사 유고선집: 흐르는 강물처럼 그렇게 살고 싶어』, 115.

한기원 목사는 성령의 신격성을 "성령은 하나님처럼 일하십니다."
로 표현한다. "성경은 성령을 가리켜 하나님 자신이라고 말씀하셨습니
다. 영원^{히 9:14}, 전능^{눅 1:35}, 편재^{시 139:7}, 전지^{고전 2:10-11}의 하나님이라고 불
렀습니다^{행 5:3-4, 고후 3:18}. 창조자^{창 1:2, 16-17}이십니다. 성령은 살아 있는 존
재입니다."[36]

한기원 목사는 제3위의 하나님으로서의 성령을 "성령은 삼위 중의
하나로서 온전하게 일하십니다."라고 표현한다. '엘로힘'^{창 1:1}은 신격의
복수이며, '우리의 형상'^{창 1:26, 3:22, 11:6-7, 사 6:8}, 신약의 증언^{마 28:18-20, 히 13:5,}
^{고후 13:13} 등을 근거로 한기원 목사는 성경이 삼위일체 교리를 진실성 있
게 가르친다고 주장한다. "삼위일체 교리는 사실로서의 기술^{記述}이요 설
명이 아닙니다. 본질적으로 하나이신 하나님께서 직능적인 세 가지 신
격이 존재한다는 뜻입니다."[37]

한기원 목사는 성령을 살아계신 하나님으로 이해한다. "아버지 하
나님은 축복의 근원이십니다. 아들 예수는 모든 축복의 통로이십니다.
구원의 진리가 우리의 삶 속에 거하고 또 뜨겁게 일하시는 것은 내재하
시는 성령을 통해서입니다. 성령은 절대불가결의 요소를 지니고 있습니
다. 성령이 누구이며, 또 하시는 일이 무엇이냐고 물으면, 성령은 하나
님이시며 하나님의 온전하신 일을 하시는 분이라고 고백해야 합니다.
성령의 역사는 아무렇게나 되는 것이 아닙니다."[38] 한기원 목사는 하나
님으로서의 성령을 삼위일체론의 틀 속에서 이해한다. 삼위일체 하나님
에 대한 평이한 교훈을 들을 수 있다. 생수는 성령의 모형이며^{요 4:10-15},
예배드릴 하나님은 성부를 가리키며^{요 4:20-24}, 믿어야 할 메시아는 성자
를 의미한다.^{요 4:25-26}[39]

---

36 위의 책, 115.
37 위의 책, 115.
38 위의 책, 115.
39 위의 책, 144-145.

(2) 성령에 대한 기타 제 문제들

한기원 목사는 성령을 예수 그리스도와 밀접한 관계에서 이해한다. "'성령으로 아니하고는 누구든지 예수를 주시라 할 수 없느니라'고전 12:3 하였습니다. 성령께서 하시는 일의 첫째는 '예수는 주님이시다'라고 고백하게 하는 생활의 변화입니다. 성령의 감동 없이 예수를 주님이라고 고백하지 못한다면 십자가의 저주스러운 비극을 바르게 이해할 수 없습니다. … 불가능을 가능케 하시는 것은 인간의 힘이 아닙니다. 보이지 아니하나 정확한 통로를 따라서 우리 속에 역사하시는 성령의 운동인 것입니다. 인간의 죄에 대한 책임을 지실 수 있는 분은 오직 한 분 예수 그리스도뿐이십니다."[40]

"2천 년 전에 십자가를 지시고 죽으셨다가 부활하신 예수 그리스도는 지금 성령으로 우리의 삶을 개혁하고 있는 것입니다."[41] 우리의 이상理想은 예수 그리스도이십니다. 그 속에서 우리의 이상을 실현시켜 나가는 힘이 있다. 이 힘은 성령의 힘이라고 말한다. 그리스도인들은 성령을 그의 마음에 품고 산다. 참된 선하심과 아름다움이 그 곳에 있기 때문이다. 이것이 예수의 마음이다. 빌 2:5 "예수 중심의 중요한 성령의 운동을 체험했습니까?"[42]

"성령은 '예수'의 의미를 사후 주석註釋하였습니다. 예수의 '진실'은 그가 십자가에서 죽기 이전까지는 누구에게도 알려지지 아니하였습니다. 그의 '죽음과 부활'이 메시아로서의 의미를 분명히 밝혀준 셈입니다. 이 대임을 실천하신 분이 보혜사 성령의 역할이었습니다. 진리는 영원하였습니다."[43]

---

40   위의 책, 125.
41   위의 책, 127.
42   위의 책, 241-242.
43   위의 책, 116.

"(1) 성령은 죄를 깨닫게 하고 우리를 그 가운데서 불러냅니다요 16:8-11. 죄의 파괴적인 가장 큰 영향은 죄에 대하여 우리를 소경되게 만드는 일입니다고후 4:4. 성령만이 복음의 진리를 깨닫게 하십니다요 14:17. 죄로 인해 마음이 무디면 성령에 대하여 무감각해집니다요 6:44, 창 6:3, 고후 6:2, 잠 29:1. (2) 성령은 우리들을 재생再生시키십니다딛 3:5. 재생은 새로운 탄생이란 뜻으로고후 5:17, 갈 6:15 성령의 단 한 번의 행위로써 성립됩니다. 이것은 모든 기적 중에 최대의 기적입니다고후 5:17. 재생은 죽은 자를 살려내는 것과 같습니다요 5:21. (3) 성령은 우리에게 확신을 줍니다. 구세주로 믿고 고백하는 순간 우리의 성질性質은 새로워집니다. 구원의 확신은 성령의 선물입니다히 10:15. 우리가 하나님의 자녀가 된 것을 성령께서 입증해 주십니다롬 8:16."[44]

한기원 목사는 세 가지 차원에서의 성화聖化에 대해서 기술한다. "믿음의 선한 싸움은 새로운 창조를 맛보게 합니다. 바울은 이것을 '성령 안에서 거룩하게 되는 것이라'롬 15:16 하였습니다. 성경은 성화聖化된 자를 성도고전 1:2라 불렀고, 그 과정을 다음 세 가지로 구분하였습니다. 첫째, 그리스도를 믿고 영접한 순간에 시작되는 성화. 둘째, 믿음의 성장에 따라서 점진적으로 확대되는 성화. 셋째, 천국에 들어갈 때 성취되는 온전한 성화. 이것을 영화榮華라고 부릅니다."[45]

한기원 목사는 오순절 사건의 본문에서 '성령의 현실성'을 발견한다. 인간에게 있는 가장 큰 두 가지 영적 요구가 바로 죄에 대한 용서와 선에 대한 추구인데, 이 두 가지 요구가 오순절 마가의 다락방에서 성취되었다.[46] 오순절은 성령을 선물로 받은 날이며, 이 선물로 부르심에 합당한 자로 여기게 되었고, 모든 선을 기뻐함과 믿음의 역사役事를 능력으

---

44 위의 책, 126-127.
45 위의 책, 142.
46 위의 책, 144.

로 이루게 되었다. 살후 1:12 하나님께서 사죄敕罪의 선물 위에 성령의 선물을 더해 주신 것이다. 성령의 현실성은 약속된 사실이었고요 16:6-7, 성령의 현실성은 말씀에 기초하였고, 믿고 기다리는 중에 이루어졌다. 성령의 현실성은 새 역사歷史를 가지고 있다. 오순절 이전의 사람들은 구하는 삶에 강조점을 두었다면눅 11:13, 오순절 이후의 사람들은 받는 삶에 강조점을 두었다. 행 2:3 이를 통해 패역한 세대 속에서 세워진 교회는 성령의 불덩어리가 되어 사회를 정화하기 시작한 것이다. 제자들은 힘을 얻었고, 사회는 의롭게 변화되기 시작했다. 온 대중은 새 날의 희망을 보게 되었다. 바로 그곳에 사랑의 세계가 있었던 것이다.[47]

한기원 목사는 그리스도인의 사랑과 믿음과 자유의 삶을 성령과 결부시킨다. "바울은 사랑과 믿음과 자유인의 생활은 '성령을 좇아 행하는 것'갈 5:16이라고 밝혔습니다. 자유는 하나님의 선물이요, 성령의 힘이 아니면 불가능한 것입니다. 기도가 따르지 않는 자유는 내실이 없습니다. 성령으로 이루어진 구체적인 자유의 결실은 그리스도의 몸인 교회였습니다. … 교회는 사랑과 믿음과 자유의 공동체입니다. 교회는 강제력強制力에 의해서 움직이지 아니합니다. 교회 안에는 하나님의 자유한 은혜의 지배가 있을 뿐입니다. 우리의 교회는 사랑과 자유에 의한 영적인 공동체로 잘 지켜져야만 합니다. 우리의 자유는 그리고 사랑으로 역사하는 믿음의 세계는, 교회 없이 실현되지 아니합니다. 교회는 행정기관이 아닙니다. 정치단체도 아닙니다. 사랑에 근거한 천국의 사실이요, 땀 흘리며 고난을 견디는 선교의 현장이요, 믿음으로 바라보는 천국의 관문입니다. 여기서 우리는 조국의 미래를 봅니다."[48]

한기원 목사는 '충만하다'라는 말은 계속적인 존재 상태를 의미하는 내용이며, 특별한 목적과 책임을 위해서 필요할 때는 '충만함을 입는

---

[47] 위의 책, 144-145.
[48] 위의 책, 61.

다'^{행 4:31}로 풀이한다. 또한 '충만'은 반드시 '느낌'을 의미하지 않고, 자신이 깨닫지 못하는 동안에도 성령은 역사하는 것이다. 성령 충만에 대한 성서적 근거가 있는데, 요한복음 4장 14절과 요한복음 7장 38절이 대표적인 구절이다.[49]

한기원 목사에 의하면, 성령은 하나님의 영광을 위해^{요 16:14}, 하나님의 말씀을 전파하기 위해^{행 4:31} 채워지면, 성별된 생활의 힘으로 채워지고^{마 5:16; 고전 10:31}, 봉사를 위해 채워진다. 초대교회의 봉사자들은 성령과 지혜가 충만하였다. ^{행 4:4, 8, 31; 행 6:3} 성령 충만은 선택의 자유에 맡겨버릴 문제가 아니라, 꼭 있어야 할 문제이다. 왜냐하면 풍족한 생명과 봉사의 결실은 정상적인 그리스도인의 삶이 되어야 하기 때문이다. 성령 충만 속에 삶의 기쁨^{갈 5:22}과 품성의 변화^{갈 5:23}와 감사의 기도^{엡 6:18}와 봉사^{행 1:8; 엡 5:20}가 있다.[50]

"성령의 가르침이 있어야만 신령한 일을 바로 분별할 수 있게 됩니다. 그리스도의 영광과 복음의 광채가 비취지 못하도록 혼미해진 현실 속에서 하나님의 형상이신 그리스도를 바로 믿고 바라 볼 수 있는 길은 영적인 성장과 이해가 보장된 때에 이루어집니다."[51]

한기원 목사는 그리스도인이 맺어야 할 세 가지 열매(회개, 성품, 일의 열매)를 언급하면서 성품의 열매를 성령의 9가지 열매와 관련시켰다. "둘째는 그리스도인의 품성에 있어서 맺어야 할 열매가 있다고 말씀해 주셨습니다. 성경은 이 열매를 「성령의 열매」라고 말씀해 주셨습니다. 「사랑, 희학, 화평, 오래참음, 자비, 양선, 충성, 온유, 절제」의 아홉 가지를 실례로 들고 있습니다^{갈 5:22-24}. 성령으로 살면 성령으로 행할지니 헛된 영광을 구하여 서로 투기하지 말라^{갈 5:25-26}고 말씀하셨습니다."[52]

---

49   위의 책, 123-124.

50   위의 책, 124.

51   한기원, 『설교와 성상: 하늘을 보고 땅을 보고』(서울: 혜선출판사, 1983), 11.

52   위의 책, 14.

한기원 목사는 혁명적 탄생으로서의 거듭나는 생활을 성령의 지시하심과 관련시킨다. "거듭나는 생활은 혁명적 탄생을 의미합니다. 혁명이 잦은 아시아 지역에서는 이 말의 이미지가 별로 부드럽지 못하지만 성경에 보면, … 성령의 지시를 받게 되었다는 것입니다. 「너희가 육신대로 살면 반드시 죽을 것이로되 영으로서 몸의 행실을 죽이면 살리니 무릇 하나님의 영으로 인도함을 받는 그들은 곧 하나님의 아들이라」롬 8:13-14 하였음이라."[53]

한기원 목사는 교회 성장의 근원적인 힘 중에 하나가 바로 성령임을 강조한다. "교회는 언제나 성령의 불이 꺼지지 아니해야 합니다. 성령을 소멸치 않는 교회는 열매가 있습니다. 「사랑, 희락, 화평, 인내, 자비, 양선, 충성, 온유, 절제」갈 5:22가 바로 그것입니다. 그 누구도 이 열매를 훼방할 수 없습니다. … 우리는 교회의 꾸준한 성장을 하나님께 감사드릴 수밖에 없습니다. 교회는 바른 체계 위에 서서 예절 바르게 그리고 지속적인 교회성장의 근원적인 힘이 되는 「성령, 말씀, 성실」로 하나님의 영광을 나타낼 수 있어야 하겠습니다."[54]

한기원 목사는 이웃 사랑을 실천할 수 있는 방법은 오직 성령을 좇는 길밖에 없다고 강조한다. "(갈라디아서, 필자주) 5장 전반에 보면 율법에서 자유하게 된 사람들은 사랑을 가지고 이웃을 섬겨야한다고 가르치셨습니다. 그러나 이 일을 실천하기 위해서는 성령을 좇는 길 외에는 다른 방법이 없다는 것입니다. 하나님의 길은 중간노선이라는 것이 없습니다. 「네면 네」, 「아니면 아니오」의 분명한 태도입니다. 「순종이냐」「불순종이냐」의 양자중에 하나의 길입니다. 성령을 좇아 행하지 않으면 아니될 이유가 무엇입니까? 우리들은 육체를 쓰고 살기 때문에 육의 속박에는 매우 약합니다. … 바울은 육체의 일을 자세하게 설명해 주셨습니

---

53   위의 책, 20.
54   위의 책, 25.

다. 「곧 음행과 더러운 것과 호색과 우상숭배와 술수와 원수를 맺는 것과 분쟁과 시기와 분냄과 당짓는 것과 분리함과 이단과 투기와 술취함과 방탕함과 같은 것들이라」갈 5:19-20고 공개하셨습니다. … 모든 싸움에서 승리는 거두기 위해서는 오직 한 길 「성령을 좇아 행하는 길」뿐이라고 지금도 강조하고 계십니다. 성령의 열매가 무엇인가 다시 한 번 기억을 새롭게 해 보십시다. 「오직 성령의 열매는 사랑과 희락과 오래 참음과 자비와 양선과 충성과 온유와 절제니」이같은 것을 금지할 법이 없다고 말씀하십니다."[55]

성령의 은사는 영적인 목적에 사용되어야 한다. 자기중심적인 성령의 오용오해은 비극적이다.고전 3:103 어떤 경우든지 '분열'은 예방되어야 하고, 충실充實과 희열은 보존되어야 한다.[56]

성령만이 교회를 세우시고, 성령의 계절은 사랑이 열매를 수확하는 계절이다. "하나님의 성령만이 교회를 세우실 수 있음을 확증하였습니다살 4:1-6. … 성령의 계절은 사랑의 열매를 수확하는 계절입니다. … 내가 강해졌다고 느껴졌을 때 성령의 조용한 바람이 내가 교회의 지체됨을 깨닫게 되었습니다. … '약한 자와 강한 자'는 사랑과 성령의 풍족한 계절 속에 드러난 승패의 현실입니다."[57]

"사도행전 2장의 기사는 그리스도 교회의 시작을 보여주는 장면입니다. 경건한 유대인 120명이 예수의 명령을 믿고 지키기 위해서 다락방에 모여 마음을 같이 하여 기도에 힘썼습니다. 이 때 성령이 강림했고 눈으로 볼 수 있는 교회가 탄생했으며 베드로의 설교를 듣고 3천명씩 회개하는 놀라운 기적이 일어나게 된 것입니다."[58]

한기원 목사는 성경에 기초한 교회학교 교육은 성령을 통해서만 가

---

55 위의 책, 346-347.
56 한기원, 『한기원 목사 유고선집: 흐르는 강물처럼 그렇게 살고 싶어』, 123.
57 위의 책, 95-97.
58 위의 책, 294.

능하다고 주장한다. "교회 교육은 누가 누구에게 어떤 목적으로 가르치느냐의 「인간관계」가 바로 세워져야 합니다. 기도하지 아니하는 사람이 가르치는 교회는 기도의 영력電力을 모릅니다. 성령의 감동을 모른 교사들이 가르치는 교회학교는 성령의 감동과 그 영감을 모릅니다. 극단적으로 믿음 없이 가르치면 열매도 맺지 못합니다. 분명히 열매를 보면 그 나무를 알 수 있게 되는 까닭입니다."[59] 성찬은 믿음의 도가 녹슬지 않도록 은혜로 다져준다. 유 1:17-23 믿음의 도는 거룩한 믿음 위에 자기를 건축하게 하고, 성령으로 기도하게 한다.[60]

한기원 목사는 성령을 하나님 나라와 종말과 연결시킨다. "(1) 그리스도인은 하나님의 나라가 종말에 완성될 것을 믿는 사람들입니다. (2) 십자가와 부활의 그리스도 안에서 새 피조물이 되어집니다. 성별의 은혜는 성령을 통해서 지속됩니다요 19:30, 고후 5:17. 성령은 하나님의 영이요 사랑이요 힘입니다. 자유인의 선물이요고후 3:17, 히 6:4 하나님 나라의 보증입니다엡 1:14. 그리스도인의 종말 신앙은 절망 때문이 아니라 임마누엘 신앙에서 오는 희망의 비전 때문입니다."[61]

4. 결론

우리는 동신교회 초대 담임목사 김세진金世鎭, 1906-1987; 동신교회 목회사역기간: 1956.2.22-1976 목사와, 제2대 담임목사 한기원韓箕源, 1927-1991.7.23; 동신교회 목회사역 기간: 1976.3.1-1990.5.7 목사의 성령론에 대해 살펴보았다. 우리는 동신교회와 역대 두 담임목사의 성령론을 다음과 같이 요약하고, 평가할 수 있을 것

---

59   한기원, 『설교와 성상: 하늘을 보고 땅을 보고』, 53.
60   한기원, 『한기원 목사 유고선집: 흐르는 강물처럼 그렇게 살고 싶어』, 229-230.
61   위의 책, 69.

이다.

첫째, 교회사 속에서 일부 개혁교회나 장로교회는 성령론적, 선교적 역동성을 상실하여 자칫 율법주의적인 교회나 전통주의적 교회로 경직화된 경우도 있고, 지나치게 사회와 세상의 일에 몰두한 나머지 세속주의화되고 정치화된 교회로 경도된 경우도 있다. 그러나 동신동회는 장로교회 전통의 특징인 "하나님 중심", "말씀 중심", "예수 그리스도 중심", "교회 중심", "생활 중심"으로 꾸준히, 견고하게, 균형을 가지고 성장해왔다. 특히 동신교회는 "교육"과 "찬양(기도)"과 "선교"를 강조해왔다. "성경공부와 교육" 전통이 줄기차게 내려오고 있다.[62] 동신교회가 개혁교회와 장로교회의 일반적인 특성과 동신교회만이 갖는 특성교육, 찬양, 선교을 가지고 있으면서도, 지금까지 평안 가운데 든든히 지속적으로 성장해 온 것은 역대 담임목사들이 가지고 있는 성령론에 대한 균형 잡힌 올바른 이해와 강조이다.

일반적으로 "성령"은 소위 오순절주의적 Pentecostal; 펜테코스탈 교회와 교파의 전유물로 알려져 있고, 개혁교회와 장로교회는 성령이 약해서 율법주의적 교회나 정태적인 교회로 알려져 있다. 그러나 우리의 연구 결과는 이런 통념과 정반대의 결과였다. 대표적인 한국장로교회에 속하는 동신교회와 대표적인 장로교회 목회자인 두 목회자들은 어느 쪽도 치우치지 않고, 성령에 대한 올바르고도 균형 잡힌 이해를 가지고 목회했다.

둘째, 비록 김세진 목사의 설교에서 조직신학적이고도 체계적인 성령론은 발견되지 않을지라도 그의 설교와 삶 전체에 성령의 활동이 활화산처럼 타오르고, 성령의 생명강이 유유히 도도하게 흐르고 있다. 그는 14세에 "신유 은사"神癒恩賜를 통한 결핵성 관절염의 치유 경험을 통해 일생동안 집중적인 기도생활과 성령 충만한 삶을 살았다. 그는 말씀 중

---

62 최덕하, "우리교회 그 때 그 시절/동신교회," 『한국기독공보』, www.pckworld.com /news/article View.html?idxno=8278.

심, 교회 중심, 그리스도 중심, 기도 중심, 생활 중심으로 성령을 통한 복음운동과 생명운동과 하나님 나라 운동에 일생동안 전심전력했다.

셋째, 한기원 목사의 경우, 그의 전문적인 신학 저술이 아니라, 그의 설교 속에서도 조직신학적이고도, 체계적인 성령론을 구성할만한 내용이 발견된다는 사실은 놀랄만한 일이다. 한기원 목사는 삼위일체론을 전제하고 성령론을 시작하는 탁월성을 보였다. 그리고 그는 말씀 중심과 그리스도 중심과 교회 중심으로 성령을 이해했다. 그리고 한기원 목사는 그리스도인의 영적 삶과 윤리적 삶과 교회의 모든 활동을 성령의 사역과 밀접하게 연결시켰다.

성령에 대한 이해에서 한기원 목사의 독특성은 성화를 세 가지 차원 (칭의/중생, 성화, 영화)에서 기술하는 점과, 성령 충만과 성령의 열매에 대한 언급은 많으나, 성령의 은사에 대한 언급은 드물다는 점이다.

참고문헌

강동수. 『요약 설교: 성숙한 교회와 성숙한 그리스도인』. 서울: 혜선출판사, 1994.
_____. 『변하는 세상과 변치 않는 복음』. 서울: 도서출판 범한, 1996.
김세진. 『설교집: 기독교의 생명운동』. 서울: 서울인쇄소, 1966.
_____. 『김세진 수상집: 꺼져가는 등불처럼』. 서울: 경일인쇄소, 1972.
_____. 『생명강이 흐르는데』. 서울: 혜선출판사, 1987.
이종성. "21세기를 향한 동신교회." 『춘계 이종성 저작전집 21: 소논문집: 한국교회의 현실과 이상』. 서울: 한국기독교학술원, 2001, 359-377.
한기원. 『설교와 성상: 하늘을 보고 땅을 보고』. 서울: 혜선출판사, 1983.
_____. 『한기원 목사 유고선집: 흐르는 강물처럼 그렇게 살고 싶어』. 서울: 혜선출판사, 1994.
임희국. 『동신교회 겨자씨 신앙운동 50년』. 서울: 동신교회, 2007.
최윤배. 『성령론 입문』. 서울: 장로회신학대학교출판부, 2009.
_____. 『깔뱅신학 입문』. 서울: 장로회신학대학교출판부, 2012.

Ⅱ. 한국교회에서 성령운동[63]

1. 서론

본고의 주제는 "1907년 평양대부흥운동과 한국교회"라는 "특집 주제"에 종속되는 것으로 판단되고, 우리에게 세 가지 과제, 즉 1907년 평양대부흥운동에 대한 신학적 분석, 세계기독교회사에 나타난 신앙각성운동에 대한 신학적 분석, 그리고, 이 둘 사이를 상호 비교하는 과제가 주어진 것으로 사료되며, 따라서 우리는 방법론적으로 교회사적 방법을 배제하지 않으면서도, 조직신학적 방법을 사용하고자 한다. 필자는 먼저 두 가지 점에서 이 작업의 한계를 솔직하게 인정하고, 이 글을 시작하고자 한다. 첫째는 주제가 방대한데 비하여, 지면이 매우 제한되어 있다는 점이고, 둘째는 전적으로 필자의 책임으로서 교회사적 분석 능력의 제한이다.

우리는 세계교회사에 나타난 대표적 신앙각성 운동의 신학적 특성을 먼저 고찰하고, 1907년 평양대부흥운동의 신학적 고찰을 한 후, 이 둘 사이를 상호 비교함으로써 본고를 마치고자 한다.

2. 세계 신앙각성운동의 신학적 특성

무엇이 "신앙각성운동"信仰覺醒運動 인가? '각성'은 깨달아 정신을 차리는 것이며, 신앙 각성운동은 어두움과 죄 속에서 깊이 잠자던 기독교 신

---

63 다음에 실린 글: 최윤배, "평양대부흥운동의 신학적 고찰(1): 세계 신앙각성운동과 연계하여," 『교회와 신학』(2007년 봄호 제68호): 36-43.

앙, 잘못된 기독교 신앙, 약한 기독교 신앙이 어둡고도, 깊은 영적 잠에서 깨어나 특정한 한 사람이나 제한된 한 지역에 국한되지 않고, 개인과 공동체와 지역의 경계선을 넘어, 사회적으로, 공동체적으로, 보다 넓은 지역으로 폭풍이나 태풍처럼 걷잡을 수없이 퍼져나가, 개인과 공동체를 올바르게, 참되게, 바람직하게 변화시키는 총체적 운동으로 정의될 수 있을 것이다. 이 운동을 좀 더 구체적으로 그리고 다양하게 표현한다면, 기독교 개혁운동, 종교개혁운동, 교회개혁운동, 교회성장운동, 회심운동, 회개운동, 영적 부흥운동, '영적 각성운동'religious awakening, 선교운동 등으로 표현할 수도 있을 것이다.

우리는 위와 같은 대표적 실례들을 선지자 사무엘 시대의 미스바 광장사건삼상 7:1-11, 에스라의 회개와 종교개혁운동스 9:1-15 등, 구약 선지자들이 선포한 하나님의 사랑과 용서와 심판의 말씀에 대한 각 개인과 이스라엘 공동체의 총체적 신앙각성운동에서, 그리고 신약의 세례요한의 회개선포마 3:2, 예수 그리스도의 회개선포마 4:17, 오순절행 2:1 사건을 중심한 베드로의 말씀선포 등행 2장에 철저하게 반응한 그리스도인 각자와 초대교회 공동체의 신앙각성운동 속에서 발견할 수 있을 것이다. 또한 우리는 루터, 츠빙글리, 부처, 깔뱅 등을 중심한 16세기 종교개혁운동, 17세기 유럽대륙의 경건주의운동, 17, 18세기 영국의 청교도운동과 감리교운동, 그리고 18, 19세기의 미국의 제1, 2차 대 각성운동, 20세기 유럽대륙에서 일어난 말씀신학 운동, 20세기 미국에서 일어난 오순절운동과 신오순절 운동, 20세기 아시아와 아프리카의 부흥운동 등이 교회사에 나타난 대표적 신앙각성운동으로 열거할 수 있을 것이다.[64]

우리가 지금까지 열거한 사무엘 시대의 미스바 광장사건부터 20세기에 이르는 오순절 운동에 이르는 다양한 신앙각성운동에서 그 신학적 특성들을 찾아보면 대체로 다음과 같다.

---

64 이종성, 『성령론』(서울: 대한기독교서회, 1984), 179-256.

첫째, 영적 각성운동의 배경에는 '위기의식'을 철저하게 감지한 종말론적 상황이 있었다. 이것을 다른 말로 표현하면, 개인이나 공동체가 처한 심리적으로나 정치적으로나 사회적으로나 경제적으로나 정신적으로나 총체적으로 절망의식, 심판의식, 죄의식, 죽음의식, 영적 위기의식이 팽배하고, 편만했다.

둘째, 개인으로서 또는 공동체로서 모두가 하나님의 말씀인 성경에 근거하여, 하나님의 사랑과 용서와 심판과 회개의 말씀을 선포하고, 그 말씀을 경청했다.

셋째, 개인과 공동체는 열심히 기도, 특히 회개의 기도를 했다.

넷째, 하나님께서는 이 모든 과정 속에 성령의 역사를 통해 다양한 은혜를 베푸셨다.

다섯째, 대부분의 각성운동의 결과는 개인과 공동체의 전인적全人的, 총체적總體的 전환, 변화, 개혁, 갱신, 그리고 회복, 특히 도덕적, 구조적 향상이 두드러졌다. 이상 다섯 가지를 차례로 신학적으로 명명해본다면, 세계 신앙각성운동의 신학적 특성은 회개신학, 말씀신학, 기도신학, 성령신학, 하나님 나라의 신학으로 명명할 수 있을 것이다. 다시 말하면, 비구원과 문제의 상황 속에서 하나님은 하나님의 말씀과 교회의 기도 안에서 성령의 역사를 통해 하나님의 백성을 회개시켜, 새롭게 하셔서, 하나님의 백성 자신과 사회 전체가 총체적인 개혁과, 변화와 회복되도록 이끌어 주신다. 세계교회사 속에서 일어난 신앙각성운동은 하나님의 말씀, 하나님의 백성의 회개기도, 그리고, 성령의 역사가 함께 아우러져 일어난 영적 운동이었다.

3. 평양대부흥운동의 신학적 특성

1907년 평양대부흥운동에 직접 참여한 선교사들의 증언에 따르면,

이 운동은 1906년 8월 평양에서 일하는 선교사들의 "성경공부와 기도모임"Bible study and prayer 에서 시작되었다. 이 모임은 선교사 각자의 절박한 심정이 하나의 공감대를 형성하면서 결성되었고, 선교사들은 불안감과 위기감에 사로잡혀 있었고, 계속적인 성경공부와 기도회를 통해서 하나님의 은혜를 간구하고, 성령의 역사를 통해서 죄를 깨닫고, 고백했다.[65] 성경공부와 기도, 즉 사경회 형식을 띤 집회는 1906년 1월 평양 장대현교회 송년모임에도, 1907년 1월 2일 장대현교회에서 평양의 남자 사경회에서도, 1907년 4월 평양의 장로회신학교에서도 진행되었고, 이곳에 성령의 역사가 일어났다.[66] 임희국은 1907년 평양대부흥운동을 비롯하여 그 당시 신앙각성운동의 특징을 다음과 같이 다섯 가지로 정리했다: ① 신앙각성운동의 역사적 배경에는 "위기 상황에서 찾아오는 불안심리"가 깔려 있었음 ② "신앙각성운동과 에큐메니칼운동의 연계"를 보여준 사례 ③ 성령의 역사를 통한 "통전적 신앙" 형성 ④ 죄 고백을 통한 삶의 변화를 통한 영적, 지적, 도덕적 갱신 ⑤ 네비우스 선교정책의 실천을 통한 토착교회의 형성.[67]

평양대부흥운동에서 "죄고백을 통한 개인적, 사회적 성화"를 집중적으로 논증한 현요한도[68] 이 운동을 "하나님 말씀 운동이요, 기도운동이요, 성령운동이요, 전도운동이며, 일종의 기독교 신앙의 도착화운동"이라고 특징지었다.[69]

박용규는 1907년 부흥운동을 비롯하여 한국 교회 부흥운동에서 간

65 임희국, "신앙각성운동을 통한 갱신과 부흥, 토착교회의 형성: 1907년 평양 대각성운동을 중심으로," 장신근(책임편집),『제1·2회 소망포럼: 한국교회의 영적 부흥과 리더쉽』(서울: 장로회신학대학교출판부, 2006), 439-440.

66 임희국, "신앙각성운동을 통한 갱신과 부흥, 토착교회의 형성: 1907년 평양 대각성운동을 중심으로," 441-447.

67 임희국, "신앙각성운동을 통한 갱신과 부흥, 토착교회의 형성: 1907년 평양 대각성운동을 중심으로," 470-471.

68 현요한, "평양대부흥운동에 나타난 죄 고백의 신학적 의미와 리더쉽," 장신근(책임편집),『제1·2회 소망포럼: 한국교회의 영적 부흥과 리더쉽』(서울: 장로회신학대학교출판부, 2006), 482-487.

69 위의 글, 480.

과할 수 없는 네 가지 특징을 다음과 같이 주장한다. ① 그 당시 세계 교회부흥운동과의 연계성 ② 정치적 암흑기에 민족 소망의 종교적 사건 ③ 네비우스정책의 일환으로 기도회와 사경회를 통한 기도와 말씀과 회개로 특징짓는 영적 각성운동 ④ 1901년부터 국내에서 일어난 영적 각성 운동과의 연계성. 박용규는 특히, "비정치화 현상으로서의 부흥운동"이라는 주장을 강하게 비판한 후,[70] "평양대부흥 운동은 말씀과 기도를 통한 회개로 특징 되는 성령에 의한 영적 각성 운동"으로 규정지었다.[71] 백낙준에 의하면, 기도회와 사경회는 한국부흥운동의 기원이었다.[72] 1907년의 대부흥의 물결은 양 쪽에서 흘러 왔다. "한 흐름은 선교사들의 기도회에서 연원淵源하였다. … 그러나 또 한 흐름은 한국 교회의 기막힌 신앙 생활의 경건에서 왔다. 사경회의 영향, 국가의 비운에 통회하는 기독교인의 내성內省, 그래서 하나님의 도움 밖에 기댈 곳이 없다는 신앙에서 이 부흥의 물결은 도도히 흘러 왔던 것이다."[73] 김인수도 1907년의 부흥운동은 "하나님께서 이 민족을 구원하시기 위해 섭리하시고 역사하신 성령의 운동이었고, 이 운동을 통해 한국교회는 비로서 민족교회로서의 틀을 잡아나가게 되었고, 여기서 얻은 영력으로 앞으로 나가야 하는 수단의 가시 밭 길을 헤쳐 나갈 힘을 비축케" 된 것이라는 사실을 강조했다.[74]

이상에서 언급한 평양대부흥운동의 신학적 특성을 다음과 같이 요약할 수 있을 것이다. 포괄적으로 말하면, 1907년 부흥운동의 신학은 성령신학이며, 구체적으로 말하면, 말씀신학과 기도신학과 회개신학이 총체적 비구원의 상황을 총체적 구원의 상황으로 이끌었던 성령신학을

70 박용규, "평양대부흥운동의 성격과 의의," 한국기독교학회(편), 『한국기독교신학논총』 제46집 (2006), 282-293.
71 위의 글, 294.
72 위의 글, 281.
73 민경배, 『현대신서7: 한국의 기독교회사』(서울: 대한기독교서회, 1968), 78.
74 김인수, 『韓國基督敎會史』(서울: 한국장로교출판사, 1994), 179-181.

통해서 아울러진 신학이었다.

4. 평양대부흥운동과 세계 신앙각성운동 간間의 연계성

1907년 평양대부흥운동은 무인도에서 홀로 발생하지 않았다. 평양 대부흥운동은 2000년 세계 기독교 영적 부흥운동과 통시적通時的, diachronic 으로 그 특성을 공유하고 있을 뿐만 아니라, 20세기 국내뿐만 아니라, 국외에서도 일어난 일련의 영적 부흥운동과 공시적共時, synchronic 으로 연관 되어 있었다.

본고의 주제와 관련하여 세계교회사에서 신앙 각성운동이 일어난 시대들 중에서 우리의 큰 관심을 끄는 시대는 평양대부흥운동이 일어난 1907년 전후 시기인데, 한국 교회 부흥 운동은 "당시 세계 기독교계에 서 일고 있던 1904년 웨일즈 부흥운동, 1905년 인도 부흥 운동, 1906년 미국의 오순절 운동, 1906-7년 아프리카 부흥 운동, 1908년 중국 부흥 운동이라는 전 세계적인 부흥과 같은 맥락에서" 이해될 수 있다는 것이 다.[75]

또한 김인수는 미국 교회 대각성 운동과 한국 교회의 1907년 대부 흥 운동을 심도 있게 비교 연구하였다.[76] 그는 양 운동의 발생 배경의 정 치적, 사회적 배경에서, 양 운동이 똑같이 경험한 정치적, 경제적, 사회 적, 사상적 혼란과 위기를 지적하였고,[77] 교회적 배경과 관련하여, "말

---

75 박용규, "평양대부흥운동의 성격과 의의," 279-280, cf. 308-314, 314: "한국 교회 부흥 운동이 한 국에서만 일어난 특별한 현상이 아니라 당시 일고 있던 전 세계적인 부흥 운동의 맥락 속에서 이 해해야 한다."

76 김인수, "미국 교회 대각성 운동과 한국 교회의 1907년 대부흥 운동과의 비교 연구 - 유사점과 차 이점을 중심으로," 서원모(책임편집), 『제5회 국제학술대회: 20세기 개신교 신앙 부흥과 평양 대 각성 운동』(서울: 장로회신학대학교출판부, 2006), 34-75.

77 김인수, "미국 교회 대각성 운동과 한국 교회의 1907년 대부흥 운동과의 비교 연구 - 유사점과 차 이점을 중심으로," 36-39.

씀공부와 기도운동"을 통한 성령의 역사를 지적하였다.[78] 이어서 김인수는 미국의 각성 운동과 한국의 부흥 운동 사이의 유사점 여섯 가지, 즉 개인과 사회의 회개와 도덕성의 회복, 교회의 성장과 교육기관의 증가, 전도와 선교운동, 인권운동과 연합운동의 실현, 애국운동을 꼽았고,[79] 양 운동 사이의 차이점으로서는 미국의 경우에는 교회의 분열이 일어났지만, 한국교회의 경우에는 한국교회의 특성을 형성했다는 것이다.[80]

데이비드 커 David Kerr 는 17세기부터 20세기 초엽까지 영국에서의 부흥운동에 대한 고찰을 먼저 통시적으로 진행하고, 다음으로 1904년의 웨일즈 부흥운동과 1907년의 한국의 부흥운동을 공시적으로 비교한 결과, 양 운동 사이의 공통점을 다음과 같이 결론지었다: "웨일즈와 한국에서 발생한 신앙의 갱신 또는 각성은 위기의 상황을 분석하고 진단하고 이에 대한 대안을 제시하는 힘의 근거로서 성경을 발견함으로써 발생하였다. 웨일즈 백성들 사이에서 일어난 1904년의 부흥 운동은 요엘서를 통해 시대를 분석했으며, 한국은 요한일서가 주요한 본문으로 작용하였다. 성경 통독과 함께 열정적인 기도와 죄의 고백과 온 마음을 변화시키며 삶을 전환시키는 회심의 경험, 그리고 성령의 현현 등이 두 곳의 부흥 운동에서 공통적으로 발견된다."[81]

5. 결론

본고는 우리에게 주어진 과제와 과제수행의 한계를 지적하면서 시

---

78 위의 글, 39-43.

79 위의 글, 43-65.

80 위의 글, 65-70.

81 데이비드 커, "17세기부터 20세기 초엽까지 영국에서의 부흥 운동에 대한 고찰 - 1907년 평양 대각성 운동과의 비교적 관점에서," 서원모(책임편집), 『제5회 국제학술대회: 20세기 개신교 신앙 부흥과 평양 대각성 운동』(서울: 장로회신학대학교출판부, 2006), 103; 참고, 76-112.

작되었다. 구약성경에 나타난 하나님의 백성인 이스라엘의 역사歷史와 신약성경에 나타난 초대교회의 역사로부터 21세에 이르는 2000년 세계 교회사에 나타난 영적 각성 또는 부흥 운동은 주로 그 시대의 총체적 위기의식과 죄 인식에 직면하여, 하나님의 말씀인 성경에 근거한 말씀운동과 기도운동에서 시작하여, 성령의 역사役事를 통한 총체적 구원의 회복의 결과로 진행되었다. 이와 비슷한 현상과 내용이 1907년 평양대부흥운동에서도 일어났다. 특히 우리의 관심을 끌었던 것은 1907년 전 후에 국내와 국외에서 동시에 일어난 일련의 운동 속에서도 1907년 평양대부흥운동과 비슷한 현상과 연계성이 발견되었다.

우리는 특별히 평양대부흥운동에 나타난 신학적 특징을 포괄적으로 성령신학으로 규정했다. 우리가 이것을 더욱 구체적으로 말할 경우, 이 운동은 "말씀운동과 기도운동"에서 출발하여, 성령의 역사로 말미암아 전인적, 공동체적 회개를 통해, 개인과 교회, 사회, 국가 등에서 총체적 구원의 회복의 결과를 가져온 신앙 각성 또는 영적 부흥운동이었다.

구약의 하나님의 백성, 마가의 다락방에 모인 초대교회, 16세기 종교개혁자들, 17세기부터 20세기에 이르는 세계 곳곳의 부흥운동가들은 하나님의 말씀신학 운동, 영적 기도신학 운동을 통해서 자신들과 교회와 사회와 역사歷史의 죄를 고백하고, 하나님의 영이신 성령의 역사役事를 통해 자신과 교회와 사회공동체가 총체적으로 회복되는 경험을 했다. 결론적으로, 1907년 평양대부흥운동은 성령신학의 주도하에 회개신학, 하나님의 말씀인 성경신학, 기도신학이 어울려져 전인全人과 전全 교회와 전全 사회 속에서 영적, 도덕적, 구조적 결실을 맺은 영적 신앙과 신학운동이었다.

제7장

한국교회에서
정치 연구

I. 기독교 정치신학[1]

1988년 12월 20일 이전 출생자에 해당되는 대한민국의 국민, 즉 선거일 현재 19세 이상의 국민은 누구든지 투표권을 행사할 수 있는 "제17대 대통령선거"가 오는 2007년 12월 19일(수요일)에 치러질 예정이다.[2] 정당의 정책 방송 연설회는 9월 1일부터 허용되고, 선거방송토론위원회 주관 정책 토론회 개최는 9월 20일부터 허용되어, 각각 12월 18일까지 지속 가능하고, 11월 25일부터 26일까지는 대통령선거 후보자 등록 기간이고, 11월 27일부터 12월 18일까지는 각 대선 후보 선거운동 기간이다.

본지가 선정한 "특집주제"가 "한국교회는 2007 대선을 어떻게 맞이할 것인가?"인데, 이 주제와 관련지어 필자는 임의로 "한국교회의 정치신학과 2007 대선 참여"로 잡아 보았다. 우리는 본고를 통해서 두 가지 과제를 수행하고자한다. 주로 교회와 국가의 관계를 중심하여, 첫째는 한국교회의 바람직한 정치신학에 대한 논의이고, 둘째는 한국교회의 2007년 대선 참여방법에 대한 논의이다. 본고에서 우리는 "한국교회"를 "한국천주교"를 제외하고, "한국개신교"로 제한하여 이해하기로 한다.

본고에서 우리가 의도하는 정치신학은 "신앙을 정치에 해소한다든지 교회를 정치 운동으로 해소하려고 하지 않고, 도리어 그리스도인, 교회, 또 신학을, 바른 말씀이 바른 곳에서 또 바른 행위가 바른 정황에서

---

1 다음에 실린 글: 최윤배, "한국교회의 정치신학과 2007 대선 참여," 『교회와 신학』(2007년 겨울호 제71호): 59-67.

2 http://www.election2007.media.daum.net.

일어나는 곳에 갖다 놓는 것"을 의미한다.[3] 2000년 기독교 역사歷史에서 크게 두 가지 국가 또는 정부에 대한 극단적인 이해가 있었다. 그 중에 하나는 국가나 정부를 아예 부정하는 경우이고, 다른 하나는 교회와 국가를 구별하지 않고 거의 일치시키는 경우이다. 신약성경에서 일부 열심당원들은 무력혁명이나 폭력 등을 이용하여 국가를 전복시키려는 사상을 가졌고, 에세네파라는 금욕주의자들은 사회와 세상과 국가로부터 자신들을 완전히 격리시켜 바위동굴 등에서 집단을 이루어 사는 가하면, 일부 서기관들과 바리새인들은 국가의 명령을 맹목적으로 따르기도 했다.

오늘날 침례교회의 전신으로 이해되기도하는 16세기 종교개혁 당시의 재세례파들은 국가나 정부는 사탄이 지배하는 것으로 생각하여 국가와 정부를 적극적으로 반대하고, 국가의 권위를 전적으로 부정했다. 지금도 '여호와 증인' 이단異端은 국기에 대한 경례나 평상적인 국방의 의무를 거부하고 있다. 종교적인 이유로 비록 얼마 전에 전투 상황에 준하는 환경에서 국방의 의무를 수행하지 않고, 의료나 봉사 등을 통해 비군사 작전 상황에서 군복무를 할 수 있는 길이 열리기는 했지만 말이다. 그리고 중세 역사 속에서 로마천주교회는 대체로 국가에 대해 두 가지 경향을 띠고 있었는데, 국가가 교회보다 강할 때는 국가의 최고 통수권자인 국왕이나 황제가 교회를 지배하고, 교황을 지배했다. 여기서는 마치 교회는 국가의 하부기관이나 부속기관처럼 이해되었다. 이와는 반대로 교회가 국가보다 강할 때는 교회가 국가를 지배하여 교회의 최고 지도자인 교황이 국왕이나 황제를 명령하고 다스렸다. 여기서는 국가는 마치 교회의 하부기관이나 부속기관으로 간주되었다.

우리가 분명히 기억할 것은 구속주 하나님이 세우신 교회는 구속질

---

3   Jürgen Moltmann, *Politische Theologie*, 전경연 편역, 『정치신학』, 복음주의신학총서 12권 (서울: 대한기독교서회, 1980), p. 87; 참고, 최윤배, "위르겐 몰트만의 희망의 정치신학," 장로회신학대학원(편), 『ΛΟΓΟΣ(로고스)』 제XXI (1985), 107-111.

서에 속하고, 창조주 하나님이 세우신 국가나 정부는 창조질서에 속한다는 사실이다. 국가와 정부는 우연히 생긴 자생적인 기관이 아니다. 하나님께서는 인간이 타락한 이후에도 인간 상호간에 서로 사랑하고 도울 수 있는 마음(양심법)과, 적절한 자연 질서(자연법)를 유지해 주심으로써, 인간이 만든 법과 제도는 인간의 죄로 인해 결점을 가지고 있어서, 완전무결한 것은 아니지만(실정법), 인간생활에 절대적으로 필요한 것이다. 그러나 이 같은 것들은 성경에 나타난 완전한 법인 십계명의 정신에 따라 재해석하여, 수정되고 보완되어야 한다. 다시 말하면, 모든 시대와 모든 역사 속에 현존하는 모든 불완전한 국가, 정치, 법의 형태는 하나님의 은혜를 반영하는 동시에 인간의 죄를 반영하는 것이다. 가령 우리나라 역사 속에서 고조선 시대의 8조법금은 이웃을 사랑하라는 하나님의 자연은혜 natural grace; 일반은총, common grace 를 반영하는 것으로 이해될 수 있고, 한국근대사에서 이웃사랑에 위배되는 일부 독재정치 형태는 인간의 악을 반영하기도 한다. 그러나 창조주 하나님께서 인간의 타락 이후 인류의 생명과 사회를 보존하기 위해 만드신 국가와 정부 자체는 창조질서에 속하는 것으로 반드시 필요하다.

그리스도인으로서 국가에 대한 우리의 최대의 목적은 십계명에 근거한 하나님 사랑과 이웃 사랑을 실천할 수 있는 법과 제도를 만들어서 지키는 것이다. 이를 통해서 이룩된 안정되고 평화로운 사회와 국가 속에서 그리스도인은 교회를 중심하여 경건한 신앙생활을 할 수 있게 된다. 이런 측면에서, 애국자들 모두가 그리스도인은 아니지만, 그리스도인은 반드시 애국자가 되어야 한다. 왜냐하면, 정당하게 하나님께 속하는 정부를 부정하는 것은 창조주 하나님을 부정하는 것이 되기 때문이다. 그러나 악한 정부가 존재할 때, 다시 말하면, 하나님 사랑과 이웃 사랑에 위배되는 정부에 대해서 그리스도인은 정당한 무력으로 저항할 수가 있고, 심지어는 비폭력으로 순교까지도 가능하다. 그러나 이 같은 저항은 혁명 등을 피하고, 개혁의 차원에서 이루어져야한다. 구속질서인 교회의 사람인 그리스도인은 그리스도인이기 때문에 창조질서에 속하는 국가의 정당한 법과 명령을 더 잘 지키고, 더 잘 따라야 한다. 고故 한경직 목사는 "교회는 건전한 국가의 초석이 되는 것"이며, "교회야말로 국가의 정신적인 간성干城"이라고 주장함으로써 교회의 국가에 대한 책임을 강조했다.[4]

정치 신학적으로 교회와 국가는 상호 구별되지만, 밀접한 상호 관계 속에서 상호 협력과 비판 관계에 있다고 볼 수 있다. 국가는 모든 자연 질서 속에서 이웃 사랑을 적극적으로 실천하고, 선도하고, 독려하고, 중립적인 입장에 서서 사회에 유익한 모든 종교에 협조해야 할 것이며, 사회와 국민의 삶에 해를 기치는 유해한 모든 종교에 대하여 법의 테두리 안에서 제재해야 할 것이다. 교회는 이웃 사랑을 실천하는 국가와 정부에 대하여 협조하고, 이웃 사랑에 위배되는 정부에 대하여 합법적 테두리 안에서 여러 가지 방법과 수단을 통해서 비판의 기능을 수해해야 하고, 특히 하늘나라의 시민인 동시에 국가의 시민으로서의 그리스도인은 사회와 국가의 각 분야에서 정치적 책임행동을 적극적으로 수행해야 할 것이며, 하늘나라의 시민권과 지상의 시민권이 충돌되는 최악의 상황에서는 순교적 방법을 통해서라도 하늘나라의 시민권을 선택해야 할 것이다.[5]

---

4   한숭홍, 『한경직: 예수를 닮은 인간, 그리스도를 보여준 교부』(서울: 북코리아, 2007), 97.
5   참고, 최윤배, "깔뱅의 국가론," 장로회신학대학교출판부(편), 『長神論壇』 제25(서울: 장로회신학 대학교출판부, 2006. 4. 30), 127-167; 최윤배, "개혁전통에서 국가론," 최윤배(책임편집), 『개혁교회의 경건론과 국가론』(서울: 장로회신학대학교출판부, 2007. 4. 16), 271-304.

Ⅱ. 한국교회의 정치신학

한국교회사 120년 역사 속에서도 2000년 기독교회의 역사 속에서처럼 교회의 국가에 대한 관계가 다양하게 나타난다. 우리는 여기서 한국교회 120년 역사 속에서 나타난 교회의 정치 참여를 개괄적으로 기술하도록 하고, 한국교회가 취해야 할 바람직한 정치신학에 대해서도 간략하게나마 취급하도록 한다.

개신교가 한국에 전래된 이래 한국교회사에서 한국교회의 정치 참여 과정은 매우 다양했다.[6] 기독교가 한국에 전래되기 이전, 불교는 삼국시대와 고려시대의 왕정정치에, 유교는 조선시대의 왕정정치에 깊이 관련되어 있었다. 19세기 말 한국교회 초창기에 한국교회는 한국의 고난과 비극 앞에서 강한 애국심을 가지고 있었다. 비록 박영효는 상소문을 통해서 정교분리의 원칙을 권고했지만, 삼국시대 이래로 대체로 한국역사에서 대표적인 종교는 일제강점기 이전까지 국가와 밀접한 관계 속에 있었다.

초기 한국교회는 국가와 밀접한 관계 속에서 부흥과 발전을 거듭했다. 초기 한국교회는 성경번역 및 보급과 성경공부 등을 통하여 민족 및 국가의식을 고취시켰다.[7] 미국 선교사들이 한국에 오기 전에 이미 만주와 일본에서 한국 그리스도인의 헌신적인 참여를 통해서 성경번역 작업과 성경보급을 통한 기독교 교육의 실시는 세계교회사나 세계선교사에서 보기 드문 매우 희귀한 역사이다. 성경의 보급과 성경공부를 통하여 그리스도인의 자유, 자주, 독립, 그리고 정의 등에 대한 국민과 시민 의

---

6 박용규, "한국교회의 정치참여에 대한 역사적 고찰과 평가: 교회와 국가관계를 중심으로," 한국장로교신학회(편), 『한국장로교신학회 제11회 학술발표회: 주제: 한국정치와 교회』(2007년 9월 8일 제본 팜플렛), 87.

7 위의 글, 91.

식이 고취되고, 강화될 수 있었다. 한국에서 초기 선교 사업은 의료와 교육부분에서 시작되어, 교회가 세워지는 곳마다 구령 열정救靈熱情과 함께 사회 속에서 의료를 통한 사회봉사와 교육과 정신계몽을 통한 사회의식의 긍정적인 변화에 기여할 수가 있었다. 특히 자급, 자치, 자립의 선교 정신을 가진 네비우스 선교방법을 통해 근대 시민의식과 사회 구조 형성이 가능해졌다. 한국의 문호 개방이후 『그리스도 신문』은 정부의 종류들로서 ① "군주가 천단하는 정치" ② 군주가 압제하는 정치 ③ 귀족이 주장하는 정치 ④ 군주의 입헌정치 ⑤ 국민의 공화정치를 나열한 뒤에, 입헌군주제나 민주 공화제가 바람직한 것으로 계몽하였다. 1901년 9월 장로교 공의회는 정부와 교회의 불간섭, 정무政務와 교무教務의 상이성, 교인의 국법 준수와 국가에 대한 충성, 교인의 정치참여 자유 및 정치활동에 있어서 교인과 교회와의 책임한계, 교회 기관의 정치무대화 금지 등을 내용으로 하는 5개 결의안을 채택했다.[8] 초기 한국교회는 원리적으로는 교회와 국가 사이의 구별을 지지하는 입장에 서 있으면서도, 실천적으로는 민족과 국가에 대해 지대한 관심을 가졌다고 볼 수 있다.

1907년의 대 부흥운동에서 교회의 정치 참여문제를 중심으로 교회의 비정치화의 여부 문제에 대한 논쟁이 뜨겁다. 일선 교회와 일선 선교사들의 신학이나 정책이 비정치화 또는 탈역사화 또는 친일화 경향을 띄었다는 것이다. 그럼에도 불구하고, 일선 교회와 선교사는 애국운동, 항일 운동을 통해서 애국애족 정신을 함양했다는 것이다. "한일합방이라는 역사적 정황은 한국교회에 있어서 교회와 국가의 문제를 이해하는데 있어서 독특한 입장을 취하게 하였다. 한일합방은 한국교회로 하여금 두 국가, 즉 잃어버린 국가요 피해국인 한국과, 빼앗은 국가요 가해국인 일제에 대한 이중적 자세를 강요받는 상황에 놓이게 되었다. 교회

8   위의 글, 99-100.

Church는 빼앗은 국가인 일제 State 라는 국가형태에 몰입되어버린 잃어버린 조국/민족 Nation 과의 사이에서 갈등할 수밖에 없는 입장에 처하게 되었다."[9] 이 시기에 105인 사건[1910], 3·1 독립운동[1919], 신사참배 반대 운동 등은 한국교회와 일제 사이에서 일어난 대표적 충돌사건들이다. 1945년 해방이후 한국교회는 공산단 정권 치하에 있는 북한교회와, 자유당 정권을 걸쳐서 군사정권 치하에 있는 남한교회의 상황이라는 특별한 국가상황과 역사를 경험하게 된다. 북한의 공산 정권은 반기독교적인 정권으로서 초기에도 수많은 교회와 그리스도인들을 박해하였지만, 2007년 남북정상회담을 마친 지금도 여전히 반 기독교적이다. 1945년 이후 한국교회는 "정교분리"의 원칙을 고수하고 있다. 문제는 교회가 정치적인 실천의 상황에서 시대와 사안에 따라 그리고 그리스도인 개인이나 교단의 성향에 따라 다양한 형태로 나타났다는 것이다. 한국교회는 때로는 적극적으로 때로는 소극적으로 교회의 정치참여의 모습을 보여주었다. 때로는 금욕주의적인 에세네파처럼 한국교회가 국가로부터 완전히 떠나 살 때가 있었는가하면, 때로는, 특히 제1공화국 때, 한국교회는 정교분리라는 헌법상의 규정이 무시될 정도로 정교밀착이 이루어졌다. 그럼에도 불구하고, 한국교회는 세계에서 우뚝 설 정도로 성장하고 발전한 한국사회와 국가의 발전에 음으로 양으로 지대한 공헌을 하였다고 볼 수 있다.

한국교회는 국내에서 이미 다多 민족사회를 경험하고 있다. 한국교회는 단일민족이라는 고정관염에서 벗어나 세계복음화와 보편교회 속에서 하나님의 백성을 지향하면서도, 반드시 이루어야 할 남북통일이라는 과제를 안고 있다. 한국교회는 헌법상의 정교분리라는 원칙을 다음과 같이 이해해야 할 것이다. 구속질서로의 교회와 창조질서 또는 자연질서로서의 국가는 구별되어야 하지만, 이 두 곳에서 하나님의 뜻이 실

---

9   위의 글, 113.

현되는 하나님의 나라를 구현하기 위하여 교회와 그리스도인은 두 기관을 중요하게 인식해야 할 것이다. 두 기관 속에서 하나님 사랑과 이웃 사랑이 실천되어야 할 것이다. 이 같은 전제하에 교회와 그리스도인은 국가와 구별되는 입장에 서 있으면서도, 국가에 대한 협력과 견제와 비판이라는 정치적 책임을 다해야 할 것이다.

III. 한국교회의 2007년 대선 참여

우리는 한국교회의 2007 대선 참여 방법을 두 가지, 즉 한국교회와 한국 그리스도인으로 나누어서 설명하고자 한다.[10] 우리가 지금까지 기술한 세계 기독교사에 나타난 바람직한 정치신학과 한국교회사에 나타난 바람직한 정치신학은 2007 대선을 앞 둔 한국교회와 한국 그리스도인에게 원리로 제공될 수 있을 것이다. 그러나 교회는 정당처럼 정치기관이 아니지만, 그리스도인은 교회에 속한 회원이면서도, 국민과 시민에 속하기 때문에 2007년 대선 방법과 관련하여 우리는 한국교회와 한국 그리스도인을 구별하여 기술하고자 한다.

1. 한국교회의 2007 대선 참여

첫째, 한국교회는 특정한 정당이나 특정한 후보에 대한 정치적 지지

---

10 이승구, "한국 정치 문화의 발전과 한국 교회의 역할," 한국장로교신학회(편), 『한국장로교신학회 제11회 학술발표회: 주제: 한국정치와 교회』, 32-35.

를 가르치거나 결정하거나 선언해서는 안 될 것이다. 하나님의 나라를 포괄적으로 지향해야 할 한국교회는 특정한 정치 구조나 정치 이념을 하나님의 나라와 그 가치와 동일시하는 잘못을 범할 수가 있기 때문이다. 바르트는 예수 그리스도의 교회가 범할 수 있는 이 같은 점을 깊이 의식했다.[11]

둘째, 한국교회는 교회와 그리스도인으로 하여금 성경적인, 바람직한 정치신학을 여러 가지 형태, 가령, 설교, 성경공부, 특강 등을 통해서 선포하고, 교육시켜야 할 것이다. 이 같은 교육을 받은 그리스도인은 성경적으로 바람직한 정치신학의 기준에 의하여 정당이나 정치인을 올바르게 판단할 수 있을 것이다.

셋째, 한국교회는 특히 2007 대선을 위하여 하나님의 도움을 구하는 기도를 해야 하고, 정치적으로 중립적 입장에서 감시 기능을 철저히 해야 할 것이다.

2. 한국 그리스도인의 2007 대선 참여

첫째, 그리스도인은 천국시민이면서도, 국민과 시민으로서 창조주 하나님께서 주신 국가를 일반 은총의 차원에서 이해하여 하나님께서 각자에게 주신 정치적 책임을 지고 있다는 사실을 깊이 명심해야 할 것이다. 한 걸음 더 나아가서 하나님께서 정치 참여를 통해서 하나님의 나라를 구현해 가신다는 신앙고백도 갖고 있어야 할 것이다.

둘째, 그리스도인은 성경적 정치신학의 입장에 서서, 정당과 후보자들이 제시하는 정책제안, 그들의 정책 수행능력 판단, 도덕성을 철저하

---

11 이형기, "II. 바르멘 신학선언(1934)," 대한예수교장로회 총회교육자원부(편), 『개혁교회의 신앙고백』(서울: 한국장로교출판사, 2007), 364-393.

게 분석하고, 평가하여 선거에 반영해야 할 것이다.

셋째, 무엇보다도 그리스도인은 하나님의 나라에 가까운 가치를 실현시킬 수 있는 정치를 위하여 하나님의 도움을 구해야 하고, 불법선거 등을 방지하고, 저지하는 감시 기능을 수행해야 할 것이다.

IV. 결론

우리는 본고에서 기독교적 정치신학과 2007년 제17대 대통령 선거에 대한 한국교회의 참여에 대하여 논의했다. 기독교적 정치신학을 중심으로 우리는 2000년 서양 기독교회사에서 주로 나타난 극단적인 두 가지 국가에 대한 태도를 서술하면서, 우리는 정치신학적인 결론을 내렸다. 교회와 국가는 서로 구별되지만, 교회와 국가는 상대편에 대한 정당한 책임을 수행해야 할 것을 촉구했다. 또한 한국교회의 정치신학에 대해서 논의할 때도, 교회사적 방법을 주로 진행하면서도 조직신학적인 결론을 동일하게 내렸다. 초기 한국교회는 국가와 밀접한 관계에 있었고, 일본 강점기에는 심한 갈등 관계에 있었고, 해방 이후, 북한의 공산당 정권은 반 기독교적 관계 속에 있고, 남한에서 한국교회는 국가에 대한 다양한 태도를 취하였다. 그럼에도 불구하고, 한국교회는 책임적 정치참여를 통하여 한국사회와 국가 발전에 지대한 공헌을 하였다.

특히 2007년 대선을 앞 둔 한국교회는 사회에서 초기 한국교회의 소수의 입장에서 minority 다수의 입장 majority 으로 선회하고 있는 지금, 한국교회 안과 밖으로부터 그리고 국제사회로부터 한국교회에 기대하는 기대치와 영향력이 더욱 커지고 있다. 이 기대와 바람에 부응하기 위해서라도 한국교회와 그리스도인은 우리가 제시한 기독교적 정치신학의 원리와 대선에 임할 각각 세 가지 구체적 방법들을 명심하여 역사적, 민족적, 국가적, 교회적 사명을 감당해야 할 것이다.

The Theology

and

Ministry of

the Korean Church:

To Love Jesus

and

Church in

the Holy Spirit

제2부

향목香木 최윤배 박사의
생애와 사상

제8장

향목 최윤배 박사의
생애와 신학

—

김선권

장로회신학대학교 객원교수

• 본고는 다음의 글로부터 수정 보완된 것임을 밝힌다. 김선권, "최윤배 박사의 생애와 신학사상," 『영산신학저널』 Vol. 52(2020): 269-306.

I. 들어가는 말

향목春木 최윤배는 1996년 네덜란드에서 "마르틴 부처와 장 깔뱅의 성령론과 기독론의 관계"De verhouding tussen Pneumatologie en Christologie bij Martin Bucer en Johannes Calvijn 라는 제목의 논문으로 박사 학위를 취득했다. 박사 학위 논문은 최윤배의 연구에 대한 방향을 상징적으로 보여 준다. 그는 마르틴 부처와 깔뱅이라는 개혁파 종교개혁자들을 조직신학 주제인 성령론과 기독론의 관계를 가지고 서로 비교하며 연구했다. 시대적으로는 16세기 종교개혁자를 연구했기에 역사신학 연구 방식을 도입했으며, 연구 주제와 관련해서는 조직신학 연구 방법을 사용했다. 이런 연구 방법은 귀국 후 계속되는 연구 활동 속에 그대로 남아 있다. 한편에서는 역사적, 통시적 방법을 사용하고 다른 한편에서는 교의학적, 공시적 방법을 사용한다. 그가 조직신학 교수이기에, 조직신학 방법론을 주로 염두에 두었지만, 가능한 한 양쪽 모두를 아우르는 연구방법을 사용한 것이다.[1]

무엇보다도 박사학위 후 마르틴 부처에 대한 연구는 계속되었다. 연구의 결과물이 『잊혀진 종교개혁자 마르틴 부처』의 출판이다. 부처에 대한 출판은 한국신학계에 큰 자산이 되었다.[2] 그가 네덜란드에서 돌아와 부처와 깔뱅 사상을 비교하는 연구를 했다고 했을 때, 부처Bucer를 부처Buddha 나 유대교 종교철학자인 마르틴 부버Martin Buber 로 오해하기도 했다.[3] 그 만큼 한국은 마르틴 부처에 대한 지식이 거의 없었던 것이다. 최

---

1   최윤배, 『개혁신학 입문』(서울: 장로회신학대학교출판부, 2015), 45.
2   최윤배, 『잊혀진 종교개혁자 마르틴 부처』(서울: 대한기독교서회, 2012).
3   최윤배, 『잊혀진 종교개혁자 마르틴 부처』, 8.

윤배는 마르틴 부처 연구로 박사학위를 받은 첫 번째 한국인 연구자이다.[4] 이 점에서 그는 한국신학계에 부처를 소개해야 하는 사명과 책임감을 가졌던 것이다.

또한 『깔뱅신학 입문』을 발행하면서, 깔뱅연구에 큰 기여를 했다. 『깔뱅신학 입문』이라는 책의 제목과는 달리 이 책은 깔뱅신학의 거의 모든 것을 담아냈다고 할 수 있다. 이 책은 다른 깔뱅신학 입문서나 사상서에서 다루었던 주제를 확대 심화시켰을 뿐만 아니라, 다루어지지 않았던 주제까지 폭넓은 연구를 담고 있다. 특히 눈에 띄는 것은 깔뱅신학을 어떻게 연구해야 하는지 그 방법론을 다루었고, 깔뱅의 예배론, 깔뱅의 문화론, 깔뱅의 과학론, 깔뱅의 가정론, 깔뱅의 디아코니아론 등을 다루어서 깔뱅연구 주제를 확장시키면서 한국깔뱅연구에 큰 기여를 했다.

부처와 깔뱅을 연구한 최윤배는 그 자신 안에 그들의 신학적 특징을 그대로 가지고 있다. 부처는 사랑의 신학자이자 중재의 신학자였다. 부처의 첫 번째 작품은 이웃 사랑에 대한 것이었다. 부처에게서 매우 중요한 개념인 하나님 나라는 "사랑의 하나님 나라"이다. 부처의 종말론을 "사랑의 종말론"이라고도 부른다.[5] 깔뱅 역시 중재의 신학을 그 특징으로 가진다. 양 극단에 치우침 없이 "중간의 길"via media을 걷는 것이다. 최윤배의 신학 연구와 활동 범위 역시 사랑의 신학자와 중재의 신학자로서의 특징을 가지고 있다. 그는 한국기독교학회와 한국조직신학회 회원으로서 활동했을 뿐만 아니라, 한국복음주의학회와 한국복음주의조직신학회, 한국개혁신학회 회원과 임원으로서 보수와 진보 가릴 것 없이 활발하게 활동하고, 두 신학의 중재를 위한 노력을 힘써 왔다. 최윤

---

4   마르틴 부처의 번역과 연구사에 대한 논문은 최윤배, "한국에서 마르틴 부처(Martin Bucer)에 대한 연구사," 『한국조직신학논총』 51 (2019), 157-197.
5   최윤배, 『잊혀진 종교개혁자 마르틴 부처』, 333-342.

배는 성경적이며 기독교적인 신앙과 신학을 추구했다. 개혁신학 전통을 사랑하면서도 복음주의적이며, 에큐메니칼 관점에 대해서 배타적인 태도를 취하지 않았다. 이 글에서는 먼저 최윤배의 생애를 그의 신앙과 신학 여정 중심으로 다루고(Ⅱ) 그의 신학방법론이 무엇이며 그가 한국신학계에 남긴 신학적 기여가 무엇인지를 살필 것이다(Ⅲ). 마지막으로 그의 신학이 구체적으로 무엇이며 어떤 특징을 담고 있는가를 밝히며(Ⅳ) 논의를 끝마친다(Ⅴ).

Ⅱ. 최윤배의 신앙 여정

1. 갑작스런 회심 subita conversio 에 이르기까지

최윤배는 1955년 12월 28일 경상북도 영양군 영양읍에서 아버지 최동조와 어머니 김목출 사이에서 태어났다. 부친은 엄격한 유교적 신앙을 가졌고 어머니는 독실한 불교 신자였다. 그가 살던 마을에는 교회가 없었다. 어렸을 적에 교회에 갈 수 없었지만 초등학교 1학년 때 옆 면소재지 입암면에 한 전도사가 가정집에서 성경 이야기와 찬양을 가르치는 곳에 참여하면서 잠깐 동안 신앙을 접했다. 하지만 어린이 최윤배는 전도사로부터 예수를 믿으면 제사를 지내서는 안 된다는 말을 들었을 때 제사를 지내지 못하면 제사 음식을 못 먹는다는 마음에 더 이상 그곳에 가지 않았다. 최윤배는 대구에 있는 대건고등학교로 진학하여 기숙사 생활을 했다. 종교생활을 하는 자에 한해서만 일요일 외출이 가능했기에, 친구를 따라 교회에 잠깐 나갔다. 초등학교 때와 고등학교 때 잠깐 교회에 참여했지만 이는 자신의 신앙과 무관한 활동이었다.

최윤배는 1975년 대학 진학을 위해 서울로 상경했다. 하월곡동에서 월세방을 얻어 자취를 할 때 동신교회 집사였던 주인집 아주머니로부터 교회 출석에 대한 전도를 받았다. 교회를 출석하게 되면, 혹시나 월세를 조금 깎아 주지 않을까라는 단순한 생각으로 1975년 3월 첫 주부터 동신교회에 출석했다. 어떤 마음에서 시작했던 간에 우리 주님께서는 대학생 최윤배를 자신의 품으로 강력하게 이끄셨다. 동신교회에 출석하고 얼마 지나지 않아, 그는 예수님을 주님으로 영접하고 하나님께 회심하는 영적 출생의 사건을 급격하게 체험했다. 당시 동신교회 담임목사였던 김세진 목사는 사도행전 9장 말씀을 가지고 사울의 다메섹 도상에서의 회심에 대한 말씀을 전했다. 최윤배는 그 설교를 듣고 회심 체험을 깊이 했다. 11시 예배가 이미 끝났지만 예배당을 떠나지 못하고 통회와 자복하며 교회에서 계속해서 기도를 했다. 기독교적 교육이나 신앙의 형성 없이 성장했던 최윤배는 말 그대로 "갑작스런 회심"subita conversio을 한 것이다.

최윤배의 심령 안에는 어렸을 적부터 가지고 있던 제사 문화, 굿하는 문화, 토속적 신앙 문화 등이 암묵적으로 자리 잡고 있었다. 하지만 주님이 사도 바울과 같은 완악한 자에게 나타나서 그리스도인으로 회심을 시킨 것처럼, 그 역시 완악한 마음을 가졌지만 기독교의 복음을 접하고 하나님을 향한 인생이 시작된 것이다. 회심이란 무엇일까? 첫째, 하나님께로 돌이키는 행위이며 둘째, 하나님이 행하시는 행위이다. 이것은 무엇을 말하는가? 하나님께 돌이키는 회심이란 단지 주체의 결단에 의해서만 되는 것이 아님을 말한다. 즉 하나님이 주권적으로 행하시는 행위가 있을 때, 진정한 의미에서의 하나님께로 돌아서는 회심이 일어날 수 있는 것이다. 최윤배는 예기치 못한 상황에서 하나님이 행하시는 행위로서의 회심을 경험했고 그로 인해 하나님께 전적으로 돌아서는 회심을 했다.

회심은 한편에서는 하나님께로 돌아서는 행위라면, 다른 한편에서는 하나님의 말씀으로 가르침을 받을 만한 마음으로 준비가 되는 것이다. 회심 사건으로 인해 그는 말씀을 심령에 수납할 준비가 되어, 그리스도인으로서 생명의 말씀을 영혼의 양식으로 삼게 된다. 최윤배에게서 회심 사건은 너무나 결정적이었기에, 회심이란 단지 그리스도인이 되는 출발점이 아니었다. 그의 향후 인생전체의 중심 개념이자 그의 신앙과 신학을 떠받치는 대들보였다. 회심은 그의 신학 전체를 형성하는 본질적인 것이었다.

2. 장로회신학대학교에서 네덜란드로

그리스도인으로서의 회심과 사역으로서의 회심은 구별된다. 처음 회심 사건 이후, 6년 만에 그는 사역으로서의 회심을 경험했다. 처음 회심 사건이 곧바로 그로 하여금 신학을 하게 했던 것은 아니었다. 그는 1979년 2월에 한국항공대학교 항공전자공학과를 졸업하고 1981년 8월에 연세대학교 대학원 전자공학과를 졸업했다. 전자공학 전공의 공대 교수가 되는 것이 그의 꿈이었다. 1976년 10월 17일에 동신교회 한기원 목사로부터 세례를 받았으며 교회에서 교사로 섬기며 여느 대학생 청년들처럼 교회활동을 했다.[6] 하지만 그가 하고 싶었던 일은 대학에서 학생들을 가르치는 공대 교수였기에 신학의 길과는 거리가 멀었다. 그러던 그가 연세대학교 대학원에 공학석사논문을 제출하고 졸업을 위한 모든 행정절차를 끝마쳤을 때, 사역으로서의 회심을 갑작스럽게 겪게 된다. 말하자면 소명을 받은 것이다.

대학원생 최윤배는 석사논문을 제출하고 연세대학교 백양로를 통해

---

[6] 임희국, 『동신교회 겨자씨 신앙운동 50년: 동신교회 50년사』(서울: 동신교회, 2006), 348; 참고, 최윤배, "김세진과 한기원의 성령론에 대한 연구,"『교회와 신학』82 (2018), 87.

귀가 중이었다. 그 때 "내가 무슨 일을 할 때, 복음을 잘 전할 수 있을 것인가?" "공대 교수가 되는 것이 학생들에게 복음을 잘 전할 수 있을까, 목사가 되는 것이 복음을 잘 전할 수 있을까"라는 생각이었다. 그는 목사가 되는 것이 그리스도의 복음을 더욱 잘 전할 수 있는 것이라는 확신이 들면서 사역으로서의 회심을 했다. 목사를 그의 소명으로 받아들이고 예수 그리스도를 위해 자신을 바치기로 결심했다. 대학원 졸업 후 군 복무를 마치고 곧바로 1984년 3월에 장로회신학대학교 신학대학원(80기)에 입학했다.

신학생 최윤배는 신학 수업을 들으면서 여느 신학대학원생들처럼 좋아하는 교수들이 생겼다. 구약학을 좋아했지만, 성서비평에 대한 문제를 극복하지는 못했다. 누군가의 좋은 지도 아래에서 성서비평과 기독교 신앙이 양립가능 할 수 있는 것으로 가르침을 받았다면 그는 아마 구약학자가 됐을 것이다. 성서고등비평을 극복하지 못한 그가 생각한 전공은 이 문제에서 상대적으로 자유로운 조직신학 전공이었다. 당시 조직신학 전공에는 이종성, 이수영, 김명용 교수가 있었다. 이종성 교수에게서 신학적 인간학과 성령론을, 이수영 교수에게서 조직신학개론과 깔뱅신학을, 김명용 교수에게서 교회론과 종말론의 수업을 들었다. 그는 신학대학원 졸업 논문1987년을 이수영 교수의 지도 아래 "깔뱅Calvin 신학에 나타난 지식과 경건의 관계성 연구"라는 제목으로 제출했다. 대학원에 진학하여 계속해서 조직신학 연구를 발전시켰다. 이수영 교수의 대학원 개혁신학 수업에서 베르까우어의 영어번역판 『인간: 하나님의 형상』Man: The Image of God을 강독했다. 이게 계기가 되어서, 대학원 졸업논문을 "베르까우어의 하나님의 형상이해"라는 제목으로 작성했다.[7]

그는 이수영 교수가 졸업한 프랑스 스트라스부르 대학에서 조직신

---

7   최윤배, "Gerrit Cornelis Berkouwer의 하나님의 형상 이해," 미간행 신학석사학위논문, 장로회신대학교 1989.

학 연구를 이어가고 싶었다. 당시 프랑스로 유학을 갈 수 있는 프랑스어 국가자격시험에 합격을 하고 스트라스부르 유학 준비를 앞두고 있을 때, 이수영 교수와의 대화에서 네덜란드로 유학의 방향이 갑작스럽게 변경되었다. 이수영 교수는 깔뱅의 종교개혁 사상이 가장 꽃을 피운 곳은 네덜란드와 스코틀랜드의 교회이기에 네덜란드에서 개혁신학을 연구할 것을 추천한 것이다. 그는 그의 말에 순종했다. 지도 교수의 조언한 마디에 공부할 나라가 바뀐 것이다. 더구나 이러한 변화는 그가 공부하게 될 내용까지 바뀌게 했다. 하나님은 당신의 역사를 이끌어 가실 때, 역사의 우발적인 사건을 섭리적인 선택으로 사용하신다. 지도 교수와의 대화 안에는 하나님이 최윤배를 네덜란드로 이끄시는 섭리가 있었던 것이다.

1989년 12월 유학의 길을 떠난 최윤배는 깜뻔 Kampen 이라는 도시에 소재한 '네덜란드개혁신학대학교' De Theologische Universiteit van de Gereformeerde Kerken in Nederland 에서 조직신학 전공과 교회사와 신약학을 부전공으로 선택하여 그곳에서 3년 2개월 만에 독토란두스 Drs. 를 끝마쳤다. 학위 논문의 제목은 「헨드리꾸스 베르꼬프에게서 성령론과 기독론의 관계」였다.[8] 당시 네덜란드개혁신학대학교의 조직신학은 현대신학 중심으로 연구가 되었다. 하지만 최윤배의 관심은 깔뱅신학과 17세기 네덜란드의 경건주의 De Nadere Reformatie 신학자인 부치우스 G. Voetius 의 신학에 있었다. 그는 개혁신학연구에 집중하기 위해서 학교를 아뻴도른 Apeldoorn 에 소재한 '기독교개혁신학대학교' De Theologische Universiteit van de Christelijke Gereformeerde Kerken in Nederland 로 옮겨 마르틴 부처 전공자인 스뻬이커르 Willem van't Spijker 교수에게 박사논문 지도를 받게 된다. 처음 의도했던 것과는 달리 부치우스가 아닌, 지도 교수의 전공인 마르틴 부처를 연구자로 선택했다. 그리하여 그

---

8 Choi Yoon Bae, "De verhouding tussen pneumatologie en christologie bij H. Berkhof," (De Theologische Universiteit van de Gereformeerde Kerken in Nederland, Kampen, 1993, Drs.).

제8장 향목(香木) 최윤배 박사의 생애와 신학   **259**

가 선택한 박사학위 논문 제목은 "마르틴 부처와 깔뱅의 성령론과 기독론의 관계"가 되었다.[9] 이 논문으로 1996년 9월 4일 신학박사학위를 취득한다.

3. 귀국 후 목회와 교수 활동

최윤배는 대한예수교장로회 통합 교단의 네덜란드 신학박사학위 1호였다. 1989년 12월 네덜란드어를 모른 체 유학을 떠날 때부터 네덜란드어로 독토란두스 논문과 박사 학위 논문을 완성하고 1996년 9월 7일 귀국할 때까지 총 6년 반이라는 시간을 보냈다. 귀국 전에 한국에 돌아가면 어떤 사역을 할 것인지가 이미 결정되었다. 강원도 홍천군의 한 시골의 당회가 있는 조직교회의 담임목사직을 수행하는 것이며 모교인 장로회신학대학교 신학대학원과 대학원에서 강사로서 신학생들을 가르치는 것이었다.

학위 수여식을 마치고 토요일 한국으로 귀국할 때, 가족을 처가댁으로 보내고 홀로 강원도 홍천 시골 교회로 향했다. 밤 10시가 넘은 시간에 도착하여 잠을 청하고 그 교회에서 담임목사로서 첫 주일을 맞이했다. 작은 시골교회이기에 사택이 따로 없었다. 가건물로 된 교회에 딸린 쪽방에서 숙식을 하며 목회를 했다. 그는 1996년 가을 학기에 장로회신학대학교에 출강했다. 가족은 청주 처가댁에 있었기에, 그는 세 가지 사역을 동시에 해야 했다. 수요일과 주일은 강원도 홍천에서, 주중에는 장로회신학대학교와 가족이 있는 청주를 오가며 생활해야 했었다.

다음 해 1997년에 평택대학교에서 교수로 임용되어 가르쳤고, 1998

---

9   Choi Yoon Bae, *De Verhouding tussen Pneumatologie en Christologie bij Martin Bucer en Johnannes Calvijn* (Leiden: J. J. Groen en Zoon, 1996; De Theologische Universiteit van de Christelijke Gereformeerde Kerken in Nederland, Apeldoorn, 1996, Proefschrift).

년 3월부터 2002년 8월까지 서울장신대학교에서 4년 반 동안 조직신학 교수를 역임했다. 홍천에서 담임목사로서의 목회 사역은 총 3년 반 동안 이어졌다. 최윤배는 보통 체력과 각오로는 할 수 없는 사역들을 3년 반 동안 해 온 것이다. 그 후 2002년 9월 1일부터 현재(2019년 11월)까지 장로회신학대학교 조직신학 교수로 재직 중이다(2021년 2월 28일 은퇴 예정).

그는 학교에서 다양한 보직을 충실히 수행했을 뿐만 아니라, 많은 후학들을 양성했다. 조직신학 각론의 과목과 개혁신학과 깔뱅신학을 중점적으로 가르치면서 장로회신학대학교 안에 장로교 신학생으로서의 정체성을 확립시키는 데 큰 기여를 했다. 최윤배 교수 밑에서 많은 대학원생들이 배출되었다.

그는 교수로서 가르침과 연구활동에서 활발한 성과를 냈을 뿐만 아니라, 학회활동에도 적극적으로 참여했다. 한국조직신학회 회원으로서 활동했고, 한국칼빈학회의 경우는 창간 학회지를 발간했고 회장을 역임했다. 한국복음주의조직신학회에서 회장과 한국개혁신학회에서 부회장을 역임했다. 그는 9권의 저서와 2권의 번역서를, 60여 권의 공저, 20여 권의 책임편집을 했고 400편에 달하는 소논문을 작성했다.

그의 교수 활동과 학회 활동 그리고 연구의 방향과 추구하는 목표는 무엇이었을까? 우리는 이 문제에 있어서 그의 회심 경험이 중요한 자리를 차지함을 알 수 있다. 그는 기도와 신학을 결합시키려고 노력했다. 그는 신학대학원 다닐 때부터 기도파였으며 교수로서 활동할 때도 기도하는 신학자였다.[10] 그는 마르틴 부처와 깔뱅의 개혁신학을 기초로 하면서 복음주의 신학이라는 큰 틀로 양극화된 신학을 중재하는 신학을 추

---

10 "우리는 그 당시에 참으로 기도를 많이 했습니다. 기도탑에서, 기도원에서, 아차산에서 항상 기도했습니다. 우리는 선배님들의 말씀을 그대로 믿고 나무뿌리를 뽑으려했습니다. 그래서인지 그 당시에는 아차산에 나무가 거의 없었습니다." 최윤배, 『영혼을 울리는 설교』(서울: 킹덤북스, 2012), 105-106.

구했다. 즉 복음주의 신학에 바탕을 둔 에큐메니칼 신학의 추구이다.[11] 그가 장로회신학대학교 대학원에서 조직신학 조교로 섬기며 학업을 할 때, 이종성 교수에게서 3원색을 배웠다. 이종성 교수에게는 아우구스티누스, 깔뱅, 바르트가 충돌 없이 통합되어 있었다. 반면 깔뱅 전공자로서 이수영 교수는 보다 더 보수적인 관점을 가지고 있으며 바르트 전공자로서 김명용 교수는 보다 더 개방적인 관점을 가지면서 깔뱅과 바르트가 충돌하기도 했다. 최윤배는 이수영 교수에게 깔뱅을 배웠고 김명용 교수에게 바르트를 배웠다. 그는 양극을 중재하는 신학을 추구했기 때문에, 깔뱅과 개혁파 정통주의 신학을 기초로 하여, 바르트 신학의 장점을 수용하는 신학을 하기를 원했다. 이 점에서 그가 네덜란드에서 베르카우어를 배울 수 있는 것은 큰 유익이었다. 베르카우어에게는 깔뱅과 바르트가 충돌하지 않고 종합되어 나타나기 때문이다.

한편에서 최윤배는 중생^{회심} 체험을 강하게 했기에 기도와 은혜 체험을 사모하는 보수적 신학의 경향이 있지만, 다른 한편에서 지적인 열정에 있어서는 깔뱅과 개혁신학을 탄탄하게 다지고 20세기 현대 신학까지 연구의 폭을 넓히고자 하는 마음도 강했다. 말 그대로 통전적 신학의 추구였다. 불신자 가정에서 태어나, 한국 장로교의 정체성을 확립하는 신학자가 되기까지, 공학을 전공했던 과학도에서 개혁신학을 정통한 신학자가 되기까지, 눈앞에 이익을 따지던 자연인으로부터 하나님이 하시는 행위로서의 회심을 경험하여 그의 삶과 심장을 하나님께 드리기까지, 이 모든 것은 하나님이 길들인 역사였고 하나님의 놀라운 섭리적 선택과 은혜의 결과임을 증거하는 인생 자체였다.

---

11   김성진, "21세기 신학자, 서울장신대 최윤배 교수," 『한국기독공보』(2000. 2. 26).

III. 최윤배의 신학방법론과 신학적 기여

신학의 내용은 중요하다. 하지만 그 내용에 접근하는 방법도 중요하다. 방법은 신학의 내용까지 결정할 수 있기 때문이다. 최윤배의 신학방법론은 조직신학과 역사신학의 방법이 병행되며 보완된다. 그의 신학이 목회를 위한 신학이기에, 성령의 조명의 역사는 강조된다. 창의적인 신학은 어디서 오는가? 탄탄한 신학 연구에서 온다. 최윤배는 연구하는 신학자이다. 그는 새로운 신학을 만들기 전에, 이미 우리에게 알려진 신학의 내용을 풍성하게 했다. 그 뿐 아니라 아직 알려지지 않은 신학자들의 신학 사상도 밝혀냈다. 최윤배는 신학의 사대주의에 빠지지 않았다. 한국신학자의 위대성과 세계성을 인식했다. 그리하여 그는 유럽신학자들뿐만 아니라 한국신학자와 목회자의 신학까지 연구했다.

1. 신학방법론

최윤배의 정체성은 조직신학자이다. 그는 장로회신학대학교 신학대학원에서 조직신학자 이수영 박사의 지도아래 깔뱅에 대한 논문을 썼고 동 대학원에서 조직신학을 전공했다. 더구나 평생 조직신학자로서의 길을 걸었다. 하지만 동시에 그는 16세기 종교개혁자 부처와 깔뱅을 연구하면서 다져진 역사신학자적 자질도 충분히 갖추었고 그것을 드러냈다. 그는 조직과 역사의 연구방법을 그의 연구에 적용했다. 그에 의하면 조직신학과 역사신학 연구의 경향은 상호 공존하면서 상호 협력과 상호 보충과 보완을 통해서 균형을 이루어야 한다.[12] 조직신학자로서 그의 연

---

12   최윤배,『깔뱅신학 입문』, 96.

구는 대부분의 연구에서 괄목할 만하게 드러나지만 "대한예수교장로회총회 100년사: 조직신학의 어제와 오늘과 내일"의 논문[13]이나 "개혁교회 직제의 관점에서 본 한국장로교회의 위기와 신학적, 실천적 대안모색"[14]과 같은 논문은 역사신학적 소양을 갖추었기에 쓸 수 있었던 논문이었다.

최윤배는 학자이기 이전에 목사였다. 신학이 목회를 위해야 한다고 생각했다. 그의 사역으로서의 소명은 교수 이전에 목사였다. 그는 그의 저서인 『성경적 · 개혁적 · 복음주의적 · 에큐메니칼적 · 기독교적 조직신학 입문』의 저술 목적을 "신학대학에서의 조직신학 교육과, 목회와 선교 현장에서의 조직신학 실천 사이를 상호 유기적으로 연결시키는" 것에 있다고 적시했다.[15] 또한 이러한 목회를 위한 신학은 그가 실제로 강단에서 가르칠 때, 열정적으로 드러난다. 또한 그는 부흥사로서 말씀을 전하는 데에 전국 방방곡곡을 누비기도 했다. 그는 부름이 있을 때는 언제든지 교회의 강단에, 교사 대학의 강사로서 기꺼이 서기를 원했다. 신학자이지만, 교회의 현장과 밀접하게 관계를 맺고 있었던 것이다.

그러므로 조직신학과 교회와 선교 현장의 유기적 연결을 이루는 목적과 관련해서 최윤배는 신학을 하는 데에 있어서 성령의 역사를 먼저 앞세운다. "우리가 신학을 올바르게 하기 위해서 먼저 성령의 은사인 신앙이 절대적으로 필요하다. 우리는 성령과 신앙과 기도를 통해 하나님의 지혜와 계시를 알 수 있다."[16] 지혜와 계시의 영이 부어질 때, 하나님을 아는 학문인 신학을 할 수 있는 것이다.

최윤배는 신학을 하는 데 있어서 성령의 조명의 역사 다음으로 중요

---

13 최윤배, "대한예수교장로회총회 100년사: 조직신학의 어제와 오늘과 내일," 『장신논단』 44/2 (2012), 41-76.
14 최윤배, 『성경적 · 개혁적 · 복음주의적 · 에큐메니칼적 · 기독교적 조직신학 입문』, 5.
15 위의 책, 378-416.
16 최윤배, 『칼뱅신학 입문』, 41.

하게 생각하는 것이 하나님이 피조물인 인간에게 선물로 주신 이성이다. 이성 없는 신앙만 가지고 신학을 하는 것도, 신앙 없이 신학을 단지 학문으로 추구하는 것도 반대했다. 전자는 신학이 학문이 될 수 없게 하고, 후자는 종교철학에 불과하기 때문이다.[17] 최윤배가 추구하는 신학 연구 방법은 신앙과 지식을 잘 조화시키는 것이었다. 이를 깔뱅의 용어로 말하면, 경건 pietas과 학문 scientia 이다. 또한 경건과 학문은 장로회신학대학교의 학훈이다. 그의 신학방법론은 마르틴 부처와 깔뱅을 기초로 한 장로교적 전통 하에서 현대신학 전반에 이르기까지, 보수에서 진보까지 통전적이며 종합적 신학을 지향하는 데 있다.

2. 최윤배와 마르틴 부처

최윤배는 부치우스를 연구하고 싶었지만, 지도 교수가 마르틴 부처 전문가였기에, 부처 연구의 제안을 받으면서 한국 사람으로서 최초로 부처 신학의 주제로 박사 학위를 받았다. 부처는 개혁교회와 신학의 원조로서 깔뱅에게 큰 영향을 끼친 인물이다.[18] 2009년에 깔뱅 탄생 500주년 기념으로 한국뿐만 아니라 전세계적으로 깔뱅 연구의 르네상스가 일어났다. 하지만 부처는 여전히 신학의 중심부가 되지 못했다. 최윤배의 말대로 "잊혀진 종교개혁자"였다. 부처에 대한 국외 연구도 다른 종교개혁자들에 비해서 적은 편이었지만 국내 연구는 전무했다. 최윤배는 이러한 부처 연구에 대한 척박한 상황 속에서 귀국 후 수년간의 연구를 거듭하여 귀한 결실을 보았다. 이것이 『잊혀진 종교개혁자 마르틴 부처』

---

17 최윤배, 『성경적·개혁적·복음주의적·에큐메니칼적·기독교적 조직신학 입문』(서울: 장로회신학대학교 출판부, 2013), 41.

18 최윤배, 『잊혀진 종교개혁자 마르틴 부처』, 44-45.

의 출판이다. 이 저서의 의의는 한국신학자로서 부처신학 전반에 대한 연구를 진행한 데 있다. 한 두 편의 논문으로 그를 소개한 것이 아니라, 성서주석가로서 부처를, 조직신학의 각론에 해당되는 주제인 기독론, 성령론, 구원론, 교회론, 종말론 등을 다루었다. 실천신학의 주제에 해당되는 예배론, 직제론, 선교론, 디아코니아론 등을 다루면서 부처신학의 적용점까지 제시했다. 부처를 접근하는 연구 방법에 있어서도 부처 전집을 소장하고 있는 저자는 1차 문헌인 원전 중심의 연구를 진행하면서 영어권, 네덜란드어권, 프랑스어권, 독일어권 연구를 광범위하게 활용하는 능력을 보여 주었다.

부처에 대한 그의 연구의 기여는 한두 가지가 아니겠지만, 특별히 부처의 직제론 연구와 성경해석가로서 부처의 연구는 의의가 있다. 깔뱅 이전에 부처는 이미 목사, 장로, 집사, 교사로서의 4중직을 교회의 직분으로 제시했다. 이러한 부처의 직제론의 영향 아래 깔뱅은 이 직분론을 제네바에서 실제적으로 실천할 수 있었다.[19]

루터와 깔뱅과 마찬가지로 부처는 탁월한 성서해석가이자 성서주석가였다. 부처는 중세의 알레고리적 성서해석을 거부하고, 성서의 역사적, 문법적 해석을 선호했다. 성서의 언어와 문법, 역사적 맥락을 중시하면서도, 성서 전체의 맥락에서 조망된 해석을 취했다. 부처는 본문에 대한 구속역사적, 기독론적, 성령론적 방법이 적용된 신학적 해석을 추구했다. 이 모든 성경 해석의 방식에는 성령의 조명의 역사에 의존할 때 저자의 의도와 참된 본문의 의미를 끌어올 수 있었다.[20] 부처는 어떤 성경 구절을 선택적으로 읽는 "렉티오 디비나"lectio divina 보다는 "렉티오 콘티누아"lectio continua 곧 연속적 읽기를 도입했다. 이러한 연속적 읽기는 깔뱅에게 영향을 주었고, 개혁신학에도 영향을 주었다. 이 점에서 개혁

---

19 위의 책, 421, 423, 443.
20 위의 책, 90-101.

신학은 오직 성경 sola scriptura 뿐만 아니라, 전체 성경 tota scriptura 을 강조한다. 최윤배에 의하면 부처의 성경해석학은 한국의 강단과 그리스도인들의 삶이 근원인 말씀으로 돌아갈 것을 강력하게 촉구하는 예언자적 메시지에 해당된다.[21]

3. 최윤배와 깔뱅

장로회신학대학교에서는 이종성 교수가 깔뱅을 가르쳤고, 그 뒤를 이어 제자 이수영 교수가 프랑스 스트라스부르에서 깔뱅 원전을 중심으로 연구한 후 깔뱅에 대한 박사 2호로서 깔뱅신학을 가르쳤다.[22] 이수영 교수가 새문안교회 담임목사로 청빙을 받은 후에, 최윤배가 그 전통을 이어받아 깔뱅신학을 가르쳤다. 이 글을 쓰는 나 역시 신학대학원 때 최윤배 교수의 깔뱅신학을 수강하여 들었다. 어떤 신학자에 대한 강의를 들을 때, 그 신학자에 대해 정통한 지식을 가진 자에게서 교수를 받는 것은 기독교적인 용어로 말하면 은혜이다. 깔뱅에 정통한 최윤배 교수에게 강의를 들었던 학생들은 많은 유익을 얻을 수 있었다. 신학대학원 때 최윤배 교수의 수업을 듣고 그 때 수업자료로 사용했던 제본된 "깔뱅신학" 교재는 필자가 프랑스에서 깔뱅을 연구할 때 매우 유익한 자료가 되었다. 최윤배의 깔뱅 연구의 특징은 풍부한 원전 중심의 연구이다. 어떤 연구는 2차 문헌 중심으로 연구가 되고, 주장은 있는데 그에 대한 근거로서 깔뱅 텍스트가 없는 경우가 왕왕 있다. 원전을 접근하고 해독하

---

[21] 위의 책, 538.

[22] 한국학자 최초의 깔뱅 연구 박사논문을 쓴 사람은 신복윤 박사이다. 미국 캘리포니아 신학대학원에서 1976년 6월 4일 박사 학위를 취득했다. 학위논문의 제목은 "깔뱅의 신 지식론"(Calvin's Doctine of the Knowledge of God)이었다. 이수영 박사는 깔뱅에 대한 두 번째 학위자로서 1984년에 깔뱅의 모국인 프랑스에서 프랑스어 원전을 중심으로 연구하여 학위를 취득했다. 안명준, "신복윤의 생애와 신학,"『한국개혁신학』 54 (2017), 50.

는 능력이 깔뱅 해석의 깊이와 넓이를 더한다는 것은 자명하다.

『깔뱅신학 입문』은 1,000페이지에 조금 못 미치는 분량이다. 단행본으로는 국내에서 가장 많은 분량을 가진 깔뱅연구서이다. 이 저서는 2012년 한국기독교출판문화상 국내 신학부문 최우수상 수상저서가 되었다. 연구의 서론으로 16세기 종교개혁 진영의 맥락에서 깔뱅을 다루었고 깔뱅 생애와 연구방법론을 다루었으며 연구의 본론으로 그의 신학 각론에 해당되는 정말 다양한 19개나 되는 깔뱅신학의 주제를 취급했다. 이 책을 쓴 저자 최윤배는 본서의 출판 목적을 "왜곡되지 않은 깔뱅에 대한 올바른 지식의 제공"에 있다고 했다.[23] 깔뱅은 에밀 두메르그E. Doumergue에 따르면 역사상 가장 큰 사랑을 받은 사람이었지만 동시에 가장 큰 미움을 받은 사람이었다.[24] 왜곡은 두 극단에서 일어날 수 있지만, 주로 후자의 진영에서 일어났다. 깔뱅에 대해 검은 이미지를 덧칠하는 것은 그의 사상을 막연하게 하고 큰 오해를 가져오게 했다. 이 책을 출판했던 최윤배는 만 9년 넘게 장로교단에 속한 교회에서 신앙생활을 했지만, 이수영 교수에게 깔뱅신학을 배우기 전까지 깔뱅에 대한 배움을 전혀 갖지 못했음을 고백했다. 종교개혁 전통과 깔뱅신학 전통에 있다고 자부하는 한국장로교회가 과연 깔뱅에 대한 이해를 정확하게 하고 있으며 목회 현장에서 그의 신학을 실제적으로 사용하고 있느냐의 문제는 물음표를 찍게 한다. 최윤배는 "붕어빵에는 붕어가 없다"는 말을 장로교에 깔뱅이 없는 현실로 적용했다.[25]

깔뱅에 대한 이해는 세르베투스를 죽인 살인마, 제네바의 독재자, 냉정하고 엄격한 교리주의자의 이미지가 팽배하다. 이러한 이유는 깔뱅에 대한 문헌을 직접 읽지 않거나 역사적 문헌과 사료를 고려하지 않은

---

23   최윤배, 『깔뱅신학 입문』, 7.

24   Emile Doumergue, *Le caractère de Calvin* (La Cause, 2009), 61.

25   최윤배, 『깔뱅신학 입문』, 8.

채, 검게 칠해진 이미지에 의해 남은 편견만을 내세우기 때문이다. 이 점에서 최윤배는 해명서를 내놓았다. 이 해명서를 누가 읽지도 듣지도 않더라도, 해명은 필요하다. 이 연구서는 대외적으로는 깔뱅에 대한 이미지를 새롭게 하고, 그의 신학을 객관적으로 다루어서 편견 없게 깔뱅을 대하게 하며 대내적으로는 장로교에 속한 신학도와 목회자가 그 뿌리인 칼뱅을 이해하도록 돕는 매우 유익한 안내서이다.

4. 최윤배와 네덜란드 신학자들

최윤배가 유학했던 곳은 네덜란드이다. 네덜란드에서 연구했다는 것은 네덜란드 신학자들에 대한 지식을 배우고 확장시킬 수 있는 기회로 삼았다는 것을 말한다. 네덜란드 신학자는 한국신학계에서는 낯선 신학자들이었다. 헨드리꾸스 베르꼬프는 우리에게 낯선 신학자였다.[26] 헨드리꾸스 베르꼬프 Hendrikus Berkhof, 1914-1995를 네덜란드 출신으로 미국으로 이민간 칼빈신학교 교수였던 루이스 베르꼬프 Louis Berkhof와 혼동하기도 했다.

우리에게 낯선 신학자이지만, 유럽 신학계에서는 그렇지 않았다. 몰트만은 성령과 그리스도의 관계에 대한 헨드리꾸스 베르꼬프의 신학을 주목했다.[27] 최윤배에 의하면 베르꼬프가 그의 성령론을 통해 성령에 대한 망각증으로부터 서방교회를 구해냈으며 성령에 대한 두 편파성을 극복하게 했다.[28] 베르꼬프에 의하면 이 땅에 성육신하여 구속 사역을 했던 그리스도와 부활과 승천 후의 그리스도는 성령에 대한 관계에서 강

---

26 최윤배, "헨드리꾸스 베르꼬프의 성령론과 기독론의 관계성 연구,"『신학논단』31 (2003), 99. 최윤배,『개혁신학』, 683.

27 몰트만,『생명의 영』, 김균진 옮김 (서울: 대한기독교서회, 1992), 90, 102.

28 최윤배, "헨드리꾸스 베르꼬프의 성령론과 기독론의 관계성 연구," 100. 최윤배,『개혁신학』, 684.

조점이 달라진다. 전자는 주로 공관복음이 강조하는 그리스도요, 후자는 요한복음과 바울 서신이 강조하는 그리스도이다. 부활 이전의 지상에서의 그리스도는 성령과의 관계에 있어서는 성령으로 충만한 성령의 담지자였으며 부활과 승천 후에 그리스도는 성령을 보내는 성령의 파송자였다. 베르꼬프에 따르면 전자가 있기에 후자가 있다. "예수가 성령을 받아서 성령을 담지하셨을 때, 그는 비로소 성령을 보내실 수 있다."[29] 따라서 최윤배는 베르꼬프의 경우, 기독론과 성령론은 서로 구속역사적으로 만난다고 평가했다. 더 나아가 성령과 그리스도의 관계는 삼위일체론적으로, 종말론적으로 상호 규정된다.[30] 이러한 성령과 그리스도와의 관계는 깔뱅에게서 성령과 그리스도와의 관계가 어떠한지를 밝히는 주제로 확장된다.[31]

헤리뜨 꼬르넬리우스 베르까우어 G. C. Berkouwer, 1903-1996 는 바빙크, 베르꼬프와 더불어 네덜란드 3대 신학자 중 한 명이다. 베르까우어 역시 한국에는 생소하지만, 18권에 달하는 방대한 교의학 저술로 유명하다.[32] 최윤배는 일찍이 한국에서 베르까우어에 대한 연구로 신학석사 학위 논문을 작성했다. 최윤배는 『개혁신학입문』에서 베르까우어의 신학을 소개할 때 그의 박사학위 논문인 "독일의 새로운 신학에서 신앙과 계시" Geloof en openbaring in de nieuwe Duitsch theologie 를 먼저 언급한다. 그에 따르면 베르까우어는 성령은 신앙과 계시에 있어서 상호관계성을 가진다. 성령은 인간 안에 신앙을 일으킬 뿐만 아니라, 성경계시를 신앙을 통해서 깨닫게 한다.[33] 독일 신학에는 계시와 신앙의 관계에서 객관주의와 주관주의라는 양극화 현상이 있었는데, 베르카우어는 성경의 계시에 근거하지

29　H. Berkhof, *Christus en de machten* (Nijkerk: G. F. Callenbach bv, 1952), 36, 최윤배, "헨드리꾸스 베르꼬프의 성령론과 기독론의 관계성 연구," 109에서 재인용.

30　"헨드리꾸스 베르꼬프의 성령론과 기독론의 관계성 연구," 132-33. 최윤배, 『개혁신학』, 714-15.

31　최윤배, 『깔뱅신학 입문』, 223-264.

32　위의 책, 756.

33　위의 책, 760.

않는 주관적인 신앙의 위험성과 성령을 통한 체험적 신앙 없는 성경의 계시만을 주장하는 객관주의의 위험성을 계시와 신앙의 상호관계성과 성령의 신앙과 계시의 결합으로 극복하고자 했다.[34] 베르까우어는 바르트 신학에 대한 관심을 가졌으며 그의 신학에 대한 책을 저술하기도 했다. 최윤배에 의하면 베르까우어는 바르트에게서 "계시 중심, 말씀 중심, 그리스도 중심, 은총 중심"의 사상을 수용하면서도 그와의 신학적 차별을 두면서 "지나친 행동주의적 계시관과 기독론 중심의 유일주의"는 문제점이라고 지적했다.[35] 베르까우어는 만인화해론을 주장하는 바르트와 달리 깔뱅을 따라 이중 예정을 주장할 뿐만 아니라, 바르트가 유아세례를 부인했지만 그는 여전히 성인세례와 같이 유아세례도 하나님의 언약의 관점에서 동일하게 보았다. 베르까우어는 바르트에 대해서 무조건적인 비판도 무조건적 수용도 아닌, 수용비판을 한 것이다.[36] 이러한 관점은 다른 여러 신학을 대하는 최윤배의 신학적 태도에 그대로 남아 있다.

5. 최윤배와 한국신학자들

최윤배가 연구 대상으로 삼았던 신학자들은 유럽의 개혁전통에 서 있는 신학자들 중심이었다. 하지만 그는 유럽의 신학자들만 연구한 것은 아니었다. 한국기독교역사는 150년도 안 되지만, 신학적 토양은 결코 나쁘지 않다. 보수부터 중도와 진보까지 한국신학자는 여러 곳에서 다양한 신학적 스펙트럼과 영향력을 가진 채 포진되어 있다. 최윤배는

---

34   위의 책, 759-760, 791.
35   최윤배, 『개혁신학 입문』, 794.
36   위의 책, 794.

그의 신학 연구에 있어서 국외 신학자만 숭상하는 사대주의적 성향을 가지지 않았을 뿐만 아니라 그런 태도에 대해서 비판적이었다. 한국 신학 전통은 길지 않지만 국외의 어떤 신학자나 목회자보다도 신학 식견에서 부족하지는 않았다. 그가 연구 대상으로 선택한 한국신학자와 목회자는 이종성[37], 박형룡[38], 김재준[39], 이상근[40], 박윤선[41], 한경직[42], 김삼환[43], 이수영[44], 이환봉[45] 동신교회 세 목회자들(김세진, 한기원, 강동수)[46], 호주 한인 디아스포라 목회자 홍길복[47] 등이다. 그가 박사 학위 취득 후 한국에서 연구를 시작할 때는 주로 깔뱅과 부처 또는 유럽 개혁신학자의 신학 사상을 소개했다면, 연구가 점점 무르익고 더욱 성숙해가는 시점부터는 한국신학자(목회자)에 대한 연구를 시도했다. 2007년부터 2015년까지 한국신학자에 대한 연구가 가속화된다.

최윤배는 한국신학자들을 연구할 때, 팔이 안으로 굽는 듯한 연구를 하지 않았다. 말하자면 자신이 속한 교단의 관점에서 다른 교단의 신학자에 대해 편견과 오해를 가지고 평가하지 않은 것이다. 보다 객관적으로 공정한 눈과 올바른 평가를 하려는 마음으로 연구에 임했다.[48] 그런 생각이 있었기에 교파를 초월하여 한국신학자를 연구대상으로 삼았던 것이다.

---

37 최윤배, "춘계 이종성 박사의 구원론에 관한 연구,"『한국개혁신학』 47 (2015), 158-183.

38 최윤배, "죽산 박형룡의 구원론: 칭의와 성화를 중심으로,"『한국개혁신학』 21 (2007), 187-209.

39 최윤배, "장공 김재준 박사의 구원론에 관한 연구: 초기 신학사상(1926-1949)을 중심으로,"『한국개혁신학』 38 (2013), 51-80.

40 최윤배, "정유 이상근 박사의 구원론: 신약성서 주해 로마서를 중심으로," 78 (2014), 141-169.

41 최윤배, "정암 박윤선의 성령신학,"『한국개혁신학』 25 (2009), 34-83.

42 최윤배, "한경직의 성령신학,"『한국개혁신학』 23 (2008), 117-152.

43 최윤배, "김삼환의 특별새벽기도신학에 관한 연구,"『조직신학연구』 24 (2016), 118-129.

44 최윤배, "목회자 이수영과 그의 목회자관,"『한국개혁신학』 54 (2017), 81-109. 최윤배, "칼빈주의자 이수영의 성령론에 관한 연구,"『조직신학연구』 22 (2015), 6-27.

45 최윤배, "칼빈과 칼빈주의자 이환봉 박사의 성경 계시 이해,"『갱신과 부흥』 16(2015), 350-367.

46 최윤배, "김세진과 한기원의 성령론에 관한 연구,"『교회와 신학』 82 (2018), 83-108.

47 최윤배,『개혁신학 입문』, 837-866.

48 최윤배, "죽산 박형룡의 구원론: 칭의와 성화를 중심으로," 187.

그렇다면 보다 객관적이고 공정한 눈과 평가라는 것은 무엇일까? 이는 그들이 속한 교단을 가능케 한 신학자의 빛으로 연구하는 것도 하나의 방법이다. 그 점에서 최윤배는 박형룡의 구원론을 깔뱅의 관점에서 연구했다. 최윤배는 박형룡의 구원론을 깔뱅의 구원론과 비교하고 다음과 같은 객관적인 평가를 내렸다. "특히 구원 서정에 대한 분류에서 박형룡이 더욱 섬세하고, 깔뱅은 덜 섬세했다. 그리고 깔뱅은 더 변증적이었고, 박형룡은 더 조직신학적이었다는 점을 제외하면, 두 사람의 이중 은혜에 대한 이해는 본질적으로 거의 같다."[49]

최윤배는 성서주석학자이자 조직신학자인 박윤선을 다루었다. 그가 한국신학자의 연구 주제를 선택할 때, 되도록이면 연구되지 않은 주제를 선택했고, 특정한 관점보다는 그 신학자의 한 사상을 전반적으로 골고루 드러내기를 원했다.[50] 최윤배는 박윤선의 성령론을 다루면서, 조직신학에서 일반적으로 기술하는 방법과 순서를 따라, 성령의 인격을 먼저 다루고 성령의 사역을 다루었다. 성령의 사역에 있어서는 창조주와 섭리주로서 성령의 일반 사역과 구속주로서 성령의 특별 사역을 다뤘다. 최윤배는 박윤선의 성령의 사역을 다룰 때, 성령과 교회, 성령과 종말까지 그 영역을 확장했다. 최윤배에 의하면 박윤선은 성령론에 있어서 신구약성경과 개혁신학 전통에 근접하여 있고 방언의 문제에는 소극적인 태도를 취했다. 박윤선은 일부 개혁전통에서 간과되고 소홀하게 취급되던 은사의 문제를 강조하면서도 입신과 특정한 은사의 절대화를 꾀하는 열광주의적 성령운동에는 반대했다.[51]

최윤배는 김재준의 신학을 구원론 중심으로 다루었다. 어떤 한 신학자 혹은 기독교 사상가를 평가할 때, 자기가 속한 공동체의 관점이 이미

49   최윤배, "죽산 박형룡의 구원론: 칭의와 성화를 중심으로," 204.
50   최윤배, "정암 박윤선의 성령신학," 37.
51   위의 글, 80.

평가의 기준이 되기도 한다. 김재준은 진보신학자였기에, 보수신학자들에게는 자유주의 신학자, 신新신학자, 성경 파괴자, 이단자와 같은 극단적인 평가를 받았다. 반면 진보주의자들에게는 시대착오적인 근본주의자들에 맞선 신학자, 민주주의를 위한 정치개혁운동가, 한국의 종교개혁자 등으로 긍정적인 평가를 받았다.[52] 최윤배는 김재준이 직접했던 말을 인용한다. 그는 어떤 신학 학파, 예를 들면 신정통주의 신학학파에 대해서 관심을 가지지만 거기에 예속하여 제자가 되지는 않는다고 말했다. "어느 것에 속한다는 것은 그것을 절대화하는 것으로서 생명의 정체를 의미하는 것입니다. 겸비한 크리스챤으로서 나는 족합니다."[53] 최윤배는 장공에 대한 평가를 그의 신학 사상이 복합적이기 때문에, 편향된 한 가지 잣대로만 할 수 없다고 했다. 그는 소위 자유주의신학자도 아니고, 소위 보수주의신학자도 아니었다.[54] 최윤배의 연구의 결론에 따르면, 김재준의 구원론은 개혁신학과 복음주의신학 범주에 들어온다. 그러므로 김재준은 삼위일체 하나님의 구속 사역 안에서 인간을 순전한 인간, 타락한 인간, 구속된 인간으로 이해했다. 구속의 개관적 사역인 그리스도의 탄생, 고난, 죽으심, 부활, 성령강림, 재림이 매우 강조된다. 구원 순서를 말하지만 엄밀하고 엄격한 의미에서 구원 순서는 아니었다. 칭의 이해는 종교개혁자들의 칭의 개념과 동일하다. 성화 개념에서 강조된 것은 개인적 성화뿐만 아니라, 사회적 성화였다. 개인의 성화는 하나님 나라의 지평 아래에 있는 사회적 성화로 확장된다. 반면 성령을 "어머니"로 표현한 것이나, 하나님을 "하느님"으로 표현한 것은 최윤배에게 낯선 표현이었다.[55]

---

52 최윤배, "장공 김재준 박사의 구원론에 관한 연구: 초기 신학사상(1926-1949)을 중심으로," 56.
53 김재준, "대전전후 신학사조의 변천," 장공 김재준 목사기념사업회 편, 『김재준전집』 1권 388-39, 최윤배, "장공 김재준 박사의 구원론에 관한 연구: 초기 신학사상(1926-1949)을 중심으로," 58에서 재인용.
54 위의 글, 75.
55 위의 글, 77.

최윤배의 이종성에 대한 평가는 상대적으로 후하다. 그를 "한국교회의 교부"라 부를 수 있다고 했다.[56] 아무래도 최윤배가 이종성의 수업을 들었던 제자였고, 그의 사랑을 받은 추억이 있었기 때문이다. 이종성은 자신의 통전적 신학을 저작능력으로 입증했다. 1975년부터 1993년까지 이종성은 조직신학대계 14권을 완간했으며 2001년에 이 14권이 포함된 춘계 이종성저작전집 40권을 발간했다.[57] 2002년부터 현재까지 장로회신학대학교 중심으로 춘계 이종성 신학강좌가 열리고 있으며 총 45편의 논문이 발표되었다. 이 논문들은 대부분 다시 학회지를 통해서 출판되었다. 이종성에 대한 논문은 단일 한국신학자로서는 가장 많은 논문이 배출된 셈이다. 최윤배는 춘계 신학 강좌에서 이종성에 대해서 "춘계 이종성 박사의 교회론"[2012], "춘계 이종성의 구원론"[2014], "춘계 이종성과 16세기 종교개혁신학"[2017], "춘계 이종성의 국가론에 대한 연구"[2019] 총 4편의 논문을 발표했다.

우리는 최윤배의 연구를 통해서 이종성의 구원론에 대한 다음과 같은 사실을 알 수 있다. 이종성은 조직신학 각론에 해당하는 주제를 단권으로 혹은 상,하 권으로 나누어 출판할 정도로 큰 관심을 보였지만, 구원론에 있어서는 단독 저술을 내지 않았다. 하지만 그렇다고 해서 이종성이 구원론에 대한 사상이 없거나 관심이 없었던 것은 아니었다. 그의 구원론은 다른 신학 작품 안에 흩어져 있었다. 이를 발굴해 내는 작업은 쉬운 작업은 아니다. 이종성 사상을 드러내는 것에 있어서, 그가 저술을 백과사전식으로 나열하는 방식을 사용했기 때문에, 어디에서부터 어디까지가 그의 사상인지를 기술하는 것이 쉽지 않다.[58] 최윤배에 의하면 이종성은 구원의 순서를 시간적/단계적으로 보지 않고, 신학적/

---

56 최윤배, 『성경적·개혁적·복음주의적·에큐메니칼적·기독교적 조직신학 입문』, 814.

57 이종성, 『춘계 이종성저작전집1-40』(서울: 한국기독교학술원, 2001).

58 최윤배, "춘계 이종성 박사의 구원론에 관한 연구," 179.

논리적 순서로 이해했다. 이종성은 칭의와 성화의 동시성을 강조했다. 최윤배는 이종성의 칭의와 성화의 이중 은혜의 관계성에 대해서 "의인 (칭의)이 없는 성화는 율법주의로 귀결되고, 성화가 없는 의인은 율법폐 기론으로 귀결"되며 의인과 성화는 "상호 구별되고 상호 밀접하게 관련 되지만, 동일화되거나 분리될 수 있는 것이 아니다"라고 강조하여 말했 다.[59] 최윤배에 따르면 이종성은 개인적 종말에 있어서 바르트의 만유구 원론을 수용하지 않고, 영생과 영벌이라는 이중 결과를 수용하며, 예정 론에 있어서는 깔뱅보다는 바르트 쪽에 기울어져 있다.[60] 하지만 여기서 이종성이 만유구원론을 반대하고 영생과 영벌이라는 이중 결과를 수용 하는 것은 사실이지만, 예정론에 있어서 깔뱅보다는 바르트에 기울여졌 다는 주장의 근거가 명확하게 제시된 것으로는 보이지 않는다.

IV. 최윤배의 신학사상

모든 신학자는 하늘에서 떨어지지 않는다. 철저하게 땅을 밟고 살았 고 역사 안에 한 실존으로 살았다. 기독교 신앙이나 신학이 갑자기 하늘 에서 떨어진 것은 아니다. 역사 속에서 진리를 찾아가는 과정 속에서 더 욱 분명해지고 더욱 강화되어 발전되어 간다. 모든 위대한 신학자는 이 전 신학자들의 노고를 부정하지 않고, 오히려 그것을 딛고 더욱 창조적 인 신학을 만들어 낼 수 있었다. 루터가 그랬고 깔뱅이 그랬다. 바르트 가 그리했고 몰트만이 그랬다. 다른 신학자의 연구가 있었기에 자신이

---

59 위의 글, 179-180.
60 위의 글, 178.

가진 사상이 발견될 수 있었던 것이다. 최윤배는 책상에서 연구하는 신학자였다. 그 공부는 대부분 앞선 위대한 신학자의 보화와 같은 신학저술을 직접 읽고 향유하는 것이었다. 그로 인해 그는 그 자신이 가진 새로운 신학(비록 해 아래 새 것이 없지만, 게다가 새로운 것이란 이미 우리에게 주어진 복음을 더 선명하는 밝히는 것이기에 새로울 것이 없을지라도)을 제시할 수 있었다.

1. 장로교 정체성의 확립

최윤배는 자신의 과제를 분명하게 알았다. 장로교의 정체성 확립이다. 한국장로교 안에서 장로회(교)라는 이름을 가진 신학대학은 장로회신학대학만 가지고 있다. 장로교에 속한 타교단 신학대학의 이름은 총신대, 합신대, 백석대, 한신대 등으로 오직 장로회신학대학교만 장로교라는 이름을 전유하고 있다. 그렇다면 장로회신학대학교는 장로교의 정체성을 확고하게 가지고 있는가 물음이 생긴다. 목회 현장에서 장로회신학대학교 출신 목사들 중에, 장로교가 무엇인지 모르는 경우가 있다. 장로교가 무엇인지 배우지 못했다는 것이다. 물론 그것은 핑계다. 이미 과목도 있었고, 여러 수업에서 다루었기 때문이다. 스스로 관심이 없었던 것이 더욱 문제일 것이다. 하지만 교단 정체성에 대한 제시는 시대에 따라 계속 요구된다.

각 교단 신학의 정체성의 문제는 다른 신학 분과 신학자들에 의해서도 응답될 수 있지만, 원칙적으로 조직신학자에 의해 제시된다. 최윤배는 "대한예수교장로회총회 100년: 조직신학의 어제와 오늘과 내일"이라는 논문을 통해서, 교단 신학의 과거는 어떠했고, 현재는 어떠하며 미래는 어떻게 되어야 하는지를 다루었다.[61] 신옥수는 "중심에 서는 신학, 오늘과 내일－장신신학의 정체성 형성에 관한 소고"라는 제목의 논문에서[62], 신재식은 "한국신학의 맥락에서 본 장신신학–중심에 서는 신학에서 변두리에 머무는 신학까지"라는 제목의 논문에서[63], 김도훈은 "대한예수교장로회(통합)의 통전적 신학적 정체성과 온신학의 과제"라는 제목의 논문에서 장신신학과 통합측 신학이 무엇인지를 제시했다.[64] 조직신학자들이 응답한 것이다.

최윤배에 의하면 한국장로교는 교회 설립 초기부터 총회나 노회의 공교회의 입장에서 사도신경을 신앙고백으로 채택한 것은 아니었지만 실제적으로 선교초기부터 『사도신경』을 받아들여 사용했다.[65] 1907년 독노회는 평양 장대현교회에서 인도 자유교회의 『12신조』의 근간을 훼손하지 않은 채, 일부를 첨가하여 교회의 신앙고백으로 채택했다. 1968년에 한국장로교회는 『웨스트민스터 신앙고백』과 『웨스트민스터 대·소요리문답』을 교단의 교리로 채택했다. 장로교 안에 있는 교단들은 『웨스트민스터 신앙고백』과 『웨스터민스터 대·소요리문답』을 교단 교리의 표준으로 사용하고 있다. 1986년 71차 총회에서 대한예수교장로회 통합 교단은 스스로 만든 『대한예수교장로회 신앙고백서』를 교리로 채택했다.[66] 최윤배는 더 나아가서 이 연구를 통해서 통합측 조직신학 교수들의 연구의 내용을 제시했다. 이종성, 이수영, 김명용, 윤철호, 현요한, 김도훈, 신옥수, 박성규, 백충현, 낙운해, 유태주, 배경식, 박만, 최태영, 김동건, 이명웅, 안택윤, 최홍덕, 허호익, 황승룡, 임영금, 신재식,

---

61 최윤배, "대한예수교장로회총회 100년: 조직신학의 어제와 오늘과 내일," 『장신논단』 44/2 (2012), 41-73.
62 신옥수, "중심에 서는 신학, 오늘과 내일-장신신학의 정체성 형성에 관한 소고," 『장신논단』 40 (2011), 37-69.
63 신재식, "한국신학의 맥락에서 본 장신신학-중심에 서는 신학에서 변두리에 머무는 신학까지," 『장신논단』 50/3 (2018), 201-223.
64 김도훈, "대한예수교장로회(통합)의 통전적 신학적 정체성과 온신학의 과제," 『장신논단』 48/1 (2016), 115-144.
65 최윤배, "대한예수교장로회총회 100년: 조직신학의 어제와 오늘과 내일," 45.
66 위의 글, 47.

황민효는 조직신학 영역에서 다양한 신학적 관심과 전공을 가지고 신학 작업을 했음을 밝혔다. 이는 우리 교단 안에서만 해도 조직신학 인재가 충분히 있음을 보여 주었다. 이들이 모두다 적극적인 의미에서 깔뱅주의자들은 아닐 것이다. 하지만 개혁,장로교 사상에서 크게 벗어나지 않은 채 자유롭게 연구를 개진하고 있다.

그렇다면 장로교란 무엇인가? 장로교는 개혁교(회)와 어떤 관계에 있는가? 장로교회의 교리는 무엇인가? 최윤배는 "한국 장로교 정체성을 말한다(3) 교직은 평등, 위계는 인정"이라는 『한국기독공보』의 기고문에서 장로교란 "'장로회'長老會라는 교회 정치체제를 가지는 것이다"라고 말했다. 장로교와 개혁교회의 차이에 관해서는 본질이 아닌 범위의 문제로 보았다. "우리 교단은, 좁게 말하면 '장로교회'長老教會에 속하고 넓게 말하면 '개혁교회'改革教會에 속한다."[67] 장로 교단의 본질은 개혁교회의 정신을 따르는 데 있다. 개혁교회는 루터의 종교개혁을 직접적으로 따르는 루터교보다 "더" 개혁된 교회이며 그 개혁은 성서를 따라 교회를 항상 개혁하는 것이다. 교회의 본질로서 말씀에 따라 항상 개혁하는 이 교회는 교직 제도로서 장로제도를 채택한다. 이렇듯 장로교라는 명칭은 그 교회의 정치체제를, 개혁교회라는 명칭은 그 교회의 본질을 가리키는 표현인 것이다. 그러므로 개혁교회와 장로교회는 둘 다 깔뱅주의를 따르는, 서로 다른 두 교회가 아니라, 동일한 정신과 교직제도를 공유하는 하나의 교회이다. 두 개의 구별은 교회를 바라보는 관점과 그 교회가 어떤 위치에 있느냐에 따라 달라진다. 개혁교회라는 이름을 가진 교회는 지정학적으로 독일, 스위스, 프랑스, 헝가리, 네덜란드와 같은 유럽의 대륙에 속한 교회들이며 장로교회라는 이름을 가진 교회는 유럽의 섬나라인 앵글로 색슨과 스코틀랜드 지역에 있는 교회들이다.[68]

---

67 최윤배, "한국 장로교 정체성을 말한다(3) 교직은 평등, 위계는 인정," 『한국기독공보』(2016.08.30.) [On-line], http://m.pckworld.com/article.php?aid=7189228993&page=25 ???

최윤배에 의하면 교회의 직제 또는 직분(교단 헌법에서는 교회의 직원)은 "교회의 본질"esse ecclesiae이나 교회의 표지ecclesiae natae는 아니다. "더 좋은 교회"bene esse ecclesiae를 만들기 위한 필수적 수단이다. 직제가 없다고 교회가 아닌 것은 아니다. 성령 하나님은 직제 없이도 교회를 세우고 구원 사역을 이룰 수 있다. 그럼에도 불구하고 직분을 사용한다. 최윤배는 교회의 제도가 성령과 동일시되거나, 제도가 성령을 지배하여 성령이 교회에 종속되는 로마 가톨릭신학에 반대하면서 성령이 교회의 주도권을 가지고 교회를 선도하고 항상 앞서 가야 한다고 정당하게 주장했다.[69] 개혁, 장로교회의 아버지인 깔뱅은 성령을 교회의 제도에 종속시키는 로마천주교회와, 직분을 배제하고 성령의 역사만을 내세우는 열광주의자들을 반대하고 성령은 교회의 직분(제도)에 메이지 않지만 그 수단을 사용함을 주장했다.[70] 최윤배는 "직제절대론"도 "직제무용론"도 반대하면서 장로교회의 정체성으로 성령은 직제에 메이지 않지만 사용함을 주장함으로써 직제가 그리스도의 통치 또는 성령의 통치를 받아야 함을 천명했다.[71]

그리스도와 성령의 통치권 안에서의 직제란 로마천주교회와 같은 직제 간 계층구조적인 서열이 존재하지 않는다. 그 권세에 있어서 동등성을 가진다. 이는 그리스도가 그 주도권을 가지고 사역을 단지 직분자에게 위임했기 때문이다. 존재론적으로 직분 자체가 권위를 가진 것이 아니라, 기능과 역할을 해 나갈 때 권위가 주어지는 것이다. 하지만 그 권위를 통한 영예는 직분을 준 그리스도에게 돌아간다. 직제는 동등하지만, 기능상 차이가 존재한다. 그러므로 신자들은 직분들 사이에 역할

68 　김선권, "칼뱅의 교회정치와 협의체,"『영산신학저널』 51 (2020), 96-97.
69 　최윤배,『성령론 입문』(서울: 장로회신학대학교 출판부, 2010), 18-20.
70 　최윤배,『깔뱅신학 입문』, 398. 김선권 "칼뱅의 교회론과 설교 - 그리스도와의 연합을 중심으로,"『조직신학연구』 21 (2014): 121 참고.
71 　최윤배, "한국 장로교 정체성을 말한다(3) 교직은 평등, 위계는 인정" (2016.08.30.).

280　　한국교회의 신학과 목회: 성령안에서 예수사랑·교회사랑

의 차이를 인정하며, 그리스도의 몸을 자라게 하는 동일한 목적을 가지고 있기에 "상호 균형과 상호 조화"를 추구해야 한다.[72]

최윤배는 직분에 있어서 깔뱅과 같이 "성서의 규정적 원리"regulative principle를 따라야 함을 부각했다. 즉 하나님의 말씀이 지시하는 바로서의 교회의 직분이다. "종교개혁과 장로교회 전통 속에서 오직 성경이라는 원리는 항상 절대적이다. (…) 그러므로 교회의 직제는 하나님의 말씀에 근거와 기초를 가진다."[73] 이러한 주장은 궁극적으로 교회의 본질(표지)인 말씀과 좋은 교회를 형성하게 하는 직분이 서로 결합되면서, 개혁,장로교회라는 이름을 가질 수밖에 없음을 보여 준다. 즉 "말씀–직분"의 결합, "본질–정체"의 결합이다.

2. 그리스도와 성령의 관계성의 중요성

기독교 신학의 핵심적 논의는 그리스도와 성령의 관계성의 문제로 환원된다. 성령의 출원에 관해서 동방교회는 아버지로부터만 성령이 나온다고 제한하여 말했고, 서방 교회는 아버지 "그리고 아들로부터"filioque 성령이 나온다고 주장했다. 단일출원과 이중출원이다. 성령과 그리스도와의 관계는 성령의 출원 문제부터 논의의 주제가 되었다.

기독론과 성령론은 조직신학의 핵심 주제이다. 우리의 논의는 기독

---

[72] 최윤배, 『성경적 · 개혁적 · 복음주의적 · 에큐메니칼적 · 기독교적 조직신학 입문』, 422-23.

[73] 위의 책, 417. 최윤배에 의하면 성경에 근거하는 이 직제는 "구속사적 적응성과 개방성"을 가지고 있다고 했다. "모든 직제는 성경적 사고로부터 규정하는 동시에 구속사에서 하나님께서 성령을 통하여 각 교회에게 허락하시는 직제에 대하여 우리는 항상 개방되어야 할 것이다." 최윤배, 『성경적 · 개혁적 · 복음주의적 · 에큐메니칼적 · 기독교적 조직신학 입문』, 423. 다니엘 밀리오리(D. Milgliore)도 동일한 관점에서 다음과 같이 말했다. "이런 기준 하에서 모든 교회 질서는 개방적이고 공의회적인 의사 결정을 소중하게 간주하고, 독재적이고 강압적인 방식이 아니라, 새로운 상황에 반응하고 성령의 인도하심 하에서 개혁에 대해 열려 있어야 한다." 다니엘 밀리오리, 『기독교 조직신학개론』, 신옥수 · 백충현 옮김 (서울: 새물결플러스, 2014), 515.

론과 성령론의 내용 자체가 아니라, 둘 간의 관계에 관한 것이다. 최윤배는 기독론에 있어서는 성령론적 기독론을, 성령론에 있어서는 기독론적 성령론을 주장했다.[74] 성령론적 기독론은 그리스도의 탄생부터 십자가의 죽음과 부활에서 강조되며, 기독론적 성령론은 그리스도의 승천과 좌정, 하나님 우편 통치에서 강조된다. 최윤배의 기독론과 성령론의 관계에 대한 이해는 네덜란드에서 독트란투스 학위 논문 연구에서 처음으로 나타났다. 이 때 그는 베르꼬프에게서 성령과 그리스도의 관계의 주제를 연구했다. 최윤배는 베르꼬프에게서 "성령의 담지자로서 그리스도"의 중요성을 배울 수 있었다. 양자설과 같은 기독교 이단 때문에 교회와 신학 전통에서 성령의 담지자로서 그리스도가 강조되지 않고, 주로 성령의 파송자로서 예수 그리스도만 강조되었다. 하지만 강조되어야 할 것은 예수 그리스도가 성령을 받아서, 성령을 담지하는 자가 되었기 때문에 성령을 보내는 자가 될 수 있다는 사실이다.[75] 이와 같은 사상은 깔뱅에게도 강하게 나타난다. 최윤배는 깔뱅에게서 예수의 탄생, 성장, 세례, 시험, 사역, 십자가의 죽음과 부활에 이르기까지 그리스도의 전 삶이 성령론적으로 규정되고 정초되어 있음을 깔뱅 텍스트를 통해 입증했다.[76] 그리스도는 성육신함으로써 성령의 담지자가 되었다. 하나님의 아들로서 그리스도는 성령이 충만한 자의 모델이었다. 그리스도는 두 번째 위격의 하나님이기에 스스로 성령으로 기름부음을 받을 필요가 없지만, 중보자가 되고 구속주가 되기 위해서 성령을 받은 담지자가 된 것이다.[77]

최윤배는 신약성서신학을 중심으로 발전되어 온 "영-기독론"Pneuma-Christology이 예수의 삶에 나타난 성령의 사역을 밝혔다는 데서 그것의 공

---

74 최윤배, 『개혁신학 입문』, 117-119, 133-141. 『성령론 입문』, 88-90.
75 최윤배, "헨드리꾸스 베르꼬프의 성령론과 기독론의 관계성 연구," 109.
76 최윤배, 『깔뱅신학 입문』, 225-240.
77 위의 책, 242.

헌을 인정했다. 하지만 영-기독론이 "말씀-기독론"Logos-Christology을 거부하는 방식으로 적용되는 양자설Adoptionists적 사상에 빠질 수 있는 위험성을 꼬집었다. 중요한 것은 그리스도가 성령을 받았기에 하나님의 아들이 된 것이 아니라 하나님의 아들로서 그가 성령을 받았다는 사실이다. 그리스도에게 성령은 그의 백성을 위한 중보자와 구속주로서의 사역과 직접적으로 관계한다.

그리스도와 성령의 관계는 이중적이다. 잉태부터 출생, 성장, 고난, 죽음, 부활까지는 성령의 "담지자"Bearer로서 그리스도였다면, 승천하면서부터는 성령의 "파송자"Sender로서 그리스도가 된다. 전자가 주로 강조되어 나타난 곳은 공관복음이며 후자는 요한복음과 바울 서신이다.[78] 성령의 파송자로서 그리스도라는 것은 성령의 사역이 기독론적임을 뜻한다. 그리스도와 성령이 결코 분리될 수 없다는 사실은 깔뱅의 신학적 공리 중 하나이다.[79] 한편에서 깔뱅은 그리스도의 승천과 하나님 우편에 좌정하심이 신자와 그리스도 사이의 존재론적 거리와 차이가 존재함을 주장하면서 다른 한편에서 이 초월성은 성령의 사역을 통해서 극복됨을 주장했다. 성령은 그리스도와 신자를 효과적으로 묶는 끈과 같다. 그리스도와 신자 사이의 무한한 간극을 연결하는 띠인 것이다.[80] 그러므로 승천 후 그리스도가 보내신 성령의 고유성은 자신의 현재성이 아니라, 그리스도의 현재성이다. 당시 깔뱅이 비판했던 자들은 성경은 죽음 문자라며 그것을 제쳐두고, 성령의 직통계시를 추구하는 자들이었다. 깔뱅은 물었다. 그리스도의 말씀인 하나님의 말씀을 제쳐두고, 성령을 말하는 자들에게 너희들이 말하는 영은 누구의 영이냐?[81] 결국 최윤배는

---

78 최윤배, 『성령론 입문』, 88.

79 Bernard Rordorf. "L'inachèvement de la pensée trinitaire dans la théologie de Calvin," *Le christianisme est-il un monothéisme?* ed., Pierre Gisel et Gilles Emery (Genève: Labor et Fides, 2001), 223-24.

80 최윤배, 『깔뱅신학 입문』, 255.

81 최윤배, 『성령론 입문』, 109.

깔뱅을 따라서 계시의 수납 문제에 있어서, 밖에서 말씀하시는 그리스도 하나님와, 안에서 그 말씀을 인치는 성령을 균형 있게 강조하는 것으로 나간 것이다. 그리스도의 말씀이 영의 분별 기준이다.

최윤배는 그리스도의 삼중직을 강조하면서 삼중직은 그리스도의 한 사역의 세 가지 측면이라고 말했다.[82] 그에 따르면 예언자, 제사장, 왕으로서의 그리스도의 삼중직은 그리스도의 겸비의 상태와 고양의 상태, 두 상태 모두에 해당된다. 그리스도는 승귀의 상태인 현재 천상에서도 삼중직을 행하신다. 즉, 지상에서 그의 삼중직에 근거하여 그리스도는 성령과 말씀을 통하여 천상에서 삼중직을 계속적으로 수행하는 것이다. 그리고 천상에서의 삼중직은 성령과 말씀을 통하여 계속된다.[83] 그리스도의 말씀과 결합된 성령은 올바른 교회를 창조하고 교회를 부흥하게 한다. 최윤배에 의하면 성령의 입구는 기독론이며 출구는 교회론이다. "성령의 충만은 예수 사랑 충만이며 교회 사랑 충만이다."[84]

3. 성령론에 대한 신학적 기여

최윤배는 자신 스스로에 대해서 "개혁파 종교개혁자인 마르틴 부처와 깔뱅의 성령론 전문가이며 성령론에 대한 관심이 높다"라고 말했다.[85] 그는 성령론과 관계한 단행본 『성령론 입문』과 성령의 능력과 목회를 중점적으로 설교한 『영혼을 울리는 설교』를 출판했다. 더구나 그의 『성경적 · 개혁적 · 복음주의적 · 에큐메니칼적 · 기독교적 조직신학 입문』, 『개혁신학 입문』, 『깔뱅신학 입문』 등의 책에는 성령론이 편재하여

---

82   최윤배, 『그리스도론 입문』(서울: 장로회신학대학교 출판부, 2009), 74.
83   위의 책, 79.
84   최윤배, 『성경적 · 개혁적 · 복음주의적 · 에큐메니칼적 · 기독교적 조직신학 입문』, 254.
85   위의 책, 89.

나타난다. 현요한이 『성령과 함께 걷는 신앙과 신학의 여정』이었다면, 최윤배도 마찬가지이다.[86] 최윤배는 깔뱅의 성령론, 부처의 성령론, 베르꼬프의 성령론, 바르트의 성령론, 틸리케의 성령론, WCC의 문서의 성령론, 박윤선의 성령론, 이수영의 성령론, 한경직의 성령론 등을 연구했다. 이 자체가 이미 한국 성령론 연구에 대한 귀한 신학적 기여이다. 하지만 더 나아가서 그는 성령론에 대한 지나치게 전문적이지 않으면서도 평신도와 신학생, 목회자 등 그리스도인이라면 누구나 접근이 용이한 저서 『성령론 입문』을 출판한다.

최윤배의 성령 이해는 양극단으로 기울지 않는다. 성령론의 역사는 성령에 대한 과대평가 아니면 과소평가였다. 성령의 강조가 교회의 무질서와 무분별을 가져와서는 안 된다. 이 점에서 최윤배가 강조한 것은 성령과 질서였다. "성령과 질서 사이의 관계에서 성서는 어디서도 양자택일을 강요하지 않고 있다. 성령은 질서ordo를 자신의 수단으로 사용하시기를 원하신다."[87] 최윤배는 성령이 제도와 동일시되거나 종속되는 것에 반대하면서도 동일한 관점에서 성령이 인간의 인격과 동일시되거나 종속되는 것에도 반대했다. 성령의 주관적 체험 속에는 성령을 자치 잘못하면 자기의식이나 몸의 감각에서 일어나는 것으로 감금할 수 있다. 성령과 인간의 기능 사이에는 연속성이 있지만 불연속성이 엄연히 존재한다. 성령이 그리스도를 우리 안에 계시게 할 뿐만 아니라, 그 그리스도는 여전히 우리 밖에 계시기에, 그리스도와 우리 사이에 또는 성령의 역사 안에서도 존재론적 구별이 있는 것이다.[88]

최윤배는 모든 신학자들처럼 성령의 인격과 사역의 문제를 다룬다. "성령은 하나님 자신이고 성령은 하나님의 영으로서 성부 하나님의 영

---

86 책임편집 신옥수 · 김도훈 · 박성규 · 백충현, 『성령과 함께 걷는 신앙과 신학의 여정』(서울: 태학사, 2019), 특히 74-81.
87 최윤배, 『성령론 입문』, 17.
88 위의 책, 20-22.

이신 동시에 성자 하나님의 영이다. 성령은 삼위일체 속에서 제3의 위격이다. 성령은 성부와 성자와 구별되게 자신의 고유성으로서 능력, 힘, 거룩성을 가지고 계신다."[89] 어떤 창의적인 신학도 기준을 무시하거나 그것을 벗어난다면 신학이 아닌, 호기심과 사색으로 전락하게 된다. 교회와 신앙에 어떤 유익을 주지 못한다. 성령의 인격에 대해서 교회사 전통에서 신앙 고백된 내용을 지루해거나 현재성이 없다는 식으로 간주해서는 안 된다. 최윤배는 이렇듯 성령의 피조성과 비신성에 반하여 "성령의 신성"을, 성령의 비인격성을 반하여 "성령의 인격성"을 주장한다.[90]

성령의 사역은 특별 사역과 일반 사역으로 구분된다. 전자는 창조, 인간, 역사, 우주에 관한 사역이며 후자는 구원과 재창조의 사역에 관한 것이다. 김균진은 칭의론을 강조하는 종교개혁신학은 성령론을 구원의 틀 안에서 다루었던 중세기를 계승한 것이라고 협소하게 평가했다.[91] 하지만 최윤배는 크라우스와 베르꼬프의 사상을 빌려서, "종교개혁자의 성령론은 구원론, 교회론, 인간론을 비롯하여 창조세계 전체를 아우르는 폭넓은 성령론"이라고 정당한 평가를 내렸다.[92] 몰트만은 "성령 안에서의 창조"의 신학적 개념은 오늘날까지 여전히 그 실현을 기다리고 있다고 말하면서 이 개념을 천명했던 드문 신학자 중의 한 사람이 깔뱅이었다고 평가했다.[93]

최윤배는 성령의 사역에 있어서 어떤 한 사역을 경시하거나 무시하는 방식으로 성령의 사역을 희생시키는 것을 비판했다. 그는 "성령은 성부의 영과 영원한 말씀asarkos logos의 영으로서 일하실 때, 일반사역과 관계되고, 성부의 영과 중보자sarkos logos의 영으로서 일하실 때, 특별사역

---

89 최윤배, 『영혼을 울리는 설교』(서울: 킹덤북스, 2012), 19.
90 최윤배, 『성령론 입문』, 86.
91 김균진, 『기독교조직신학(III)』(서울: 연세대학교출판부, 1987), 8.
92 최윤배, 『성령론 입문』, 93.
93 Jürgen Moltmann, *Dieu dans la création: Traité écologique de la création* (Paris: Les Editions du Cerf, 1988), 24.

과 관계된다"고 말하면서 성령의 사역이 결코 협소하게 한 사역으로 축소될 수 없음을 적시했다.[94]

죄와 악이 하나님이 만드신 창조 세계에 대한 파괴를 양산했다면, 창조 세계 안에 있는 생명의 근원으로서의 성령은 파괴된 창조 세계를 새롭게 한다. 성령은 창조 세계를 유지하고 보존한다. 기독교 사상은 자연이 곧 신이라는 범신론적 사상에서 자연을 하나님의 영의 피조물로 인식하게 했다. 최윤배에 의하면 하나님의 영은 피조물에 대한 세속화 사역을 한다. 이는 신격화된 피조물을 원래의 모습인 피조성의 상태로 되돌리는 사역이다.[95] 최윤배는 성령의 일반 사역을 다음과 같이 잘 요약했다. "천체와 자연의 아름다움과 모든 생물의 보전 등은 창조주이시며 섭리주이신 성령 하나님의 일반은혜 또는 자연은혜 또는 자연은사를 통해서 이루어지는 것이다. 인간과 사회에 유익을 끼치는 예술이나 과학이나 문화도 창조주 및 섭리주 성령 하나님께서 인간에게 부여하신 은사들이다. 교회와 그리스도인뿐만 아니라, 불신자와 세계 속에서도 일하시는 창조주 및 섭리주 성령 하나님의 사역은 일반사역으로 불린다."[96]

최윤배에게서 성령의 특별 사역은 다른 신학자들처럼 일반 사역보다 더 많이 강조된다. 최윤배는 성령의 특별사역과 관련하여 세 가지 주제로 논했다.[97] 첫째, 구원론적 성령론이다. 신학 전통에서는 성령신학이 발달하기 전에, 구원론이 성령론의 자리를 대신했다.[98] 성령은 그리스도의 구원을 적용한다. 구원의 순서는 시간적/단계적 순서가 아닌, 신학적/논리적 순서를 말한다. 최윤배는 구원이 신자 안에서 이루어지

---

94 최윤배, 『성령론 입문』, 95.
95 최윤배, 『성령론 입문』, 97-99.
96 최윤배, 『성경적·개혁적·복음주의적·에큐메니칼적·기독교적 조직신학 입문』, 615.
97 최윤배, 『성령론 입문』, 102-114.
98 최윤배, 『구원은 하나님 은혜의 선물』(서울: 킹덤북스, 2016), 48.

는 과정에서 그 주체는 지, 정, 의와 같은 인간의 어떤 부분이 아니라 하나님이신 성령임을 강조한다.[99]

둘째, "교회론적 성령론"이다. 이 개념은 교회와 성령이 동등하거나, 교회가 성령보다 앞선다는 의미가 아니라, 성령이 교회를 창조한 주체로서 교회에 대한 통치권Pneumatocracy과 주도권을 가진다는 것을 뜻한다.[100] 교회의 교리 결정에 있어서 성령은 주도권을 가지고 교회를 수단으로 사용한다.[101] 하나님의 말씀으로서 성경은 구원을 알게 하고 일으키는 거룩한 책이다. 하지만 이 성경이 하나님의 말씀으로서의 권위를 주관적으로 가지기 위해서는 성령의 내적 증거가 필수적이다. 최윤배에 의하면 루터주의자들은 열광주의자들의 성경관에 대한 반작용으로 하나님의 말씀으로서의 성경을 너무나 강조하여 성령의 역사를 약화시키는 우를 범했다. 루터주의자들은 성령의 역사가 "말씀을 통하여"per verbum을 일어난다고 함으로써 성령을 말씀에 메이게 했다. 반면 개혁교회의 전통은 성령의 역사가 "말씀과 함께"cum verbum 일어난다고 주장했다. "말씀과 함께"는 한편에서는 성령과 말씀은 불가분리의 관계를 보여 주며, 다른 한편에서는 그럼에도 불구하고 성령이 말씀보다 크다는 것을 명시적으로 드러낸다.[102] 이러한 최윤배의 양극 사이에서 균형중간의 관점은 성령과 성례전에서, 성령과 은사와 직분에서 그리고 성령과 율법에서 지속적으로 나타나는 해석학적 틀이다. 최윤배의 성령론의 기여는 바로 이러한 자칫 잘못하면 지나친 한 측면을 강조하면서 오류에 빠지는 것을 막을 수 있는 신학적 관점을 제시한 데 있다.

셋째, "종말론적 성령론"이다. 최윤배가 말하는 "종말론적 성령론"은 현요한의 주장을 따라서 성령의 일반 사역과 특별 사역이 만나는 지

---

99 최윤배, 『성령론 입문』, 104.
100 위의 책, 106. 『개혁신학 입문』, 429.
101 최윤배, 『성령론 입문』, 107.
102 위의 책, 109-110.

점이다. 종말에 성령은 지금 성도와 교회에 시작하신 구원 사역을 완성하실 것이며 피조물 전체를 또한 회복시킬 것이다. 종말론적 성령론은 한편에서는 성령의 역사를 지나치게 긍정하여 지상이 유토피아가 되는 하나님 나라와 세계의 동일시의 경향을 반대하며 성령의 역사를 지나치게 약화시켜 현세의 변혁하는 능력을 부정하면서 내세론적 종말론에 빠지는 것에도 반대한다.[103] 깔뱅의 말처럼 성령은 미래 삶의 묵상을 통한 세상 경멸의 영성을 가지게 한다. 즉 세상을 부정하고 떠나기 위해서가 아니라 변혁시키기 위해서 세상 경멸을 한다. 세상 경멸을 통한 세상 변혁의 능력은 장차 올 세상에 대한 소망에서 온다.[104]

4. 온전한 기독교 구원론의 제시

춘계 이종성은 한국신학자로서 기념비적인 저술인 조직신학대계 14권을 저술했다. 하지만 이종성은 구원론의 주제를 직접적으로 다루지 않았다. 단지 조직신학대계 1권 『신학서론』 안에서 한 주제로만 다루었다.[105] 최윤배는 『구원은 하나님의 은혜의 선물』이라는 단행본을 저술했다. 구원론에 대한 저술들이 이 주제의 비중에 비해 미비한 수준으로 다루어졌다는 사실이 책의 저술 동기였다. 책의 1부에서 구원론에 대한 예비지식을, 2부에서 구원의 순서를, 나머지 3부에서 6부까지는 개별 신학자들의 구원론을 다루었다.

먼저 최윤배에게서 구원이란 죄, 죽음, 사탄, 악을 완전하게 패배시키는 것으로서 이는 이방인을 포함하기에 이스라엘을 넘어서며, 전 우

---

103 위의 책, 113.
104 김선권, "깔뱅이 말하는 "잘 정돈된 삶"으로서의 기독교인의 삶의 방식," 『한국개혁신학』 42 (2014), 26.
105 이종성, 『신학서론』(서울: 대한기독교서회, 1993), 258-297.

주를 포함하기에 인류를 넘어선다. 이것이 구체화되는 것으로서의 구원은 하나님과의 관계의 회복, 타자와의 관계의 회복, 다른 피조 세계와의 관계의 회복이다.[106] 이러한 이유에서 구원은 화해의 성격을 담고 있다.

화해는 은사적 측면과 과제적 측면으로 구별된다. 은사적 측면은 화해의 주체가 누구냐를 말한다. 그 주체는 "자유롭고 주권적인 은혜와 사랑"을 가진 하나님이다.[107] 이러한 은사적 측면에서 강조되는 것은 하나님의 선택이다. 이 선택이 구원의 궁극적 원인이다. 이것의 실현은 구원의 내용적 원인으로서의 예수 그리스도의 사역과 구원의 도구적 원인으로서의 성령의 사역에 의거한다. 전자가 내재적 삼위일체 하나님 안에서의 구원 계획이라면, 후자는 경륜적 삼위일체의 하나님의 사역을 통해 현실이 되고 완성되는 것이다.[108]

화해의 과제적 측면은 화해의 직분을 받은 자들이 "화해의 말씀과 성령을 통해 선교적으로 그리고 종말론적으로 화해를 선포하고 실천하는" 것이다.[109] 하나님과 화해되어 죄와 율법의 저주로부터 구원과 해방을 받은 그리스도인은 사회적, 경제적, 정치적, 우주적 차원에서 공의와 사랑과 자유와 해방을 통한 화해를 실현시켜야 한다. 이것이 화목의 직분을 가진 그리스도인의 화해의 과제이다.[110] 이러한 관점은 밀리오리가 말한 성례전적 교회의 특징과 연결된다. 밀리오리는 "예배와 증언과 섬김을 행하는 교회가 예수 그리스도 안에서의 하나님의 은혜의 지속적인 현존을 드러내는 표지"임을 말했다.[111] 성례전이 그리스도를 드러내는 것처럼 그리스도인들도 성례전적 방식으로 그리스도의 현존을 세상에

---

106 최윤배, 『구원은 하나님의 은혜의 선물』, 19.
107 위의 책, 33.
108 위의 책, 45.
109 위의 책, 33.
110 위의 책, 34-36.
111 밀리오리, 『기독교 조직신학 개론』, 448.

드러내는 것이다. 그리스도의 현존을 교회의 증언을 통해 그리고 성도의 몸과 몸의 활동을 통해 나타내고 드러내는 것, 이것이 화해의 과제이다.

최윤배에 의하면 구원 순서에 대하여, 루터파와 개혁파 개신교 정통주의자들은 시간적/단계적으로 이해했지만 종교개혁자들은 신학적/논리적으로 이해했다. 최윤배는 후자를 따른다. 하지만 신학적/논리적 구원 순서 안에도 무엇이 앞서거나 뒤에 놓여야 하는지가 분명한 것들이 있다. 예를 들면 칭의와 성화가 그리스도와의 연합 안에서 이중 은혜의 결과로서 동시적으로 주어질지라도 성화는 칭의에 앞서지 못한다. 회개는 소명을 앞서지 못하고, 견인은 구원 서정에서 첫 단추가 아닌, 마지막 단추에 해당된다.[112]

최윤배는 구원론에서 논쟁이 되고 있는 부분을 다룬다. 즉 구원의 대상이 누구인가이다. 이 질문은 달리 말하면 그리스도의 속죄의 범위는 어디까지인가의 물음이다. 이는 "제한속죄론", "만유화해론", "조건부 구원론", "만유구원론" 등으로 세분화 될 수 있다. 비록 최윤배가 직접적으로 이 부분에 대한 자신의 입장을 내세우지 않았지만 제한속죄론에 속한 것으로 보인다. 그는 만유화해론과 만유구원론적 입장보다는 최종적으로 천국과 지옥, 영생과 영벌이라는 이중적 결과를 지지한다.[113] 속죄의 범위의 문제와 관련해서 구원은 상실될 수 있는가의 문제가 함께 사유된다. 최윤배는 이 문제에 있어서 "각 교단이나 개인이 가지고 있는 신앙적·신학적 입장에 따라 첨예하게 대립되고, 모두가 나름대로의 성경적 논리를 가지고 각자의 입장을 견지하고 있다"라고 적시한다. 개혁교회의 입장은 하나님의 은혜를 더욱 강조하고, 웨슬리안적·오순절주의적 교회는 하나님의 은혜를 내세우지만 인간의 자유의지를

---

112 최윤배, 『구원은 하나님의 은혜의 선물』, 43.
113 위의 책, 54, 133.

상대적으로 더 부각시킨다.[114] 구원의 대상, 속죄의 범위, 성도의 견인의 문제는 예정의 빛에서 다루어진다. 최윤배는 구원의 서정을 신학적/논리적 순서로서 소명, 중생, 신앙, 회개, 칭의, 성화, 영화, 견인, 예정선택으로 정했다. 예정이 소명에 앞서지 않고 순서의 마지막에 놓인다. 그 이유는 무엇인가? 첫째는 그 자신이 개혁전통을 선호하면서도 성경과 기독교가 허용하는 복음주의와 에큐메니칼 관점을 수용했기 때문이다. 예정의 문제를 책을 읽는 독자의 선택으로 둔 것이다. 둘째는 예정을 형이상적인 사색의 문제로 놓지 않았기 때문이다. 우리 편에서 예정은 후험적으로 접근된다. 그러므로 최윤배는 신론에서 예정론을 다루지 않고 구원론의 마지막에 예정론을 위치시킴으로써 선택에 대한 확신, 다른 말로 구원의 확신을 소명, 중생, 신앙, 회개, 칭의, 성화와 같은 신앙의 체험 안에서 파악하게 한 것이다. 예정이 시간적 순서로는 맨 앞에 올 수 있을지 모르지만, 신앙의 차원에서는 일련의 신앙 경험 후에 오는 것으로서 자비롭고 은혜로운 선택이 신앙으로 이끌었음을 고백하게 한 것이다.

구원의 범위 문제는 논쟁이 되지 않는다. 영혼구원이 매우 중요하지만 그렇다고 해서 영혼구원이 구원의 모든 것은 아니기 때문이다. 영혼을 포함하는 전인으로서의 몸의 구원이다. 그리고 이 구원은 "신령한 몸의 부활이라는 최종적인 개인구원은 물론, 사회구원, 자연구원 등을 포함하는 포괄적 구원개념으로서의 하나님의 나라"에 관계한다.[115]

최윤배는 구원과 상급의 문제도 다룬다. 이 주제는 신앙생활에서 지극히 현실적인 문제이다. 기독교적 선행의 동기를 상급으로 두는 경우가 있다. 또 반대로 상급은 없다고 주장하기도 한다. 하지만 개혁신학 입장에서 상급은 존재하며 그럼에도 불구하고 공로로 주어지는 것은 아

---

114 위의 책, 55.
115 위의 책, 54.

니다. 즉, 선행의 직접적 결과는 아니다. 하지만 상급은 선행과 무관하게 주어지는 것도 아니다. 이 점에서 최윤배는 "상급을 우리의 공로로 근거지우거나 환원하는 것도 그리고 상급 자체를 부정하는 것도 성경적이지 않다"고 주장한다. 신자는 상급을 선행을 북돋우는 교육적 차원에서 인식해야 하며, 공로와 대가로 주어지는 것이 아닌, 하나님의 은혜로서 베풀어짐을 믿고 선을 행하되 더욱 겸손하게 주를 의지하면서 행해야 한다.[116]

V. 나오는 말

이 글은 최윤배의 생애와 사상에 관한 것이다. 한국기독교역사는 유럽과 미국에 비해서는 현저하게 짧다. 하지만 신학자에 있어서는 결코 뒤지지 않는 신학자들이 많이 배출되었다. 최윤배는 김명용이 말한 것처럼, 네덜란드에서 개혁신자들의 신학과 사상을 깊이 연구한 신학자이다. 그로 인해 한국 장로교회와 개혁신학의 미래는 밝다.[117]

최윤배는 갑작스러운 회심 후에 하나님의 말씀으로 가르침을 받았고 사역으로의 회심을 받으면서 과학도에서 신학도 그리고 개혁신학에 정통한 신학자가 되었다. 그는 신학자와 교수이지만 또한 목사였기에, 말씀의 부름이 있는 곳 어디에든 그 자리에 있었다. 부흥사와 같은 열정적이고 뜨거운 강의로 "많은 학생들을 감화 감동시키는 신학적 실존이

---

116 위의 책, 59-60.
117 김명용, "내가 본 최윤배 교수," 『한국기독공보』(2002. 2. 26).

무엇인가를 가슴으로 가르친" 교수이다.[118] 갑작스러운 회심 체험은 그의 신앙과 신학을 떠받드는 대들보였기에 이 모든 사역의 결과는 주의 은혜였다. 최윤배는 영혼과 가슴이 뜨거웠고 하나님의 선물로 받은 이성은 차분하고 성실했다. 많은 저작들을 남기면서 한국신학계와 교회에 좌로나 우로 치우지지 않는 신학과 신앙을 형성하게 했다. 그는 조직신학이 이론 중심의 신학으로 생각하여 현실과 동떨어진 신학이라는 오해를 해소하고자 하는 노력을 많이 기울였다. 이 점에서 그는 실천적 조직신학자이다.

최윤배의 신학에 일괄적으로 나타나는 특징은 양극단을 피하고 중재와 균형을 유지하는 것이다. 그는 보수적인 신앙과 신학을 토대로 하면서도 진보적인 신학에서 유익한 것을 찾아낼 줄 알았다. 개혁주의 신학을 따르면서도 웨슬리나 다른 개신교 신학과 대화를 추구하는 에큐메니칼 신학자였다. 최윤배의 신학이 개혁,장로교라는 교파성을 가지고 있음에도, 교파성에 갇히지 않는 방식을 추구했기에, 다른 신학 전통에서도 유익을 얻을 수 있었다. 유럽 신학 전통에서 신학의 원천을 찾으면서도 사대주의에 빠지지 않고 한국신학자의 사상과 목회자의 신학을 괄목하게 연구를 했다. 그는 목회자들의 설교에서 신학을 뽑아내는 연구를 통해 목회와 설교에도 신학이 중요함을 보여 주었다.

최윤배의 신학사상은 근본적으로 장로교적이다. 그리하여 그는 장로교 정체성 확립을 위해 장로교 신학과 직제 연구를 했다. 또한 그는 그리스도와 성령의 관계성의 중요성을 역설했다. 그가 말한 기독론은 "성령론적 기독론"이요 성령론은 "기독론적 성령론"이다. 그리스도와 성령이 떨어질 수 없다는 것은 그에게서 신학적 공리이다. 최윤배는 성령의 일반사역을 "성부의 영과 영원한 말씀의 영"의 사역으로, 성령의 특별사역을 "성부의 영과 중보자의 영"의 사역으로 보았다. 그는 성령의

---

118 위의 글.

특별사역에 있어 "구원론적 성령론", "교회론적 성령론", "종말론적 성령론"을 그 특징으로 보았다. 이러한 성령의 이해는 성령이 구원의 주도권을, 교회에 대한 통치권을 가지고 있으며 일반사역과 특별사역이 종말론적 지평 하에서 만남을 주장하는 것이다. 최윤배는 온전한 기독교적 구원론을 제시한다. 구원의 순서에 있어서는 시간적/단계적 순서가 아닌, 신학적/논리적 순서로서 이해하며 그럼에도 불구하고 시간적 순서에서 분명하게 앞서거나 뒤서는 것은 존재한다. 속죄의 문제는 제한속죄를 따르지만 다른 교회 전통에 대해 사유의 가능성을 열어둔다. 그리하여 예정을 구원 순서의 첫째가 아닌 마지막에 두었다. 심판의 이중결과를 인정하고 천국에서 상급을 부정하지 않으면서도 공로가 아닌 하나님의 은혜에 근거하게 하여 성도의 교육적 차원에서 강조하게 했다.

최윤배는 학교 교정을 떠난 후에 해야 할 과제를 분명하게 알고 있었다. 첫째 과제는 마르틴 부처의 『에베소서 주석』을 번역하는 것이며, 두 번째는 보다 많은 시간과 열정이 소모되는 개혁신학적 관점에서 본 로마천주교회에 대한 연구이다. 정통 개혁주의신학자가 로마천주교회를 연구한다면 어떤 관점에서 로마천주교회 신학을 대해야 하는지 표준을 제시해 줄 것으로 보인다.

참고문헌

밀리오리 다니엘. 『기독교 조직신학개론』. 신옥수 · 백충현 역. 서울: 새물결플러스, 2014.

김균진. 『기독교조직신학(III)』. 서울: 연세대학교출판부, 1987.

김명용. "내가 본 최윤배 교수." 『한국기독공보』(2002.2.26.).

김선권. "칼뱅의 교회론과 설교 - 그리스도와의 연합을 중심으로." 『조직신학연구』 21 (2014), 105-134.

_____. "칼뱅이 말하는 "잘 정돈된 삶"으로서의 기독교인의 삶의 방식." 『한국개혁신학』 42 (2014), 8-37.

_____. "칼뱅의 교회정치와 협의체." 『영산신학저널』 51 (2020), 95-128.

김성진. "21세기 신학자, 서울장신대 최윤배 교수." 『한국기독공보』(2000.2.26).

몰트만 위르겐. 『생명의 영』. 김균진 옮김. 서울: 대한기독교서회, 1992.

임희국. 『동신교회 겨자씨 신앙운동 50년: 동신교회 50년사』. 서울: 동신교회, 2006.

최윤배. 『잊혀진 종교개혁자 마르틴 부처』. 서울: 대한기독교서회, 2012.

_____. 『칼뱅신학 입문』. 서울: 장로회신학대학교출판부, 2012.

_____. 『영혼을 울리는 설교』. 서울: 킹덤북스, 2012.

_____. 『성경적 · 개혁적 · 복음주의적 · 에큐메니칼적 · 기독교적 조직신학 입문』. 서울: 장로회신학대학교출판부, 2013.

_____. 『개혁신학 입문』. 서울: 장로회신학대학교출판부, 2015.

_____. 『구원은 하나님 은혜의 선물』. 서울: 킹덤북스, 2016.

_____. "헨드리꾸스 베르꼬프의 성령론과 기독론의 관계성 연구." 『신학논단』 31 (2003), 99-138.

_____. "죽산 박형룡의 구원론: 칭의와 성화를 중심으로." 『한국개혁신학』 21 (2007), 187-209.

_____. "박형룡의 개혁신앙: 칭의와 성화를 중심으로." 『한국개혁신학』 21 (2007), 187-209.

_____. "한경직의 성령신학." 『한국개혁신학』 23 (2008), 117-152.

_____. "정암 박윤선의 성령신학." 『한국개혁신학』 25 (2009), 34-83

_____. "대한예수교장로회총회 100년사: 조직신학의 어제와 오늘과 내일." 『장신논단』 44/2 (2012), 41-76.

_____. "장공 김재준 박사의 구원론에 관한 연구: 초기 신학사상(1926-1949)을 중심으로." 『한국개혁신학』 38 (2013), 51-80.

_____. "정유 이상근 박사의 구원론: 신약성서 주해 로마서를 중심으로." 78 (2014), 141-169.

_____. "칼빈주의자 이수영의 성령론에 관한 연구." 『조직신학연구』 22 (2015), 6-27.

_____. "칼빈과 칼빈주의자 이환봉 박사의 성경 계시 이해." 『갱신과 부흥』 16 (2015), 1-18.

_____. "춘계 이종성 박사의 구원론에 관한 연구." 『한국개혁신학』 47 (2015), 158-183.

_____. "김삼환의 특별새벽기도신학에 관한 연구." 『조직신학연구』 24 (2016), 118-129.

_____. "목회자 이수영과 그의 목회자관." 『한국개혁신학』 54 (2017), 81-109.

_____. "김세진과 한기원의 성령론에 관한 연구." 『교회와 신학』 82 (2018), 83-108.

_____. "한국에서 마르틴 부처(Martin Bucer)에 대한 연구사."『한국조직신학논총』51 (2009), 157-197.

책임편집 신옥수·김도훈·박성규·백충현.『현요한 교수 은퇴기념특집: 성령과 함께 걷는 신앙과 신학의 여정』. 서울: 태학사, 2019.

Doumergue Emile. *Le caractère de Calvin*. Carrères-sous-Poissy: La Cause, 2009.

Moltmann. Jürgen. *Dieu dans la création: Traité écologique de la création*. Paris: Les Editions du Cerf. 1988.

제9장

향목 최윤배의
개혁신학 방법론과 구조에 대한 연구

–

박준수

런던세인트앤드류스교회 위임목사, 박사

Ⅰ. 서론: 개혁신학으로의 여정

1. 개혁신학과의 조우

2002년도 장로회신학대학교에 최윤배 교수는 조직신학 교수로 부임을 하였고, 필자는 학부 신학과에 입학하였다. 당시 최윤배 교수는 학부수업을 하지 않았기에 입학 후 한동안 만할 기회가 없었지만, 3학년 때에 개혁교회와 관련된 수업을 수강하던 중에 마르틴 부처 Martin Bucer에 대한 발제를 맡게 되어, 그의 연구실로 찾아가 부처에 대한 가르침을 받으며 인연이 시작되었다. 비록 학부생이었지만, 그는 성심을 다해 지도해 주었다. 그가 제공한 자료를 가지고 부처와 칼뱅을 중심으로 종교개혁신학을 공부할 수 있었던 것은 신앙의 토대를 세울 수 있는 좋은 기회였다.[1] 특히 그의 "프로레고메나"*prolegomena*에 대한 논문은 당시 한숭홍 교수로부터 철학, 종교학, 역사학과 같은 일반학문에 많은 시간을 할애하던 본인에게 어떤 위치에서 이것들을 신학에 활용을 해야 하는지에 대한 귀중한 가르침을 주었다.[2] 비록 본인이 박사학위논문으로 개혁신학이 아닌 아우구스티누스와 공·맹자의 덕윤리에 대한 것으로 연구를 하였지만, 그를 통해서 동서양 비교 연구에서 기준을 얻었음을 부인할 수 없다.[3]

---

1   박준수, 『신학함의 새언약』(서울: 장로회신학대학교, 2005), 58-65.

2   최윤배, "개혁교의학'(Reformed Dogmatics)에서 '프로레고메나'(prolegomena) 개요," 『복음과 신학』 3권1호(2000).

3   JunSoo Park, "Confucian Questions to Augustine: Is My Cultivation of Self Your Care of Soul?," PhD diss. (The University of Edinburgh, 2016).

학부와 신학대학원을 다니는 동안 본인은 거의 대부분 한숭홍 교수의 연구실에서 상주하면서 그로부터 철학적 신학을 배우며 시간을 보냈다.[4] 그러던 중 2007년도에 그의 은퇴를 앞두고 은퇴논문집을 추진하게 될 때, 그 시작으로 최윤배 교수에게 그에 대한 글을 부탁하였는데 흔쾌히 "무극 한숭홍, 그에게는 무엇이 있는가?"란 제목의 글을 써주었다.[5]

신학대학원을 다니는 동안 최윤배 교수로부터 여러 필수과목을 수강하였는데 본인에게는 특별히 일반적으로 수강생들에게 주어지는 과제 대신에 중요 신학자의 원서를 주시며 독자적인 연구에 힘쓸 수 있도록 해 주셨으며, 그의 지도로 신학대학원 교역학석사학위[M.Div.] 논문을 작성하였다. 이를 통해 신학대학원을 마치고 목사 안수를 받은 후 바로 스코틀랜드 에딘버러대학교[University of Edinburgh] 신학부 박사과정에 들어갈 수 있었다. 한숭홍 교수가 자신의 연구실 열쇠를 본인에게 주어 항상 같이 있으며 대화를 통해 가르침을 주었던 것과 같이, 그도 본인에게 그의 연구실 열쇠를 주며 유학을 떠나기 전에 집중적으로 함께 시간을 가지며 많은 가르침을 본인에게 쏟아부어 주셨다. 이 시기에 그의 연구실에 그의 『개혁신학 입문』을 편집하는 것에 작은 기여하며 개혁신학적 사고를 증진시킬 수 있었다.[6]

본인이 스코틀랜드국교회 소속 세인트마이클교회[St Michael's Parish Church of Scotland Linlithgow]에서 부목사로 사역을 하면서도 박사과정을 4년 만에 마쳤는데, 그는 물심양면으로 여러 지원을 하였다.[7] 또한 그가 네덜란드 깜뻰[Kampen]에서 유학을 했던 것에 영향을 받아 본인도 박사논문을 제출하고서 헤르만 바빙크[Herman Bavinck, 1854-1921]가 교수로 있었던 네덜란드 깜

---

4   박준수 엮음, 『무극 한숭홍』(서울: 장로회신학대학교, 2005), 3.
5   최윤배, "무극 한숭홍, 그에게는 무엇이 있는가?," 신학춘추 53호, 2007. 4. 1.; 박준수, "무극 한숭홍의 사상체계론," 『한국신학의 지평』(서울: 선학사, 2007), 167-200.
6   최윤배, 『개혁신학 입문』(서울: 장로회신학대학교출판부, 2015), 10.
7   "박준수 목사 영국 런던에서 위임식 갖어," 예장뉴스, 2019. 10. 24. http://www.pck-goodnews.com/news/articleView.html?idxno=3378 (2020. 1. 15. 접속).

뻰 소재 "네덜란드개혁신학대학교"De Theologische Universiteit van de Gereformeerde Kerken in Nederland, Broederweg 소재에서 리서치 펠로우로 초빙이 되어, 연구하며 개혁신학을 한 번 더 흡수할 수 있었다. 무엇보다 장로교 본산지에서 박사학위를 받고서 한국인으로는 처음으로 런던 한복판에 위치한 영국개혁교회에 속한 세인트앤드류스교회St Andrew's United Reformed Church Balham 에서 영국인을 대상으로 담임목회를 하는 것에 대해 개혁신학자로서 그는 매우 가치 있는 일로 여겨주었다.

그가 본인에게 준 사랑과 헌신적인 가르침을 생각하면, 그의 은퇴를 맞이하여 그에 대한 단행본 정도는 작성하여 헌정을 해야 하지만, 은퇴논문집의 분량을 고려하여 그의 개혁신학의 방법론과 구조에 한정시켜 연구하도록 하겠다. 이를 위해 제1장에서는 그의 생애를 간략하게 다루고, 제2장에서는 한국장로교 조직신학사에서의 그의 위치를 다루고, 제3장에서 그의 신학방법론을 다루고, 제4장에서 그의『개혁신학 입문』을 중심으로 개혁신학의 구조를 다룬 후 제5장에서 결론을 맺겠다.

2. 전자공학도에서 개혁신학도로의 전환

향목香木 최윤배崔允培, Choi Yoon-Bae 는 1955년 12월 28일 경상북도 영양군 영양읍 감천2동 589번지에서 아버지 최동조崔東兆와 어머니 김목출金木㞰 사이에서 태어났다. 최윤배는 입암초등학교와 영양중학교 입암분교를 졸업하고, 대구에 있는 대건고등학교를 졸업했다.

그 후에 한국항공대학교 항공전자공학과를 졸업하고1979.2. , "디지탈회로 및 신호흐름도의 어드죠인트 회로와 센시티비티에 관한 연구"로 연세대학교 대학원 전자공학과를 졸업하였다. M.E., 1981.8. 그의 공학적 사고는 신학을 하는데 있어서 조직신학으로 가게끔 하였을 것이다.

그는 1976년 동대문에 있는 동신교회에서 한기원 목사로부터 세례를 받고, 1981년 목회자의 소명을 받은 후, 군복무 후에 장로회신학대학교 신학대학원에 1984년 3월에 입학하여 "깔뱅 Calvin 신학에 나타난 지식과 경건의 관계성 연구,"로 졸업을 하였다 M.Div., 1987.2. 그는 신학대학원을 진학하기 직전 해인 1983년 2월에 이은희 李恩姬 와 결혼하였고 딸 최기쁨과 아들 최소리를 낳았다. 동대학원에서 조직신학으로 "Gerrit Cornelis Berkouwer의 하나님의 형상이해"란 연구로 신학석사 학위를 받았다. Th.M., 1989.8.

3. 네덜란드에서의 유학

그는 1989년 대한예수교장로회 총회(통합) 서울강동노회(가을정기노회)에서 목사 안수를 받고, 1989년 12월 19일 아내와 두 자녀와 함께 네덜란드로 유학을 떠났다. 그는 "네덜란드 바이블벨트"8라고 불리우는 개혁교회 신학과 교회가 매우 강한 지역 중의 하나인 깜뻰 Kampen 에 있는 네덜란드개혁신학대학교 De Theologische Universiteit van de Gereformeerde Kerken in Nederland 에서 "헨드리쿠스 베르코프에게서 성령론과 기독론의 관계," De Verhouding tussen Pneumatologie en Christologie bij H. Berkhof,"라는 논문으로 독토란두스 Doctorandus = Drs. 학위를 받았다 1993.2. .

네덜란드기독교개혁교회의 목사이며 개혁신학의 대표적인 학자로 부처신학과 교회법 전문가인 빌름 판 어프 스뻬이꺼르 W. van 't Spijker, 1926- 교수의 지도아래 아뻴도룬 Apeldoorn 에 있는 네덜란드기독교개혁교회신학대학교 De Theologische Universiteit van de Christelijke Gereformeerde Kerken in Nederland 에서 "마르틴 부처와 칼뱅에게서 성령론과 기독론의 관계" De Verhouding tussen

---

8   박준수, "네덜란드 개신교회의 정치제도와 교회법에 대한 연구," 『개혁교회 전통의 교회법과 대한예수교장로회(통합)의 교회법에 대한 비교 연구』(서울: 총회한국교회연구원, 2017), 101-105.

Pneumatologie en Christologie bij Martin Bucer en Johannes Calvijn 라는 논문으로 신학박사학위 de geraad van Godgeleerdheid; Dr. theol. 를 받았다 1996.9.6. . 그의 박사학논문에서 한 걸음 더 나아가 마르틴 부처신학을 집대성하여 한국기독교학회 "제6회 소망학술상"을 받은 『잊혀진 종교개혁자 마르틴 부처』를 출판하였고, 스뻬이꺼르 지도교수는 이 책에 대한 추천사에서 "그의 박사학위 논문은 개혁신학의 심장부에 해당되는 주제와 관련된 바, 심도깊은 제1차 문헌연구와 광범위한 자료에 대한 지식에 근거할 뿐만 아니라, 여기에 못지않게 실존적 관련성에 기초하여 기술되었다."라고 말하며 그의 학문성을 높이 평가하였다.[9]

4. 신학교수로서의 삶

그는 박사학위를 받고서 후학 양성을 위해 다시 한국으로 돌아와 평택대학교[1997], 서울장신대학교[1998-2002.8]에서 가르쳤고, 2002년 9월부터 은퇴할 때(2021년 2월 28일에 정년은퇴 예정)까지 장로회신학대학교에서 조직신학 교수로 재직하였다. 그는 장로회신학대학교에서 교수로 있는 동안 도서관장, 장신대역사박물관장[2008-2010; 2016-2018], 신학과장과 신학춘추주간[2011-2013], 학생지원처장, 외국인학생지도교수[2014-2016], 재단법인 장신대장학재단 이사[2015-2019], 조직신학 주임교수[2017] 등의 보직을 맡았다.

그는 한국의 대표적인 개혁신학자로서 한국칼빈학회 Korea Calvin Society 회장과 한국복음주의조직신학회 Systematic Theology Division of Korea Evangelical Theological Society 회장을 역임하였다.

---

9   빌름 판 어뜨 스뻬이꺼르, "추천서," 최윤배, 『잊혀진 종교개혁자 마르틴 부처』(서울: 대한기독교서회, 2012), 11.

그는 개혁신학에 대하여 학술적인 면에서 탁월한 업적을 남겼는데 9권의 단독 저서, 2권의 단독 번역서, 60여 권의 공저, 20여 권의 책임 편집, 20여 권의 감수 활동을 하였고, 400여 편의 소논문을 발표하였다. 그는 그의 저서『잊혀진 종교개혁자 마르틴 부처』로 한국기독교학회의 "제6회 소망학술상", 그의 저서『깔뱅신학 입문』An Introduction to the Theology of John Calvin 으로 "2012년 신학 국내부문 최우수상"을 받았고, 그의 저서『개혁신학 입문』An Introduction to the Reformed Theology 로 "2015년 신학 국내부문 우수상"을 수상하였다. 그리고 최윤배는 한국기독교에서 수여하는 "2012년 올해의 저자상"을 수상하였다. 그의 저서에는 "입문"이란 단어가 많이 붙어 있는데 이는 그의 겸손한 학문의 자세일 뿐, 실제 그 깊이와 내용에 있어서는 단순한 소개를 넘어서 수준 높은 학문성이 담겨 있다.

II. 한국장로교 조직신학사에서의 위치

1. 『대한예수교장로회 신앙고백서』[1986] 채택 이전과 이후

2세기부터 8세기까지 사도전승을 바탕으로 이단과의 논쟁 속에서 기독교신학의 초석을 세운 교부敎父는 크게 325년에 열린 제1차 니케아 공의회 First Council of Nicaea 전후로 구분을 한다. 사도행전의 예루살렘 공의회 이후의 기독교 최초의 공의회로 인정받는 니케아 공의회는 니케아 신경을 채택하여 하나님과 예수 그리스도를 동질로 보지 않고 피조물로 보는 아리우스파를 이단으로 정죄하며 바른 삼위일체 교리를 세웠기에 교부신학을 나누는 분수령이 되었다.

교부신학을 니케아 공의회를 중심으로 나눌 수 있다면, 최윤배는 대한예수교장로회총회(통합) 신앙고백서들 속에 나타난 조직신학의 역사를 『대한예수교장로회 신앙고백서』[1986] 채택 이전과 이후 시기로 구분한다. 그에 따르면, "한국장로교회가 1895년에 발간된 『찬셩시』에 실린 『사도신경』을 공교회의 입장에서 받아들이고, 독노회가 1907년에 『12신조』를 채택하고, 대한예수교장로회총회가 『웨스트민스터 신앙고백』과 『대·소요리문답』에 기초한 교육에 빚져 오다가 비로소 1968년에 미국판 『웨스트민스터 신앙고백』과 『요리문답』을 채택함으로써, 『대한예수교장로회 신앙고백서』를 채택한 1986년 이전까지 총회는 보편교회 신앙과 개혁신앙 및 개혁신학 전통 속에 서 있었다"고 볼 수 있다고 본다.[10] 이종성에 따르면, 이것은 신학적으로 개방적 칼빈주의가 아닌 "핫지-훡필드-메이첸-레이놀즈-박형룡을 연결하여 내려온 보수적인 칼빈신학"이 한국에 들어와서 신학적 기반을 구축하게 되었다는 것을 보여준다.

최윤배는 1986년 9월 26일 제71차 총회가 마침내 우리 스스로 작성한 『대한예수교장로회 신앙고백서』[1986]를 채택한 것에 대해 높이 평가한다. 그에 따르면, 『대한예수교장로회 신앙고백서』[1986]는 사도신경, 웨스트민스터 신앙고백서와 소요리문답 및 12신조를 토대로 하고, 그간 총회가 채택 공포한 총회신학지침서(제68회 총회), 총회신학협의회 보고서(제65회 총회), 이단사이비지침서(제68회 총회), 그리고 역사적 개혁교회 신앙고백서들과 세계교회의 신앙고백서들을 참조하여 작성하였고, 거기에 현 한국교회의 시대성을 가미하여 완성한 총회가 만든 최초의 신앙고백서로서 앞서 작성된 총회의 신앙고백서들과 세계개혁교회의 신앙고백서들과의 연속성 속에 있으면서도 개혁파 정통주의신학 이후로 발전된 현대 개혁신학과 현대 복음주의신학과 에큐메니칼신학을 반영

---

10 최윤배, "대한예수교장로회총회 100년: 조직신학의 어제와 오늘과 내일," 『장신논단』 44(2012), 46.

하고 있다고 본다.[11] 이후 시대에 발맞추어 제82차 총회는 1997년 『21세기 대한예수교장로회 신앙고백서』와 예배용으로 사용하기 위하여 이 신앙고백서로부터 요약된 『21세기 대한예수교장로회 신앙고백서(예배용)』을 헌법 개정을 통하여 결의했다. 최윤배는 이 신앙고백서는 이전에 채택된 신앙고백서들과 "연속성"을 유지하는 동시에 "발전성"도 내포하고 있을 뿐만 아니라 중요한 고대교회 에큐메니칼 신조인 『니케아-콘스탄티노플 신조』[381]를 담고 있음으로 신학과 교회의 에큐메니즘을 회복시켰다는 점에서 높이 평가를 한다.[12]

최윤배는 『사도신경』[1895]을 비롯하여 총회가 채택한 신앙고백서들 『12신조』[1907], 『요리문답』[1647], 『웨스트민스터 신앙고백』[1647], 『대한예수교장로회 신앙고백서』[1986], 『21세기 대한예수교장로회 신앙고백서』[1997]을 통해 볼 때, "총회는 항상 성경의 절대권위를 견지하는 성서신학 전통과, 예수 그리스도의 복음전파를 강조하는 복음주의신학 전통과, 개혁교회 속에서 항상 발견되는 개혁신학 전통과, 공교회와 교회일치와 하나님 나라 선교를 강조하는 '에큐메니칼' 신학 전통이 발견된다"고 강조한다.[13]

이러한 맥락 속에서 최윤배는 총회 90주년을 맞이한 제86회 2002년 9월 총회에서 종교개혁 500주년을 앞두고 종교개혁자들의 신앙과 신학과 사상과 정신을 재조명하기 위해 결의되어 2003년부터 2012년 말까지 나온 『개혁신학과 교육시리즈(1), (2), (3), (4), (5/1), (5/2), (6)』에 적극적으로 기여한다. 이 시리즈 속에서 다수의 논문을 통해 그는 그의 전공인 종교개혁신학, 특히 개혁파 종교개혁신학(츠빙글리, 칼뱅, 부처, 불링거)을 출발점으로 개혁파 정통주의신학 시대를 거쳐 현대 개혁

---

11 최윤배, "대한예수교장로회총회 100년," 47.
12 위의 글, 47.
13 위의 글, 48.

신학에 이르기까지 500여 년간의 세계개혁교회의 역사와 신학 및 예배·예전과 직제를 탁월하게 기술한다.[14] 이는 그가 핫지-휏필드-메이첸-레이놀즈-박형룡을 연결하여 내려온 보수적인 칼빈주의와 달리 개방적 칼빈주의임을 보여준다.

2. 1959년 교단분열 이전과 이후

최윤배는 총회에 있어서 신학을 『대한예수교장로회 신앙고백서』[1986]을 기점으로 구분하였다면, 신학교육의 역사를 1901-1945년까지, 1945-1964년까지, 1964-현재까지로 나눈 이종성과 달리 그는 1959년 9월 25일 교단분열 이전과 이후 시기로 나눈다.[15] 장로회신학대학교 개교 초기부터 1959년 교단분열 이전까지 장로회신학대학교 조직신학은 대체로 『사도신경』의 보편교회 신앙과 『웨스트민스터 신앙고백』의 개혁파 정통주의 신학노선에 있었다. 이런 사실은 조직신학을 가르친 선교사들, 특히 이눌서와 구례인 박사와 한국 신학자 박형룡 박사와 그들이 주로 사용한 조직신학 교재 속에 나타난다.

조직신학 과목은 개교 초기에는 1916년 이후부터 1920년 초 이전까지는 주로 마포 삼열 박사에 의해서, 1924년부터 1937년까지는 이눌서 박사에 의해서, 1937년부터는 구례인 박사에 의해서 교육되었다. 해방될 때까지 장로회신학대학교의 조직신학 교재로 사용된 책은 1931년에 출판된 것으로 남경신학교와 북지나신학교 교수였던 중국신학자 가옥명賈玉銘, Chia Yu Ming의 저서로 이눌서가 전체를 감수하여 출판한 조직신학

---

14   위의 글, 48.
15   위의 글, 49; 이종성, " 신학교육의 역사," 장로회신학대학교 학도호국단 사회봉사부 편, 『신학방향』(1984), 7-21.

6권이다.[16] 이 책은 철저하게『웨스트민스터 신앙고백』의 내용을 따르던 침례교회의 스트롱의『조직신학』[1886]과 장로교회의 프린스턴신학교 교수인 핫지[C. Hodge]의『조직신학』세 권[1871-1873]에 근거하여 중국식으로 착색된 것으로 한국장로교회의 신학은 처음부터『웨스트민스터 신앙고백』을 따랐는데 모든 신학적 용어는 이눌서의 번역에 의존했으며, 그의 입을 통하여 "칼빈주의"와 "정통주의"가 한국장로교회에 전래된 것을 고려할 때 이눌서는 "한국 장로교회(예장)의 신학적 건축자"였던 셈이며, 이눌서에 의해서 뿌려지고 다듬어진 "장로교회의 신학(개혁주의적 정통주의)은 그 후 박형룡에게 계승되었다.[17] 1892년에 입국하여, 1896년에 신학교육정책을 마련하고, 1912년에 독노회장이었던 이눌서 박사는 평양신학교에, 조직신학 담당 교수로 초빙된 이눌서는 1924년부터 사역을 시작하여 1937년까지 그 직책을 수행하였다. 구례인[具禮仁; John Curtis Crane]은 1913년 남장로교의 선교사로 내한한 순천 매산학교 설립책임자였고, 1937년에 이눌서를 계승하여 장로회신학대학교에 조직신학 교수로 부임했고, 1956년 선교사직에서 은퇴 후 미국으로 귀국했다. 그의 1954년의 저서는 한글로『조직신학 상권[上卷]』[1954]과『조직신학 하권[下卷]』[1955]으로 번역되었다. 개혁주의 수호자와 투사 혹은 분리주의적 근본주의자로 평가를 받는 한국 신학자인 박형룡[1897-1978] 박사는 1928년부터 임시교수로 시작하여 1934년부터 전임교수가 되어 1959년 교단분열 이후 장로회신학대학교에서는 더 이상 가르치지 않았는데 그는 특별히『기독교근대신학난제선평』[1935]과『교의신학』7권[1977]을 저술하였다.[18]

　　1959년 교단 분열 이후 장로회신학대학교의 조직신학은 교단분열 이전의 전통을 본질적으로 그대로 계승하면서도 개혁파 종교개혁자 칼

16　최윤배, "중국인 가옥명(賈玉銘; Chia Yu Ming, 1879-1964)의 성령론 연구: 구원론을 중심으로,"『한국개혁신학』39(2013), 129.

17　최윤배, "대한예수교장로회총회 100년," 50.

18　최윤배, "죽산 박형룡의 구원론: 칭의와 성화를 중심으로,"『한국개혁신학』21(2007), 181.

뱅의 신학과 개혁파 정통주의 이후 발전된 현대 개혁신학과 현대 복음주의신학과 에큐메니칼신학이 성경과 복음신앙의 관점에서 비판적으로 수용된 폭넓은 조직신학으로 형성이 되는데 이 과정에 있어서 이종성은 지대한 기여를 하였다. 한국장로교회의 신학을 크게 세 가지로 분류할 때, 박형룡은 대한예수교장로회총회 "합동측"의 신학을, 이종성은 대한예수교장로회총회 "통합측"의 신학을, 김재준은 한국기독교장로회총회의 신학을 대변할 수 있는데 박형룡의 신학은 옛 프린스톤의 신학자들C. Hodge, A. A. Hodge, B. B. Warfield과 메이첸Machen과 뻘콥L. Berkhof으로 연결되는 신학선상에 있는 개혁교회의 신학 가운데 근본주의 성향이 아주 강한 극단적으로 보수주의적인 개혁신학이며, 김재준의 신학은 바르트의 신학적 영향을 많이 받은 신학이지만, 이종성은 이 근본주의와 자유주의의 한계를 넘어서 개혁신학의 중심부에 존재하고 있는 신학이다.[19]

이종성은 1966년 3월 1일부로 조직신학을 가르치는 장로회신학대학교 교수 겸 학감으로 임용된 후, 1971년 5월부터 1983년까지 제10대, 제11대, 제12대 학장을 역임했고, 1987년 8월 31일에 정년퇴임했다. 그가 1975년부터 1993년까지 18년 동안 완간한 『조직신학대계』 12권이 포함된 『춘계이종성저작전집』 40권이 2001년에 발간되었다. 40권의 각권 서두 "저작전집 40권을 내면서"에서 이종성 박사는 자신이 지금까지 추구하고 노력했던 신학은 "통전적이고 열린 복음주의와 열린 보수주의 신학"이라고 말한다. 그는 "성서적이고 복음적이며 은총주의"적인 신학이라는 점에서 1900년의 기독교 역사에서는 물론 자신에게 가장 큰 영향을 미친 세 신학자들로서 아우구스티누스와 칼뱅과 바르트를 손꼽았다. 즉, 이종성은 아우구스티누스의 고대 교부전통과 깔뱅과 바르트의 개혁신학 전통에서 신학을 하였다.[20]

---

19 최윤배는 김재준에 대해서 자유주의자로만 매도해서는 안된다고 말한다. 최윤배, "장공 김재준 박사의 구원론에 관한 연구: 초기 신학사상(1926-1949)을 중심으로," 『한국개혁신학』 38(2013), 51.

하지만, 아쉽게도 이종성 이후의 장로회신학대학교의 조직신학 교육에서 아우구스티누스의 고대 교부전통은 거의 발전되지 못하였고, 바르트 계열의 신학으로 경도되는 면이 많았다. 프랑스 스트라스부르그대학교에서 칼뱅은 연구하여 박사학위를 한 이수영은 "자칭 중도 온건 보수신학"을 표방한 대한예수교장로회(통합) 교단의 목회자들이나 신학자들에게 역사적歷史的 개혁신학改革神學에 대한 지식이나 연구가 절대적으로 부족하다"고 지적하고, 1984년부터 2000년까지 재직하는 동안 칼뱅신학의 부흥의 터전을 마련한 후, 목회지로 자리를 옮겼다.[21]

이러한 상황 속에서 최윤배는 2002년에 장로회신학대학교에 조직신학 교수로 부임하여 은퇴할 때까지 이종성 이후에 실질적으로 역사적 개혁신학을 발전시켰다. 칼뱅과 부처의 성령론에 대한 전문가로서 그는 개혁전통과 복음전통의 신학방법론을 가지고 개혁전통이 담겨 있는 500년의 역사를 가진 "역사적 개혁신학"에 대한 관심으로 종교개혁신학, 개혁파 종교개혁신학(츠빙글리, 칼뱅, 부처), 개혁파 정통주의신학(바빙크, 헤페; 17세기 개혁교회 신앙고백서들; L. 베르꼬프), 신칼빈주의신학(까이뻐, 니버), 개혁파 현대신학(바르트, 베버, 베르까우어, H. 베르꼬프, 토랜스, 몰트만 등)을 연구하고, 그리스도론과 성령론을 "보편교회적이면서도 개혁신학적" 토대 위에 성경적·개혁신학적·복음주의적·에큐메니칼적 신학 안에서 저술하였다.[22]

---

20   최윤배, "대한예수교장로회총회 100년," 54.
21   이수영, 『개혁신학과 경건』(서울: 장로회신학대학교출판부, 2006), 392-95; 최윤배, "목회자 이수영과 그의 목회자관," 『한국개혁신학』 54(2017), 81.
22   최윤배, "대한예수교장로회총회 100년," 62.

Ⅲ. 신학방법론

1. 교의학적 · 공시적 방법과 역사적 · 통시적 방법

최윤배는 『개혁신학 입문』에서 개혁신학을 연구하는 방법에는 조직
신학적 방법과 역사신학적 방법이 있다고 말한다. 조직신학자는 교의학
적 · 공시적敎義學的 · 共公時示的 방법synchronic; synchronos인 전자를 필수적으로 사
용하고, 역사신학자는 역사적 · 통시적歷史的 · 通時的 방법diachronic; diachronos인
후자를 필수적으로 사용하는데 그는 이 둘을 병용하여 사용한다.

신학방법론의 측면에서 보다 구체적으로 이 점을 보기 위해서는 그
의 삶의 자리인 대한예수교장로회(통합)을 먼저 이해할 필요가 있다. 최
윤배는 대한예수교장로회(통합)에 "대한은 우리 교회와 신학의 삶의 자
리Sitz im Leben로, 예수교는 공간과 시간 등을 초월하여 모든 성경적, 기독
교적인 것을 아우를 수 있는 보편적 기독교회로, 장로회는 기독교회의
다른 다양한 전통들과 관계를 가지면서도 나름대로 차별화된 독특성을
가진 개혁장로교회로, 통합은 "부끄러운 이름 통합"이 아니라, 합법적
인 이름으로서, 통일시켜서 하나가 되게 하는 통합統合"으로 해석하며
"① 본 교단은 보편적, 기독교적이어야 한다. ② 본 교단은 개혁장로교
적이어야 한다. ③ 본 교단은 삶의 자리를 중요시해야 한다. ④ 본 교단
은 통일성을 지향해야 한다"고 주장한다.[23]

대한예수교장로회(통합)의 교단 마크에 "도형으로 사용된 십자가는
그리스도의 구속의 역사, 곧 기독교를 상징하며, 두루마리는 하나님의
말씀과 한반도를 상징한다. 또 십자가는 붉은 색을 사용하여 그리스도
의 보혈인 동시에 구속의 은총을 나타내며, 두루마리는 녹색을 사용하

23　최윤배, "21세기 교단신학의 정체성," 『장신논단』 28(2007), 97.

여 한국장로교회의 소망과 의지를 뜻한다. 전체적으로는 그리스도의 보혈에 의한 구속의 역사에 기초하여 한국을 복음화하고 나아가 한반도를 넘어서 전 세계에 복음을 증거하려는 우리 총회의 소망과 의지를 나타내고 있다"고 말하며 "① 본 교단은 그리스도의 십자가의 보혈과 구속의 은총과 하나님의 말씀을 강조하는 기독교에 속한다. ② 본 교단은 한반도에 있는 교단이다. ③ 본 교단은 장로교회에 속한다. ④ 본 교단은 한국복음화와 세계복음화의 사명을 가지고 있다."고 주장한다.[24]

2. 개혁전통방법론

이러한 맥락에서 최윤배는 21세기 대한예수교장로회(통합) 교단신학의 정체성은 "개혁전통改革傳統과 복음전통福音傳統"의 신학방법론에서 이루어져야 한다고 본다. 그에게 있어서 개혁전통은 교단신학이 지향해야 할 특수성을 반영하고, 복음전통은 모든 기독교 신학과 함께 추구해야 할 본 교단신학의 보편성을 반영한다고 본다. 그는 개혁교회 장로교회의 전통 속에서 복음주의 전통 곧, 성경중심의 신앙과 신학과 목회"를 지향하고자 한다.[25] 즉, 그의 신학방법론의 두 축은 개혁전통과 복음전통의 융합이라고 볼 수 있다.

먼저 최윤배에게 있어서 개혁전통이란 무엇인가? 그는 개혁전통을 16세기 종교개혁 운동부터 시작하여 교회적인 계보와 신학적인 계보로 분류하여 본다. 교회적 계보로 보았을 때, 독일 중북부의 루터 중심으로 전개된 종교개혁 운동은 오늘날 '루터교회' 전통(루터, 멜랑흐톤, 『아욱스부르크 신앙고백, 1530』, 『협화신조, 1557』)으로 계승되었고, 독일 남부(스트라스

---

24 위의 글, 97.
25 위의 글, 99.

부르의 마르틴 부처)와 스위스(쮜리히의 쯔빙글리와 불링거, 즈네브의 파렐과 칼뱅)를 중심으로 전개된 종교개혁 운동은 유럽 대륙에서는 칼뱅과 베자 Theodore de Beze를 거쳐서 '개혁교회'Reformed churches로 명명되어 계승되고 있고, 영국에서는 칼뱅과 녹스John Knox를 거쳐서 '장로교회'Presbyterian churches 로 명명되어 현재까지 이어지고 있다. '개혁전통'은 칼뱅에 의해서 집대성되어 유럽대륙에서는 베자를 거쳐 스위스(『즈네브 요리문답, 1537/1542』), 프랑스(『프랑스신앙고백, 1559』), 네덜란드(『네덜란드신앙고백, 1561』) 등에서 꽃을 피웠고, 영국과 스코틀랜드에서는 녹스를 거쳐 장로교회로(『웨스트민스터 신앙고백, 1648』, 『스코틀랜드 제일신앙고백, 1560』) 꽃을 피웠는데, 때로는 정통주의 형태로, 때로는 경건주의 내지 청교도주의 형태로 나타나기도 했다.[26]

신학적인 계보로 볼 때, 개혁전통의 근원을 형성한 16세기의 개혁파 종교개혁자인 쯔빙글리[1484-1531], 부처[1491-1551], 칼뱅[1509-1564]의 전통은 17세기의 개혁파 정통주의나 청교도주의 및 개혁파 경건주의에 의해 계승되었고, 18-20세기 개혁파 정통주의 신학은 미국 프린스턴신학교의 찰스 하지[1797-1878]와 아키발더 하지[1823-186]나 벤쟈민 워필드[1851-1921]와 네덜란드 계열의 미국의 루이스 베르꼬프[1873-1957]의 『조직신학』이나 네덜란드의 헤르만 바빙크[1854-1921]의 『개혁교의학』과 아브라함 까이뻐[1837-1920]나 독일의 헤르만 헤페의 『개혁교의학』[1861]에서 나타난다. 20세기와 21세기의 현대신학에서 대표적인 개혁파 신학자는 스위스의 칼 바르트[1886-1968], 에밀 브룬너[1889-1966], 오토 베버[1902-1966], 위르겐 몰트만[1926-], 네덜란드의 꼬르넬리스 베르까우어[1903-1996]와 헨드리꾸스 베르꼬프[1814-1995], 영국의 토마스 토렌스[1913-], 체코의 얀 로흐만[1922-2004], 미국의 라인홀더 니버[1892-1971], 존 리스, 헤셀링크 등으로서, 최윤배는 "세계적으로 걸출한 신학자들의 대부분은 개혁전통에 서 있는 신학자들"이라고

---

26   위의 글, 102.

본다.[27]

최윤배는 개혁전통에 선 개혁신학의 특징을 "① 말씀 중심(성경의 절대권위, 복음과 설교의 중요성) ② 삼위일체 하나님 중심(하나님의 절대주권, 하나님의 통치, 은총, 위엄과 신비에 대한 강조와 찬양) ③ 예정론 ④ 그리스도 중심 ⑤ 인간의 피조성과 죄성 및 인간의 구원의 강조 ⑥ 교회 공동체 강조(보편교회, 교회질서, 치리, 목회적 돌봄, 예배, 신앙고백, 기도) ⑦ 개인윤리(제자도, 훈련, 단순성)와 공동체 윤리의 강조(언약, 문화변혁 및 역사적 책임 등) ⑧ 하나님의 나라의 선포와 실천(종말론적 관점)의 강조"라고 말한다.[28]

3. 복음전통방법론

개혁전통과 더불어 최윤배에게 있어서 복음전통이란 무엇인가? 그는 복음주의에 대한 역사적歷史的 원천으로 ① 16세기 종교개혁 ② 청교도 운동 ③ 경건주의 운동을 제시한다.[29] 첫째, 그는 종교개혁자 루터와 깔뱅 등은 더욱 성서적인 입장에서 교회의 구조, 교리, 영성을 개혁하려는 열정을 보여 주었고 그들의 지적 일관성, 목회적 관심, 그리고 실천적 지혜는 종교개혁으로부터 태동된 교회들이 성서에 확고하게 근거하면서도 학문적으로 신뢰할 만하고, 목회적으로도 타당한 모습을 갖추도록 해주었다고 본다. 그는 오늘날 복음주의가 '이신칭의' 교리와 '오직 성서'의 원리 등과 같은 종교개혁의 중심 주제를 확고히 붙잡으려고 하기 때문에, 종교개혁은 복음주의의 초점과 결정적인 표준으로서 복음주의 의식 속에 깊숙이 자리 잡게 되었다고 본다. 하지만, 이들이 현대적

---

27 위의 글, 103.
28 위의 글, 110.
29 위의 글, 117.

인 의미에서 선교를 놓치고 있는 점은 간과해서는 안 된다고 말한다.[30] 둘째, 그는 복음주의에 대한 청교도의 영향은 상당하였다고 말한다. 심지어 아르미니안주의적 신학을 가진 웨슬리John Wesley 조차도 루터와 칼뱅 그리고 청교도주의자 존 오웬John Owen 등의 영향을 받아서, 그에게 영향을 끼친 기독교 도서목록 속에 많은 청교도 작가들의 저작을 포함시켰다. 사실 18세기 영국의 복음주의적 부흥운동이 17세기의 청교도 운동의 기반 위에서 세워졌다고 할 충분한 이유가 있다. 17세기의 영국 복음주의 내에서 청교도 운동이 차지했던 뚜렷한 위치에도 불구하고, 청교도 운동의 영적, 지적 절정기는 18세기 뉴잉글랜드 신학자 조나단 에드워즈Jonathan Edwards, 1703-1758 의 목회와 저작에서 이루어졌다고 일반적으로 알려져 있다. 셋째, 그는 17세기 후반기 동안 독일의 많은 루터교도들이 당시 루터교회의 영적 상태에 대하여 걱정하는 상황에서 나온 경건주의 운동을 말한다. 그 교회들은 교리적으로는 정통을 따르고 있었지만, 영적인 따스함이 결여된 채 공동체 삶 속에 그리스도가 임재하신다는 분명한 증거가 부족한 듯하였다. 루터교 정통주의는 지성적인 면에서는 탁월하였지만, 따스한 종교적 감정을 불러일으킬 수 없는 하나의 이론적 체계에 불과했다. 경건주의는 이에 대한 대응이었다. 경건주의는 신조를 수동적으로 받아들이는 것을 반대하고, '거듭난' 그리스도인들이 그리스도와 갖는 살아있는 관계를 중심으로 한 '개인적인' 믿음을 강조하였다. '살아있는 믿음'이라는 표현은 살아계시는 그리스도와의 인격적이고도 친밀한 관계를 나타내기 위해서 사용되었다. 프랑케 A.H. Francke, 1663-1727 의 저작은 이러한 경향을 잘 드러내 주고 있으며, 이 저작들은 18세기 할레Halle 대학에 중요한 영향을 미치게 되었다.

최윤배는 통전적 복음이해로서 복음적 신학을 강조한다. 첫째, 그는 "복음적 신학은 예수 그리스도의 복음이해와 하나님 나라의 복음이해를

---

30   최윤배, "칼뱅의 선교신학과 선교활동," 『성경과 신학』 62(2012), 133-62.

통합해야 한다"고 말한다.[31] 둘째, 그는 "복음적 신학은 교리와 경건영성을 통합해야 한다"고 말한다. 왜냐하면 청교도주의, 경건주의, 감리교와 오순절 계통의 교회 속에 나타난 복음주의 운동과, 개혁전통 속에 나타난 교리와 신학연구 활동 사이에 긴장이 존재했기 때문이다. 대체로 신앙경험보다는 진리진술과 교리에 더 많은 관심을 갖는 개혁전통에 있는 복음주의자들과, 그 반대로 교리보다는 신앙경험을 더 중요시하는 오순절주의 교회, 감리교회, 침례교회 속에 있는 복음주의자들 사이에 존재하는 갈등을 해결해야 한다는 것이다.[32] 셋째, 그는 복음주의 신학의 특징을 "① 성경 중심적 신학 ② 삼위일체 하나님(성부, 성자, 성령) 중심적 신학 ③ 예수 그리스도의 유일성과 십자가의 강조 ④ 하나님의 은혜를 통한 죄인의 구원의 강조 ⑤ 성령을 통한 신앙체험의 중요성 ⑥ 복음전도의 중요성 ⑦ 교회 공동체의 중요성 ⑧ 하나님의 나라의 선포와 구현에 걸맞는 교회의 사회적, 정치적, 세계적, 우주적 책임에 대한 강조"라고 말한다.[33]

4. 개혁전통과 복음전통의 융합과 대한예수교장로회(통합) 신학

그는 개혁전통과 복음전통의 융합된 신학방법론을 가지고 대한예수교장로회(통합) 교단의 신학이 나아가야 할 8가지 방향을 제시한다. "첫째, 본 교단신학은 삼위일체이신 하나님 말씀의 신학이어야 할 것이다. 기록된 성경말씀은 물론 설교나 성경공부나 신학 등 다양한 형태로 성령의 권능과 성령의 내적 조명을 통해서 전달되는 예수 그리스도의 복

---

31 최윤배, "21세기 교단신학의 정체성," 128.
32 위의 글, 130.
33 위의 글, 132.

음과 하나님 나라의 말씀이 중요하다. 둘째, 본 교단신학은 예수 그리스도의 인격의 유일성과, 구속사역의 독특성을 강조하는 가운데서 통전적 기독론을 추구해야 할 것이다. 셋째, 본 교단신학은 '장로회' 제도와 예정(선택) 교리의 유익을 강조하는 신학이어야 할 것이다. 동시에 하나의 거룩한, 사도적인 보편교회의 전통에서 교회일치운동에 적극적인 신학이 되어, 다른 교회들, 특히 동방정교회에 대한 연구가 활발해져야 할 것이다. 넷째, 본 교단 신학은 성령의 위격과 사역에 올바른 인식을 갖는 통전적 성령론을 강조해야 할 것이다. 다섯째, 본 교단신학은 전가轉嫁된 의義에 근거한, 신앙을 통한 구원의 확신과 감격을 전하는 개인 성화신학聖化神學뿐만 아니라, 공동체 성화신학이어야 할 것이다. 여섯째, 본 교단신학은 복음전도의 중요성과 교회공동체의 중요성을 강조하는 신학이 되어야 할 것이다. 일곱째, 본 교단신학은 세계의 모든 영역에서 하나님의 구원과 주권과 통치를 통해 하나님의 나라를 구현하는 종말론적인 하나님 나라의 신학이 되어야 할 것이다. 여덟째, 본 교단 신학은 하나님께 영광을 돌리는 신학이 되어야 할 것이다."[34] 즉, 그의 신학방법론은 개혁전통과 복음전통을 가지고 대한예수교장로회(통합)의 맥락에서 신학적 사고와 실천을 하는 것이다.

IV. 개혁신학의 구조

최윤배의 『개혁신학 입문』에 그가 구상하는 개혁신학의 구조가 체계적으로 분명히 드러나 있다. 이 책은 크게 제4부로 구성되어 있는데 제1

---

[34] 위의 글, 135.

부는 "서론", 제2부는 "교의학적·공시적 개혁신학"을 취급하고, 제3부는 유럽의 4명의 대표적 현대 개혁신학자들(H. 베르코프, 오토 베버, 베르까우어, 틸리케)의 신학을 통해 "유럽의 개혁신학"을, 제4부는 "아시아태평양 개혁신학"이라는 제목으로 두 개혁신학자들(중국인 가옥명과 호주 이민 한국인 홍길복)과, 한국장로교회 신학자 이종성의 신학과 목회자 김삼환의 목회신학을 다룬다. 본고에서는 그의 개혁신학의 구조를 알 수 있는 1부와 2부를 중심으로 다루고서 그의 신사도 운동 영성에 대한 비판을 다루겠다.

1. 프로레고메나

제1부는 개혁신학을 전개하기 위한 서론적 논의를 펼친다. 먼저 그는 "16세기 종교개혁의 주된 동기는 '윤리' 문제가 아니라, '종교' 문제였다"는 것을 논증한다. 그리고서 종교개혁운동의 세 가지 형태로 첫째 루터를 중심한 비텐베르크를 구원론을 중심으로 다루고, 둘째 츠빙글리를 중심한 취리히를 국가론을 중심으로 다루고, 셋째 마르틴 부처와 요한 칼뱅을 중심한 스트라스부르와 제네바를 교회론을 중심으로 다룬다. 종교개혁 운동의 다양성 속에서 나타난 통일성을 보여준다. 그는 종교개혁은 지역에 따라 그리고 인물에 따라 다양한 형태 속에서 발전했음에도 불구하고, 모든 종교개혁자들이 공유하고 있는 본질적인 메시지는 '오직 은혜'sola gratia, '오직 그리스도'solus Christus, '오직 믿음'sola fide, '오직 성경'sola scriptura 라는 점에서 통일성을 지니고 있었다는 사실은 우리로 하여금 놀라움을 금치 못하게 한다고 말한다. 하나님을 무서운 심판주로만 여김으로써 불안과 번민과 공포에 질린 영혼은 구속주 그리스도를 의뢰하고, 은혜의 전능성을 통해서 용서와 위로를 받게 되는데, 이것이 바로 '오직 은혜'와 '오직 그리스도'이고, 죄인이 '의롭다함을 얻는 것'은

인간적인 어떤 선서나 규정이나 윤리(선행, 공로)에 의하지 않고, 성령의 은사인 믿음에 의해서만 얻어지는 하나님의 전적인 선물인데, 이것이 바로 '오직 믿음'이고, 교회를 교황이나 사제(신부)가 아니라, '신자들의 모임'으로 여기고, 성경을 설교의 생생한 말씀을 통한 끊임없이 현실화되는 하나님의 결정적인 계시로 여기는 태도가 있는데, 이것이 바로 '오직 성경'이라는 것이다. 그리고서 최윤배는 16세기의 개혁신학은 개혁파 정통주의와 신정통주의를 거쳐 오늘날 21세기 현대 개혁신학에 이르게 되어, 개혁신학은 약 500년의 역사적 전통을 가지고 있음을 말하며, 개혁신학의 방법론은 역사적·통시적 방법을 배제하지 않으면서도, 주로 교의학적·공시적 방법을 사용하기로 한다고 말한다.

제2부에서는 대표적인 개혁파 종교개혁자들(츠빙글리, 칼뱅, 마르틴 부처 등), 개혁파 정통주의자들(헤페, 바빙크, 르세르, 핫지, L. 베르코프 등), 개혁파 신정통주의자들(바르트, 브룬너 등), 개혁파 현대신학자들(존 리스, 헤셀링크, 밀리오리, 토랜스, 몰트만, H. 베르코프, 베르까우어 등)의 주요 작품을 분석하면서, 전통적인 조직신학의 내용과 순서를 대체로 따르면서, 프로레고메나, 신론, 기독론, 성령론, 구원론, 교회론, 국가론, 종말론, 예배론, 직제론, 디아코니아론, 기독교 윤리학, 개혁신학의 미래에 대해 고찰한다.

최윤배는 오늘날 신학 동향은 긍정적이든 부정적이든 자연과학 등을 비롯하여 타 학문과의 관련 속에서 간학문적(間學問的, interdisciplinary) 신학 작업이 많이 이루어지고 있는 점을 고려하여 제2부 "교의학적·공시적 개혁신학"의 시작을 모든 신학, 특히 조직신학(교의학) 분야에서 신학방법론, 계시론, 인식(지식)론, 자연신학과 관련해서 자주 논의되는 프로레고메나prolegomena 로 시작하며 먼저 신학 속에서 '자연신학'의 조직신학적 위치와 기능을 규정 한다.[35] 최윤배에 따르면, 개혁신학은 대체로 자연신학을 인정하고, 프로레고메나를 인정했다고 말한다. 16세기 종교개혁자들 중에서 루터는 다른 종교개혁자들보다 철학을 경시했지만, 루터가 재세례파들처럼 철학 자체를 경시한 것이 아니라, 그리스도를 대신하거나 무시하는 철학을 문제 삼은 것이다. 다른 종교개혁자들에 비해서 부처는 철학을 중요시했지만, 인문주의자 에라스무스나 중세 로마천주교회 신학자들처럼 철학을 성서 속에서 계시된 그리스도와 동등하게 결코 취급하지는 않았다. 종교개혁자들은 철학을 하나님의 일반계시의 차원 또는 성령의 일반은사 차원에서 이해했다. 그러므로 종교개혁자들에게서 철학을 비롯한 자연계시는 인간이 하나님에 대한 무지를 핑계치 못하게 하는 기능과 그리스도의 교회가 그리스도를 변증하는 기능을 갖고 있다. 이러한 맥락에서 그는 철학 자체는 구원 지식에 이르지 못하는 한계가 있다고 말하며 오늘날 제기되고 있는 생태학, 유전공학 등 자연과학적 시대정신에 편승하여 대체로 기독교 신학은 자연신학에 높은 가치, 심지어 절대적인 가치를 두고 있는 것에 대해 비판을 한다.[36] 그에게 있어서 "올바른 개혁신학은 사도 바울적이라고 할 때, 어떤 형태의 자연신학도 '존재유비 = analogia entis': 자연, 문화, 철학, 종교 등 개혁신학에서 그리스도에게로 인도하는 프로레고메나가 될 수 없다. 다만 자연계시에 기초를 두고 있는 프로레고메나는 그리스도를 결코 대신할 수 없고, 그리스도의 교회가 그리스도를 선교하고 변증하는 도구로서 적극적으로 사용될 수 있을 것이다."[37]

2. 교회법에서 직제론

그는 프로레고메나 이후 신론, 성령론, 구원론, 교회론, 국가론, 종

---

35 최윤배, "'개혁교의학'(Reformed Dogmatics)에서 '프로레고메나'(prolegomena) 개요," 127.
36 위의 글, 144.
37 위의 글, 145.

말로, 예배론 등의 문제를 개혁전통 속에서 면밀히 분석을 한다. 그의 신학방법론이 대한예수교장로회(통합)의 맥락에서 개혁전통과 복음전통의 신학방법론을 가지고 신학적 탐구를 한다는 측면에서 그의 직제론은 반드시 살펴보아야 할 부분이다. 그의 스승 스삐이꺼르 교수가 교회법의 전문가였던 것과 같이 그도 교회법에서 특별히 직제론에 대해서 깊은 관심을 보인다.

그는 오늘날 치리장로가 치리회의 의장이 될 수 있는 지에 대한 문제가 크게 부각되었고, 최근에는 치리장로가 설교할 수 있는 문제와, 치리장로가 목사 임직식에서의 안수 문제로 목사와 장로간의 갈등이 고조되고 있는 장로교회가 있음을 지적하며 한국 기독교(개신교), 특히 일부 한국장로교회에서 목회자와 평신도 사이에 갈등을 불러일으키는 문제들 중에 하나가 바로 교회정치에서 목사와 장로간의 위치와 역할의 문제라고 본다.

이를 위해 그는 교회정치에 대한 다양한 이론들인 모든 정치원리를 거부한 17세기 중엽 영국의 퀘이커파^{Quakers}, 교회를 국가가 제정한 법규에 따라 존재하며, 형성된 일종의 사회로 간주하는 에라투스주의자, 감독제도, 로마천주교회의 교황정치제도, 회중교회제도, 개혁교회와 장로교회 정치제도를 다루고서 칼뱅의 정치사상에 영향을 준 루터, 츠빙글리, 외콜람파디우스, 부처를 논의한다. 그에 따르면, 루터는 만인제사상직 모든 신자제사장직, the priesthood of all believers을 재발견하여 일반교역과 특수교역 사시의 균형을 유지했고, 츠빙글리는 교회와 국가의 긴밀한 관계성을 강조하였고, 외콜람파디우스는 교회의 고유한 치리권을 주창하였고, 부처는 자신이 주창한 교회의 사중직과, 외콜람파디우스로부터 물려받은 교회의 고유한 치리권을 칼뱅을 통해 계승시켰다고 본다.

그리고서 그는 칼뱅의 대표적인 『신앙고백』과 『교회법』과 『기독교강요』^{1536/1559}를 중심으로 칼뱅의 교회정치 사상을 분석한다. 그에 따르면 첫째, 칼뱅은 로마천주교회의 교회직분의 절대론도 재세례파의 교회

직분의 무용론도 지지하지 않는다. 비록 칼뱅은 교회 정치를 교회의 본질 esse ecclesiae 이나 교회의 표지 ecclesiae notae 로 간주하지는 않았지만, "좋은 교회"bene ecclesiae 를 만들기 위하여 교회정치는 필수불가결한 것으로서 직제유용론을 주장했다. 둘째, 교회의 사역은 만인제사장직을 대표하는 일반교역과, 교역자를 비롯한 특수교역이 있다. 이 두 교역은 상호 배타적이지 않고, 오히려 상호 보완적이다. 교역자의 말씀선포와 성례전 집례는 기능적으로 사도직으로부터 계승된 것이다. 사역자의 가장 중요한 사역은 말씀사역이다. 로마천주교회는 죄 사함의 문제나 치리^{권징}의 문제를 고해성사와 면죄부 판매 등을 통해서 계층 구조적 성직제도와 연관시켜 이해하고 있지만, 여기에 반대하는 칼뱅은 만인제사장직에 입각하여 하나님이 가지고 계시는 열쇠의 권한이 전체 교회에 위임되었다고 말하면서도, 그 열쇠의 권한이 하나님의 말씀을 통해서 그리고 하나님의 말씀의 사역자들을 통해서 집행된다고도 말함으로써, 루터처럼 교회의 일반교역과 특수교역을 동시에 주장하고 있다. 셋째, 『기독교 강요』 초판1536 에서 교회의 사중직 quadruplex; 목사, 교사, 장로, 집사 이 직접적으로 나타나지는 않고, 그 원리는 충분히 인식되었지만, 아직도 소위 '치리 장로'에 대한 개념은 발견되지 않았다. 그러나 1541년 교회법 이후부터 교회의 4중직에 대한 정의와 기능이 아주 분명하게 나타난다. 어원적으로 볼 때, 로마천주교회가 이해하고 있는 부제품^{副祭品}이나 깔뱅이 이해하고 있는 집사나 집사직은 같지만, 그 의미와 기능은 전적으로 다르다. 로마천주교회가 말하는 부제의 직책은 '사제들'sacerdotibus 을 도우며, 성례 때에 필요한 모든 일 즉, 세례와 성유와 성반과 성배의 일을 집행하며, 예물을 가져다가 성단에 놓으며, 성찬상을 준비해서 덮으며, 십자가를 들고 신자들에게 복음서와 서신서들을 읽어 들려주는 일을 하는 것이지만, 신약성경, 특히 사도행전 6장과 디모데전서 3장을 중심으로 이해된 참된 집사직은 가난한 자들을 돌아보고 그들의 구제를 관리하는 집사의 직임이며 이로부터 집사직의 명칭이 생겼다.

최윤배는 깔뱅 다음으로 부처의 직제에 대해서 탐구를 한다. 그는 부처가 "모든 종교개혁자들 중에서 가장 강력하게 교회 직제에 대해 지대한 관심을 기울였던 사람일 것"이라고 평가를 한다. 처음에는 에라스무스의 제자였다가, 나중에 비텐베르크의 수도사 마르틴 루터에 의해서 재발견된 복음을 충성스럽게 전하는 "마르틴 루터의 사람"이 되어, 개혁교회를 위해서 그토록 중요한 교회적 삶의 특징을 스트라스부르에 남겼다. 또한 그가 깔뱅에게 끼친 영향을 고려해 볼 때도, 우리는 부처를 결코 과소평가할 수 없다. 깔뱅이 스트라스부르 체류기간 동안[1538-1541] 그는 부처를 개인적으로 그리고 인격적으로 배웠고, 부처를 종교개혁의 신뢰할만하고, 유능한 지도자로 높이 평가했다. 부처의 4중직[quadruplex; 말씀의 사역자, 교사, 장로, 집사]을 깔뱅이 수용하여 제네바 교회에서 실천했다는 사실은 익히 잘 알려져 있다. 그는 무엇보다도 교회와 목회와 직분의 본질과 실천 등이 자세하게 언급된 부처의『참된 목회학』[Von der waren Seelsorge, 1538]은 매우 중요하다고 본다.[38] 이는 이 작품 속에 개혁교회의 직제개념이 잘 나타나는 바, 하나님께서 구체적으로 구원을 분여하시는데, 사람들을 수단으로 삼아 그 일을 성취하신다는 사실을 부처는 강하게 의식하면서 이 작품을 썼기 때문이다. 부처의 직제론에서 두드러진 특징은 직제들 간에 또는 교회들 간에 존재하는 상호 동등성[parity]과 협의회성[collegiality]을 가진 다양성[variety]에 강조점이 주어졌다. 이들 사이에 어떤 우월성 사상도 용납되지 않으나, 다만 예수 그리스도와 하나님의 말씀과 성령의 우월성[priority]만이 용납되었다. 그의 전체신학에서는 물론 그의 직제론에서도 부처의 계속적인 관심은 이 땅의 모든 영역에서 그리스도의 나라[regnum Christi]의 실현이었다.

그는 칼뱅과 부처 다음으로 프랑스 개혁교회의 직제에 대해 다룬다.[39] 그는 프랑스 초기 개혁교회 직제를 고찰하기 위해『프랑스 신앙고

---

38 마르틴 부처의『참된 목회학』(Von der waren Seelsorge, 1538). 용인: 킹덤북스, 2014.

백』1559과『교회치리법』1559을 분석하고서 최근 프랑스개혁교회의 직제에 대하여 논의한다. 프랑스 개혁교회의 직제는 전체적으로 칼뱅의 직제론과 거의 비슷하다. 그러나 신학대학교의 교수직이 없는 것이 특이하다. 그리고 로마천주교회가 절대적인 위치를 차지하고 있는 프랑스 로마천주교회 안에서 핍박의 상황에 있는 프랑스 개혁교회의 정체성인 위그노들의 특징이 직제론 속에 녹아 있다. 특별히 직제 간 그리고 교회 간에 상호 동등성과 존중이 중심을 이루고 있으며, 정교분리 원칙이라는 자유 개혁교회의 강한 성격을 지니고 있음을 알 수가 있다. 그리고 집사도 당회는 물론 노회나 총회에 대표로 파송될 수 있는 점이나 성찬식을 도울 수가 있고, 교리를 가르칠 수 있다는 점이 특이하다. 최근 프랑스 개혁교회의 직제에는 큰 변화가 뚜렷하게 나타나지 않고 있다.

칼뱅과 깊은 연관이 있는 프랑스 개혁교회의 직제에 대해 다루고서 그 다음으로 그는 본인이 유학을 했던 네덜란드 개혁교회의 직제에 대해 다룬다. 그는 이를 위해 네덜란드 개혁교회가 대체로『도르트신조』 1618-1619,『네덜란드 신앙고백』1561,『하이델베르크 신앙고백』1563을 공유하고 있지만,『하이델베르크 신앙고백』에는 직제와 관련된 내용이 없으므로, 직제에 관한 내용이 상당히 담긴『네덜란드 신앙고백』1561을 살펴봄으로써 초기 네덜란드 개혁교회의 직제를 연구하고, 최근 네덜란드 개혁교회 직제 연구를 위하여 다섯 개 대표 교단 중에서 국가교회 형태를 취했던 네덜란드개혁교회H.K.N.의 헌법과, 자유교회 형태를 취한 대표적인 네 개의 교단들 중에 가장 오래된 교단인 네덜란드 기독교개혁교회C.G.K.N.의 교회법을 분석하고서 다음과 같이 결론을 맺는다. "첫째, 네덜란드 개혁교회는 만인제사장직, 정확하게 말하면 "모든 신자제사장직"the priesthood of all believers에 근거한 일반교역 외에 항상 특별교역을 주장했다. 둘째, 특별교역과 관계하여, 비록 교사직(신학대학교 교수직)은 포함

---

39 최윤배, "프랑스 개혁교회의 예배와 직제에 관한 연구,"『조직신학연구』14(2011), 168.

되기도 하고 배제되기도 했지만, 항상 목사, 장로, 집사직은 유지되었다. 셋째, 당회는 교회법이 인정하는 모든 직분자들(목사, 교사, 장로, 집사)로 구성된다. 넷째, 당회, 노회, 대회, 총회의 구성원에는 목사와 장로는 항상 포함되었으나, 집사는 포함되기도 하고, 배제되기도 했다. 다섯째, 한국장로교회처럼 장로와 집사의 임기는 70세와 같이 정년제가 아니고, 장로와 집사는 2년에서 4년 정도의 기간이 정해져 있다. 여섯째, 한국장로교회에서는 총회에만 목사와 장로의 총대가 대표로 파송되고, 시찰회나 노회에는 모든 목사들과 모든 장로들이 참석할 수 있지만, 네덜란드의 개혁교회에는 파송된 총대 목사와 총대 장로만이 노회나 대회 및 총회에 참석할 수 있다. 일곱째, 교회의 정부(국가)에 대한 관계에 대하여 자유교회 형태의 교회는 언급하고 있으나, 국가교회 형태의 교회는 언급하지 않는다. 『네덜란드 신앙고백』은 정부의 권위를 부정한 재세례파들에 대한 강한 변증적 비판이 담겨 있으나, 자유교회 형태의 교회의 교회법은 하나님의 뜻에 반할 경우 가능한 저항권을 명시하고 있다."[40]

　네덜란드 개혁교회의 직제를 다루고서 그는 한국장로교회의 직제를 통합교단과 합동교단에 대해 다룬다. 대한예수교장로회 총회(통합)의 직제는 1907년 "대한노회"(속칭 독노회)에서 채택된 「대한예수교장로회 정치형태」는 5조항, 즉 "제1조 교회"Article I. The Church, "제2조 예배"Article II. Worship "제3조 직원"Article III. Officers, "제4조 교회 치리회"Article IV. Church Courts, "제5조 수정 조항들"Article V. Amendments 로 구성된 것으로 시작하여 1921년 제10회 총회에서 완비한 「조선장로회 헌법」을 채택되어 신경, 소요리, 정치, 권징, 예배 등 5법으로 되어 있었다. 그 후 2003년 제88회 대한예수교장로회총회(통합)에서 헌법 정치의 일부와 권징의 전면 개정의 필

40　최윤배, "교회사적 배경에서 비추어 본 네덜란드 개혁교회의 직제에 관한 연구," 『조직신학연구』 31(2019), 75.

요성이 인정되어 헌법개정위원회를 선임하여 3년간의 연구와 전국에서 수차례 공청회를 거치고, 2006년 제91회 총회에서 만장일치로 가결하여 노회에 수의하게 되었는데 모든 조항이 가결되어 2007년 5월 15일 총회에서 공포, 시행하게 된 것이 바로 『대한예수교장로회 총회 헌법』 2007인데, 최윤배는 여기에 나타난 직제를 분석한다. 대한예수교장로회 총회(합동)의 현재의 『헌법』은 1999년 제84회 총회가 채택하여 각 노회의 수의를 거쳐서 2000년 9월 26일 제85회 총회에서 통과되어 공포된 헌법으로 7부분(신조, 성경 소요리문답, 성경 대요리문답, 정치, 헌법적 규칙, 권징조례, 예배모범)으로 구성되어 있는데 그는 4부 정치를 다룬다.

통합측 총회와 합동측 총회를 비교할 경우, 합동측 총회에는 치리회로서 대회가 추가되어 있고, 목사의 임무가 통합측 보다 더 많이 규정되어 있다. 가령 목사는 집사직의 직무도 가지고 있다. 안수 받은 평신도 직분의 임기에 대하여 합동측 총회는 약간의 제한의 구절을 삽입하였다. 두 교단 모두 치리회는 장로로만(설교 장로와 치리 장로) 구성된다.

그리고서 그는 한국장로교회의 직제에 대한 신학적·실천적 대안모색으로 첫째, 예수 그리스도의 통치권 하에 있는 직제, 둘째, 교회의 본질로서의 직제가 아니라, 좋은 교회를 형성하기 위한 도구로서의 직제, 셋째, 하나님의 말씀에 대한 봉사 속에 있는 직제, 넷째, 만인제사장직의 '일반 직제'와, '특별 직제', 다섯째, 본질상 동등성 속에 있는 직제, 여섯째, 기능상 차이성 속에 있는 직제, 일곱째, 상호 균형과 상호 조화 속에 있는 직제, 여덟째, 구속사적 적응성과 개방성 속에 있는 직제, 아홉째, 협의회성과 대표성 속에 있는 치리회를 제시한다.[41]

직제에 있어서 마지막으로 그는 한국 교회의 성장둔화와 목회자 과잉 배출 등의 이유로 발생한 목사 이중직二重職, bivocational ministry 문제를 개

---

41 최윤배, "직제의 관점에서 본 한국교회의 위기와 신학적, 실천적 대안모색," 『한국개혁신학』 34 (2012), 81-89.

혁신학의 관점에서 다룬다. 그는 개혁신학은 직제 절대론과 직제 무용론을 반대하고, 직제 유용론을 지지한다고 말한다. 개혁신학은 모든 신자제사장직에 근거하여 일반 직제를 지지할 뿐만 아니라, 한 걸음 더 나아가 성령의 은사와 소명과 사명에 근거하여 특별 직제도 지지한다. 개혁교회에서 목사직은 특별 직제에 속하고, 개혁교회의 목사는 사회 속에서 일반 직업vocation을 갖지 않고, 목회에만 전념하고, 교회에서 제공하는 유급 사례비를 통해 경제생활을 영위하는 것이 역사적 통례에 속한다. 교회를 중심한 목회사역도 거룩한 일이고, 하나님의 영광과 이웃의 유익을 주는 각종 직업을 통한 일도 거룩하다. 그러나 각 소명과 은사에 따라 한 가지 분야와 한 가지 직업을 선택하여 집중하는 것이 성경의 전통이고, 개혁신학의 전통이라고 그는 강조한다. 그러나 만인제사장직을 일방적으로 강조하여 목사 이중직을 신학적으로 정당화하는 교단도 있고, 목사 이중직을 금지하는 개혁교회의 오랜 전통이 생계형type, 자비량형, 직업 선교형 등의 이유로 일부 한국장로교회나 특히 미국, 호주 장로교회와 한국 이민 장로교회에서 흔들리고 있는 현실이다. 그래서 그는 목사 이중직 금지 전통의 원칙을 지키면서도, 특수 상황과 21세기 목회와 선교의 역사적 환경과 변화를 고려하여, 이 전통을 어렵게 만드는 생계형, 자비량형, 직업 선교형 등에 대한 심도 있고도 전문적인 연구를 통해 이런 목회와 선교유형이 제2의 목회방안과 선교방법이 될 수 있는지 신중하게 검토할 필요가 있다고 피력한다.

3. 개혁신학의 미래

최윤배는 제2부 마지막 장인 개혁신학의 미래에서 이것을 주술적으로 예언하거나 기상학적으로 예보하는 방법을 사용하지 않고, 성경에 나타난 하나님의 말씀의 약속, 살아있는 개혁교회의 신앙, 우리의 신앙

경험으로부터 전망한다. 개혁신학의 미래를 전망하기 위해 두 가지 축을 사용하는데, 하나는 하나님의 축이고 다른 하나는 신앙공동체로서의 개혁교회와 그리스도인의 축이다. 왜냐하면 최윤배는 개혁교회의 미래가 대문자大文字로 주체 Subject 이신 삼위일체 하나님의 은혜, 주권, 자유와 함께 여기에 순종하는 소문자小文字로 신앙 인격적 주체 subject 인 개혁교회 공동체와 개혁교회 그리스도인의 신앙적, 책임적 결단과 응답에 달렸다고 생각하기 때문이다. 하나님의 축과 관련하여 삼위일체 하나님에 대한 절대주권 인정, 모든 피조세계 속에서의 하나님의 활동과 임재경험, 하나님의 말씀인 성경과 설교의 권위와 성령의 역사에 대한 인식을 강조한다. 그는 "우리가 하나님으로부터 버림당할 때, 하나님이 우리를 먼저 버리시는 것이 아니라, 우리가 먼저 하나님의 말씀인 성경과 설교말씀을 경시하고 버릴 때, 하나님이 우리를 버리시는 것"이라고 말한다. 그는 교회 쇠퇴의 원인이 설교에 있다고 본다. 그는 우리의 축과 관련하여 아름다운 교회와 사회 공동체에 대한 거룩한 꿈과 믿음, 사랑, 소망 안에서의 계속적인 삶의 훈련의 필요성을 강조한다.

4. 신사도운동의 영성 비판

최윤배의 『개혁신학 입문』에 나온 개혁신학의 기본적인 주제들과 더불어, 많은 논쟁을 일으켰던 그의 논문 "개혁신학의 과점에서 본 신사도운동의 영성"도 눈 여겨 볼 필요가 있다.[42] 직제와 관련하여 그의 시대에 목사 이중직의 문제가 중요한 시대적 과제였다면, 영성과 관련하여

---

42 최윤배, "개혁신학의 관점에서 본 신사도운동의 영성," 『한국조직신학논총』 38(2014), 121-156; 김진명, "신사도 운동, 개혁교회의 오직 성경 정면 부정," 크리스천투데이, 2013.06.07. http://www.christiantoday.co.kr/news/264382 (2019.8.10. 접속); 이병왕, "신사도교회 일방적 비평은 명예훼손감 주장제기," Newsnnet, 2013.06.10. http://www.newsnnet.com/news/articleView.html? idxno=693 (2019.8.10. 접속).

서는 신사도운동의 영성이 교회를 위협하는 것으로 보았다.

'신사도 개혁 운동'New Apostolic Reformation Movement은 1906년 미국 아주사 부흥Azusa Rivival을 기점으로 시작된 '늦은비의 새 질서'New Order of the Latter Rain 운동을 거쳐 '빈야드 운동'Vineyard Movement에 이른다. 빈야드 운동은 1990년대 중반에 토론토와 플로리다 펜서콜라를 중심으로 다시 크게 일어났다. 1994년부터 존 아놋John Arnott은 토론토공항교회Toronto Airport Christian Fellowship를 중심으로 소위 '토론토 블레싱'Toronto Blessing 또는 '거룩한 웃음 운동'Holy Laughter Movement을 일으켰다.[43]

이 운동은 성령세례로서의 은사 운동에서 시작하여 치유 운동과 예언 운동 및 이적과 기적 운동으로 발전했다. 이 운동은 외국의 신사도운동가들이 한국교회와 각종 집회에 강사로 초청되거나 한국교회의 신학자, 목회자나 평신도가 현지에 직접 방문하여 영향을 받아 다시 귀국하여 한국에 영향을 미치거나 책이나 인터넷 등의 매체들을 통해 강력하게 전파되었다. 한국교회 안팎에서 개최된 일종의 은사, 치유, 예언집회와 세미나 등에서 혼란스런 방언 현상, 우울증 등 치유 현상, 예언 현상, 이적과 기적 현상이 나타나면서 괴이한 소리 현상, 쓰러짐 현상, 술취한 듯 비틀거리는 현상, 혀가 풀려서 웅얼거리는 현상, 팔이 길어지거나 짧아지는 현상, 발광하면서 괴성을 지르는 현상, 울음 현상, 금이빨과 금가루 현상, 웃음 현상, 입신 현상, 심리학이나 최면술催眠術 등의 효과 현상 등이 나타나면서 한국기독교의 대표 교단들이 경계의 목소리를 냈다.[44]

이런 맥락에서 그는 개혁신학의 관점에서 영성이 무엇인지를 규정한다. 그는 "비종교 분야에서의 영성과 일반 종교 분야에서의 영성과 근본적인 차이점을 가진 기독교 영성은 하나님의 은혜로 주어졌고, 그리

---

43 최윤배, "개혁신학의 관점에서 본 신사도운동의 영성," 121.
44 위의 글, 122.

스도안에서 보존되고 확증되었으며, 성령의 능력을 통해서 복음 안에서 열매를 맺는 하나님의 나라를 향해 열려진 참 인간적인 삶의 능력인데, 우리의 인생관, 가치관, 행복관의 인식과 관계되며, 그와 같은 실천 가운데서 감격, 감사, 기쁨, 평안을 누릴 수 있는 능력과 관계된다"고 말한다. 그에 따르면, "개혁교회의 '경건'pietas 또는 영성의 본질은 성령의 감동을 통해서 하나님의 계시에 대한 인간의 응답인데, 하나님의 계시를 통해서 인간은 자신의 가장 깊은 본질 안에서 그리고 자신의 삶의 모든 차원 안에서 하나님 앞에 서게 된다"고 말한다.[45]

그는 개혁신학의 관점에서 신사도 영성과 관련하여 여섯 가지 측면에서 비판을 한다.[46] 첫째, 신사도운동의 사도직과 선지자직의 역사적歷史的 회복의 영성은 역사적歷史的 보편 기독교회의 권위를 전적으로 부정하는 결과를 낳는다고 비판한다. 둘째, 신사도운동의 소위 '직통계시'의 영성은 하나님의 말씀과 계시로서의 정경正經의 절대성을 완전히 파괴하는 결과를 낳는다고 비판한다. 셋째, 신사도운동의 비성경적 성령론은 교회와 그리스도인의 비정상적, 비윤리적 삶을 초래케 한다고 비판한다. 넷째, 신사도운동의 잘못된 구원과 선교 방법은 교회와 그리스도인의 구원관과 선교관을 오도誤導한다는 것을 비판한다. 다섯째, 신사도운동의 신학과 성경에 대한 몰이해는 교회와 그리스도인으로 하여금 반反신학적, 비성경적 사고로 유도誘導한다고 비판한다. 여섯째, 신사도운동의 문제된 은사, 기도, 선교 운동으로부터 교회와 그리스도인은 성경에 기초한 올바른 은사 운동, 올바른 기도 운동, 올바른 선교 운동을 적극적으로 전개해야 할 역사적 큰 책임감을 갖게 한다고 강조한다. 또한 동시에 그는 "성령의 은사가 부족하여 무력해진 교회, 성령의 열매가 없어 사랑의 실천이 부족하고, 미성숙한 교회, 기도와 선교 열정을 잃어버린

---

45 위의 글, 126.
46 위의 글, 134-147.

교회는 하나님께서 신사도운동의 약점들을 통해 나태해진 기존 한국교회에 대한 경고의 메세지로 겸허하게 받아들여야" 한다고 말한다. 그는 신사도 운동의 영성과 신학이 개혁교회의 신앙과 신학을 위협하는 것을 경고할 뿐만 아니라, "개혁된 교회(개혁교회)는 항상 개혁하는 교회"ecclesia reformata semper reformanda가 되어야 한다는 관점에 따라 기존 교회는 자신의 영성과 신학의 취약한 부분을 뒤돌아보아야 한다고 충고한다.[47] 이는 칼뱅이 극단주의자와 맞서 싸웠던 것과 유사한 상황이라고 볼 수 있다.

V. 결론: 역사적 개혁신학자

『사도신경』[1895]을 비롯하여 총회가 채택한 신앙고백서들『12신조』[1907], 『요리문답』[1647], 『웨스트민스터 신앙고백』[1647], 『대한예수교장로회 신앙고백서』[1986], 『21세기 대한예수교장로회 신앙고백서』[1997]을 통해 볼 때, 총회는 항상 성경의 절대권위를 견지하는 성서신학 전통과, 예수 그리스도의 복음전파를 강조하는 복음주의신학 전통과, 개혁교회 속에서 항상 발견되는 개혁신학 전통과, 공교회와 교회일치와 하나님 나라 선교를 강조하는 '에큐메니칼' 신학 전통이 발견된다. 이러한 맥락 속에서 최윤배는 총회에서 편찬되는 책을 통해 그의 전공인 종교개혁신학, 특히 개혁파 종교개혁신학(츠빙글리, 칼뱅, 부처, 불링거)을 출발점으로 개혁파 정통주의신학 시대를 거쳐 현대 개혁신학에 이르기까지 500여 년간의 세계개혁교회의 역사와 신학 및 예배·예전과 직제를 탁월하게 기술함으로써 이러한 전통을 총회적 차원에서 발전시켰다.

---

[47] 위의 글, 150.

장로회신학대학교 조직신학의 전통에서 볼 때, 그는 마포삼열-이눌서-구례인-박형룡-이종성-이수영-최윤배의 계보를 계승한다. 핫지-휫필드-메이첸-레이놀즈-박형룡으로 내려온 보수적인 칼빈주의와 달리 그는 이종성과 같이 개방적 칼빈주의이다.

최윤배는 이종성 이후 실질적으로 역사적 개혁신학을 발전시켰다. 칼뱅과 부처의 성령론에 대한 전문가로서 그는 개혁전통과 복음전통의 신학방법론을 가지고 개혁전통이 담겨 있는 500년의 역사를 가진 역사적 개혁신학에 대한 관심으로 종교개혁신학, 개혁파 종교개혁신학(츠빙글리, 칼뱅, 부처), 개혁파 정통주의신학(바빙크, 헤페; 17세기 개혁교회 신앙고백서들; L. 베르꼬프), 신칼빈주의신학(까이뻐, 니버), 개혁파 현대신학(바르트, 베버, 베르까우어, H. 베르꼬프, 토랜스, 몰트만 등)을 연구하고, 그리스도론과 성령론을 "보편교회적이면서도 개혁신학적" 토대 위에 성경적·개혁신학적·복음주의적·에큐메니칼적 신학 안에서 저술하였다.

그의 신학방법론은 교의학적·공시적 방법과 역사적·통시적 방법을 병행한다. 더불어 그는 개혁전통과 복음전통의 융합된 신학방법론을 가지고 대한예수교장로회(통합) 교단의 맥락에서 신학을 한다. 총회의 마크를 분석해 보듯이, 그에게 있어서 총회는 그리스도의 십자가의 보혈과 구속의 은총과 하나님을 말씀을 강조하며, 장로교회라는 개혁교회 전통에 속하며, 한국과 세계복음화의 사명을 가지고 있는 것이다.

그의 개혁신학의 구조는 대표적인 개혁파 종교개혁자들(츠빙글리, 칼뱅, 마르틴 부처 등), 개혁파 정통주의자들(헤페, 바빙크, 르세르, 핫지, L. 베르코프 등), 개혁파 신정통주의자들(바르트, 브룬너 등), 개혁파 현대신학자들(존 리스, 헤셀링크, 밀리오리, 토랜스, 몰트만, H. 베르코프, 베르까우어 등)의 논의를 가지고 프로레고메나, 신론, 기독론, 성령론, 구원론, 교회론, 국가론, 종말론, 예배론, 직제론, 디아코니아론, 기독교 윤리학, 개혁신학의 미래를 제시하며 지역적으로는 유럽뿐만 아니라 아시아 태평양도 포함한다.

Abstract

The Reverend Prof. Choi Yoon-Bae(1955-) is a representative historical Reformed theologian in Korea after Rhee Jong Sung. He was born in Yeongyang-gun, Gyeongsangbuk-do on 28 December 1955 just after the Korean War. His parents were not Christians. After graduating Daegun High School in Daegu, he specialized in aviation electronics engineering at Korea Aerospace University (B.S. 1979) and electric engineering at Yonsei University (M.S. 1981). It contributed to make him a systematic theologian. During his undergraduate, he converted his religion into Christianity. After military service, his theological education commenced with the focus on Cavin and Berkouwer at the Presbyterian University and Theological Seminary (M.Div. 1987, Th.M. 1989).

Following his ordination in the Presbyterian Church of Korea in 1989, he moved to the Netherlands with his wife and two young children. At the Theological University of Kampen governed by Reformed Churches in the Netherlands ("De Theologische Universiteit van de Gereformeerde Kerken in Nederland"), he researched on Hendrikus Berkhof's pneumatology and Christology (Drs. 1993). He completed his doctorate under the supervision of Willem van 't Spijker at the Theological University of Apeldoorn governed by Christian Reformed Churches in the Netherlands ("De Theologische Universiteit van de Christelijke Gereformeerd Kerken in Nederland") in by researching on relationship between pneumatology and Christology Martin Bucer and Calvin (Dr. theol. 1996).

As soon as receiving his doctorate, he taught systematic theology at Pyeongtaek University (1997), Seoul Jangsin University (1998-2002), and

Presbyterain University and Theological Seminary (2002-Feb. 2021) in South Korea. As a representative Reformed theologian in South Korea he was elected as President at Korea Calvin Society and Systematic Theology Division of Korean Evangelical Theological Society. He has made outstanding achievements in academic aspects of Reformed theology by publishing 9 books, 2 translations, 60 co-authors, and 250 articles.

Above all, his thought should be highlighted in the frame of historical Reformed theology. Considering confessions of faith adopted by the General Assembly, including the Apostles' Creed (1895), the Twelve Articles of the Christian Faith (1907), Westminster Shorter Catechism (1647), Westminster Confession of Faith (1647), Confession of Faith of the Presbyterian Church of Korea (1986), and the 21st Century Confession of Faith of the Korean Presbyterian Church of Korea (1997), the General Assembly of the Presbyterian Church of Korea has maintained the biblical theology tradition that holds the absolute authority of the Bible, the evangelical theology tradition that emphasizes the preaching of Jesus Christ, the tradition of Reformed theology, which is always found in the Reformed church, and the ecumenical theological tradition that emphasizes public church, church unity and mission of the kingdom of God.

In this context, Choi Yoon-Bae, through his books compiled by the General Assembly, started his major in Reformation Theology, especially Reformed Reformation Theology (Zwingli, Calvin, Bucer, and Bullinger) as the starting point, through the age of Reformed Orthodox theology and reached modern Reformed theology. These traditions have been developed at the General Assembly level of the PCK by remarkably exploring the history, theology, worship, ritual, and organization of the World Reformed Church for 500 years.

In the tradition of systematic theology at the Presbyterian University of Theology, he inherits the lineage of Samuel A. Moffet - William D. Reynolds - Park Hyeong Ryong - Rhee Jong Sung - Lee Soo Young - Choi Yoon-Bae. Unlike the conservative Calvinism that came down to Hodge Whitefield Meichen Reynolds - Park Hyeong Ryong, he is an open Calvinism like Rhee Jong Sung.

After Rhee Jong Sung, Choi Yoon-Bae practically developed historical Reformed theology. As an expert on the theory of Calvin and Bucer's pneumatology, he was interested in the historical Reformed theology, which has a history of 500 years, with the methods of the Reformed and evangelical traditions by exploring Reformed Reformation theology (Zwingli, Calvin, and Bucer), Reformed Orthodox Theology (Bavink, Heppe, 17th Century Reformed Church Confessions, and L. Berkhof), Neo-Calvinists theology (A. Kuyper, Niebuhr), Reformed Modern Theology (Barth, Weber, Berkouwer, H. Berkhof, Torrance, and Moltmann), and wrote Christology and pneumatology on the basis of universal ecclesiastical and Reformed theology in biblical, reformed, evangelical, and ecumenical theology.

His theological methodology combines doctrinal and synchronic methods with historical and diachronic ones. In addition, he conducts his theology in the context of the Presbyterian Church of Korean with a theological methodology that is a fusion of reformed and gospel traditions. As analyzed by the mark of the General Assembly of the PCK, for him, the General Assembly emphasizes the grace of the blood and redemption of the cross of Christ. It also emphasizes the Word of God. It belongs to the Reformed Church tradition of Presbyterian Church, and has the mission of world evangelization with Korea.

The structure of his Reformed theology is prolegomena, doctrine of

God, Christology, pneumatology, soteriology, ecclesiology, theory of state, eschatology, worship, diakonia, Christian ethics, and the future of Reformed theology in a conversation with the representative Reformed Reformers(Zwingli, Calvin, and Bucer), Reformed Orthodoxists (Heppe, Bavinck, Hodge, and L. Berkhof), Reformed Neo-Orthodoxy (Barth and Brunner), and Reformed modern theologians (John H. Leith, Hesselink, Migliore, Torrance, Moltmann, H. Berkhof, and Berkouwer). It includes not only the Europe but also Asia and Pacific.

제2부 향목 최윤배 박사의 생애와 사상

제10장

미셀러니

–

고맙고 감사한 분, 최윤배 교수님 | 김연수
내 삶의 오아시스와 같은 스승, 최윤배 교수님 | 오상원
최윤배 교수님의 은퇴에 즈음하여... | 이태준
나의 사랑하는 영적 멘토, 최윤배 교수님 | 최재선
최윤배 은사님의 퇴임에 즈음하여 | 홍원표
존경하는 최윤배 교수님을 생각하면서 | 황기훈
최윤배 교수님과 현재진행형 조교 | 정지은
21세기 신학자: 과학도에서 신학자로 바뀐 괴짜 인생 | 김성진
내가 본 최윤배 교수 | 김명용
저자 탐구 – 최윤배 교수 | 「기독교출판소식」 편집
석·박사학위논문지도 대학원생들과 수업 조교들
신학대학원 "기독론 A반" 수강생들의 감사의 글

고맙고 감사한 분, 최윤배 교수님

김연수 박사

광성교회

　존경하는 스승, 최윤배 교수님의 은퇴기념논문에 감사의 마음을 표할 수 있는 기회를 주셔서 감사드린다. 나이 쉰을 넘긴 목회자로서 삶에 있어서 좋은 만남이 하나님의 가장 큰 선물인 것을 깨닫는다. 우리의 삶이 나를 고갈시키면서 에너지를 뺏는 만남의 연속이기 때문이다. 이 점에 있어서 일찍이 나에게 최윤배 교수님과의 만남을 허락하신 하나님께 감사드린다. 이유는 교수님의 강의를 들으면서 신학생 시절에 올바른 목회자의 길이 무엇인지를 가늠하면서, 신학공부를 하게 되었기 때문이다. 깔뱅신학에 관심이 많았기 때문에 신학대학원 시절에 교수님의 강의를 빠짐없이 들으면서, 개혁신학이라는 큰 신학의 줄기를 붙잡게 되었다. 이 경험이 이후에 폭넓게 신학공부를 할 수 있는 자양분이 되었다. 목회자로서, 이것이 최윤배 교수님과의 만남이 감사한 이유다.

　신학대학원 시절에 있었던 에피소드를 적어본다. 신학적인 사안에 대해서 궁금한 게 많았던 신학대학원 1학년 때에 강의가 끝난 후에 궁금한 것을 여쭤보면서 교수님을 따라가는 중에, 교수님의 연구실까지 가게 되었다. 짧은 시간으로는 궁금한 사안이 해결될 수 없었던 듯하다.

교수님의 연구실에서도 대화가 계속되었고, 이윽고 대화를 마치면서 교수님으로부터 책 한질을 선물로 받았다. 깔뱅의『기독교 강요』전집이었다. 부피가 크고 무거웠기 때문에 꽤 힘들었지만, 기쁜 마음으로 집까지 책을 가져간 기억이 있다. 그날 이후로 복습과 예습에 더욱 충실하면서, 교수님의 강의를 기다렸던 것 같다.

최윤배 교수님의 강의를 머리 속에 떠 올려 본다. 그 시절에 교수님의 강의는, 강의인지 부흥회인지 구분이 안 갈 정도로, 신학생들 사이에서 시간 시간마다 혼을 담아내는 강의로 꽤 유명했다. 매 강의 때마다 신학을 공부해서 목사가 된다는 것이 메마른 가슴이 아니라, 삶을 담아내는 가슴과 열정이어야 함을 역설하셨다. 지금 섬기고 있는 교회에서 교육전도사님들로부터 최교수님의 강의에 대해서 얘기를 듣는다. 그때나 지금이나 학생들의 평가는 크게 다르지 않다. "강의인지, 부흥회인지 분간이 안 갈 때가 많아요. 교수님의 강의에는 열정과 혼이 담겨져 있습니다." 학생들로부터 근 15년 넘게 동일한 평가를 받고 있는 셈이다. 가르치는 교수방법에 있어서 교수님께서는 초지일관 일관성을 유지하셨다고 이야기될 수 있다.

신학대학원 과정을 마친 후에도 조직신학에 대한 관심이 계속 이어져서, 장로회신학대학원에서 조직신학을 공부하면서 최 교수님의 지도로 신학석사학위를 받았고, 이어서 신학박사학위를 받았다. 신학석사학위 과정 때 교수님 밑에서 조교로 있으면서, 교수님을 가까이서 모실 수 있었다. 학자로서 흐트러짐 없이 책상에 앉으셔서 연구에 매진하시는 교수님을 자주 보면서, 제자로서 스승님이 보여주신 모범을 따르려고 열심히 공부하였다. 읽으라고 말씀하신 신학서적들을 빠짐없이 정독했고, 매 과제물마다 나의 신학을 담아내기 위해서 노력하였다. 그리고 특히 신학박사학위과정을 밟을 때 교수님께서 보여주신 모습은 아직도 나의 머릿속에 감사의 기억으로 남아있다. 학문적인 가르침을 듣고자 교수님 연구실을 자주 방문했는데, 그 방문의 막바지에는 거의 한결같이 박사과정의 학업이 쉽지 않다는 제자의 넋두리가 있었다. 그럴 때마다 교수님은 외면하지 않으시고 제자의 넋두리를 들으신 후에, 따뜻하게 조언을 해 주셨다. 교수님의 경험담을 말씀하시면서 경제적인 어려움 때문에 공부를 중도에 포기하지 않도록 격려해주셨는데, 제자의 마음을 어루만져주심은 물론이고 남편 대신에 가장 노릇을 감당하는 아내까지 걱정해 주셨다. 신학박사학위 수여식 날, 아내와 함께 교수님을 찾아뵙고 인사를 드렸을 때, 환하게 맞아주시면서 저와 아내에게 수고 많았다고 격려해주신 교수님의 모습을 아직도 기억한다. 못난 제자의 앞으로의 목회여정 가운데, 교수님의 가르침을 섬기는 교회에서 올바르고 건강하게 펼쳐냈으면 하는 바램을 가져 본다.

이제 교수님은 올해를 끝으로 강단을 떠나신다. 20년 넘게 가르치시던 교정을 떠나는 그 심정이 어떠실까를 생각해 본다. 다양한 신학서적들이 빼곡하게 들어서 있는 교수님의 연구실, 학생들과 호흡하면서 열강을 토해내셨던 강의실, 시간시간 예배를 드리며 깊은 하나님의 은혜를 경험했던 한경직기념예배당, 연구실과 강의실을 오가며 밟으신 미스바광장을 비롯해서 장로회신학대학교 캠퍼스의 구석구석이 최윤배 교수님의 가슴에 애틋한 기억으로 남게 될 것이라는 생각을 해 본다.

학교와 제자들에 대한 각별한 애정을 뒤로하고, 이제 교수님은 강단을 떠나신다. 그동안 교수님께서 맺으신 많은 열매가 있기에 보람도 크셨겠지만, 거기에 비례해서 강단을 떠나는데서 오는 아쉬움 또한 크시리라 생각된다. 제자로서 두루두루 여러 가지를 생각하면서 최윤배 교수님의 은퇴를 맞아서 몇 가지 바램을 갖는다. 첫째는 혼과 열정을 담아내시는 교수님의 강의가 한국교회를 건강하게 섬기는 목회자 양성에 밑거름이 되었음을 생각하면서, 이 고귀한 열매 맺음이 단절되지 않고 계속 이어지기를 소망한다. 요즘에 이단, 사이비 문제로 인한 기독교의 입지 하락과 그로 인한 대 사회 속에서의 기독교의 이미지 하락 등, 한국교회가 그 어느 때보다 힘들어지면서 신학교까지 어려워졌다는 얘기를 많이 듣는데, 이중 삼중의 어려움 속에서도 신학교는 한국교회와 사회의 보루이다. 신학교에서의 깊이 있는 신학교육을 통해 깊은 지성과 영성을 가진 목회자가 더 많이 양성이 돼서 다시금 한국교회에 제2의 부흥이 이루어지기를 소망한다. 둘째는 깊은 가르침을 펼쳐내면서 제자들로 하여금 그 배움에 최선을 다하도록 이끄는 스승, 제자들의 고민을 내 일처럼 여기면서 귀를 열어 그 고민을 듣고 따뜻하게 조언해 주는 인간미 넘치는 스승, 이렇게 최윤배 교수님과 같은 스승님이 장로회신학대학교에 많이 계시기를 소망한다. 신학교에서 교수와 학생 사이에 신학적인 문제를 놓고 마음을 터놓고 토론하고, 또한 가르치는 스승으로서, 가르침을 받는 제자로서, 각자의 어려움이 무엇인지를 헤아리고 공감할 수 있는 건강한 관계가 지속적으로 이루어지기를 소망한다. 그리고 마지막으로, 은퇴 이후에도 교수님의 가르침이 계속 이어지기를 소망한다. 신학교에서, 여러 한국교회에서, 깊은 가르침을 펼쳐내시면서, 한국교회를 일깨울 수 있게 되기를 소망한다. 깔뱅신학과 개혁신학에 관한 최윤배 교수님의 깊은 가르침이 한국교회의 목회자들과 성도들을 일깨우고, 그 일깨움이 밑바탕이 돼서 한국교회가 어려움을 극복하고 다시금 세상을 살리는 교회로 거듭나기를, 세상의 빛과 소금의 역할을 넉넉하게 감당하는 교회로 거듭나기를 간절히 소망한다.

최윤배 교수님께 이 말씀을 올리면서, 글을 마친다. "긴 시간동안 좋은 가르침을 베풀어 주셔서 감사드립니다. 신학박사과정 시절에 부족한 제자의 넋두리를 외면하지 않으시고 잘 들어주셔서 감사드립니다. 앞으로도 더욱 건강하셔서 귀한 가르침을 신학교와 교회에서 오래오래 베풀어 주십시오."

내 삶에 오아시스와 같은 스승, 최윤배 교수님

오상원 목사

장로회신학대학교 일반대학원 신학박사과정

먼저 교수님의 은퇴를 기념하여 교수님께 감사한 마음을 담아 글로 표현할 수 있는 기회가 주어진 것은 참으로 기쁘고 감사한 일이다. 그동안 나는 학교에서 교수님을 늘 가까이에서 뵙고 여러 가지 신학적·목회적 자문도 많이 구했었다. 하지만 지금 생각해보면, 지금까지 감사의 마음을 담아 제대로 된 편지 하나 드리지 못한 것 같아 너무나 후회되고 죄송한 마음이 든다. 그러나 이런 기회를 통해서나마 교수님과의 만남과 가르침들을 되돌아보고, 그 소중했던 기억들을 떠올리고 글로 표현할 수 있음에 감사하다.

내가 교수님을 처음 뵌 것은 신학대학원 1학년 "개혁신학 동아리" 활동과 수업 때였다. 당시 나는 공대를 졸업하고 신학대학원에 들어와 처음으로 "신학"이라는 수업을 접했다. 늘 수학과 숫자와 방정식에만 익숙했던 공대생인 나에게 신학이란 너무나도 생소한 학문이었다. 그땐 정말 어느 것부터 해야 할지 몰라 당황하던 때였다. 그러나 하나님의 은혜로 "개혁신학 동아리"를 알게 되었고, 그때부터 신학에 대해서 차츰차츰 알아가게 되었다. 당시 신학대학원 수업이 없던 월요일 오후에 진행

된 최윤배 교수님의 "개혁신학 동아리" 강의는 나에게는 오아시스와 같았던 시간이다. 정규수업도 아닌 동아리 모임이었지만, 교수님은 강의를 대충 대충하는 법이 없으셨다. 교수님은 충분히 쉴 수도 있는 월요일이었지만, 배우고자 하는 학생들을 위해 언제나 최선을 다해 강의를 해주셨다. 그렇게 월요일마다 진행된 최윤배 교수님의 특별 과외(?) 덕분에 나는 빨리 신학대학원 과정에 적응할 수 있었다.

나는 그동안 최윤배 교수님의 수업을 들으며 몇 가지 인상 깊게 남은 것들이 있다. 첫 번째로 교수님은 항상 수업 전에 성경 말씀 한 구절을 읽고, 기도로 수업을 시작하시고, 기도를 수업을 마친다는 것이다. 이것은 어떻게 보면 당연하다 생각할 수도 있고, 또는 별 대수롭지 않은 것이라 여길 수도 있을 것이다. 그러나 나는 신학이라는 학문을 하기 전에 먼저 하나님의 말씀을 상고하며, 기도로 지혜를 구하는 것이 신학자의 참 모습임을 거기서 비로소 깨닫게 되었다. 대체로 항상 수업 전에 읽으신 말씀들은 그 수업을 요약하는 말씀이거나 수업을 안내하는 성경 말씀들이었다. 수업 전 말씀 선포와 기도 시간은 교수님께서 선포된 말씀을 통해 성령 하나님께서 공부하는 학생들의 신학의 깊이가 더 깊어지게 해달라는 간절한 간구처럼 느껴졌다. 그런 교수님의 모습을 본받아 지금은 나도 어떤 자리나 어떤 시간이든지 하나님의 말씀과 기도로 성령께 도움을 구하는 습관이 몸에 배이도록 노력하고 있는 것 같다.

두 번째로 최윤배 교수님의 수업을 들으면 언제나 성령 하나님을 강조하신다는 사실이 나에게 새롭게 다가왔다. 교수님께서 수업 때 사용하신 용어를 빌려 설명하자면, 교수님의 수업에서는 "예수지수", "성령지수"가 높은 것이 특징이다. 누구나 말씀과 성령을 의지하지 않고 인간적인 학문으로만 신학을 다룬다면 영적으로 갈급해지는 것이 일반이다. 그러나 교수님의 수업 중에는 "복음", "예수", "성령", "보혈"이라는 단어들이 자주 등장한다. 이것은 정말 나에게 오아시스와 같은 은혜를 주었고 특별히 딱딱하게 느껴지던 조직신학이란 학문도 달콤한 성령의 권면처럼 느껴지게 되었다. 그런 가르침은 내가 지금 신학을 공부하거나 목회를 하는데 있어서, 성령 하나님을 의지하며 성령의 은혜를 먼저 구하게 되는 기초가 되었다. 성령 하나님은 메마른 인간의 심령을 촉촉이 적시며 은혜의 단비를 내려주시는 분이다. 성령 하나님은 모든 어려운 신학 공부와 힘든 목회의 여정 가운데에도 오아시스처럼 우리에게 위로와 힘을 주시는 분이시다. 최윤배 교수님을 통해 늘 성령 하나님을 강조하는 것이 얼마나 성도들이나 신학자, 목회자에게 큰 힘과 위로를 얻게 하는지를 알게 된 것은 정말 감사한 점이다.

세 번째로 최윤배 교수님의 수업에는 종종 주님을 향한 교수님의 눈물이 배어 있었다. 교수님은 자칫 건조하다고 느껴질 수 있는 신학 수업 중에도 눈가에 눈물이 맺히도록 간절히 학생들에게 말씀을 전하시곤 하신다. 그런 교수님의 수업을 들으면 이내 학생들은 숙연해지고, 교수님의 수업내용과 말씀들이 듣는 학생들의 마음속에 엄중하고 무거운 말씀처럼 파고들었다. 나는 그때마다 그저 머리에만 맴돌다 마는 신학이 아니라, 머리에서 가슴까지 내려와 울리는 신학적·목회적 외침이 어떤 것인지를 경험하였다. 그러한 교수님의 가르침을 본받아 부목사로 사역하는 지금, 나는 성도들의 삶에 가까이 가려 하고 성도님들과 같이 울 수 있는 목사가 되려 한다.

마지막으로 교수님은 언제나 성실하셔서 미리미리 강의 준비를 하신다. 강의 준비뿐만 아니라, 논문 원고를 제출할 때도 그렇다. 기한이 임박해서 허둥지둥하는 법이 결코 없으시다. 이러한 점은 내가 교수님의 조교로 섬기면서 옆에서 많이 지켜보며 발견한 사실이다. 교수님은 언제나 미리미리 준비하시고, 여분의 시간을 남겨두어 학생들을 맞이할 준비를 하시며, 학생들에게 교수님의 귀한 시간을 내어주셨다. 어느덧 나도 교수님과 비교할 수는 없지만, 그와 비슷하게 시간을 허투루 사용하지 않는 습관이 생겼다. 목회에서 무엇이든 미리미리 준비하면 그만큼 더 많은 사람을 만날 기회들이 생기고, 더 여유롭게 성도들을 대할 자유함과 너그러운 마음들이 생기는 것 같다. 은퇴 이후에 교수님께서 계속 강건하셔서 많은 시간을 확보하여 후학들에게 물려줄 책들을 쓰시고, 많은 만남을 통해 이런 귀한 삶의 유산들을 나누어주셨으면 좋겠다.

서두에서도 말했듯이 10년 동안 교수님을 통해 배우고, 교수님과 함께했던 시간은 나에게 오아시스와 같았던 시간이다. 내가 처음 신학교에 와서 낯설고 당황하던 순간마다 하나님께서는 오아시스처럼 교수님의 수업을 통해 은혜를 부어주셨다. 그러한 은혜가 있었기에 버티고 견딜 수 있었고 여기까지 올 수 있게 된 것이다. 이제 나는 학교를 떠나 목회지에서 하나님에 관한 여러 가지 배움의 기회들을 얻고 있다. 그때마다 귀한 스승을 통한 가르침을 되돌아보며 신학적·목회적 방향을 잡아갈 수 있다는 것은 큰 영적 자산이다. 그리고 이제 나도 누군가의 삶에 오아시스처럼 성령의 은혜를 전하는 통로로서 살고 싶다.

최윤배 교수님의 은퇴에 즈음하여...

이태준 목사

장로회신학대학교 일반대학원 신학박사과정

목양실의 작은 창문사이로 가열 차게 밀고 들어오는 초여름 열기를 몸에 받으며 산야山野의 푸르름과 생명력을 느낍니다. 그런데 창밖의 세상은 생명력 넘치는 호기로움을 빼앗기고 조락凋落의 쓸쓸함과 스산함만이 나뒹구는 황량한 장소로 스러져가고 있습니다. 처음엔 어색했던 마스크 착용이 이제는 우리 일상의 자연스러움 안으로 수용되고 있습니다. 사람들은 코로나19의 지속적인 위협으로 인하여 불안함과 초조함의 시간들을 보내고 있습니다. 코로나19의 위험에 노출되어있는 인류는 기술문명의 비약적인 발전이 쌓아 올린 첨단을 그저 퀭한 눈으로 바라보고 있을 뿐입니다. 그리고 저는 이 시대, 여기에 살아가고 있습니다. 그것도 목사로 말입니다. 저는 사람들에게 하늘의 좋은 소식을 전하며 절망 너머에 열려있는 희망찬 미래를 가리켜야 하는 목사입니다. 하지만 지금 저는 무엇을 말할 수 있고 미래의 어떠함을 어떻게 가리켜야 할지 당혹스럽기 그지없습니다. 다만 침묵으로 그 분의 뜻을 구하고 있을 뿐입니다. 이 혼란스럽고 곤혹스러운 시간을 힘들게 채워가는 중에 존경하는 최윤배 교수님을 추억할 수 있는 장이 마련되어 참으로 감사합니다. 또한 교수님의 아름다운 삶과 소중한 가르침의 기억을 소소하게나마 글로 옮길 수 있어서 고마운 마음 한량없습니다.

이형기 님의 시 『낙화』에서 시인은 "가야 할 때가 언제인가를 분명히 알고 가는 이의 뒷모습은 얼마나 아름다운가"라고 노래하였습니다. 시인은 때의 아름다움을 노래하고 있습니다. 구약성서의 코헬렛전도자도 때의 아름다움을 말하였습니다. "하나님이 모든 것을 지으시되 때를 따라 아름답게 하셨고." 청청하게 우거진 초록의 아름다움이 있고 졸가리의 단촐하고 소박한 아름다움이 있습니다. 젊음의 아름다움이 있고 노년의 아름다움이 있습니다. 활력 넘치는 등장의 아름다움이 있고, 원숙미 배인 퇴장의 아름다움이 있습니다. 이러한 교차가 우리 삶의 아름다운 리듬이라 생각됩니다. 제 신학대학원 시절에 강의실에서 보여주셨던 교수님의 불꽃같은 기상과 이제 은퇴를 앞두신 교수님의 숯불 같은 넉넉함을 마음속에 그려봅니다. 그간 커다란 파도로 앞장 서셨고 이제는 밀려오는 뒤파도에게 자리를 내어주시어 세월이라는 바다의 청정함을 보전保全해 가시는 교수님께 멀리 여수에서 잔잔한 박수와 존경의 마음을 전하는 바입니다.

2002년 98기로 장로회신학대학교 신학대학원에 입학하여 수학하던 중 최윤배 교수님을 만나게 되었습니다. 저에게 큰 축복의 만남이었습니다. 처음 개혁신학과 깔뱅관련 수업을 들으면서 신선한 충격을 받았고 중량감 있는 학문의 세계를 경험하였습니다. 해박한 전문지식과 열정적인 가르침을 통해 받은 큰 감동이 아직도 제 마음 속에 살아있습니다. 그 후 교수님의 지도하에 신학석사(Th.M.)학위과정을 마쳤고, 지금은 신학박사(Th.D.)학위과정에서 논문을 마무리해 가고 있습니다. 제 목회와 신학함에 있어 큰 이정표가 되어주신 교수님께 깊은 존경의 마음을 드립니다. 최윤배 교수님은 학문에 대한 열정과 겸손함, 그리고 사람을 아끼고 사랑하며 존중해 주시는 소중한 분이십니다.

학문에 대한 열정, 중단 없는 탐구정신, 성실함, 깊이 있는 통찰력, 흔들리지 않는 학자의 모습을 보여주신 교수님을 회상해봅니다. 우리는 정보를 너무나 손쉽게 얻을 수 있는 시대에 살고 있습니다. 지금은 정보를 쉽게 얻기 때문에 그만큼 재빨리 그것을 소비하고 버리는 시대이며, 말 그대로 정보가 범람하는 정보홍수의 시대입니다. 실용적인 정보가 근원적이고 본질적 진리의 가치를 딛고 서서 군림하는 서글픈 현실에 살아가고 있습니다. 그래서 학문을 진지하게 탐구하거나 학문 그 자체를 목적으로 하는 학문성이 실종되어 가는 것 같아 마음이 쓸쓸합니다. 최윤배 교수님은 학문, 즉 진리자체에 대한 깊은 애정을 가지신 분이십니다. 한국교회와 개혁신학의 발전에 밑거름이 되고자 애쓰시는 모습에 큰 도전을 받았습니다. 저도 교수님의 이러한 자세를 본받아서 지구력 있게 학문을 연구하고 그것을 목회에 접목하려 노력하고 있습니다. 제 학창시절에 이수영 교수님(새문안교회 원로목사)이 강의하셨던 불어신학강독 과목이 있었습니다. 최윤배 교수님께서 그 수업시간에 들어오셔서 제자들과 함께 공부하셨습니다. 그 때 수업에 진지하게 임하시던 모습을 보며 크게 감동하였습니다. 늘 가르침과 배움의 아름다운 선순환을 이어가시는 교수님의 역동적인 삶의 자세를 잊지 않고 따라가기 원합니다. 최윤배 교수님은 바쁘신 중에도 학문성 있는 여러 저서들을 남기셨습니다. 그 중 『구원은 하나님의 은혜의 선물』을 읽으며 저는 구원론에 대한 다양한 지평을 접했고 개혁교회목사로서 구원론의 중심을 잘 잡을 수 있었습니다. 구원이라는 신학적 주제를 제 생각 속에 통합적으로 구성하는데 어려움이 있었는데, 이 책을 읽으며 흩어진 구원론에 대한 생각을 정리할 수 있었습니다. 평신도, 신학생, 목회자, 신학자가 모두 읽을 수 있는 넓은 스펙트럼을 가진 이 책이 한국교회에 구원론의 중심을 잡아주는 중요한 구원론 서적이 될 것이라 생각합니다.

　　지자불언 언자부지 知者不言 言者不知, 아는 사람은 말하지 않고 말하는 사람은 알지 못한다 라는 말이 있습니다. 진짜로 아는 사람, 학문에 깊이가 있는 사람, 실력이 있는 사람은 고개를 숙이고 겸손해진다는 것을 저는 우리 장로회신학대학교 조직신학 전공 교수님들을 보면서 항상 느끼고 있습니다. 저는 탁월하고 높은 학문성에 비례하는 겸손함을 가지신 교수님들이 정말 자랑스럽습니다. 최윤배 교수님은 정말 탁월한 학문적 실력을 품고 겸손함의 모범을 보여주신 참 스승님이십니다. 교수님은 다른 학자의 글에 대한 비평을 할 때에도 비평의 날카로움과 동시에 겸손과 겸양을 항상 놓치지 않는 모습을 보여주셨습니다. 교수님의 삶의 모든 패턴이 겸손함에 정향定向되어 있음을 느낄 수 있었습니다. 저는 목회현장에서 교만한 마음이 조금이라도 올라오면 교수님을 생각하며 제 자신을 낮추는 겸손의 훈련을 해나가고 있습니다.

제자를 사랑하고 아껴주시며 존중해 주시는 교수님께 저는 항상 사랑의 빚을 안고 살아가고 있습니다. 제 개인적인 형편과 사정으로 신학석사학위과정을 뒤늦게 졸업하였습니다. 늦은 신학석사논문이 끝날 때쯤, 최윤배 교수님의 격려에 힘입어 신학박사학위과정 시험을 준비했고 곧바로 합격하여 박사과정에서 공부하게 되었습니다. 그런데 신학석사논문을 쓸 때처럼 신학박사논문도 늦어져서 항상 송구한 마음이 가득합니다. 멀리 여수에 내려와 목회하고 있는데도 교수님은 늘 먼저 연락하셔서 안부를 물으시고 논문의 진행상황을 체크해주셨습니다. 저의 여러 형편으로 지연된 논문진행의 지난한 시간들을 끝까지 참아주시고 존중과 배려를 아끼지 않으셨습니다. 이런 교수님을 생각하니 청소년기에 학교 교과서에 실려 있었던 『조침문』弔針文이라는 글이 떠올랐습니다.

유세차(維歲次) 모년(某年) 모월(某月) 모일(某日)에, 미망인(未亡人) 모씨(某氏)는 두어자 글로써 침자(針者)에게 고(告)하노니, 인간 부녀(人間婦女)의 손 가운데 종요로운 것이 바늘이로대, 세상 사람이 귀히 아니 여기는 것은 도처(到處)에 흔한 바이로다. 이 바늘은 한낱 작은 물건(物件)이나, 이렇듯이 슬퍼함은 나의 정회(情懷)가 남과 다름이

라. 오호 통재(嗚呼痛哉)라, 아깝고 불쌍하다. 너를 얻어 손 가운데 지닌지 우금(于今) 이 십 칠 년이라. 어이 인정(人情)이 그렇지 아니하리요. 슬프다. 눈물을 잠깐 거두고 심신(心身)을 겨우 진정(鎭定)하여, 너의 행장(行狀)과 나의 회포(懷抱)를 총총히 적어 영결(永訣)하노라

조선 순조 때의 유씨 부인俞氏夫人이 지은 국문수필입니다. 오랫동안 자신과 함께한 바늘이 부러져서 이를 애도하는 한 부인의 조사弔詞입니다. 작은 물건하나도 이토록 아끼는 것이 참 사람됨의 근본인데 지금 이 시대는 존중하고 배려하며 아껴주는 정신이 점차 실종되어가고 있는 것 같아 쓸쓸함을 감출 수 없습니다. 이 시대는 사람을 존중할 만한 여유가 사라지고 물건이나 동식물, 생태계를 아끼고 주변을 살필 수 있는 마음의 여백이 점차 상실되어가는 것 같습니다. 이런 시대상을 경험하며 부족한 제자를 아끼시고 존중해주시는 교수님의 마음에 더욱 고마움과 따뜻함을 느낍니다. 그래서 저도 교수님을 생각하며 교회에서 "목사님!"하며 제 품으로 뛰어드는 여남은 아이들을 품에 안고 한껏 축복해 주고 있습니다.

이 짧은 글을 쓰면서 코로나19로 웅이져 있는 마음이 조금씩 녹어지는 것을 느낍니다. 추억의 맑은 옹달샘에 잠시 머물러 목을 축이고 쉬어가는 느낌입니다. 교수님을 본받아 더 분발하여 목양의 넉넉함과 신학의 깊이를 더해가는 목사가 되도록 애쓰겠습니다. 교수님께서 삶과 학문을 통해 심어주신 가르침과 도전을 잊지 않겠습니다. 교수님의 신학적 혜안慧眼과 겸손, 그리고 사람 존중의 마음을 깊이 새기어 뿌리 깊고 든든한 목회자, 진리를 탐구하고 연구하는 목회자로 살아가고자 다짐해봅니다. 교수님의 은퇴 후가 더욱 기대됩니다. 더 많은 저술활동을 통하여 더 넓고 깊은 신학을 구축해 나가시기를 바라 마지않습니다. 앞으로도 건강한 몸과 마음과 영으로 한국교회와 한국의 신학을 더 아름답게 섬겨나가실 수 있기를 빕니다.

나의 사랑하는 영적 멘토, 최윤배 교수님

최재선 목사
장로회신학대학교 일반대학원 신학박사과정

교수님과의 만남, 중심을 잡아 주시다.

주님의 부르심을 따라 가슴벅찬 설렘을 가지고 장로회신학대학교 신학대학원에 입학하게 되면서, 신학생으로의 첫 걸음이 시작되었습니다. 신학교 생활은 입학식이 시작되기도 전 히브리어 계절학기 수업을 듣게 되면서 정신없이 시작되었고, 신학의 여정이 생각처럼 쉽지 않다는 것을 실감하게 되었습니다. 다시 돌이켜 생각해보면, 사실 아무런 준비도 되어 있지 않은 초보 목회자의 단순한 열정과 패기만 있었던 것 같습니다. 그래서 차분히 신학을 배워나가기 보다, 하루 빨리 복음을 전하고 싶은 마음이 앞섰고, 그저 사역 현장인 교회로 나가 하나님의 말씀을 전하고 싶다는 생각을 많이 했던 것 같습니다. 어쨌든 이런 상황에서 맞이하게 된 신학생활은 신학의 여러 분야의 다양한 신학자들의 이론과 사상을 접하게 되면서 점차 더욱 혼란스러웠습니다.

이러한 과정에서 최윤배 교수님을 만나게 되었습니다. 교수님과의 첫 만남은 "깔뱅신학"이라는 수업이었습니다. 교수님께서는 집대성하신 논문들과 이에 해당하는 방대한 신학자료 등을 제본하여 만드신 교재를 사용하셨습니다. 교수님의 강의의 특징은 비교적 마르신 체격이심에도 불구하고, 내면으로부터 뿜어져 나오는 영적 카리스마가 강의실과 그 자리에 있는 모든 신학생들의 영혼과 육체를 사로잡는데 있었습니다. 마치 폭발하듯이 사자후를 발하시며, 마치 피를 토하듯이 온 마음과 정성과 열정을 다하여 한 강의, 한 강의를 진행하셨습니다. 그 시간 그 장소에 있는 것만으로도 영적인 진동과 성령의 충만함을 경험할 수 있었습니다.

교수님을 만나게 되면서 신학에 점차 매료됨을 느꼈습니다. 시간이 흐를수록 어떤 것이 바르고 균형 잡힌 신학이며, 장로교 통합 측에 속한 목회자로서 교단 신학의 중심이 무엇인지 명확하게 그 기준과 체계를 잡아갈 수 있게 되었습니다. 또한 조직신학에 대한 깊은 관심과 끌림이 있게 되었습니다. 이후 신학대학원과 대학원 신학석사, 신학박사학위 과정 가운데 교수님께서 개설하신 강의들을 수강하고 청강했습니다. 교수님을 통해 영적 지식뿐만 아니라 마음에 큰 감동과 실제적인 삶의 영향을 받는 시간이 되었기 때문에 개설된 모든 강의를 다 들었을 뿐만 아니라, 매주 월요일 교수님께서 지도하시는 "개혁신학연구 동아리"에도 들어갔습니다. 월요일은 주일 교회사역을 마친 바로 다음 날이었지만, 오히려 그 자리에서 날카롭고 예리하면서도 체계적이고 균형 잡힌 개혁신학의 가르침을 통해 신학의 중심과 토대를 차츰차츰 세워나갈 수 있었습니다.

뜨거운 십자가 보혈의 영성을 배우다.

교수님의 모든 강의들은 명쾌하면서도, 깊은 울림이 있었습니다. 교수님께서는 한 문장 한 문장, 한 단어 한 단어마다 농축되어 있는 풍부하고 심오한 의미들을 깨우쳐 주시기 위해 부단히 애를 쓰셨습니다. 그

가운데 교수님께서 강의를 진행하시다가 특별히 감동되는 부분들을 전해주시곤 하셨는데, 그것은 바로 예수 그리스도의 십자가와 보혈, 그리고 성령님에 대한 부분이었습니다. 교수님께서는 무엇보다 그리스도론과 성령론에 대한 마르틴 부처와 깔뱅신학의 최고 권위자이시면서도 이것을 단순한 지식적 개념이나 추상적 관념으로 전달하는 것을 원하지 않으셨습니다. 교수님께서는 전인격을 다하여, 그야말로 가슴이 불덩이와 같이 뜨거워지고, 눈물이 나는 순도 100%의 활활 타오르는 복음과 성령의 열기를 담아 전해주셨습니다. 저는 매주 이러한 수업을 듣고, 당시 교육전도사로 사역하던 교회 현장에서 이 열기를 그대로 담아 가져와 청년 소그룹과 예배 시 청년들과 함께 그 뜨거움을 나누었던 기억과 추억들이 고스란히 남아 있습니다. 이러한 모습들은 교수님께서 하나님과 살아있는 친밀한 인격적 교제를 나누시며 경험하신 실제적인 체험과 신앙적 확신이 그 바탕과 토대가 되었기 때문이라고 생각됩니다. 특히 교수님께서 네덜란드 유학 시절을 언급하시면서, 그 어려운 환경 속에서도 주님을 의지하고, 통성기도로 주님을 붙잡고, 의지하며 돌파해 나가셨다는 이야기는 기억에 많이 남습니다.

이와 같은, 교수님의 모습은 지금까지도 목회자로서 가져야 할 외적 자세와 내면의 귀한 모델로 작용하게 되었습니다.

압도적인 학문의 진지성과 탁월성을 체험하다.

교수님의 수업에는 항상 신학생들이 차고 넘칠 정도로 인기가 많았습니다. 갈급한 목회준비생들에게 그만큼 거룩한 영향력을 끼치고, 영적 매력이 넘쳤기 때문일 것입니다. 그러나 교수님의 강의를 듣기 위해서는 마음의 큰 결단을 내려야 했습니다. 그 이유는 교수님께서는 그냥 쉽게, 강의를 수동적으로만 듣도록 놔두지 않으셨기 때문입니다. 교수님께서는 엄하실 때는 매우 엄하실 정도로 학생들의 영적 기강을 세워

주셨습니다. 예를 들어, 교수님께서는 시간을 지켜 출석하는 것을 매우 중요시여기셨기 때문에 출석을 부르시다가 지각하는 학생이 있으면 큰 혼이 났습니다. 물론 교수님께서는 학생들 앞에서, 단 한 번도 지각하거나 늦으신 적이 없으실 정도로 최상의 성실함의 본을 보여주셨습니다. 또한 교수님께서는 신학생일 때, 밥은 굶더라도 꼭 책을 사서 읽어야 한다고 자주자주 말씀해주셨습니다. 그래서 읽어야 하는 수많은 책들을 필독서로 지정해주셔서 밑줄 치며 읽고 제출하는 일들을 일일이 진두지휘하셨습니다. 저도 교수님 말씀에 순종하여 말씀해주신 모든 책들을 다 구입하여 정독했는데, 지금까지도 활용하고 있을 만큼, 소장 가치가 있기에 조금도 아깝지 않은 피가 되고 살이 되는 소중한 책들이 되었습니다. 교수님께서 이렇게 젊은 신학생들로 하여금 목회자로서 구비되고 준비되며, 신학적 소양을 갖추도록 직접 수많은 신학생들을 챙기시며 조언을 아끼지 않으시는 모습은 참 감동이 되었습니다.

교수님의 강의를 들을 때마다, 참 궁금증이 있었던 것은, "어떻게, 저렇게 탁월한 신학적 지성이시면서도 동시에 타의 추종을 불허하는 깊은 영성을 소유하셨을까?" 라는 것이었습니다. 그랬기 때문에, 교수님을 존경하게 되고, 조금이나마 닮아가고자 하는 열망에, 수업시간에는 손이 아프도록, 교재와 필기장에 공백이 없을 정도로 교수님의 모든 말씀들, 심지어 농담 한 마디까지 빼곡히 깨알처럼 적게 되었습니다.

무엇보다 인상적이었던 것은, 교수님께서는 이제 막 신학생의 길을 걷고, 교육전도사로서 교회에서 첫 사역을 시작한 햇병아리와 같은 전도사인 저희들에게도 영적 지도자의 역할과 자세에 대해서 매우 진지하고 명확하게 지도해주시고, 그만큼 책임감과 자신감을 가지라고 격려해주셨습니다. 수업을 듣는 학생들 한 명 한 명을 거룩한 하나님의 소명을 받은 교회이며, 마치 한 사람 한 사람의 담임목사님들인 것처럼 겸손하게 대해 주셨습니다. 당시 교육전도사로 첫 사역을 시작하면서, 이 말씀에 큰 힘이 되어, 최선을 다해 열정적으로 교회를 섬겼던 기억이 납니다. 지금도 약하고 부족하지만 그만큼 기대해주시고, 용기를 부어주신 것을 참 감사하게 생각합니다.

그 누구보다 사랑이 많으시고 다정하신 교수님.

장로회신학대학교에서 만난 모든 교수님들은 한결같이 훌륭하시고 탁월하신 인품과 지성을 가지고 계셨습니다. 그 가운데에서 제가 가장 가까운 자리에서 직접 경험한 최윤배 교수님은 참으로 마음이 따뜻하시고 사랑과 정이 많으신 분이라는 것을 깨닫게 되었습니다.

처음 교수님께 진로상담으로 교수님 방에 노크를 하고 찾아갔을 때부터 지금까지 교수님께서는 방문한 제자에게 항상 먼저 차를 내려주시고, 커피를 타주시고, 물을 주셨습니다. 제가 하려고 해도, 거절하시고 손수 섬겨주시는 모습을 잊을 수 없습니다. 또 종강할 때 쯤 되면, 학생들을 데리고, 중국집에 가서 맛있는 음식을 사주시곤 하시며 학생들의 눈높이에 맞춰 허심탄회하게 이야기들을 들어주시고 말씀 해주셨던 것이 기억납니다.

인생의 중대사인 결혼을 앞두고, 마음 가운데 가장 존경하고 사랑하는 교수님께 주례를 받고 싶은 마음이 굴뚝같아서, 요청드렸을 때, 흔쾌히 수락해주셨을 때 참 기뻤습니다. 당시 교수님께서 감동적인 주례를 해주시고 축복해주신 대로, 행복한 가정을 이루고, 목회를 감당하고 있습니다. 은퇴하시며 마음에 여러 감정들이 교차합니다. 교수님께서 하나님께서 언제나 영육 간에 강건하게 보호해주시고, 성령충만하셔서, 이 시대 교회와 영적 지도자와 목회자 후보생들에게 계속해서 아름답고 귀한 본이 되어주시고 거룩하고 선한 영향력을 끼쳐 주시기를 간절히 기도하며 감사드립니다.

최윤배 은사님의 퇴임에 즈음하여

홍원표 박사

먼저 사랑하고 존경하는 은사님의 퇴임을 축하드립니다. 퇴임 이후의 삶에도 우리 주 예수 그리스도의 은혜의 복음을 증거하는 일을 멈추지 않고 하나님께 더욱 영광을 돌리게 되시길 축복 드립니다. 또한 사랑하고 존경하는 은사님께 진 마음의 빚을 보잘것없는 글로나마 조금은 덜 수 있게 되어 깊이 감사드립니다.

신학교에서 은사님을 알게 된 지가 엊그제 같은데 벌써 퇴임이라니, 정말 시간이 빠르게 지나감을 느끼게 됩니다. 제가 은사님과 처음 인연을 맺게 된 것은 신학석사학위(Th.M.) 논문을 준비하면서입니다. 지금도 두근거리는 가슴을 진정시키며 긴장한 채로 은사님의 연구실 앞에 서 있었던 저의 모습이 선명하게 그려집니다. 문을 열고 말주변도 없이 인사를 드렸던 저에 비해, 은사님은 저에 대해 잘 모르심에도 불구하고, 따뜻하게 환영해 주시고 마음의 부담을 덜어주셨습니다.

논문을 준비하는 과정에서 저의 미숙함이 많이 드러났습니다. 하지만, 은사님은 그 부족함을 부드럽게 질타하셔서 스스로 깨닫게 해 주셨고 엄청난 인내로 지도해주셨습니다. 또한, 제가 간과했던 참고서적까지 일일이 찾아주시며 어떤 방향으로 써야 할지를 알려주셨습니다.

특히 신학박사학위(Th.D.) 논문을 쓸 무렵에는 교회 사역으로 인해 분주하여 논문은 엄두도 내지 못하고 있었는데, 은사님은 그런 저를 채근하시며 빨리 학문적 성과를 낼 것을 독촉하셨습니다. 목회 사역 속에서 혹 긴장을 잃고 포기할 수도 있는 저를 기다려주시고, 계속 기도해주시면서 주기적으로 논문의 내용과 방향에 대해 바르게 인도해 주셨습니다. 작은 성과에도 기뻐해 주시고, 더 나아가도록 힘써 격려해주셨습니다. 만일 은사님의 그러한 관심과 책망이 없었다면, 저는 결코 소정의 학문적 성과를 이룰 수도, 학위를 받을 수도 없었을 것입니다. 교회를 섬기며 수업을 받을 때에도, 은사님은 주님의 사랑으로 제게 관용을 베풀어 주셨습니다. 하지만, 다른 참여자들과 조금도 형평성을 잃은 적이 없으셨고, 때로는 영혼이 저리도록 책망해 주셔서 긴장을 하며 학문에 임하도록 지도해 주셨습니다. 또한 가끔씩 학교에 찾아가 안부를 여쭙고 교회에서 겪은 일들을 상담할 때마다 기도와 지혜로운 권면으로 용기와 힘을 북돋아 주기도 하셨습니다. 이런 은사님을 제가 아는 바에 따라 몇 가지를 정리하면 다음과 같습니다.

첫째, 은사님은 정말 신실하게 학문에 임하시고 학교를 섬기신 분이셨습니다. 2002년, 장로회신학대학교에 정식으로 부임하신 뒤 지금까지 누구보다 일찍 출근하셔서 하루일과를 시작하셨고, 특별한 일이 없으면 휴일에도 학교에 나와 자신이 감당할 일에 최선을 다하셨습니다. 안식년을 맞이하셨을 때에도 학문의 진보를 이루기 위해 게으름을 피우지 않으셨습니다. 은사님께서 얼마나 학문에 매진하셨는지는 몸담으셨던 마펫관 5022호실에 가보시면 누구나 알 수 있습니다. 방 전체를 가득 채우고 있는 엄청난 양의 서적들과 논문 자료들이 은사님의 학문적 역량을 보여줌과 동시에 그분의 학문에 대한 열정과 성실함까지도 증거하고 있습니다.

둘째, 철저하게 성경에 근거하여 학문과 삶에 임하신 신학자이십니다. 즉, 은사님은 단순히 학자의 양심과 지식으로만 학생들을 가르치지 않으셨습니다. 은사님은 늘 성경에 근거하여 학생들을 가르치셨고, 그리하여 늘 자신을 바로 세우는 목회자가 되기 위해 노력하셨습니다. 그 결과 삶과 가르침이 크게 어긋나는 법이 없으셨습니다. 무엇보다 신학적 학문적 기초뿐만 아니라 목회적 기초를 바로 세우는 데도 깊은 관심을 갖고 학생들을 지도하셨습니다. 학생들이 자신의 얕은 신학적 지식에 취하여 교만해 있을 때에도, 은사님은 기초를 다시 정확하게 쌓고 다지는 일에 세심한 주의를 기울이셨습니다. 그래서 개혁신학에 대한 많은 입문서를 저술하셨습니다(『그리스도론 입문』, 『성령론 입문』, 『개혁신학 입문』, 『조직신학 입문』, 『구원은 하나님 은혜의 선물』 등).

셋째, 종교개혁과 개혁신학의 전통을 현실에 반영하고자 노력하셨던 신학자이셨습니다. 은사님은 네덜란드에서 마르틴 부처 Martin Bucer 와 깔뱅을 전공하셨고, 그들의 성령론으로 신학박사학위(Dr.Theol.)를 받으셨습니다『De verhouding tussen Pneumatologie en Christologie bij Martin Bucer en Johannes Calvijn』 Leiden: Uitgeverij J. J. Groen en Zoon, 1996. 그리고 귀국하신 뒤에는 이들의 신학 사상을 우리나라에 널리 알리고자 많은 노력을 기울이셨습니다. 특히 종교개혁자 마르틴 부처의 신학과 목회에 대한 철학을 우리나라에 소개한 것은, 주님의 은혜로 이루신 많은 업적 중 하나입니다(『잊혀진 종교개혁자 마르틴 부처』, 마르틴 부처의 『참된 목회학』, 『멜란히톤과 부처』). 또한, 깔뱅을 깊이 연구하셔서 그의 폭넓은 신학 세계와 목회 철학을 한 권의 책(『깔뱅신학 입문』)으로 담아낸 것은 참으로 대단한 업적이 아닐 수 없습니다. 이 책만 보더라도 깔뱅이 얼마나 위대한 신학자요 목회자였는지를 단번에 알 수 있습니다. 그 외에도 신학생과 평신도 지도자들이 쉽게 알 수 있도록 다수의 책과 논문 등을 저작하셨습니다. 또한, 다수의 학회 활동을 통해 개혁신학을 한국교회와 신학계에 보급하고자 많은 노력을 기울이셨습니다. 그리하여, 한국칼빈학회 회장, 한국복음주의조직신학회 회장, 한국개혁신학회 부회장, 한국장로교신학회 부회장 등을 역임하셨습니다.

넷째, 은사님은 하나님의 뜻을 먼저 생각하고 사람에 대한 통찰력을 갖고 계신 목회자이자 신학자이셨습니다. 은사님이 강원도에서 목회를 하셨을 때 이웃 교회 목사님으로부터 해코지를 받으셨는데, 은사님은 그분에 대해 결코 나쁜 말을 하거나 해를 가하지 않으셨습니다. 은사님은 자신의 감정보다는 하나님께서 세우신 영적 질서를 우선시하셨기 때문입니다. 또한, 학교에서 지도하실 때에도, 아무리 신학생이라 할지라도 옳고 그름에 있어서는 타협하지 않으셨습니다. 그러면서도 본질이 아닌 부분에 있어서는 기꺼이 양보하셨습니다. 요컨대, 은사님은 하나님을 참으로 사랑하셨던 분입니다. 사랑하셨기 때문에 다른 데 눈을 돌리지 않으시고 맡은 바의 사명에 충실하셨고, 20년에 가까운 세월 동안 묵묵히 자신의 자리를 감당하실 수 있으셨습니다.

이제 은사님의 그 부드러운 카리스마를 학교에서 더 이상 경험하지 못한다는 것이 못내 아쉽습니다. 그러나, 하나님의 영광을 위해 노력하신 모든 것이, 그리고 앞으로도 수고하실 그 모든 사역이 결코 헛되지 않으리라 믿습니다. 다시 은사님의 그 동안의 수고와 남기신 족적에 깊이 감사드리며, 은사님의 앞으로의 모든 행보가 더욱 주님을 영광스럽게 하는 것이 되길 기도합니다.

존경하는 최윤배 교수님을 생각하면서

황기훈 박사

    1901년 5월 평양 미국 북장로교 선교사 마펫^{S. A. Moffet, 한국명 마포삼열}의 자택에서 조선예수교장로회신학교로 개교한 후, 120여 년의 역사를 거쳐오면서 세계적인 목회자와 신학자를 배출한 자랑스러운 장로회신학대학교에서 후학양성에 일생을 바친 존경하는 최윤배 교수님을 생각하면서 교수님과 함께한 지난 시간들을 뒤돌아봅니다.

    제가 최윤배 교수님을 처음 만난 것은 1999년 가을 영남신학대학교 교정이었습니다. 베이지색 트렌치 코트에 빛바랜 가방을 든 교수님은 한 눈에 보기에도 유럽에서 공부를 한 것 같은 유럽 스타일의 신사였습니다. 수업을 통해 교수님은 네덜란드에서 깔뱅과 마르틴 부처의 성령론에 대한 주제로 신학박사학위를 받은 것을 알게 되었습니다. 인터넷을 통해 각종 정보를 쉽게 얻을 수 있는 오늘날과 달리 그 당시에는 많은 정보를 쉽게 구할 수 없었기 때문에, 저는 네덜란드에서 학위를 한 교수님이 그저 신기하고 호기심으로 가득 차서 어떻게든 교수님과 친해지고 싶었습니다. 그래서 수업이 시작하기 전에 교정 벤치에서 수업시간을 기다리는 교수님께 따뜻한 커피 한잔 들고 찾아가서 지난 주에 배운 내용을 질문도 하고 교수님의 친절한 설명도 들으면서 함께 담소를 나누었던 기억이 새록새록합니다.

저는 2003년에 장로회신학대학교 신학대학원을 입학하게 되었는데, 한 해 전인 2002년에도 장로회신학대학교 신학대학원 시험을 보았는데, 그 때 교수님은 미스바광장에서 시험을 치러온 학생들을 격려하고 계셨습니다. 3년여 만에 다시 뵙게 되었음에도 불구하고 교수님은 어제까지 알고 지낸 것처럼 반가워 해주셨습니다. 그리고 안부를 나누던 중에 교수님은 이번에 장로회신학대학교 교수님으로 오게 되었다고 하시면서, 저에게 같이 입학하자고 하셨는데 저는 그 해에 입학하지는 못하고 한 해 늦은 2003년에 입학하였습니다. 하지만, 장로회신학대학교 일반대학원 박사과정으로 입학할 때 교수님께서 졸업할 땐 같이 졸업하자고 하셨는데, 교수님의 말씀대로 졸업시기는 맞출 수 있었던 것 같습니다.

저는 최윤배 교수님을 개인적으로 매우 존경하며, 한국 신학계에서 뛰어난 신학자 중의 한 사람이라고 생각하는데, 그 이유를 몇 가지 열거하려고 합니다.

첫째, 최윤배 교수님은 체계적으로 신학교육을 받아서 실력이 매우 뛰어난 분이십니다. 수업 중에 교수님께 들은 에피소드는 교수님의 중고교시절에 수학 공부하는 것이 워낙 재미있어서 수학공부를 원없이 하려고 문과가 아니라 이과를 지원했다고 하셨습니다. 그리고 지금도 수학 문제는 웬만한 문제는 다 푼다고 하시면서, 조직신학은 수학보다도 더 정확한 학문이라고 하셨습니다. 이처럼 조직신학 전공에 대한 자부심이 가득하셨고 조직신학을 논리적이면서 체계적으로 공부하시고, 후학들에게도 교수님이 배우시고 연구하신 그대로 전달해 주셨습니다. 대표적으로 교수님은 개혁신학 첫 수업에 "프로레고메나"prolegomena를 언급하시면서 학문의 첫 발을 정확하고 반듯하게 걷게해 주셨습니다.

둘째, 최윤배 교수님이 뛰어난 학자임이 밝혀진 것은 깔뱅과 마르틴 부처의 연구자로 개혁신학의 본고장인 네덜란드에서 정식으로 신학박사학위를 받으신 것과 장로회신학대학에서 이수영 교수님을 이어 깔뱅과 개혁신학 분야에 있어서 타의 추종을 불허하는 최고의 권위자임을 자타가 공인하기 때문입니다. 뿐만 아니라 장로회신학대학교 "최우수 업적평가 우대교수" 수상을 비롯해 각종 출판사와 학회에서 학술상 및 저술상을 4회나 수상한 것을 볼 때, 과히 최윤배 교수님은 대한민국 최고의 신학자 중에 한 분이심을 알 수 있습니다.

셋째, 최윤배 교수님은 엄격하면서도 따뜻한 마음을 가진 부모님 같은 교수님이십니다. 간혹 학우들에게 들었던 말 중에는 교수님 연구실에서 눈물이 나올 만큼 혼나고 나왔다는 말이나 어떤 학우로부터는 식사는 하고 다니냐면서 교수님이 식권을 챙겨주셨다는 이야기들입니다. 저 또한 교수님께 아버지께 혼나듯이 혼나 본적도 많고, 어머니처럼 따뜻하게 위로해주시고 감싸주시는 사랑을 받은 적도 많기에 학우들의 그러한 말들이 마음에 확 와닿았습니다. 이렇게 최윤배 교수님은 아버지같이 엄격하시면서 어머니같이 따뜻한 분이시기에 많은 학생들에게 부모님 같은 교수님이라는 표현이 적합합니다.

넷째, 최윤배 교수님은 한국에 개혁신학과 깔뱅신학과 마르틴 부처 신학을 폭넓게 소개하려고 무척 노력한 분이십니다. 교수님의 저서를 보면, 대한민국과 전 세계 신학계에서 거의 찾아볼 수 없는 전무후무한 『개혁신학 입문』을 집필하신 것과 그 외에 여러 저서들, 그리고 깔뱅학회를 비롯해 여러 학회활동을 하시면서 꾸준히 논문을 발표하신 일이 이것을 입증합니다. 무엇보다 장로회신학대학교 신학대학원과 대학원 수업에서 개혁신학 또는 깔뱅 강의를 하실 때면 교수님의 강의를 듣고자 강의실을 빼곡히 채웠던 학생들과 교수님의 수업을 듣고자 수강신청을 하기 위해서 밤을 새워 수강신청 사이트에 접속했던 일들이 속속 생각납니다. 또한 교수님의 노력과 수고로 인해 장로회신학대학 일반대학원 과정에서 개혁신학 또는 깔뱅관련된 석·박사 논문들이 수도 없이 많이 나온 것을 보면, 과히 교수님이 후학을 향해 쏟으신 열정과 뿌린 씨

앗에 대한 신학의 열매 얼마나 대단한지 알 수 있습니다. 특히 그가 네덜란드의 개혁신학자 베르꼬프H. Berkhof와 베르까우어를 후학들에게 소개함으로써, 그의 제자들이 이 학자들에 대한 학위논문들을 쓰게 되었습니다.

다섯째, 최윤배 교수님은 복음적이고 열정적인 분이십니다. 학교 강의실에서 학부와 신학대학원 과정 수업에서 교수님은 흡사 부흥강사와도 같습니다. 그래서 교수님의 수업을 단 한 번도 듣지 않은 학생은 있을지 모르나, 한 번만 들은 학생은 없다고 할 정도입니다. 교수님의 복음적인 강의를 한 번 들은 학생은 그 누구라도 교수님의 강의에 빠져들 수밖에 없는 복음의 능력과 열정을 느낄 수 있습니다. 또한 우리 교단뿐만 아니라 여러 보수적인 교단을 비롯해 여러 진보적인 교단에서도 교수님을 초빙해서, 그의 설교와 강의와 논문발표를 듣는 것은 교수님의 뛰어난 학문성과 교수님의 신학이 복음적이면서 균형 잡힌 신학의 중심에 계신다는 것을 증명하는 것입니다.

저는 개인적으로는 물론이고 학문적으로 최윤배 교수님을 매우 존경합니다. 교수님의 신학하는 방법과 열정을 늘 존경합니다. 최근에 교수님과 나눈 대화에서 교수님께서는 은퇴하기 전까지는 프로Professional로써 최선을 다해 논문도 쓰고 매일 같은 시간 아침 일찍 연구실로 와서 연구도 할 것이지만, 은퇴 후에는 한 걸음 물러나서 아마추어로써 즐길 것이고 후학들에게 더 기회를 주려고 한다는 말씀에 교수님의 열정만큼이나 풍요로운 여유를 느낄 수 있었습니다.

장로회신학대학의 많은 훌륭한 은사님들의 은퇴를 목격해지만, 최윤배 교수님만큼은 끝까지 강의실에서 후학을 양성해 주셨으면 하는 마음이 간절했는데, 최 교수님 역시 은퇴시간을 마감하시는 시간이 다가왔습니다. 장로회신학대학교와 대한민국 신학계에 최윤배 교수님 같은 훌륭한 신학자며, 경건한 신앙인이요, 겸손하며 품위 있는 신사가 언제 또 나타날지 모르겠습니다. 다만, 교수님께서 복음적이고 열정적으로 후학들을 향해 뿌려놓은 학문의 씨앗에서 좋은 나무가 자라나서 많은 후배 목회자와 신학자들이 교수님이 걸어오신 개혁신학과 깔뱅신학의 뒤를 이을 수 있기를 바랍니다. 그리고 교수님께서 기초를 놓은 그 신학 작업을 후학들이 계승하여 많은 신학의 열매를 맺기를 바라며, 대한민국의 모든 교회와 세계교회에 최윤배 교수님이 가르쳐 주신 복음적이며 개혁적이며 통전적인 신학의 열매가 결실하기를 간절히 소망합니다.

최윤배 교수님과 현재진행형 조교

정지은 조교
장로회신학대학교 일반대학원 신학석사과정

"제가 감히 은퇴논문집에 미셀러니를 기고할 자격이 될는지요?" 교수님께서 이렇게 귀한 자리에 불러주실 줄 상상도 못했기에 주저할 수밖에 없었습니다. '현재진행형 조교로서 역사적 증인'이라는 자격을 부여해 주신 교수님께 감사드리며, 용기내어 몇 가지 소중한 이야기를 적어봅니다.

최윤배 교수님과의 만남: 참고문헌을 그렇게 열심히 강의해주시는 교수님은 평생 처음 만나보았습니다. 2018년 신학대학원 2학년 '기독론' 시간, 최윤배 교수님의 강의는 시작부터 예사롭지 않았습니다. 주님의 부르심을 받고 신학대학원에 입학하여 시작한 신학여정은 날마다 기쁨과 감격의 연속이었습니다. 그러나 신학의 세계는 너무나 깊고도 넓어서 햇병아리 전도사 신학대학원생은 어느 날 길을 잃은 것 같았습니다. 최윤배 교수님께서는 기독론 첫 시간부터 두 주간동안 참고문헌을 강의해주셨습니다. 참으로 신기한 일이 일어났습니다. 수업이 진행될수록 제 앞에 지도가 그려지는 것 같았습니다. 저의 일천한 수준으로는 명확히 다 알 수는 없었지만, 교수님의 지도를 따라가다 보니 소망이 생겼습니다. 교수님께서는 앞으로 목회하며 신학공부를 해나가야 할 제자들의 먼 미래까지 바라보시며, 저희 손에 그 여정을 위한 지도를 들려주셨습니다.

부흥회 같은 강의시간: 교수님께서는 매 강의마다 그날 강의 내용과 관련된 성경구절을 읽고 기도로 강의를 시작하시고, 기도로 마치셨습니다. 교수님께서는 조직신학을 강의하시며 최종적인 권위는 성경에 두셨습니다. 교수님의 강의에는 언제나 예수님의 보혈, 십자가, 복음, 성령, 교회가 있었습니다. 교수님께서는 신학은 영적 진동으로 예수님을 만나는 경험을 공적으로 논리적으로 이야기하는 것이라 하시며, 성령님께서 이를 가능하게 하신다고 강조하셨습니다. 학문적으로 심오한 내용도 교수님께서는 저희들이 이해하기 쉽게 가르쳐 주셨습니다. 예화도 놓치지 않으려고 열심히 노트하다보면, 네덜란드에서 마르틴 부처와 깔뱅의 성령론으로 신학박사학위(Dr. Theol.)를 받으시고 평생을 연구하신 신학자께서 겸손히 몸을 구부려 우리의 눈높이를 맞춰주시는 것 같은 사랑을 느낄 수 있었습니다. 교수님께서는 온 마음과 열정을 다해 때로는 예리하고 날카롭게, 때로는 눈물배인 간절함으로 전全 존재를 담아 강의해주셨습니다. 숙연한 마음으로 신학생으로서 우리 자신을 성찰하게 되는 시간. 소망과 기쁨이 회복되고 마음이 시원해지는 시간. 성령님을 힘입어 뜨거운 마음으로 교회를 섬기도록 힘을 얻는 시간. 그야말로 신학생들이 살아나는 부흥회 같은 강의시간이었습니다.

교수님, 어떻게 해야 할까요?: 신학대학원생 전도사들에게는 신학적·목회적 질문이 많았습니다. "교수님, 어떻게 해야 할까요?" 강의중간 쉬는 시간만으로는 부족하여 같은 반 학우들과 우루루~ 교수님 연구실로 찾아뵙게 되었습니다. 연구실이 꽉 차도록 몰려간 저희들을 교수님께서는 반갑게 맞아주시며 맛있는 식사와 차를 대접해주시고, 손수 과일을 깎아주시기도 하셨습니다. 교수님께서는 진지하게 저희들의 이야기를 들어주셨습니다. 신학대학원에 입학하여 성서신학을 처음 접하며 혼란스러워하는 학우에게는 "비행기가 비행하기 위해 활주로를 달리듯 역사비평을 열심히 배우세요. 그리고 성령으로 비상하세요."라고 말씀해 주셔서 저희들은 "우와~!" 하고 감탄할 수밖에 없었습니다. 또 선교사로 헌신하려는 학우에게는 '최소한 B학점 이상 받을 것, 신학석사학위Th.M. 이상 공부할 것, 지금 섬기고 있는 부서에서 부흥을 경험할 것'과 같은 실질적인 조언도 해주셨습니다. 저는 당시 섬기는 유치부 어린이가 삼위일체 하나님에 대해 질문을 하여, 이렇게 저렇게 궁리해 보아도 설명에 한계가 있어 고민임을 토로하였습니다. 교수님께서는 "전도사님, 성령님께서 어린아이들을 깨닫게 해 주심을 믿으세요."라고 말씀을 시작하셨습니다. 그 첫 말씀이 지금도 제 마음속에 선명하게 들려옵니다.

현재진행형 조교가 만난 교수님: 현재진행형 조교가 만난 교수님은 한결같이 성실하게 자리를 지키며 연구하시는 학자셨습니다. 교수님께서는 신년 연휴에도 하루만 쉬시고 연구실에 나와 연구하셨습니다. "개혁교회 전통에서 교회와 국가의 관계에 대한 연구"와 "춘계 이종성의 국가론에 대한 연구"라는 논문을 연구하실 때는 이종성 박사님의 40 여권의 자료를 일일이 보시며 여름방학 내내 아침부터 밤늦게까지, 2박3일 수련회집회 일정 외에는 매일 연구실을 밝히며 연구에 몰두하셨습니다. 또한 2020년 5월, "16세기 종교개혁자들과 전염병"이라는 채플설교를 준비하시기 위해 며칠 동안 온종일 심혈을 기울이시는 모습을 곁에서 직접 뵈었습니다. 기말고사 채점을 하실 때는 한자리에 앉아서 채점을 마치지 않으면 인간인지라 공정하지 않을 수 있다 하시며, 백여 편이 넘는 학생들의 과제를 하루종일 꼼꼼하게 읽으시며 채점한다고 하셨습니다. 비오는 월요일에도 어김없이 우산을 들고 아침 일찍 연구실에 들어오시던 그 모습은 결코 잊지 못할 것 같습니다. 시대적 사명을 안고 조직신학자로서 묵묵히 그리고 열정적으로 "중간의 길"via media, 그 길을 찾아 신학의 길을 걸어오신 교수님의 발자취를 감히 가늠해보니 절로

마음이 숙연해집니다.

　현재진행형 조교가 만난 교수님은 참 따뜻하고 인정이 많은 분이셨습니다. 교수님께서는 학생들의 사정을 살펴주시고, 포기하지 않고 배움에 최선을 다하도록 이끌어주시는 스승님이셨습니다. 또한 어려운 형편에도 용기를 내어 목회자로서 자신감과 책임감을 갖도록 격려해 주시는 목회자의 목회자이셨습니다. 지금까지 교수님께서는 저를 비롯하여 제자들에게 항상 먼저 차나 커피를 내려주시고, 물을 챙겨 주셨습니다. '교수님께서 조교에게 식사와 과일을 챙겨주시다니!' 조교로서 무척 당황스러워서 해도 손수 섬겨주시던 그 모습은 감개무량하여 잊을 수 없습니다. "16세기 종교개혁자들과 전염병" 채플 설교를 하신 2020년 5월 어느 날이었습니다. 교수님께서는 "코로나19"로 가족을 잃은 동료 교수님들의 아픔을 본인의 슬픔처럼 마음 아파하시며, 16세기 종교개혁자들의 고뇌와 실존·선택에 깊이 공감하시고, 늘 죽음을 목전에 두고 사신다고 말씀해 주셨습니다. 한번은 조교 업무 중 실수를 한 적이 있었습니다. 교수님께 누가 될 것 같아 밤새 전전긍긍하다 "호통을 치셔도 달게 받자."하고 교수님께 어렵게 말씀을 드렸습니다. 그런데 교수님께서는 "정전도사님, 구원의 문제 외에는 그렇게 잠을 못 이룰 정도로 마음 쓸 것이 없어요."라고 하시며 아주 수월하게 해결해 주시며, 저를 격려해 주셨습니다. 크게만 보였던 문제들이 교수님 앞에서 갑자기 작고 가벼워지는 것 같았습니다.

　교수님, 대학원 신학석사 과정에서 저를 교수님의 마지막 조교로 불러주셔서 진심으로 감사드립니다. 갑작스런 부상으로 신학대학원 졸업과 함께 학업의 뜻을 접으려했던 제자를 찾아 주시고, 권면해 주시며 "하나님의 뜻대로"Deo volente 라고 써 주신 그 글귀와 그 날을 잊을 수 없습니다. 네덜란드에서 은사님께서 서재를 개방해주셨던 이야기를 들려주시며, 언제든 자유롭게 오가며 연구하라고 연구실 자유이용권을 주신 그 날을 잊을 수 없습니다. 교수님 가까이에서 조교로 섬길 수 있어 하루하루가 감사요, 기쁨이었습니다. 신학의 길로 인도해주시고 삶으로 보여주신 가르침대로 저 또한 그렇게 말씀과 성령 안에서 섬기며 살아가겠습니다. 저에게 너무나 귀한 스승님이 되어주신 교수님, 진심으로 감사하고 존경합니다!

21세기 신학자:
과학도에서 신학자로 바뀐 괴짜 인생[1]

김성진 기자
한국기독공보

각 교단 중심의 교리들을 '복음주의 신학'이라는 큰 틀로 묶는데 앞장 서고 있는 신학자가 있다. 개혁신학의 고향이라고 불리는 네덜란드에서 조직신학을 전공한 서울장신대학교 최윤배 교수(45세).

요즘 그는 지난 10년간 연구해 온 복음주의 신학의 결과물을 하나의 책으로 묶는 작업을 시도하고 있다. 진보와 보수로 나눠져 자신의 교리만을 연구하고 있는 한국교회의 현실을 감안해 교단의 벽을 허물고 복음주의 신학의 큰 틀 안에서 에큐메니칼 신학을 모색하기 위해서다. 이일을 위해 최 교수는 복음주의 신학의 원천이라고 할 수 있는 루터와 칼빈의 종교개혁신학에서부터 칼 바르트와 브룬너의 신정통주의 신학과 20세기 현대 신학까지 연구의 폭을 넓혀가고 있다. 그는 이 일이 바로 자신이 목표를 세워놓고 연구하고 있는 복음주의 신학에 바탕을 둔 에큐메니칼 신학임을 강조한다.

---

1   김성진, "과학도에서 신학자로 바뀐 괴짜 인생," 「한국기독공보」 제2261호(2000. 2. 26.).

어릴 때부터 과학자가 되는 것이 꿈이었던 최 교수는 한국항공대학교 항공전자공학과에 당당히 입학했다. 그러나 대학 2학년 때 처음 예수를 알게 되면서 삶에 대해 다시 한번 생각하기 시작했고 결국 대학원에서 석사학위 논문을 끝내던 날, 그의 일생 중에 가장 큰 변화를 체험하게 된다. 예수 그리스도를 위해 자신을 바치기로 한 것. 이것을 계기로 최 교수는 신학대학원에 입학한다.

뒤늦게 신앙생활을 시작했지만 그는 구약을 통해 많은 은혜를 받았다. 그러나 최 교수는 자신의 전공을 구약신학에서 조직신학으로 바꾸게 된다. 구약을 전공하기 위해서는 고등비평학을 비롯해 구약과 관련된 언어를 공부해야 하는데 그에게는 이것이 쉽지만은 않았기 때문. 결국 최 교수는 조직신학을 선택했고 좀더 깊이 있는 연구를 위해 개혁신학의 꽃을 피운 네덜란드로 유학을 떠났다. 당시 36세. 늦은 나이었지만 10여 년 가까운 유학 생활을 마친 그는 지난 97년 귀국해 평택대학교 교수로 부임했다가 다음 해에 서울장신대학교로 옮겼다.

조직신학을 전공하는 신학자로서 최 교수가 고집스럽게 집착하는 단어가 하나 있다. '교의학'. 조직신학을 전공하는 최 교수가 주위로부터 흔히 듣게 되는 질문이 있다. 조직신학이 이론 중심의 신학이고 실천과는 동떨어진 신학이라는 오해. 그는 이러한 지적에 대해 그렇지 않다고 분명히 말한다. 루터와 칼빈 등 종교개혁신학자들의 신학은 분명히 실천신학이었고 이들의 신학은 후세에 실천주의와 사회주의의 기초가 됐을 정도로 실천을 강조해 왔다는 것. 그러나 근래에 들어와 조직신학자들이 연구하면서 실천적인 부분들을 배제해 온 것이 이러한 오해를 받게 한 원인이 됐다는 것. 최 교수는 조직신학자들이 앞으로 해야 할 일도 바로 실천신학적인 부분을 되살리는 것이고 강조한다.

요즘 화란 복음주의 신학자인 헨드리꾸스 베르꼬프의 신학 연구에 몰두하고 있는 최 교수는 복음주의 신학을 기초로 해서 장로교에 소속된 합동측과 기장, 고신측의 교리를 모두 다뤄 볼 계획을 갖고 있다. 궁극적으로 서로 다른 교파 중심의 신학을 뛰어넘어 개혁신학이라는 큰 틀 안에서 하나로 묶어내기 위해서다.

내가 본 최윤배 교수[2]

김명용 명예교수

장로회신학대학교 제20대 총장

　최윤배 교수는 21세기 한국교회의 개혁신학을 위해 가장 먼저 손꼽아야 하는 매우 중요한 신학자이다. 그는 개혁신학의 중심지인 화란에서 칼빈 이후 오늘에 이르기까지의 개혁신학자들의 신학과 사상을 깊이 연구한 신학자로 이 분야에 타의 추종을 불허할 정도로 식견이 높다. 그는 오늘의 유럽에서의 개혁신학의 변화와 발전에 대해서도 깊은 이해와 폭넓은 공부가 있었기 때문에 한국장로교회의 개혁신학의 미래를 맡길 만한 학자이다.

　한국의 교회 내에 폭넓게 개혁신학을 연구한 신학자가 많지 않은 현실을 생각할 때 최 교수의 존재는 참으로 귀중하다고 말하지 아니할 수 없을 것이다. 21세기의 변천하는 세계와 선교와 교회 현장의 변화 속에서 개혁교회와 개혁신학의 장래를 위해 그에게 거는 기대는 매우 크다. 최 교수에게 기대를 거는 또 하나의 중요한 이유는 그가 매우 깊은 신앙의 인물이라는 점이다. 그의 강의는 많은 학생들을 감화 감동시키고 있

2　김명용, "내가 본 최윤배 교수." 「한국기독공보」 제2261호(2000. 2. 26.).

고 개혁신학에 뿌리박은 진정한 신학적 실존이 무엇인가를 학생들에게 가슴으로 가르치고 있다는 점이다. 그는 현학적인 언어나 남발하고 따분한 강의로 학생들을 지치게 하는 많은 학자들과는 근본적으로 다르다. 그는 참으로 21세기의 한국교회를 이끌어 갈 수 있는 영성이 풍부한 지도자를 양성할만한 영적으로 깊이 있는 신학자이다.

저자 탐구 – 최윤배 교수[3]

『기독교출판소식』 편집

---

3 "저자탐구 – 최윤배," 『기독교출판소식』(2013.8), 54-56.

과학(공학)도에서 신학자로 바뀐 괴짜 인생

"최 교수는 한국항공대학교 항공전자공학과에 … 입학했다. 그러나 대학교 2학년 때 처음 예수님을 알게 되면서 삶에 대해 다시 한 번 생각하기 시작했고 결국 대학원에서 석사학위 논문을 끝내던 날, 그의 일생 중에 가장 큰 변화를 체험하게 된다. 예수 그리스도를 위해 자신을 바치기로 한 것. 이것을 계기로 최 교수는 신학대학원에 입학한다."_『한국기독공보(제2261호, 2000,2,26)』, 김성진 기자

21세기 한국교회의 중요한 개혁신학자인 동시에 신앙인

최윤배 교수의 은사인 장로회신학대학교 김명용 총장은 "내가 본 최윤배 교수"라는 글에서 그를 21세기 한국교회의 중요한 개혁신학자인 동시에 신앙인으로 소개했다.

"최윤배 교수는 21세기 한국교회의 개혁신학을 위해 가장 먼저 손꼽아야 하는 매우 중요한 신학자이다. 그는 개혁신학의 중심지인 화란에서 칼빈 이후 오늘에 이르기까지의 개혁신학자들의 신학과 사상을 깊이 연구한 신학자로 이 분야에 타의 추종을 불허할 정도로 식견이 높다. 그는 오늘의 유럽에서의 개혁신학의 변화와 발전에 대해서도 깊은 이해와 폭넓은 공부가 있었기 때문에 한국 장로교회의 개혁신학의 미래를 맡길만한 학자이다. … 최 교수에게 기대를 거는 또 하나의 중요한 이유는 그가 매우 깊은 신앙의 인물이라는 점이다. 그의 강의는 많은 학생들을 감화 감동시키고 있고 개혁신학에 뿌리박은 진정한 신학적 실존이 무엇인가를 학생들에게 가슴으로 가르치고 있다는 점이다. … 그는 참으로 21세기의 한국교회를 이끌어 갈 수 있는 영성이 풍부한 지도자를 양성할만한 영적으로 깊이 있는 신학자이다."_『한국기독공보(제2261, 2000,2,26)』, 김명용 총장

최윤배 교수는 개혁신학의 출발점으로서 두 명의 개혁파 종교개혁자들을 심도 있게 연구했다. 그는 "한국기독교학회 제6회 소망학술상" 수상저서인 『잊혀진 종교개혁자 마르틴 부처』 서문에서 다음 같은 재미있는 일화를 소개했다. '마르틴 부처'를 연구했다는 최 교수의 말을 들은 어떤 사람은 불교의 창시자 '부처'(Buddha)로 오해하는가 하면, 유대교 하시딤 종교철학자 마르틴 부버(Martin Buber)로 착각하기도 했다고 한다.

한국기독교출판문화상으로 "2012년 신학 국내부문 최우상"에 선정된 『깔뱅신학 입문』에 대해 심사위원은 "종교개혁자 깔뱅의 신학과 사상에 대해 19개의 중요 주제들을 선정해서 분명하고 정확하게 정리해주고 있다. 깔뱅의 신학을 이해하는데 길잡이로서 신학교재로 사용하

기에 충분한 가치 있는 연구서이다. 편집, 디자인이 매우 짜임새 있고 선명하다."라고 평한다.(『기독교출판소식(2013.2)』, p. 18)

『한국기독공보』의 김성진 기자는 "종교개혁자들의 신앙과 신학의 재조명"이라는 글에서 『잊혀진 종교개혁자 마르틴 부처』와 『깔뱅신학 입문』에 대해 다음과 같이 서평하고 있다.

"16세기 종교개혁자들의 사상이 21세기를 살아가는 우리에게 여전히 필요한가? 이러한 질문에 따라 종교개혁자들을 다룬 책이 발간돼 오늘날 종교개혁자들에 대해 재조명할 기회를 제공하고 있다. 조직신학자인 최윤배 교수(장신대)가 쓴 두 권의 책은 종교개혁자들의 신앙과 신학을 이해하는데 귀한 자료가 될 전망이다. 『깔뱅신학 입문』(최윤배 지음/장로회신학대학교출판부)은 칼빈 전통에 서 있다고 자부하는 한국장로교회의 목회와 선교현장 및 신학 연구 분야에 칼빈의 정신과 실천이 깊이 스며들지 못하고 있다는 확신에서 출발했다. … 『잊혀진 종교개혁자 마르틴 부처』(최윤배 지음/대한기독교서회)는 개혁교회의 원조로서 칼빈에게 절대적으로 영향을 끼쳤지만 종교개혁 연구에서는 항상 뒷전으로 밀려났던 마르틴 부처를 소개한 책이다. 개혁교회의 예배예식의 창시자로 불린 부처의 생애를 비롯해 개혁교회 직제론의 뼈대인 4중직과 치리를 도입한 과정과 그의 주석, 그리고 계약론 그리스도론 성령론 구원론 종말론 예배론 직제론 선교론 등을 다루고 있다. 이 책은 또한 교회일치와 에큐메니칼운동가로서의 부처에 대해서도 자세하게 소개하고 있다. 특히 마르틴 부처가 칼빈에게 절대적인 영향을 끼친 만큼, 칼빈과의 관계도 언급하고 있다." _ 「한국기독공보(2852호, 2012.5.24.)」, 김성진 기자

21세기 한국교회의 통합적, 실천적 조직신학자

지금부터 약 12년 전 신학비전을 중심으로 최 교수의 연구실을 직접 찾아가 인터뷰한 김성진 기자는 최 교수

의 신학비전은 통합적인 동시에 실천적인 조직신학자가 되는 것이라고 적고 있다.

"요즘 그는 지난 10년간 연구해 온 복음주의신학의 결과물을 하나의 책으로 묶는 작업을 시도하고 있다. 진보와 보수로 나눠져 자신의 교리만을 연구하고 있는 한국교회의 현실을 감안해 교단의 벽을 허물고 복음주의신학의 큰 틀 안에서 에큐메니칼 신학을 모색하기 위해서다. … 그는 이 일이 바로 자신이 목표를 세워놓고 연구하고 있는 복음주의신학에 바탕을 둔 에큐메니칼 신학임을 강조한다. … 조직신학이 이론 중심의 신학이고 실천과는 동떨어진 신학이라는 오해. 그는 이러한 지적에 대해 그렇지 않다고 분명히 말한다. … 최 교수는 조직신학자들이 앞으로 해야 할 일도 바로 실천신학적인 부분을 되살리는 것이라고 강조한다._ 「한국기독공보(제2261호, 2000.2.26.)」, 김성진 기자

최 교수는 12년 전에 밝힌 자신의 신학비전을 지금까지 꾸준히 실천해 왔다. 그는 2009년 9월 장로회신학대학교 신학대학원 가을신앙사경회 주강사로 초청되어 "성령의 능력과 목회"라는 주제로 선포한 설교 5편과 장로회신학대학교 예배시간에 설교한 8편의 설교를 모아 『영혼을 울리는 설교』(킹덤북스)를 출판하여 조직신학과 실천신학의 거리를 좁히려고 노력하고 있으며, 오는 7월 말경에 『성경적·개혁적·복음주의적·에큐메니칼적·기독교적 조직신학 입문』(장로회신학대학교출판부)을 출판할 예정이다. 이 책은 통합적 입장에서 씌어진 책인 동시에 목회·선교실천을 지향하는 조직신학 입문서이다. 그는 이미 통합적, 실천적 관점에서 『그리스도론 입문』(2009)과 『성령론 입문』(2010)을 출간했고, 70여 감수 및 공·편저가 있다. 그러나 조만간 『개혁신학 입문』이 출간되면, 그가 오랫동안 품었던 문서선교의 큰 꿈이 이루어질 것이다.

저자 연락처
장로회신학대학교(www.pcts.ac.kr); ybchoi@pcts.ac.kr

석·박사학위논문지도 대학원생들과 수업조교들

1. 석·박사학위논문지도 대학원생들

① 신학대학원(M.Div.)

김도훈. "슈페너의 경건주의 운동과 그의 교회신학."[2003]

김상열. "Jürgen Moltmann의 교회론."[2003]

김선권. "깔뱅의 인간론."[2004]

황기훈. "『기독교 강요』에 나타난 깔뱅의 교회론."[2005]

김주환. "칼빈의 교회론."[2008]

박준수. "무극 한숭홍의 신토불이신학에 대한 사상구조적 연구."[2008]

임교헌. "깔뱅의 기도론."[2008]

안병권. "예정론의 의미: 칼빈을 중심으로."[2009]

장선기. "로마가톨릭교회의 성례론에 대한 깔뱅의 비판."[2009]

장영훈. "깔뱅의 구원론: 『기독교 강요』를 중심으로."[2011]

손범규. "아브라함 카이퍼의 성령론 분석: 그의 책 〈성령의 사역〉을 중심으로."[2012]

윤보라. "몰트만의 교회론."[2015]

이정희. "깔뱅의 성령론적 교회론."[2015]

정병희. "종교개혁자 마르틴 부처의 종말론 속에 나타난 하나님 나라."[2019]

② 목회전문대학원(Th.M.M.)

박유신. "폴 틸리히의 교회론. 2004.2

방선영. "칼빈의 성령론: 교회론과 관련하여."2005.8

박계순. "깔뱅의 성령론."2005.8

최정자. "깔뱅의 기독론."2006.2

강 철. "깔뱅의 교회론."2006.2

김유현. "칼빈의 교회론 - 교회와 사회의 관계를 중심으로."2006.2

김선희. "깔뱅의 인간론."2006.2

박상원. "깔뱅의 교회론: 교회의 목적과 본질을 중심으로."2008.2

박은자. "칼빈의 디아코니아 사상."2008.2

김현주. "깔뱅의 경건으로서의 영성."2008.8

조순자. "깔뱅의 구원론."2009.2

문오목. "Hendrikus Berkhof의 성령론."2014.2

안병윤. "칼빈의 개인종말론 연구."2015.2

서 현. "죽음 이해의 유형론 중 기독교 죽음 이해 연구."2015.8

전승호. "깔뱅의 교회론."2016.2

오영철. "오늘날의 영성과 깔뱅의 성령론에 관한 연구."2016.2

③ 대학원 신학석사(Th.M.)

홍원표. "깔뱅의 그리스도인의 자유에 관한 연구:『기독교 강요』를 중심
    으로."2004.2

안재진. "칼빈의 신앙론."2005.8

김선권. "깔뱅의 통전적 성령론."2007.2

황기훈. "베르까우어 G. C. Berkouwer 의 교회론: 교회의 네 가지 특성을 중심
    으로."2008.2

김상수. "칼빈의 신론 연구."2009.2

김연수. "베르까우어 G. C. Berkouwer 의 종말론 연구."2009.8

이영진. "J. Calvin과 K. Barth의 국가론 비교연구."2010.2

차영원. "깔뱅의 창조론. 2010.8

이중원. "존 오웬과 쟝 깔뱅의 성령론 비교연구."2011.2

임종희. "깔뱅의 에큐메니칼적 교회론."2011.2

신정훈. "비환원물리주의 인간학에 대한 신학적 고찰."2011.2

이태준. "깔뱅과 한경직의 성령론."2011.2

문춘권. "중국 신학자 가옥명의 조직신학사상연구."2012.2

임순숙. "장 깔뱅과 칼 바르트의 삼위일체론 비교연구."2012.2

성시영. "토랜스 Thomas F. Torrance 의 삼위일체론에 나타난 '위격' 개념에 관한 연구." 2013.2

류홍식. "깔뱅의 예정론 연구: 『기독교 강요』를 중심으로."2013.2

최유진. "장 칼뱅 J. Calvin 과 칼 바르트 K. Barth 의 교회론 비교연구."2013.8

장영준. "칼뱅의 종말론: 소망의 종말론으로 명시되는 성서적 영혼불멸설과 일반종말론에 관한 연구."2013.8

최재선. "깔뱅과 조용기의 성령론 비교연구."2014.2

배경희. "마르틴 부처의 교회론."2015.2

김광모. "깔뱅과 바르트의 계약사상 연구."2015.80

오상원. "성도의 견인론堅忍論에 대한 연구. 2016.2

정성훈. "장 깔뱅 J. Calvin 과 위르겐 몰트만 J. Moltmann 의 교회론 비교연구: 교회의 표지와 본질을 중심으. "2017.2

이승언. "칼빈의 성화론 이해와 오늘날의 의의."2017.2

최중민. "칭의론에 대한 연구."2017.8

최원찬. "공공신학의 관점에서 본 개혁신학."2019.2

전세홍. "좋은 교회 – 마르틴 부처의 교회론을 중심으로."2019.2

김기동. "기도론에 대한 연구: 깔뱅과 바르트를 중심으로."2020.2

④ 대학원 신학(철학)박사(Th.D./Ph.D.)

홍원표. "깔뱅의 개인종말론 연구." Th.D., 2015.2

김연수. "인간존재에 대한 통전적 고찰." Th.D., 2016.2

황기훈. "이종성의 교회론 연구." Ph.D., 2020.8

최재선. "개혁신학자들의 성령론에 나타난 성령의 공적 사역에 대한 연구." Ph.D., 2021.2 예정

오상원. "G. C. Berkouwer의 구원론 연구: 구원의 길에서 칭의, 성화, 견인을 중심으로." Ph.D., 2021.2 예정

이태준. "이종성의 통전적 신학 연구." Ph.D., 2021.8, 예정

2. 수업조교들

최정자 2004-2, 2005-1	안정임 2005-2	김선권 2006-1,2
최욱진 2007-1	김연수 2007-2, 2008-1	조성태 2008-2, 2009-1,2
신정훈 2010-1,2	임순숙 2011-1,2	성시영 2012-1,2
배경희 2013-1.2	김광모 2014-1,2	오상원 2015-1,2, 2016-1
이승언 2016-2	최원찬 2017-1,2, 2018-2	김기동 2019-1,2
정지은 2020-1,2		

신학대학원 "기독론 A반"(2011-1학기) 수강생들의 감사의 글

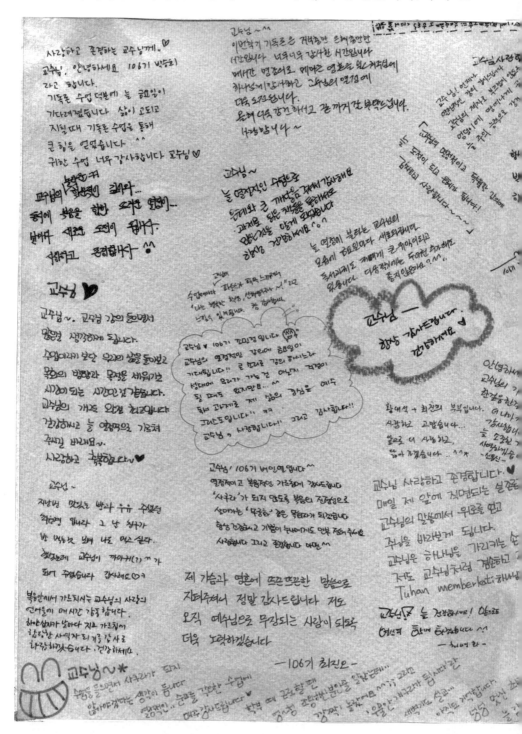

교수님 감사해요♡

교수님짱♥
멋쟁이심ㄱ

교수님의 열정과
학생을 대하시는 마음
많은 귀감이 됩니다
늘 강건한 마음입니다
- 작은 바울 허경철 -

너나의 꿈 위하는 멋진데...
매일 도전 받습니다
멋나의 ... 파이팅!
- 도연 -

교수님~ 열정적이시고 친근하는 강의
강사드립니다 앞으로도 더욱
학생들 붙잡아 주세요
"기독론" 수업을 통해 많은 것을 배웁니다.
- 106기 ㅇㅇㅇ -

교수님~♥
참 좋아요♥♥ 매일 적응하기
숙제가 부담으로 다가오지만
이번 기회에 오히려 많이 하고
좋은 수업 들을수 있어서 ㅎㅎ
강♥ 사랑합니다♥♥
사랑합니다♥

교수님 ~ ♥♥
금요일 수업이 정말 많이
기다려집니다 ~♥♥ 교수님 통해서
배우는 그리스도인 삶 속에서
적용되고 일주일 동안 계속해서
생각이 나게 됩니다
귀한 가르침을 주셔서 정말
감사드립니다 ~♥♥ 교수님 늘 건강하세요♥

교수님♥♥
숙제가 분량 많지만
참 좋습니다
건강하시고 축복합니다
YOᗺᖇ♥♥♥♥~

"오직 하나님께만 영광!"

Soli Deo Gloria

"하나님께 영광!"

τῷ θεῷ δόζα, 마르틴 부처, 『그리스도 왕국론』 *De Regno Christi*

"하나님을 찬양하라!

Laus Deo, 칼빈, 『기독교 강요』 IV xx xxxii